Wahn und Wirklichkeit – Multiple Realitäten

TREFFPUNKT PHILOSOPHIE

Herausgegeben von Matthias Kaufmann

Band 3

PETER LANG
Frankfurt am Main · Berlin · Bern · Bruxelles · New York · Oxford · Wien

Matthias Kaufmann (Hrsg.)

Wahn und Wirklichkeit – Multiple Realitäten

Der Streit um ein Fundament der Erkenntnis

PETER LANG
Europäischer Verlag der Wissenschaften

Bibliografische Information Der Deutschen Bibliothek
Die Deutsche Bibliothek verzeichnet diese Publikation in der Deutschen Nationalbibliografie; detaillierte bibliografische Daten sind im Internet über <http://dnb.ddb.de> abrufbar.

Titelbild nach einem Entwurf von
Dagmar Kaufmann

Gedruckt auf alterungsbeständigem,
säurefreiem Papier.

ISSN 1619-585X
ISBN 3-631-50827-1

Printed in Germany 1 2 3 4 6 7

www.peterlang.de

Inhalt

C Die Wirklichkeit als Reflex der Lebensweise

D „The clash of realities"

Matthias Kaufmann (Halle/Saale)

Einleitung: Der Prestigeverlust der Wirklichkeit

Wirklichkeit oder Wirklichkeiten?

Der Wirklichkeit ist ein Teil ihrer Würde abhanden gekommen. Es wird zunehmend schwieriger, theoretische Streitigkeiten, vor allem, wenn sie zwischen Menschen verschiedener Herkunft ausgetragen werden, beenden zu wollen, indem man darauf verweist, wie es „in Wirklichkeit“ ist. Nicht, dass den Menschen früher der Gedanke fremd gewesen wäre, dass man and erswo die Welt anders sieht. Schließlich gab es sehr verschiedene Götter und sehr unterschiedliche Formen politischer Ordnung. Man entwickelte diverse Strategien des Umgangs mit diesem Sachverhalt. Im Hinblick auf die Götter war es oft so, dass der militärische Sieg einer Partei auch die Überlegenheit ihrer Götter bewies, so dass die Götter der Unterlegenen entweder verschwanden oder zurückgedrängt wurden, möglicherweise vorsichtshalber noch einen Platz im Universum der Sieger erhielten. Giambattista Vico (1669-1744) beschreibt diesen Vorgang bereits für die heidnischen Religionen, nimmt jedoch das Judentum aus, weil die Bibel ja die wahre Menschheitsgeschichte berichte (Vico 1990, 179ff., 99f.). Eine derartige Ausnahme würde heute wohl nicht mehr akzeptiert, da – trotz auffälliger Gegenbeispiele – den meisten Menschen die Gewissheit abhanden gekommen sein dürfte, dass *ein* bestimmter religiöser Text sagt, was die Wirklichkeit der Dinge ist.

Der Verschiedenheit politischer Ordnungen begegnete man im europäischen Raum häufig durch Rückgriff auf die Natur, gegebenenfalls die Natur des Menschen, als dem überlegenen und dauerhaften Maßstab, etwa in der griechischen Sophistik, doch auch in der stoischen Rede von der göttlichen Allnatur und ihrer Gesetzmäßigkeit, die sich in christianisierter Form noch in Thomas von Aquins *lex aeterna* wiederfindet (Summa Theol. II-I qu. 90f.). Abgesehen davon, dass man die Herleitung der richtigen politischen Ordnung aus der Natur später als „naturalistischen Fehlschluss“ brandmarkte, griff auch das Naturrecht später nicht mehr auf eine ewige Ordnung der Welt, also auf eine von Menschen unabhängige Wirklichkeit, sondern allenfalls noch auf anthropologische Grundannahmen zurück.

Bei der Grundlage des Wissens allerdings war man sich zwar uneins darüber, *was* wirklich sei, ob nun die Gegenstände unserer Wahrnehmung oder die Universalien in ihnen oder die Ideen vor ihnen. Doch bestand Konsens darüber, *dass* es etwas Wirkliches gebe, woran man sich ausrichten kann. Mit dem vollständigen Sieg des Christentums waren zeitweilig vorhandene skeptische Überlegungen, die um der Bewahrung der Gelassenheit willen auf jegliches Urteil zu derartigen Fragen verzichteten, ins Hintertreffen geraten. Spätestens der direkte Realismus des hochmittelalterlichen Aristotelismus bestätigte die Wirklichkeit als stabile Entscheidungsinstanz. Wahrheit, um wieder auf Thomas von Aquin, diesmal die *Quaestiones disputatae de veritate* (qu. 1 art. 1 co), zu verweisen, wurde verstanden als „Angleichung des Intellekts an das Ding" (adaequatio intellectus et rei, Th. v.Aquin 1986, 8). Der Voluntarismus eines Duns Scotus und eines Wilhelm von Ockham brachte im 14. Jahrhundert mit der These, Gott könne vermöge seiner potentia absoluta die kontingente Wirklichkeit verändern, demgegenüber einen wesentlich neuen Gedanken zur Entfaltung. Wie tief die dadurch bewirkte Verunsicherung des Weltbildes ging, ist jedoch nach wie vor umstritten (vgl. Blumenberg 1983, 176f., 186ff., 222f., Vossenkuhl 1988).

Die Neuzeit führte die Europäer zum einen in die Konfrontation mit neuen Welten und neuen Kulturen, was indessen den Glauben an den sicheren Zugang zur Wirklichkeit kaum erschütterte. Man blieb überwiegend fest davon überzeugt, dass es eigentlich so ist, wie es *uns* erscheint und dass die anderen eben nicht zuletzt aufgrund ihrer heidnischen Religionen „kulturbedingten", wie wir es heute nennen würden, Verzerrungen unterliegen. Bewundernde Akzeptanz anderer Weltsichten durch westliche Gelehrte war zwar auch in der Neuzeit nicht unbedingt einmalig – man denke nur an die als „Chinesenrede" berühmt gewordene Prorektoratsrede Christian Wolffs aus dem Jahr 1721 in Halle, die ihm allerhand Ungemach eintrug (Wolff 1985, XLVI). Dennoch blieb sie aufs Ganze gesehen eher eine Randerscheinung (vgl. Lee 2002), ebenso wie die von Montesquieu und anderen aus der angeblich fremden Perspektive geübte Kritik an den Sitten Europas (Montesquieu 1988). Bis weit ins 20. Jahrhundert, so lautet zumindest der Vorwurf, den man gegenüber einigen ethnologischen Studien erhob, tat man sich selbst in der Fachwissenschaft mitunter schwer, die Weltsicht anderer Kulturen als etwas anderes zu sehen denn als durch die besonderen klimatischen, geographischen und traditionellen Umstände bedingten, manchmal bukolisch-liebenswerten, manchmal grausigen Irrtum (vgl. unten Beitrag Cappai). Viele dieser Arbeiten wurden später, ob zu Recht oder nicht, als „denunziatorisch" abgelehnt. Nach wie vor hat es die Anthropologie – manche Fachwissenschaftler ziehen diese international gebräuchlichere Bezeichnung dem Titel „Ethnologie“ vor, um nicht bereits in der Benennung der Disziplin den Eindruck zu erwecken, man erforsche fremde Ethnien wie seltene Spezies – mit einer Haltung zu tun, die sich so charakterisieren lässt: „Weltbilder sind per Implikation das, was die anderen haben, die im Irrtum leben, ... an Teufel, Engel und Götter ... glauben. Leute hingegen, die auf Finanzmärkten handeln oder diese analysieren,..., die Atome spalten, DNA-Ketten analysieren, ..., aber eben auch Leute, die Entwicklungskooperation und Anthropologie betreiben, haben ... anscheinend keine vergleichbaren Weltbilder, sonst würde sich die Anthropologie dafür zuständig fühlen. Diese Leute ... bilden die Welt objektiv ab“ (Rottenburg 2002, S. 10). In diesen unter einander durchaus verschiedenen Bereichen, so die Kritik bzw. der Spott, blieb die Intuition der Korrespondenz von Satz und Wirklichkeit erhalten.

Dagegen brachte die Herausforderung durch Naturwissenschaft und Bewusstseinsphilosophie den etwa bei Wilhelm von Ockham noch unbestrittenen direkten Realismus zumindest als philosophische Position zur Strecke. In Lehrbüchern der Erkenntnistheorie findet er lange Zeit nur noch als „naiver Realismus“ Erwähnung. Nach dem Übergang zum heliozentrischen Weltbild und der „kopernikanischen Wende in der Philosophie“ bei Descartes, nach Newtonscher Mechanik und erkenntnis-theoretischem Idealismus, nach den Entwicklungen der Chemie, der Entdeckung der Elektrizität, nach der Thermodynamik, der Relativitätstheorie und der Quantenmechanik, nach Nietzsche, nach Phänomenologie und Phänomenalismus – um nur ein paar Reizwörter aneinander zu reihen – schien man nicht mehr ernsthaft glauben zu können, dass die Welt in irgendeiner Weise so ist, wie sie uns erscheint. Die empirischen Resultate über Wahrnehmung und Urteilsbildung aus Medizin, Psychologie und Kulturwissenschaften taten ein Übriges, um diese Auffassung zu bestärken. Seit einiger Zeit wird auch der Erkenntnistheorie selbst, im Sinne einer philosophisch-apriorischen Disziplin, die richtige von vermeintlicher Erkenntnis zu unterscheiden vermag, der Prozess gemacht (vgl. z.B. Rorty 1984).

In geradezu erstaunlichem Gegensatz dazu wird im Alltag unterschiedlichster Traditionen und Kulturen selbstverständlich oder hartnäckig an der Vorstellung festgehalten, dass die Welt so ist, wie man sie erfährt. Dieser Realismus – ob nun naiv oder nicht – wird durch den hinzutretenden wissenschaftlichen Realismus partiell verdrängt oder auch ergänzt, zumindest soweit, wie es die Benutzung moderner Technik erforderlich macht, er wird jedoch kaum ganz beseitigt. Möglicherweise ist allerdings ein derartiges Verhalten aus anthropologischen Gründen unvermeidlich. Verschiedene Beiträge des vorliegenden Bandes untersuchen, in welcher Gestalt ein derartiger Realismus seine Berechtigung haben könnte.

Es mag nun überraschen oder nicht: Eine ähnliche Konstellation – selbstverständliche Gewissheit im Alltagsverstand, solides Selbstbewusstsein bei den Naturwissenschaftlern und Skepsis, ja Unsicherheit bei Geistes- und Kulturwissenschaften – findet sich beim Umgang mit psychischen Erkrankungen. Michel Foucault sieht zwischen den jeweils in einer Gesellschaft üblichen Weisen der Auseinandersetzung mit dem Wahnsinn über die Jahrhunderte hinweg dauerhafte und vielleicht unvermeidbare Inkohärenzen. Er isoliert idealtypisch vier verschiedene Bewusstseinsformen, die wohl kaum je getrennt voneinander auftreten, sich dennoch unterscheiden lassen (Foucault 1973, 157ff.). Er unterscheidet erstens ein *kritisches Bewusstsein vom Wahnsinn*, das, wie er sagt, nicht „definiert..., sondern denunziert" (Foucault 1973, 158). Es betrachtet den Wahnsinn als etwas Problematisches und Ablehnenswürdiges, ohne ein klares Erkennungskriterium. Deshalb kann der „Wahnsinn ebenso gut Vernunft" (ebd.) sein. Dem *praktischen Bewusstsein vom Wahnsinn* geht es hingegen um Bewahrung der durch den Wahnsinn gefährdeten Homogenität der Gruppe; typisch ist daher der „Drang nach Trennung" (a.a.O. 159). Ferner gibt es nach Foucault ein „*enunziatives Bewusstsein vom Wahnsinn*, das die Möglichkeit bietet, unmittelbar und ohne Umweg über die Gelehrsamkeit zu sagen: ‚Das ist ein Irrer'" (a.a.O. 160). Das *analytische Bewusstsein vom Wahnsinn* bemüht sich schließlich um die adäquate Beschreibung seiner „Formen, Phänomene, Erscheinungsweisen" und, so wird man sagen dürfen, um Ursachenerklärung. Auch wenn die Erfolge dieser Bemühungen lange Zeit begrenzt waren und vielleicht immer sein werden gewinnt der Wahnsinn auf diese Weise die „Ruhe des Wohlbekannten", ist er doch nicht mehr als „die wenigstens virtuelle Totalität seiner Phänomene" (a.a.O. 161). Da jedoch niemals eine völlig objektive Loslösung der Beurteilung von kritischer Distanzierung und praktischer Abtrennung möglich ist, erhält gerade diese analytische Zugangsweise ihre ausgrenzende und repressive Wirkung: „Im analytischen Bewusstsein vom Wahnsinn wirkt sich die Beruhigung des Dramas aus und verschließt sich wieder das Schweigen des Dialogs..; was den Schrecken invozierte ruft nur noch die Techniken der Unterdrückung hervor" (a.a.O. 163). Das theoretische Bemühen des vorliegenden Bandes kann in dieser Terminologie auch dadurch beschrieben werden, dass es eine Einheit zwischen den diversen Zugangsformen und eine zumindest partielle Neubewertung sucht, die nicht zuletzt auch Foucaults in weiten Teilen berechtigte Kritik bereits aufgegriffen hat.

Die praktische Fragestellung wurde, wie im nächsten Abschnitt zu besprechen sein wird, inzwischen zur Frage nach der Berechtigung einer Trennung und Abgrenzung in Form der Internierung gegen die erkennbaren Wünsche der Betroffenen. Vor diesem Hintergrund hat sich die Auseinandersetzung mit dem „analytischen Bewusstsein“ vierzig Jahre nach Foucault u.a. zu der Diskussion darum entwickelt, welche Problemlösungsrelevanz eine neurobiologische Reduktion des Phänomens besitzt. Auch dazu etwas später.

Das kritische Bewusstsein indessen, welches sich unterschwellig des Schreckens bediente, den die Rede vom Wahnsinn evoziert, um bestimmte missliebige Erscheinungen, inklusive der Selbstgewissheit der Vernunft, als wahnsinnig oder närrisch zu diskreditieren, sieht sich durch die Faszination relativiert, die offenkundig von einigen Vertretern des Wahnsinns ausgeht. Andererseits bleibt die von Foucault als enunziatorisches (eben noch nicht ganz denunziatorisches) Bewusstsein benannte, nicht weiter reflektierte Alltagsüberzeugung davon, dass „da ein Irrer ist“, die häufig, aber nicht notwendig eine mehr oder minder deutliche Ab- und Ausgrenzung nach sich zieht. Möglicherweise kann man jedoch eine gewisse Wandlungsbereitschaft gerade in diesem Alltagsbewusstsein der letzten Jahrzehnte entdecken.

Lange Zeit galt etwa die Hoffart der Gelehrten dem kritischen Bewusstsein als *närrischer* Glaube an die Fähigkeiten menschlicher Erkenntnis. Es war, wie Foucault darstellt (a.a.O. 45ff.), nachgerade ein fester Topos in Literatur wie bildender Kunst der Renaissance, diesen überheblichen Irrglauben als Wahnsinn zu entlarven. Das Narrenschiff gilt seit dem 1492 verfassten gleichnamigen Gedicht von Sebastian Brant, das 1497 ins Lateinische übersetzt wurde und mit dieser Metapher sogar das zuvor so mächtige Bild vom Totentanz zurückzudrängen vermochte (a.a.O. 33), als allen erkennbares Zeichen dieser Einschätzung menschlicher Unzulänglichkeit, von der nicht zuletzt die vermeintlichen Stützen der Gesellschaft befallen sind. In der eher prosaischen Praxis hatte man wohl deshalb mehrere Jahrhunderte lang die als Irre angesehenen Menschen auf Schiffen aus den Städten geschafft, weil eine bloße Vertreibung, indem man sie über die Felder davonjagte, sich als weniger effizient erwies und die Praxis der Internierung sich zumeist erst später durchsetzte. Unabhängig davon, dass divergierende Praktiken der Ausgrenzung der als Irre Betrachteten auch unterschiedliche Metaphern zur

Geltung brachten, wiederholt sich die Warnung vor der Torheit, der Narretei, dem Wahn, als welche man die vermeintliche Weisheit der Welt erkennen kann, zumindest in christlicher Zeit immer wieder. Gleichwohl steht gerade nach dieser Tradition demjenigen, der den Irrsinn dieser Welt erkennt, eine verlässliche und dauerhafte Wirklichkeit in der Wahrheit des Glaubens offen.

Hier scheint sich im Hinblick auf das „enunziatorische" Bewusstsein, welches ja nie völlig frei ist von den anderen Einflüssen, ein gewisser Wandel zuzutragen. Gewiss, das Alltagsbewusstsein gibt sich gerne mit dem Urteil „ohne jede Reflexion", wie Vico den Gemeinsinn charakterisiert (Vico 1990, S. 93), zufrieden. Und es ist bereit, sein Urteil ohne Rücksicht und ohne Differenzierung zu sprechen. Dies führt zu drastischen Variationen innerhalb dessen, was man als „eindeutig verrückt" charakterisiert, sowohl zwischen verschiedenen Kulturen als auch zu verschiedenen Zeiten innerhalb einer Gesellschaft, manchmal von Schicht zu Schicht, von Gruppe zu Gruppe. Die Bereitschaft zu einem mit absoluter Gewissheit vertretenen Urteil steigt naturgemäß, wenn das Alltagsbewusstsein noch durch religiöse Gewissheiten dauerhaft stabilisiert wird. Insofern wächst auf der anderen Seite mit dem Schwächerwerden religiöser Gewissheiten und der schlichten Tatsache, dass man auf verschiedenen Wegen sowohl im religiösen wie im alltäglichen Bereich mit anderen, bisher vielleicht unbekannten Sichtweisen der Welt konfrontiert wird, die Vorsicht gegenüber allzu raschen Einordnungen des Wahrgenommenen als „irre" oder „wahnsinnig".

Andererseits ist die Haltung gegenüber dem Wahn nicht mehr nur kritisch. Wie die Beobachtung des alltäglichen Sprachgebrauchs zeigt, tritt in der „Spaßgesellschaft" neben die nach wie vor benutzte peiorative Einfärbung des psychischer Defekte Verdächtigten eine, die mit Exzentrik, Vergnügen, Exotik und Nervenkitzel konnotiert ist und die Neugierde weckt. Bereits seit dem neunzehnten Jahrhundert, etwa mit den Werken Baudelaires, Rimbauds und der Symbolisten, spätestens jedoch seit dem Surrealismus ist zudem ein bewusstes künstlerisches Zurückgreifen auf Strukturen erkennbar, die mit dem Wahnsinn in Verbindung gebracht werden. Dies lässt sich etwa an dem großen Eindruck ablesen, den zu Beginn des 20. Jahrhunderts die Ausstellung der sog. Prinzhorn-Sammlung mit Bildern von Psychiatrie-Patienten in Paris auf Dadaisten und spätere Surrealisten gemacht hat. Salvador Dalìs in Interviews, Filmen und anderen Publikationen so gerne wiederholte Rede von der „paranoisch-kritischen Methode" ist eher ein äußeres Zeichen dieser sehr viel tieferen Verbindungen. Es wurden zudem wiederholt und nachdrücklich Zweifel an der Berechtigung laut, den Wahnsinn als Instrument der

Denunziation zu benutzen. Ein markantes Beispiel ist der auch von Foucault immer wieder herangezogene Antonin Artaud in seiner Verteidigung Van Goghs: „Denn ein Geisteskranker ist auch ein Mensch, den die Gesellschaft nicht hören wollte und den sie daran hindern wollte, unerträgliche Wahrheiten zu äußern...

eine Welt, die Tag und Nacht immer mehr das Ungenießbare isst,
um ihren bösartigen Willen durchzusetzen,
hat in diesem Punkt
nur die Schnauze zu halten“ (Artaud 1977, 11f.).

Und dennoch bleibt uns im Alltag oft genug der Eindruck, ja manchmal die Gewissheit, dass jemand einfach nicht in der Lage ist, die Wirklichkeit zu erkennen und daher einem Wahn unterliegt, der sein Zusammenleben mit anderen Menschen problematisch, ja gefährlich machen kann. Auch hier fordert gewissermaßen der direkte Realismus des Alltagsverstandes sein Recht, und es fällt bei nüchterner Betrachtung schwer, ihm dieses vollständig zu verweigern. Will man vor diesem Problem nicht die Augen verschließen und dennoch nicht in dumpfe Verurteilung und Denunziation zurückfallen, wird man nach augenfälligen und nachvollziehbaren Kriterien der Beurteilung suchen müssen.

Als hilfreich erweist sich hier ein Ansatz, der sicherlich nicht dem kritisch-denunziatorischen Bewusstsein angehört, andererseits ebenso gewiss nicht unreflektiert bleibt, der gewissermaßen vor dem Hintergrund des Expertenwissens einen allgemein nachvollziehbaren und griffigen Ansatz liefert, nämlich der phänomenologisch inspirierte, teilweise von G. H. Mead beeinflusste Zugang bei Wolfgang Blankenburg (Blankenburg 1991). Dieser bleibt dem Alltagsbewusstsein deshalb nahe, weil er als zentrales Merkmal des Wahnes die Unfähigkeit zu dem für unseren Realitätsbezug konstitutiven Perspektivenwechsel bestimmt: „Für den Aufbau ‚alltagsweltlicher Orientierung' spielt...die Perspektivität – sowohl die in den Perspektiven sich manifestierende Subjektbezogenheit als auch die durch Perspektivenveränderung und Perspektiventausch ermöglichte relative Aufhebung derselben – eine entscheidende Rolle: Es geht um die Vermittlung der *Eigenheit* dieser Perspektiven, insofern sie dem Menschen das *Unverwechselbare* seines Erlebens garantieren, *mit* demjenigen, was uns gerade *durch sie hindurch* in einer *gemeinsamen* Welt leben lässt.“ (Blankenburg 1991, S. 6, Hervorh. im Original). Indem ich ein Ding aus verschiedenen Perspektiven, im wörtlichen wie im übertragenen Sinn, betrachte, kann ich es als außer mir Befindliches konstituieren. Durch wenigstens partiellen Perspektiventausch kann ich sowohl das Besondere meiner Sichtweise, als auch die Intersubjektivität im gemeinsamen Begreifen erfahren. Eine interessante Überlegung formuliert Blankenburg in der These, dass es nicht allein das Gelingen des Perspektivenwechsels bzw. –tausches ist, wodurch sich unser Realitätsbezug konstituiert, sondern gerade auch das zunächst „ärgerliche" Scheitern solcher Bemühungen, weil es uns ihre Grenzen vor Augen führt (a.a.O. S.17). Der Wahn wäre demnach die Unfähigkeit, einen „Perspektivenkontrast" (a.a.O. S.13) für die Realitätserfassung zu nutzen, er würde „sich aus dieser Sicht als...pathologische Steigerung der Perspektivität im Sinne einer Fixierung auf die je eigene Perspektive darstellen, als eine Art Aspekten-Verzerrung und ‚Aspekten-Sklerose'" (a.a.O. S. 15).

Dieser Ansatz ist gewiss aufschlussreich, insofern er eine erste begriffliche Annäherung an den Wahn ermöglicht. Seine Grenzen findet er eingestandenermaßen dadurch, dass die „Intersubjektivitätsbezogenheit" des Menschen hier nicht mehr als apriorisches „Existenzial" im Sinne Heideggers oder dergleichen, sondern als empirische, einer Graduierung zugängliche Größe erfasst werden muss (a.a.O. S. 11). Und es gibt keinen klaren Indikator dafür, wann die kritische Grenze erreicht ist. Inwieweit sind wir nämlich im Alltag fähig zum Perspektivenwechsel? Hier gibt es über die bereits angesprochenen notwendigen Grenzen hinaus immer wieder Einschränkungen durch vielerlei Arten von Bornierungen. Bereits Nietzsche geißelt zum Beispiel den „Nationalitätenwahnsinn", und Blankenburg selbst spricht von „Ethnopsychiatrie im Inland" (Blankenburg 1991, S. 4). Gerade dadurch schafft der Begriff der Perspektivität jedoch eine weitere „natürliche" Verknüpfung zwischen den in diesem Band bearbeiteten Problemen, insofern er sie in die Frage kleidet, inwieweit ein Perspektivenwechsel und ein Perspektiventausch zwischen unterschiedlichen Kulturen prinzipiell ausgeschlossen bleiben muss, wie von verschiedener Seite behauptet wird, oder ob es doch eine gemeinsame, intersubjektiv zugängliche und Intersubjektivität ermöglichende Wirklichkeit gibt. Auch Richard Rottenburg beschließt seinen „epistemologischen Thriller" (FAZ 3.12.02) zur wissenssoziologischen Misere der Entwicklungshilfe mit dem Hinweis auf die „elementare Operation der Anthropologie..., sich mit den Augen der Anderen sehen zu lernen – auch wenn die Anderen diese Rolle manchmal nur unfreiwillig und ziemlich schlecht spielen" (Rottenburg 2002, S. 241).

Auf der einen Seite werden also in Philosophie und Kulturwissenschaften, aber auch in der Literatur seit mindestens einem Jahrhundert Diskussionen geführt, ob es „die Wirklichkeit" überhaupt gibt, ob sie nicht eine bloße

„gesellschaftliche Konstruktion“ ist (vgl. z.B. Berger/Luckmann), ob nicht viele – möglicherweise gleichberechtigte – Wirklichkeiten nebeneinander existieren. Artaud etwa nennt den „Mythos der Wirklichkeit selbst, die mythische Wirklichkeit selbst, die dabei ist, sich zu inkorporieren“ (Artaud 1977, S. 22). Auf der anderen Seite steht traditionell eben der common sense, das „gesunde“ Empfinden der Allgemeinheit, dass die Welt so ist, wie sie uns erscheint. Möglicherweise, dies sei als Vermutung, als lediglich durch die eingeschränkte individuelle Alltagserfahrung gestützte Hypothese vorgetragen, besteht die Chance, diese Standpunkte einander anzunähern. Einerseits erscheint es dem soziologischen Laien, als ob in den letzten Jahrzehnten auch in einer breiteren Öffentlichkeit aufgrund der Verunsicherung aus verschiedenen Richtungen die Überzeugung an Plausibilität gewinnt, dass unsere Sicht der Welt, wer immer „wir“ dabei sind, nicht notwendig die einzig Richtige ist. Umgekehrt beginnt sich die wissenschaftliche Reflexion mit der Frage zu befassen, ob das bislang übliche, alltagspraktische Festhalten am Gedanken *einer* Wirklichkeit bloße Halsstarrigkeit verrät, gegenüber den subtilen philosophischen, soziologischen, ethnologischen und psychologischen Argumenten, die dagegen sprechen. Auch für dieses Festhalten gibt es verschiedene Argumente, unter anderen den Verweis auf den drohenden Zusammenbruch der Verständigung. Häufig wird vor dem Verlust der gemeinsamen Realität gerade mit dem horror vacui, mit der drohenden Leere und Sinnlosigkeit unseres Tuns gewarnt, während diejenigen, die eine solche Wirklichkeit abstreiten, geradezu mit der Attitüde intellektueller Abenteurer und Polarforscher auftreten.

Die Moral dahinter

Wie damit bereits angedeutet, gibt es für beide Zugangsweisen zur Wirklichkeit, für die relativistische wie für die vereinheitlichende, alsbald gewichtige moralische Motive, die den theoretischen Argumentationen möglicherweise zugrunde liegen, ohne damit natürlich über deren argumentative Richtigkeit oder Falschheit zu entscheiden.

Auf der einen Seite kann man beklagen, dass die Sicht der Wirklichkeit stets von den Mächtigen den anderen aufgezwungen wurde, dass zumindest ein berechtigter Verdacht besteht, dass jemand, der eine bestimmte Beschreibung der Wirklichkeit als die allein Richtige propagiert und mit verschiedenen Mitteln durchzusetzen versucht, dies als Vehikel für seine Interessen benutzt, ob er dessen nun gewahr wird oder nicht. Ein in diesem Kontext vielzitiertes Werk ist Michel Foucaults *Les mots et les choses* aus dem Jahre 1966 (deutsch: Foucault 1978). Seit einiger Zeit wird der Vorwurf erhoben, dass auch Jahrzehnte nach dem Ende der Kolonialisierung in vielen Bereichen noch immer fraglos die Logik und Begrifflichkeit der Kolonialmächte transportiert und übernommen wird (vgl. Bloor 1991, neuerdings Conrad/Randeria 2002). Anstatt die objektive Richtigkeit der eigenen Interpretation der Welt beweisen zu wollen, so die moralische Lehre daraus, sollte man lieber Toleranz, ja Anerkennung (Taylor 1993) gegenüber anderen Auffassungen und Solidarität auch mit den Bedürftigen üben, die die Welt völlig anders sehen als wir. Die Veränderungen in den dominanten Überzeugungen innerhalb unserer Kultur sollten uns lehren, mit als Objektivität verkleideten Dominanzansprüchen vorsichtig umzugehen (Rorty 1993), gerade dann, wenn wir mit anderen Kulturen in Frieden leben wollen.

Auf der Gegenseite verweist man – besonders im Kontext der Diskussion um die Menschenrechte – darauf, dass etwa die Behauptung, die Menschen-rechte seien mit einer bestimmten Kultur unvereinbar, häufig nur dem Schutz der gerade Herrschenden dienen soll. Tatsächlich waren derartige Prinzipien im Laufe der Jahrzehnte als unvereinbar mit der deutschen, der spanischen, der lateinamerikanischen, der afrikanischen und der asiatischen Kultur bzw. Mentalität entlarvt worden. Hier den Relativismus zu akzeptieren, so das Argument der Universalisten, heißt die Opfer ihren Mördern auszuliefern (vgl. Sosoe 2001, generell zu dieser Debatte Reuter 1999, Göller 1999, Paul/Göller/Lenk/Rappe 2001).

Auf innerkultureller, individueller Ebene kehrt ein solches moralisches Dilemma alsbald wieder, insbesondere wenn es um Menschen geht, die ein von der Norm deutlich abweichendes Verhalten an den Tag legen. Man hat die institutionelle Behandlung von Geisteskranken mit der Behandlung von Hexen durch die Inquisition verglichen (Szasz 1976, vgl. Foucault 1976, 83ff., 89ff.). Foucault zieht stärker die Linie von den nach dem Rückgang der Lepra ab dem 14. Jahrhundert leerer werdenden Leprosorien (Foucault 1973, 19ff.), die teilweise als Internierungshäuser für störende Elemente verschiedener Art, von Bettlern, kleinen Kriminellen und als wahnsinnig Erfassten genutzt wurden, als man die zuvor geübte Praxis der Vertreibung oder „Verschickung“ der Irren aufgab (Foucault 1973 S. 68ff.). Dies mag einer anderen mentalen Einstellung zum Wahnsinn entsprechen, wie Foucault vermutet, kann jedoch auch daran liegen, dass angesichts gestiegener Bevölkerungszahl und umfassender werdender politischer Strukturen mit intensiverer Kommunikation zwischen denselben derartige Probleme nicht mehr als gelöst anzusehen waren, wenn man sie vor die Stadttore verbannte. Die Praxis der Internierung ging gegen Ende des 18. und Beginn des 19. Jahrhunderts dann in die der psychiatrischen Anstalten über. Foucault begrüßt die damit verbundene Verwissenschaftlichung jedoch keineswegs ohne Vorbehalt, wie man bereits an der oben wiedergegebenen Passage erkennen kann, im Gegenteil: Die Verwendung von wissenschaftlichem Weihwasser macht die Herabwürdigung der Irren noch endgültiger und unvermeidlicher. Gewiss ist es zu begrüßen, dass man den Irren in Bicêtre und anderen Internierungsanstalten die Ketten abnimmt, doch insgesamt „erreicht man nur die Ironie der Widersprüche:

- man lässt die Freiheit des Irren spielen, aber in einem geschlosseneren, festeren, weniger freien Raum als dem der Internierung, der stets ein wenig unbestimmt ist;
- man befreit ihn von seiner Verwandtschaft mit dem Verbrechen und dem Bösen, aber nur um ihn den strengen Mechanismen eines Determinismus einzuschließen. Er ist nur in der Absolutheit einer Nicht-Freiheit völlig schuldlos;
- man löst die Ketten, die den Gebrauch seines freien Willens behinderten, aber um ihn jenes Willens zu entledigen, der in den Willen des Arztes verlagert und verändert wird“ (Foucault 1973, S. 541).

Es geht hier selbstverständlich nicht darum, die Ansicht und die Resultate Foucaults schlicht zu übernehmen (kritisch zur Methode Foucaults vgl. Beitrag Sosoe). Doch sind seine Ausführungen nach wie vor informativ, seine Analysen nach wie vor provozierend, und: sein Werk ist inzwischen selbst ein wesentlicher Baustein in der Geschichte des gesellschaftlichen Umganges mit dem Wahnsinn. Inzwischen hat einerseits durch den Einfluss der neurologischen und biochemischen Forschung einerseits die Verwissenschaftlichung in erheblich größerem Maße auf die Psychiatrie übergegriffen als zu Foucaults Zeiten. Andererseits ist man verschiedentlich sensibler geworden gegenüber den moralisch problematischen Aspekten der Internierung von psychisch Kranken. Zudem sind wir heute vielleicht etwas vorsichtiger und zurückhaltender bei der Einschätzung ungewöhnlichen Verhaltens. Dennoch: Jemandem Realitätsverlust zu bescheinigen hat nach wie vor disqualifizierende Wirkung. Insbesondere im medizinisch-dia-gnostischen Kontext kann es nach wie vor dazu führen, dass der betreffenden Person gegen ihren Wunsch die Patientenrolle aufgedrängt wird und darüber hinaus weitere Beschränkungen ihrer Autonomie damit begründet werden – möglicherweise nicht einmal zu Unrecht.

Auf der einen Seite wird nämlich etwa von Patientenverbänden heftiger Protest gegen möglicherweise ungerechtfertigte Internierungen erhoben, andererseits trifft die öffentliche Empörung, ja gerichtliche Verfolgung bei Verbrechen psychisch kranker Straftäter oft genug die Therapeuten und Gutachter. Mitunter gehen die Angehörigen von Patientinnen und Patienten, die sich beim Freigang oder nach der Entlassung selbst getötet haben, gegen die medizinisch Verantwortlichen vor. Manche der in der Psychiatrie Tätigen klagen daher, sie stünden mit jeweils einem Bein in einer anderen Gefängniszelle: in der einen wegen unterlassener Hilfeleistung, in der anderen wegen Freiheitsberaubung.

Es ist daher auch moralisch nicht irrelevant, ob wir uns jederzeit oder zumindest „letztendlich" über eine Wirklichkeit, in der wir alle leben, verständigen können, so dass diejenigen, die es nicht tun, eben Defizienzen aufweisen, oder ob es viele verschiedene Wirklichkeiten gibt, ob verschiedene Kulturen verschiedene Wirklichkeiten implizieren, ob am Ende jeder Mensch in einer eigenen Wirklichkeit lebt. Doch wie und worüber wäre dann Verständigung möglich?

Rettende Anker und ihre Schwachstellen

Bietet uns aber nicht die Naturwissenschaft die Welt so, wie sie wirklich ist? Dies entspricht vielleicht der Abbild-Theorie aus Wittgensteins *Tractatus Logico-Philosophicus* und wohl nach wie vor dem soliden Selbstbewusstsein vieler Naturwissenschaftler, wie man es in „interdisziplinären" Diskussionen geboten bekommt. Doch zeigten begriffliche und wissenschaftstheoretische Analysen bereits seit längerem, dass eben die Welt der Naturwissenschaften ihrerseits erst durch – zugegebenermaßen meist sinnvolle – Abstraktionen, Vernachlässigungen und Modellbildungen geschaffen werden muss, damit sie dem Anspruch der exakten Messbarkeit genügt. Außerordentlich eindrucksvoll beschreibt etwa Edmund Husserl im neunten Paragraphen seiner Schrift über „Die Krisis der europäischen Wissenschaften und die transzendentale Phänomenologie" in idealtypischer Form, wie Galilei die Welt geometrisieren, ihrer Vielfalt und ihrer „Füllen" berauben muss, um sie seiner Zielstellung anzupassen (Husserl 1982, 22ff.). Für unseren Kontext ist zunächst nicht ganz irrelevant, dass es eine europäische Lebenswelt war, aus der heraus die für die Entwicklung der modernen Naturwissenschaft entscheidenden Reduktionen und Abstraktionen bis hin zu den Versuchsaufbauten durchgeführt wurden.

Vor allem aber muss man sich darüber klar bleiben, dass die auf solche Weise erzielten Resultate uns enorm vieles lehren können, jedoch per definitionem nichts über die Bereiche, von denen wir abstrahiert haben, die wir durch die für den Versuch erforderliche Normierung verändert oder ausgeblendet haben etc. Dies wird für die von uns zu diskutierenden Probleme nicht unwichtig sein.

Gerade die von vielen Experimentalwissenschaftlern gehegte Überzeugung, man könne doch unter Rückgriff auf die „Fakten", d.h. auf Messergebnisse die Wahrheit bestimmen, eben die Welt abbilden, wie sie ist, erweist sich bei genauerer Betrachtung als naiv. Kurioserweise wird dies just von einem Philosophen gezeigt, der sich seinerseits der „Naturalisierung" der Erkenntnistheorie verschrieben hatte. Nach Willard van Orman Quines naturalistischer Erkenntnistheorie gliedern wir Menschen, aber auch bereits die höheren Säugetiere die Welt nach Ähnlichkeiten und Unähnlichkeiten, um unser Überleben zu sichern, etwa indem wir auf ähnliche Situationen ähnlich reagieren, weil wir wiederum mit einer ähnlichen Reaktion der Umwelt rechnen. Als einzige Quelle, Erfolg oder Misserfolg zu prüfen, haben wir die Reizungen unserer Körperoberfläche durch Lichtstrahlen, Schallwellen etc. Wir ermitteln also Ähnlichkeiten von Reizmustern (stimulus patterns). Durch die Wissenschaft sind wir in der Lage, die zunächst kruden Ähnlichkeitskriterien zu verfeinern und schließlich hinter uns zu lassen, indem wir präzisere Wege finden, die Welt zu ordnen und damit unsere Überlebenschancen zu verbessern. Quine sieht dies als „Evolution von der Vernunftlosigkeit zur Wissenschaft" (Quine 1969, S. 129ff.).

Mit der Revision des Weltbildes durch die Wissenschaft ist auch eine Revision der Sprache verbunden, da Sprache und Theorie nicht unabhängig voneinander bestehen können. Unter „Theorie" ist hier natürlich nicht ein eingegrenzter technischer Bereich zu verstehen, sondern eben die Gesamtheit oder wesentliche Teile des Weltbildes. Generell ist gemäß dem zu dieser Auffassung gehörenden semantischen und erkenntnistheoretischen Holismus kein Satz, erst recht kein einzelnes Wort isoliert für sich, sondern alle sind nur im Kontext einer Theorie verstehbar und verifizierbar. Anders als im eingangs angeführten Zitat bei Thomas von Aquin ist Wahrheit für Quine keine Frage der Abbildung einer sprachunabhängigen Wirklichkeit, mit der die Sätze korrespondieren, sondern eine solche der Kohärenz zwischen den Sätzen und Theorieteilen. Sätze werden prinzipiell durch andere Sätze begründet, wobei zunächst Sätze, in denen wir uns die Zeugnisse unserer Sinne mitteilen, eine besondere Rolle spielen. Jede Theorie enthält auch sog. Beobachtungssätze, die in verhältnismäßig geringem Ausmaß durch die Theorie determiniert sind und dadurch metaphorisch gesprochen die Berührungsfläche zwischen der Theorie und der Welt darstellen. Eine Grundannahme Quines ist also, dass auch unsere Alltagssprache, jede Alltagssprache eine Theorie über die Welt darstellt. Und es sind unsere Theorien, mit denen wir festlegen, was es in unserer Welt gibt:

> „Wir verwenden, jedenfalls soweit wir vernünftig sind, den einfachsten begrifflichen Rahmen, in welchen wir die unordentlichen Fragmente der rohen Erfahrung eingliedern und ordnen können. Unsere Ontologie ist bestimmt, sobald wir uns auf ein umfassendes Begriffsschema festgelegt haben, das sich für unsere wissenschaftlichen Betrachtungen im weitesten Sinne eignet;..." (Quine 1980, S.16f.)

Dies gilt für Gegenstände des Alltags nicht anders als für solche der Mythologie oder der Wissenschaft. Es handelt sich allemal um unsere Setzungen (posits), die wir durchführen, indem wir Pronomen, Artikel, Pluralformen verwenden und die Identität von Dingen behaupten.

Dies wird für unseren Kontext an verschiedenen Stellen relevant. Erstens insofern, als eine direkt an Quines Konzeption anschließende Theorie des Psychischen – der eliminative Materialismus von Patricia und Paul Churchland und anderen – in unserer umgangssprachlichen Rede über Mentales, Psychisches, Geistiges, Geisteskrankheiten etc. eine völlig verfehlte und ineffiziente Theorie, eine „Folklorepsychologie" sieht, die man im Zuge der wissenschaftlichen Rationalisierung am besten mitsamt dem Vokabular über Gefühle, Meinungen und seelische Störungen eliminiert. Dies geschieht, indem man diese Theorie durch eine rationale neurobiologische Ausdrucksweise ersetzt, wie man einst die Rede von Dämonen als Krankheitsursachen zugunsten der Rede von Bakterien und Viren aufgab (vgl. z.B. Churchland 1988). Thomas Szasz würde mit seiner Ansicht, dass die Rede von einer Geisteskrankheit unsinnig sei, weil man unter Krankheit einen Defekt des Körpers verstehe (Szasz 1973), hier durchaus Unterstützung finden, allerdings deshalb, weil es dieser Position gemäß überhaupt Unsinn ist, so etwas wie einen Geist anzunehmen. Ob eine derartige oder eine in diese Richtung gehende Theorie derzeit offen oder insgeheim von einer größeren Zahl der Psychiater vertreten wird, oder zumindest von denen, die sich an der blühenden neurobiologischen Erforschung des Verhaltens generell und mentaler Störungen insbesondere beteiligen, kann hier nicht entschieden werden; Tendenzen sind zweifellos vorhanden. Will man das analytische

Bewusstsein des Wahnsinns auf diese neurobiologische Betrachtungsweise reduzieren, so setzt man sich insofern der Gefahr von Inkohärenzen aus, als zumindest der Bereich der zu untersuchenden Gegenstände nach wie vor durch abweichendes *Verhalten* bestimmt würde, also nach dieser Methodologie *ohne* wissenschaftlichen Hintergrund. Es sei denn, man würde nicht mehr abweichendes Verhalten, sondern eine abweichende neurobiologische Struktur selbst für erklärungs- und behandlungsdürftig erklären, unabhängig vom Benehmen der Betroffenen... Foucault sähe sich jedenfalls in seinem Urteil bestätigt, dass repressive Maßnahmen hier die Weihe wissenschaftlicher Objektivität zugesprochen bekommen. Dies ist jedenfalls einer der Fälle, in denen durch die von der Wissenschaft vorgenommenen Abstraktionen Teile des menschlichen Lebens ausgeblendet werden, die für die Betroffenen entscheidend sein können.

Quines Konzeption wird in einer zweiten Hinsicht relevant für unseren Kontext, bei der auch die angekündigte Kuriosität zu Tage tritt, insofern er nämlich einerseits zeigt, wie man auch ohne eine Korrespondenztheorie der Wahrheit nach wie vor szientistischen Reduktionismus betreiben kann. Andererseits entzieht diese Art der Formulierung dem szientistischen Selbstbewusstsein den intuitiven Hintergrund, wonach man sich auf Fakten stützt, die der Realität korrespondieren. Denn eine von Quines zentralen wissenschaftstheoretischen Thesen ist die von der evidentiellen Unterbestimmtheit wissenschaftlicher Theorien.

Diese Unterbestimmtheit besteht darin, dass es laut Quine für dasselbe empirische Datenmaterial mehrere in sich und mit den Messdaten stimmige Theorien geben kann, die miteinander inkompatibel sind oder gar widersprüchliche Sätze enthalten. Da nun die Sätze und Theoriestücke einer Wissenschaft gemäß dem von Quine vertretenen Holismus miteinander vernetzt sind, können wir bei unstimmigen Versuchsresultaten nicht unbedingt wissen, wo wir unsere Theorie zu ändern haben, könnten daher verschiedene Arten der Veränderung selbst von einem gemeinsamen Ausgangspunkt zu sehr unterschiedlichen Theorien führen.

Diese Lehre von der evidentiellen Unterbestimmtheit empirischer Theorien steht in engem Zusammenhang mit einem weiteren, für unseren Kontext besonders wichtigen Theoriestück Quines, nämlich dem Problem der sog. radikalen Übersetzung und der Unbestimmtheit des Sinnes sprachlicher Äußerungen. Dieses dient ursprünglich zu einer fundamentalen Attacke gegen den Bedeutungsbegriff. Quine versucht, erstmals wohl im zweiten Kapitel seines Hauptwerkes *Word and Object,* zu zeigen, dass es inkompatible

Begriffsschemata (conceptual schemes) gibt, zwischen denen keine eindeutige Übersetzung möglich ist. Insbesondere gibt es dann nicht so etwas wie von den Wörtern der Einzelsprachen bzw. der einzelnen Begriffsschemata abstrahierbare, ihnen gemeinsame Bedeutungen, durch die sich die Übersetzung kontrollieren ließe. Das vielzitierte, von Quine selbst später für unglücklich gehaltene Beispiel ist das eines Feldforschers, der von den Mitgliedern eines bislang völlig unbekannten Volkes lernt, im richtigen Moment auf ein Kaninchen zu deuten und „gavagai“ zu rufen, ohne damit jedoch den referentiellen Apparat, die Ontologie dieses Volkes erfasst zu haben. Sie könnten sich bei behavioristisch gleichen Äußerungen auf Kaninchen, auf Exemplare der Kaninchenheit oder die Kaninchenphase eines anderen Wesens beziehen.

Während man zeitweilig die evidentielle Unterbestimmtheit und die Unbestimmtheit der Übersetzung für zwei Seiten derselben Medaille hielt, legt Quine in späteren Werken Wert auf den Unterschied zwischen den beiden zentralen Konzeptionen: Die Unbestimmtheit der Übersetzung zeige, dass die Annahme von Propositionen bzw. Aussagen als Satzbedeutungen unhaltbar sei, die Unterbestimmtheit globaler Wissenschaft beweise, dass es unterschiedliche vertretbare und verteidigbare Weisen, die Welt zu verstehen, geben könne (Quine 1990, S. 102).

Es entspann sich im Anschluss eine Diskussion um die Frage, ob es zwischen verschiedenen Begriffsschemata, in welchen wir unsere Konstruktionen der Wirklichkeit ausdrücken, sei es zwischen Kulturen, sei es zwischen stets „evidentiell unterbestimmten“ naturwissenschaftlichen Theorien – aber auch von individuellem „Ideolekt“ zu „Ideolekt“, denn „the indeterminacy of translation holds also at home“ (Quine 1974, S. 83) und in manchen Adaptionen Quineschen Denkens wird sogar die Schizophrenie als internes Übersetzungsproblem interpretiert (vgl. unten Beitrag Trincia) – so etwas wie Inkommensurabilität geben kann, eine notwendig verbleibende Unbestimmtheit der Übersetzung. Donald Davidson (Davidson 1984) hatte unter Rückgriff auf einen bereits bei Quine benutzten Terminus dagegen gehalten, dass wir bei der Identifikation von (Natur-)ereignissen *als* Zeichenfolge und Teil eines Begriffsschemas unsere Interpretationsmaßstäbe und unsere Wahrheitskriterien sowie das *principle of charity*, das Prinzip der Barmherzigkeit, bereits angewandt haben, welches besagt, dass wir denjenigen, deren Sprache wir übersetzen, besser keine unsinnigen, will zunächst einmal sagen: widersprüchlichen Ansichten unterstellen sollten. Bereits die Rede über Wirklichkeit und über Begriffsschemata setzt also unseren sprachlichen

Zugriff und damit die Übersetzbarkeit „im Prinzip" voraus. Auf diese Weise erweist sich nach Davidson ein Relativismus von Begriffsschemata als letztlich unbegreiflich weil unbeschreibbar.

In der Soziologie, Ethnologie und anderen Wissenschaften hat man sich seit längerem mit anderem methodischen Rüstzeug vergleichbaren Fragen beschäftigt. Inzwischen gibt es jedoch auch Ansätze, die das in der analytischen Philosophie erarbeitete Handwerkszeug auf empirische Probleme dieser Wissenschaften anwenden (vgl. z.B. Cappai 2000, Vielmetter 1998). Für unseren Kontext war hier wichtig, dass an der vermeintlich eindeutigen und unverrückbaren Faktizität empirischer, speziell naturwissenschaftlicher Resultate gerade aus der Sicht einer szientistischen Wissenschaftstheorie Zweifel möglich sind. Damit ist indessen noch keine Entscheidung zugunsten des Relativismus gefallen, selbst dann nicht, wenn es keine von unserer Sprache unabhängige Wirklichkeit in der Weise gibt, dass wir uns nur der Perspektive Gottes weit genug anzunähern brauchen, um sie erfassen. Schließlich gibt es durchaus rationale Auswahlkriterien zwischen unterschiedlichen Theorien, darunter das der gelungenen Prognose, das der Einfachheit, das der Kontinuität. Hilary Putnam vertritt in einigen seiner Werke, gerade unter der Prämisse, dass uns der „God's Eye view of the universe" nicht zugänglich ist, einen sog. internen Realismus, demzufolge wir gewisse Freiheiten bei der Wahl des Bezugssystems besitzen, dann jedoch an Kriterien der Widerspruchsfreiheit, des seriösen Umgangs mit Versuchsergebnissen etc. gebunden sind (Putnam 1987). Hier soll noch ein etwas anderer Weg vorgeschlagen werden.

Arten des Realismus

Will man zu klären versuchen, was die Rede vom Realitätsverlust einerseits, von verschiedenen Realitäten andererseits genau besagen kann, falls es sich um sinnvolle Redeweisen handelt, so kann man zunächst hypothetisch unterstellen, dass „die" Wirklichkeit unseres Alltags möglicherweise so etwas wie die Verknüpfung, der überlappende Durchschnitt verschiedener Alltagswirklichkeiten wirklich *ist* und nicht nur einen kollektiven Irrtum, eine schlechte Fiktion darstellt. Dies impliziert eine Entscheidung gegen die alternative Hypothese, man könne, zumal im Zeitalter der Virtualisierung, vielleicht ganz auf Bemühungen der Auszeichnung einer herausragenden Wirklichkeit bzw. der Unterscheidung von Wirklichkeit und Nicht-Wirklichkeit verzichten, wie sie einigen postmodernen Theorien vorzuschweben scheint. Der Vorzug einer Entscheidung für die Annahme einer Wirklichkeit besteht darin, dass man nicht sogleich der überwältigenden Mehrzahl der Menschen unterstellen muss, sie befänden sich in einem fundamentalen Irrtum über ihre Welt – der Umstand, dass uns allen immer wieder zahlreiche Irrtümer unterlaufen, bleibt davon unberührt – und dass man sich nicht in eine pragmatische Inkonsistenz mit dem eigenen Handeln begibt, wo man eine derartige gemeinsame Wirklichkeit ja zu unterstellen scheint.

Man hat, wenn man sich in dieser Weise entschieden hat, allerdings zu klären, wie sich gelungene von misslungenen Wirklichkeitsbezügen unterscheiden lassen. Als praktisches Problem stellt sich dies für die Psychiatrie: Wo hört eine Sicht der Dinge auf, bloß eigenwillig zu sein und beginnt, wahnhafte Züge anzunehmen, so dass ärztliches Eingreifen erforderlich wird? Auch wenn man anerkennt, dass für den hier vorgeschlagenen „lebensweltlichen" Zugang, um nochmals an Husserl zu erinnern, aus dieser Aufgabenstellung nicht unerhebliche Probleme erwachsen, so kann man doch darauf verweisen, dass dies für andere Zugangsweisen ebenso gilt. Massimo Biondi hat bereits 1974 nicht weniger als neun verschiedene Ansätze, in der Psychopathologie „Norm" und „Normalität" zu erfassen, diskutiert und auf ihre Schwächen hingewiesen (Biondi 1974). Dazu gehören statistische, biologische, anthropologische, behavioristische und etiologische Ansätze. Die Schwierigkeit besteht, was für unseren Kontext von speziellem Interesse ist, immer wieder auch darin, mit den in der Medizin und insbesondere der Psychiatrie durchaus variablen Krankheitsbegriffen und ihrer Kulturabhängigkeit zurande zu kommen. Gerade die Vorstellung davon, was als normal gelten kann, Biondi nennt als Beispiele sexuelle Praktiken und das Verhältnis zu bestimmten Drogen, schwankt zwischen verschiedenen Kulturen und Epochen nicht unerheblich. Biondi schlägt daher einen „mehrdimensionalen" Zugang vor (Biondi 1974, 131ff.), was mit dem eben angedeuteten Konzept ohne weiteres vereinbar ist, da man ja auch in der Lebenswelt die Resultate der verschiedenen Wissenschaften selbstverständlich rezipiert und mitverwendet. Man relativiert nur die Erfolgsaussichten eines naturwissenschaftlichen Reduktionismus.

Man kann eine derartige erkenntnistheoretische Position, die zunächst von der Korrektheit unserer Weltsicht ausgeht, dabei gegenüber den wissenschaftlichen Korrekturen derselben offen bleibt, die allerdings den Wissenschaften als Ganzem eher „Sinnprovinzen" zuweist statt sie als einzige und ausschließliche Erkenntnisquelle zu akzeptieren, als *falsifizierbaren direkten Realismus* bezeichnen. Er besitzt gegenüber einem erkenntnistheoretischen Idealismus den Vorteil, keine zusätzlichen Entitäten wie *ideas*, Vorstellungen, ja eine ganze Innenwelt annehmen zu müssen, deren Übereinstimmung mit der Außenwelt es dann zu beweisen gilt. Gegenüber dem wissenschaftlichen Realismus hat man den Vorteil einer erheblich größeren Kontinuität des für wahr und rational Gehaltenen, gegenüber Putnams internem Realismus wiederum besitzt man den Vorzug eines für gewöhnlich ausgezeichneten Bezugssystems.

Mit einem etwas anderen Erkenntnisinteresse, aber durchaus auch, um das philosophische Denken und den common sense in Bezug auf fundamentale Begriffe wie „Wahrheit", „Rationalität" und „Wirklichkeit" auf die Probe zu stellen, untersucht Remo Bodei die „Logiken des Wahns" unter Rückgriff auf Freud und verschiedene Resultate der Psychiatrie des zwanzigsten Jahrhunderts, aber eben ohne szientistischen Reduktionismus (Bodei 2000). Bodei versucht, das Phänomen des Wahnes weder zu leugnen, noch zu denunzieren, sondern schlicht seine Besonderheiten gegenüber unserem Alltagsdenken herauszuarbeiten. Er verweist etwa auf die Auflösung zeitlicher Kontinuitäten (Bodei 2000, S. 12f.) und die inkohärente und kurzschlüssige Überlagerung späterer Ereignisse durch nicht verarbeitete, nicht mental integrierte, „verkapselte" Erlebnisse aus frühen Phasen der individuellen Entwicklung, sog. fueros (S. 16, S. 74), ferner auf die besondere Art affektiver Besetzung von Ereignissen (S. 80ff.), die für Außenstehende fremdartige Bemühung um Kohärenz unerwarteter Elemente und eine ebensolche Gewissheit hinsichtlich der vermeintlichen Evidenz bestimmter Zusammenhänge (vgl. S. 91ff.). Auf diese Weise gelingt ihm eine eindrucksvolle Charakteristik der Strukturen wahnhaften Denkens, wobei er es nicht für zwingend notwendig hält, den Wahn zu „kolonisieren" und ihn mit einer fremde Rationalität zu überlagern: „Man muss ihn so lange wie möglich in seiner eigenen Sprache sprechen lassen", hält er, übrigens mit Blick auf Artaud, fest (Bodei 2000, S. 90).

Auf den ersten Blick scheint die Situation zwischen der Gesellschaft und dem Wahnsinnigen eine sehr verschiedene von der kognitiven Fremdheit zweier Kulturen zu sein. Schließlich konstatieren wir bei Kulturen eine wechselseitige, sozusagen symmetrische Fremdheit auf gleicher Ebene, während im Umgang mit dem Wahnsinn einzelne Individuen aus einer homogenen, vom Konsens getragenen Mehrheit ausgeschlossen werden. Dieser Unterschied zwischen den beiden Situationen schwindet in gewissem Maße, wenn die eine Kultur die andere aus verschiedenen Gründen, etwa der zahlenmäßigen Überlegenheit, einfach überlagert. Die Gebräuche, Weltsichten und Überzeugungen der Minderheit geraten möglicherweise rasch in den Status der Absonderlichkeit, Abwegigkeit, ja eben Verrücktheit. Wie bereits Vico im Hinblick auf die Götter festgehalten hatte, impliziert auch hier militärische oder durch Majorität geschaffene soziale Überlegenheit sehr leicht die Überlegenheit des Weltbildes. Häufig sind die Reklamationen kultureller Rechte, die Forderung nach kultureller Anerkennung oder nach Gruppenrechten von Minderheiten, wie etwa im Falle der first nations in Kanada, darauf ausgerichtet, derartige Benachteiligungen auszugleichen, wobei sich immer wieder Diskussionen um Fälle entspinnen, in denen dadurch die Menschenrechte von Gruppenmitgliedern verletzt werden.

Im Standardfall bleibt eine epistemologische Verschiedenheit beider Situationen gleichwohl vorhanden, insofern eben bei der Begegnung von Kulturen zwei Versionen von *common* sense aufeinander treffen, die häufig genug auch noch durch das geprägt sind, was Bodei als kollektiven religiösen Wahn beschreibt (Bodei 2000 S. 45ff.). Doch scheint es auch in dieser Situation möglich, an den Grundsätzen des falsifizierbaren direkten Realismus festzuhalten, da die Lebenswelt aller Beteiligten eben nicht nur verschiedene Interpretationen, sondern aus anthropologischen Gründen stets auch erhebliche Gemeinsamkeiten aufweist (vgl. auch Göller 2001, sowie Beitrag Göller in diesem Band). In manchen Situationen wird es sogar erforderlich, einen Realismus in Form eines gemeinsamen „Metacodes“ miteinander zu *setzen* (vgl. Rottenburg 2002, S.232ff. und Beitr. Rottenburg in diesem Band).

Zu diesem Band

Die hier publizierten Beiträge verfolgen den gemeinsamen Zweck, die Möglichkeiten des Umgangs mit Wirklichkeit vor dem Hintergrund der beiden genannten Herausforderungen – des Wahns und der kulturellen Konfrontation – auszuloten. Dies geschieht unter verschiedenen Aspekten. So wird im ersten Teil das Phänomen des Wahns in der historischen Entwicklung der Psychiatrie und in aktuellen Konzeptualisierungen eingegrenzt, aber es werden auch unterschiedliche Methoden diskutiert. Der zweite Teil präsentiert unterschiedliche Weisen, den Begriff der Wirklichkeit zu fassen, der dritte untersucht Bezüge der Wirklichkeitsauffassung zu den unterschiedlichen Lebenswelten. Die Beiträge des vierten Teils befassen sich mit unterschiedlichen Weisen, die vermeintliche oder tatsächliche Konfrontation verschiedener Lebenswelten und/oder Wirklichkeiten zu verarbeiten; und Teil fünf stellt sich der Frage, inwieweit die Wirklichkeit selbst, ebenso wie der Wahn, eine Konstruktion darstellt. Naturgemäß sind die Beiträge eines solchen Bandes nicht als bloße Expositionen eines gemeinsamen (Unter-)Themas konzipiert, so dass immer wieder auch Verbindungen zu anderen Teilen des Gesamtwerkes entstehen.

Im Einzelnen bietet im ersten Teil – über „Wahnbegriff und Wahnanalyse" – zunächst Hans-Jürgen Luderer neben gegenwärtig gebräuchlichen Definitionen des Wahns und seiner Abgrenzung von benachbarten Phänomenen sowie Hinweisen auf die Entwicklungen seit der Antike einen Überblick über die Entwicklungen des Wahnbegriffs in der Psychiatrie des letzten Jahrhunderts. Hinderk Emrich formuliert die These, dass der „Wahn als eine geistige Funktion ... sich vom Geist nicht wirklich abtrennen" lasse und begründet diese unter Rückgriff auf literarische Zeugnisse und klinische Fälle. Francesco Saverio Trincia geht in seiner Untersuchung über Freuds Theorie des Unbewussten kritisch auf Versuche ein, die Persönlichkeitsspaltung in Anlehnung an die skizzierten Auffassungen bei Quine und Davidson als Problem radikaler Übersetzung zwischen voneinander getrennten, „autonomen" Teil-Ichs zu interpretieren. Lukas Sosoe greift Foucaults Wahnanalyse, wie sie oben kurz angedeutet wurde, auf, um im Anschluss an Luhmanns Systemtheorie darauf hinzuweisen, dass sie methodisch die Rückbeziehung auf den eigenen Standpunkt und die Möglichkeit, diesen in Frage zu stellen, vermissen lässt.

Der zweite Teil, mit dem Titel „Die Welt und die Wirklichkeiten", beginnt mit Klaus Treuheits Erläuterung des Umstandes, dass wir beim Abspielen und Vernehmen von musikalischen Werken in ganz vertrauter Weise unterschiedliche Wirklichkeiten aufbauen, womit der Hinweis verbunden ist, dass unsere Erkenntnis- und daher wohl auch unsere Realitätsmetaphorik unverhältnismäßig stark durch den Gesichtssinn dominiert wird. Martin Endress zeigt vor dem Hintergrund der phänomenologisch ausgerichteten Soziologie von Alfred Schütz, wie sich die divergierenden, ja widersprüchlich erscheinenden „Sinnordnungen" einer komplexen Gesellschaft sehr wohl zu so etwas wie einer gemeinsamen sozialen Wirklichkeit verbinden lassen, auch wenn aus soziologischer Sicht keine kritische Auszeichnung anders konzipierter Wirklichkeiten als „Wahn" möglich ist. Nicht Edmund Husserl und Alfred Schütz, sondern Erving Goffman und Ludwig Wittgenstein sind die Gewährsleute für Walter Zitterbarth, wenn er die Kontextbezogenheit jeder Realitätskonzeption darlegt. Der Beitrag von Uwe Wolfradt wurde bewusst mit diesen Arbeiten in Verbindung gesetzt, weil auf diese Weise sowohl die Unterschiede in den Fragestellungen und Methoden, als auch nicht unwesentliche Gemeinsamkeiten hervortreten. Wolfradt untersucht das seit mehr als hundert Jahren beschriebene psychopathologische Phänomen der Depersonalisation in seinen historischen Konzeptualisierungen und geht bei seinem eigenen Zugriff u.a. auf Meads Konzeption des Perspektivenwechsels ein. Richard Rottenburg schlägt für eine Situation, in der man es praktisch mit zwei verschiedenen Auffassungen von Wirklichkeit zu tun hat, ein pragmatisches Verfahren vor, wie gemeinsames Handeln auf der Basis einer gemeinsamen Konzeption möglich wird, ohne dass man die Fundamentalfrage nach einer oder mehreren Wirklichkeiten zu beantworten hat.

„Die Wirklichkeit als Reflex der Lebensweise" ist die Überschrift des dritten Teils, in dem zuerst Gabriele Cappai eine Präsentation und Gegenüberstellung unterschiedlicher ethnologischer bzw. anthropologischer Umgangsweisen mit der Problematik des Kulturübersetzens bietet. Es folgt Ute Schönpflugs Untersuchung der Frage nach der Kulturabhängigkeit von Wirklichkeit aus der Sicht der Entwicklungspsychologie, welche einerseits die Geschichte der fachspezifischen Diskussion wiedergibt und andererseits eigene Resultate vorstellt. Im Anschluss daran warnt Alfred Springer vor einer Tendenz, durch überzogene Biologisierung des Geschlechterverständnisses und eine daraus resultierende Dichotomisierung der Wirklichkeiten die sehr viel komplexere Art des Erlebens von Wirklichkeit zu vernachlässigen, die sich bei den meisten Menschen im Erwachsenenalter vorfinden lässt. Zum Abschluss dieses Kapitels nimmt Felix Tretters Aufsatz „Rausch und Wirklichkeit" die Veränderungen von Wirklichkeitskonzeptionen unter dem Einfluss von Drogen als Testfall für die philosophische Theorie des Konstruktivismus.

Da nicht wenige der Fälle, in denen innerhalb einer Gesellschaft unterschiedliche Sichtweisen der Wirklichkeit aufeinanderprallen strafrechtlich relevant werden, ist das Kapitel über den „clash of realities" eingerahmt durch zwei strafrechtliche Analysen. Im ersten Beitrag dieses Teils argumentiert Jan C. Joerden anhand zweier spektakulärer Fälle und z.T. gegen die Rechtsprechung des Bundesgerichthofes dafür, dass wahnhafte Vorstellungen der Akteure alleine, solange kein genereller Ausschluss der Zurechnungsfähigkeit vorliegt, „nicht geeignet sind, ... zurechnungsrelevante Wissensdefizite zu begründen". Gewissermaßen komplementär dazu zeigt Joachim Renzikowski im abschließenden Aufsatz des Kapitels unter Verwendung einiger Grundsätze aus der analytisch-philosophischen Handlungstheorie, dass in der Beurteilung von Fällen des sog. untauglichen

Versuchs (eine Straftat zu begehen) krasse Fehleinschätzungen der handlungsrelevanten Kausalzusammenhänge sehr wohl geeignet sind, die Strafwürdigkeit der entsprechenden Handlung in Frage zu stellen. In den verbleibenden Beiträgen diskutiert zum einen Thomas Göller kritisch die von Philosophen wie Wittgenstein, Winch und Rorty erhobene Behauptung, es müsse zwischen kulturell bedingten Realitätsauffassungen inkommensurable Differenzen geben. Sodann zeigen Erdmuthe Fikentscher und Tom Alexander Konzag, wie sich psychische Erkrankungen in Relation zu Verschiebungen der von der Gesellschaft ausgeübten „Deutungsmacht" verändern können. In seinem Beitrag befasst sich Christoph Mundt mit der Frage, wie stark bei einer Konzeption des Wahnes als „gelebte Gegenwelt" das aktive Element des intentionalen *Lebens* gegenüber dem passiven Element der erlittenen Fehlwahrnehmung zu gewichten ist. Für verschiedene Formen des Wahns ergibt sich hier ein divergierendes Bild.

Der letzte, etwas kürzere Teil, greift nochmals die bereits verschiedentlich aufgetauchte Frage auf inwieweit man „Wahn und Welt als Kulturprodukte" ansehen kann. Zunächst führt Shingo Shimada anhand des für Europäer prima facie irritierenden Umstandes, dass Japaner oft selbstverständlich von Geistern und ihrer Wirkung auf die Welt sprechen und einer geschichtlichen Rekonstruktion dieser Redeweise vor, wie ein universalistischer Ethnozentrismus in bestimmten Situationen geradezu die Erzeugung inkommensurabler Konzeptualisierungen provoziert. Im letzten Beitrag des Bandes legt Alexander Aichele dar, dass Nietzsches Bild von der Welt als Wahn als vom Willen zur Macht hervorgebrachte Konstruktion keineswegs einen Nihilismus zur Folge hat, sondern vielmehr implizit eine klare Präferenz für eine möglichst rationale Form derartiger Konstruktion aufweist.

Wie die anderen von mir publizierten Schriften wäre auch dieser Band nicht ohne die vielfältige Unterstützung von Dagmar Kaufmann zustande gekommen, wobei im konkreten Fall nochmals die gelungene optische Gestaltung von Plakaten und Programmen für das der Entstehung des Bandes zugrundeliegende DFG-Rundgespräch und die Gestaltung des Bandes selbst hervorzuheben sind. Ich danke ihr dafür von ganzem Herzen.

Für Unterstützung bei der Organisation und Durchführung der Tagung danke ich darüber hinaus Herrn Dr. Roland Strauss sowie Katja Schröder und Melanie Ranft. Mein Dank gilt außerdem der DFG, dem Land Sachsen-Anhalt und der Martin-Luther-Universität Halle-Wittenberg für finanzielle Unterstützung der Tagung. Für die Erstellung des druckfertigen Manuskriptes danke ich Sebastian Pätzold und vor allem Dorit Lugs.

Literatur

Artaud, A.: Van Gogh, der Selbstmörder durch die Gesellschaft und Texte über Baudelaire, Cole ridge, Lautréamont und Gérard de Nerval, München 1977

Biondi, M.: Il concetto di norma in psicopatologia, in: P. Pancheri (Hrsg.), Manuale di psichiatrica clinica, Roma 1974, 105-134

Blankenburg, W.: Perspektivität und Wahn, in: ders. (Hrsg.), Wahn und Perspektivität, Stuttgart 1991, 6-28

Blumenberg, H.: Säkularisation und Selbstbehauptung, Frankfurt a. M. ^{2}1983

Bodei, R.: Le logiche del delirio. Ragione, affetti, follia, Roma/Bari 2000

Cappai, G.: Kulturrelativismus und die Übersetzbarkeit des kulturell Fremden in der Sicht von Quine und Davidson, in: Zeitschrift für Soziologie 29 (2000), 253-274

Churchland, P.: Matter and Consciousness, rev.ed. Cambridge/Mass, London 1988

Conrad, S. / *Randeria*, Shalini: „Jenseits des Eurozentrismus". Postkoloniale Perspektiven in den Geschichts- und Kulturwissenschaften, Frankfurt a. M. 2002

Davidson, D.: On the Very Idea of a Conceptual Scheme, 1974, in: Inquiries into Truth and Interpretation, Oxford 1984

Foucault, M.: Wahnsinn und Gesellschaft, Frankfurt a. M. 1973

Foucault, M.: Mikrophysik der Macht. Über Strafjustiz, Psychiatrie und Medizin, Berlin 1976

Foucault, M.: Die Ordnung der Dinge, Frankfurt a. M. ^{2}1978

Göller, Th.: (Hrsg.), Philosophie der Menschenrechte. Methodologie-Geschichte-Kultureller Kontext, Göttingen 1999

Göller, Th.: Kulturverstehen, Würzburg 2001

Husserl, E.: Die Krisis der europäischen Wissenschaften und die transzendentale Phänomenologie, hrsg. von E.Ströker, Hamburg ^{2}1982

Lee, E.-J.: „Anti-Europa" – Die Geschichte der Rezeption des Konfuzianismus und der konfuzianischen Gesellschaft seit der frühen Aufklärung, Münster u.a. 2002

Montesquieu, Perserbriefe, Frankfurt a. M. 1988

Paul, G. / *Göller*, Th. / *Lenk*, H. / *Rappe*, G. (Hrsgg.), Humanität, Interkulturalität und Menschenrecht, Frankfurt u.a. 2001

Putnam, H.: The Many Faces of Realism, La Salle/Ill. 1987

Quine, W. V. O.: Word and Object, Cambridge /Mass. ^{15}1985, dt.: Wort und Gegenstand, Stuttgart 1980

Quine, W. V. O.: From a Logical Point of View, Cambridge/Mass. ^{2}1980

Quine, W. V. O.: The Roots of Reference, La Salle/Ill. 1974

Quine, W. V. O.: Ontological Relativity and Other Essays, New York 1969

Quine, W. V. O.: Natural Kinds, in: Quine 1969, S. 114-138

Quine, W. V. O.: Pursuit of Truth, Cambridge/Mass. 1990

Reuter, R.: (Hrsg.), Ethik der Menschenrechte. Zum Streit um die Universalität einer Idee, Tübingen 1999

Rorty, R.: Der Spiegel der Natur. Eine Kritik der Philosophie, Frankfurt a. M. ^{2}1984

Rorty, R.: Kontingenz, Ironie und Solidarität, Frankfurt/M. ^{2}1993

Rottenburg, R.: Weit hergeholte Fakten. Eine Parabel der Entwicklungshilfe, Stuttgart 2002

Sosoe, L.: Kultur und Kritik oder Lob der Kolonialisierung? Bemerkungen zum Recht auf eigene Kultur in: Matthias Kaufmann (Hrsg.), Integration oder Toleranz? Minderheiten als philosophisches Problem, Freiburg/München 2001, 52-62

Szasz, Th.: Geisteskrankheit – ein moderner Mythos? München 1973

Szasz, Th.: Fabrikation des Wahnsinns, Frankfurt a. M. 1976

Szasz, Th.: Psychiatrie. Die verschleierte Macht, Frankfurt a. M. 1978

Taylor, Ch.: Multikulturalismus und die Politik der Anerkennung, Frankfurt a. M. 1993

Th. v. Aquin: Von der Wahrheit – De veritate (Quaestio I), hg. v. A. Zimmermann, Hamburg 1986

Vico, G.: Prinzipien einer neuen Wissenschaft über die gemeinsame Natur der Völker, übers. v. V. Hösle u. Ch. Jermann, Hamburg 1990

Vielmetter, G.: Die Unbestimmtheit des Sozialen: zur Philosophie der Sozialwissenschaften, Frankfurt a. M. 1998

Vossenkuhl, W.: Vernünftige Kontingenz. Ockhams Verständnis der Schöpfung, in: Vossenkuhl, W. / Schönberger, R. (Hg.): Die Gegenwart Ockhams, Weinheim 1990

Wolff, Ch.: Rede über die praktische Philosophie der Chinesen, übers., eingel. und hgg. v. Michael Albrecht, Hamburg 1985

Hans-Jürgen Luderer (Weinsberg)

Zur Geschichte des Wahnbegriffs in der Psychiatrie

Zur heutigen Definition des Wahns

Der Begriff des Wahns und noch mehr der des Wahnsinns wird häufig in einer sehr weiten Bedeutung verwendet. In Abhängigkeit vom Kontext kann das Wort „Wahnsinn“, insbesondere in der Form des Ausrufs „Das ist ja Wahnsinn!“ sowohl einen negativen als auch einen betont positiven Wertakzent erhalten.

Im Gegensatz zur umgangssprachlichen Verwendung ist mit der Bezeichnung „Wahn“ in der Psychiatrie eine Beeinträchtigung des Realitätsurteils einer Person und damit ein eng umgrenzter psychopathologischer Sachverhalt gemeint. Psychiatrische Wahndefinitionen dienen zur Abgrenzung des Wahns gegenüber dem Irrtum und gegenüber anderen psychopathologischen Symptomen, die den mangelnden Bezug zur Wirklichkeit beschreiben.

Die „Arbeitsgemeinschaft für Methodik und Dokumentation in der Psychiatrie“ (AMDP 1995) definiert Wahn als „Fehlbeurteilung der Realität, die mit apriorischer Evidenz... auftritt und an der mit subjektiver Gewissheit festgehalten wird, auch wenn sie in Widerspruch zur Wirklichkeit und zur Erfahrung der gesunden Menschen sowie zu ihrem kollektiven Meinen und Glauben steht.“ Wahn entsteht nach dieser Definition „auf dem Boden einer allgemeinen Veränderung des Erlebens.“

Kollektiv vertretene Auffassungen, die beispielsweise im Rahmen religiöser und politischer Überzeugungen vertreten werden, fallen ebenso wenig unter diese Definition wie Auffassungen bestimmter Kulturen und subkultureller Gruppierungen. So kennzeichnen Phänomene wie „Rassenwahn“ oder „Schlankheitswahn“ zwar Einstellungen zu anderen Menschen beziehungsweise zum eigenen Körper, die aus guten Gründen abzulehnen sind, sie entsprechen aber als kollektive Phänomene nicht den Kriterien, die für die Verwendung des Wahnbegriffs im Sinne der AMDP-Definition gelten.

Bei der Beschreibung eines Wahns wird zwischen formalen und inhaltlichen Charakteristika unterschieden. Bei den inhaltlichen Wahnmerkmalen werden nach AMDP Beziehungswahn, Beeinträchtigungs- und Verfolgungswahn, Eifersuchtswahn, Schuldwahn, Verarmungswahn, hypochondrischer Wahn

(Krankheitswahn), Größenwahn und als Restkategorie andere Wahninhalte unterschieden.

Die formalen Wahnmerkmale bezeichnen Akuität und Komplexität des Wahns. Wahnwahrnehmungen sind zweigliedrig. Eine reale Wahrnehmung erhält eine abnorme Bedeutung. So zeigt der Kondensstreifen am Horizont die baldige Ernennung eines Patienten zum Vorsitzenden eines großen Industriekonzerns an, Verkehrsampeln warnen vor Verfolgern, Handbewegungen werden als untrügliche Liebesbeweise verstanden.

Einige Beispiele von Wahnwahrnehmungen (Luderer 1998):

„Als heute morgen das Postauto vor meiner Tür hielt, wusste ich, es ist um mich geschehen."

„Morgen ist meine Krönung zur Königin von Deutschland: Die Autos haben es mir ganz deutlich zugeblinkt."

„Ich bin auf dieser Station in Gefahr, ermordet zu werden. Schon die Körpersprache mancher Patienten spricht eindeutig dafür: die Hand am Hals durchziehen bedeutet Abschneiden des Kopfes, die Hände gekreuzt auf dem Rücken: Kreuzigung."

Ähnliche Verknüpfungen kennt auch der Aberglaube: Wenn eine schwarze Katze über den Weg läuft, bedeutet dies Unglück, wer ein vierblättriges Kleeblatt findet, verspricht sich davon Glück. Im Gegensatz zum Aberglauben ist eine Wahnwahrnehmung jedoch „Privatglaube" des jeweiligen Patienten: Die Schlüsse, die er zieht, sind für ihn unmittelbar einleuchtend, Außenstehende können sie nicht ohne weiteres nachvollziehen.

Wenn wahnhafte Vorstellungen nicht an Beobachtungen geknüpft sind, sprechen wir von Wahneinfällen oder Wahngedanken. Wahneinfälle treten meist plötzlich auf und können eben so schnell fallen gelassen werden. Wenn an Wahneinfällen oder an Überzeugungen im Rahmen von Wahnwahrnehmungen festgehalten wird, spricht man von Wahngedanken.

„Vielleicht ist die Mafia hinter mir her? Oder vielleicht doch die Polizei? Aber warum denn?" „Als ich vor drei Tagen beim Abendessen saß, wurde mir klar: Ich bin die Hexe Dawila und muss das Christuslos auf mich nehmen, um die Welt zu retten."

Wahnwahrnehmungen, Wahneinfälle oder Wahngedanken entwickeln sich oft aus einer Wahnstimmung heraus. Hierunter versteht man einen Zustand, bei dem vieles eine ganz besondere Bedeutung hat, aber noch keine bestimmte. Alltägliche Beobachtungen bekommen den Charakter des Fremdartigen, Unheimlichen oder Bedrohlichen.

„Heute morgen schon hatte ich das Gefühl, irgend etwas stimmt nicht. Die Nachbarin zog die Rollläden hoch, dann grüßte sie mich, dann sah ich, wie die Kinder am Haus vorbei in die Schule gingen, es ist alles so merkwürdig, irgend etwas liegt in der Luft, aber was nur?

Werden Wahngedanken und eventuell auch Wahnwahrnehmungen untereinander verknüpft und entsteht daraus ein Gedankengebäude, in dem eines aus dem anderen logisch oder scheinbar logisch hervor geht, liegt ein systematisierter Wahn vor.

Die affektive Beteiligung am Wahn wird als Wahndynamik bezeichnet. Hierbei wird zwischen synthymer und parathymer – zum Wahninhalt passender oder dem Wahninhalt entgegengesetzter – Affektivität unterschieden. Eine hohe synthyme Wahndynamik besteht beispielsweise bei einem depressiven Patienten, der sich laut weinend wegen lange zurück liegender Verfehlungen anklagt. Eine hohe parathyme Wahndynamik liegt vor, wenn ein Patient laut lachend erzählt, wie er von seinen Verfolgern mit Strahlenkanonen gequält wird.

Zur genauen Beschreibung des Wahns sind wenigstens zwei Charakterisierungen erforderlich: eine formale und eine inhaltliche, und zusätzlich eine Aussage zur Wahndynamik. Eine Ausnahme bildet die Wahnstimmung. Hierbei erübrigt sich eine inhaltliche Aussage, da sich bei einer Wahnstimmung definitionsgemäß keine Wahninhalte herausgebildet haben.

Der Wahn wird in der deutschsprachigen Psychopathologie von **zwei anderen Gruppen von Symptomen** abgegrenzt, die ebenfalls einen mangelnden Bezug zur Wirklichkeit beschreiben. Es sind dies die Sinnestäuschungen und die Ich-Störungen.

Der Begriff der **Sinnestäuschung** bezeichnet Störungen der Realitätswahrnehmung. Hierbei wird zwischen **Illusionen, Pseudohalluzinationen und Halluzinationen** unterschieden. Illusionen sind verfälschte Wahrnehmungen realer Phänomene. So verkennt ein Autofahrer in der Nacht Büsche am Straßenrand als drohende Gestalten, ein Schatten im dunklen Keller wird zum Einbrecher, oder das Geräusch vorbeifahrender Lkws wird zur anrollenden Armee. Der Trugcharakter der Illusionen wird im Nachhinein erkannt, die falschen Wahrnehmungen lassen sich durch nochmalige Beobachtung korrigieren.

Pseudohalluzinationen und Halluzinationen sind dagegen „Wahrnehmungen ohne gegenständliche Reizquelle" (AMDP 1995). Bei Pseudohalluzinationen wird der Trugcharakter im Augenblick der Wahrnehmung erkannt, während

Halluzinationen als reale Wahrnehmungen erlebt werden. Halluziniert werden kann auf allen Sinnesgebieten. Unterschieden wird zwischen akustischen Halluzinationen, optischen Halluzinationen, Körperhalluzinationen sowie Geruchs- und Geschmackshalluzinationen.

Akustische Halluzinationen können als Töne und Geräusche auftreten, häufig äußern sie sich in Form von Stimmen, die dem Patienten Anweisungen erteilen oder sein Verhalten kommentieren. Optische Halluzinationen reichen von sich bewegenden kleinen Lebewesen bis zu filmartigen szenischen Erscheinungen. Körperhalluzinationen umfassen Berührungen, Schmerzen und andere unangenehme Beschwerden bis hin zu Erlebnissen sexueller Kontakte ohne Anwesenheit eines Partners. Als Körperhalluzinationen im engeren Sinn betrachten viele Autoren ausschließlich Empfindungen, die als von außen gemacht erlebt werden.

Unter der Bezeichnung „**Ich-Störungen**" werden Veränderungen des Erlebens der Umwelt, der eigenen Person und der Ich-Haftigkeit aller Erlebnisse zusammengefasst. Derealisation meint dabei die als merkwürdig erlebte Veränderung der Umwelt, Depersonalisation die Störung des „Einheitserlebens der Person im Augenblick oder der Identität in der Zeit des Lebenslaufs" (AMDP 1995).

Die mangelnde Ich-Haftigkeit aller Erlebnisse kann sich in Gedankenausbreitung, Gedankenentzug, Gedankeneingebung und anderen Fremdbeeinflussungserlebnissen äußern. Gedankenausbreitung bezeichnet die Gewissheit, dass andere die eigenen Gedanken laut hören können, Gedankeneingebung die Gewissheit, dass bestimmte Gedanken nicht vom Betroffenen selbst, sondern von anderen Personen gedacht werden.

Das Diagnostische und Statistische Manual der American Psychiatric Association (**DSM-IV** 1994, deutsch 1996, S. 863f) definiert Wahn als „falsche Überzeugung aufgrund unrichtiger Schlussfolgerungen über die äußere Realität." Diese Überzeugung werde „trotz abweichender Ansichten fast aller Personen und trotz aller unwiderlegbaren Beweise des Gegenteils" aufrechterhalten. Der Wahnbegriff des DSM-IV umfasst auch die Ich-Störungen, ein Konzept, das in den USA weitgehend unbekannt ist. Sinnestäuschungen werden selbstverständlich auch in den USA als eigenständige Gruppe von Symptomen gesehen.

Der Wahn ist fast immer eingebettet in andere psychopathologische Symptome, beispielsweise in Konzentrationsstörungen, Störungen des formalen Gedankenablaufs, Sinnestäuschungen, affektive und psychomotorische Symptome und körperliche Symptome wie beispielsweise

Schlafstörungen.[1] Im AMDP-System sind allein 100 psychopathologische und 31 somatische Symptome definiert. Die bei einem Patienten bestehenden Symptome können zu Symptomkomplexen (Syndromen) zusammengefasst werden. Aus den Symptomen, Syndromen und zusätzlichen Informationen wie beispielsweise Verlaufscharakteristika werden nach Regeln, wie sie beispielsweise im DSM-IV (1994) oder der ICD-10 (1992) zusammengefasst sind, Diagnosen gestellt.

Sowohl die differenzierte Wahnbeschreibung des AMDP als auch die einfachere des DSM sind Kondensate einer über 2000 Jahre andauernden Auseinandersetzung mit dem Wahnproblem. Diese soll im Folgenden skizziert werden.

Zur Geschichte des Wahnbegriffs: Altertum

In der Schriftensammlung des Corpus Hippokraticum (Leibbrand 1961, S. 24-59) werden verschiedene Formen von Geisteskrankheiten unterschieden. Die Phrenitis ist eine meist fiebrige Krankheit, die in Lungenentzündung übergehen und tödlich enden kann. Lethargus (Schlafsucht) geht mit Husten und wässrigem Auswurf einher wobei der Kranke irre redet und dann in Schlaf fällt. Auch der Lethargus kann tödlich sein. Koma bezeichnet ebenfalls eine Schlafsucht mit Fieber. Katochus (Starrsucht) gilt als ungünstiges Zeichen der Krankheitsentwicklung. Melancholie (Schwarzgalligkeit) äußert sich in Furcht und Traurigkeit. Manie ist als Allgemeinbegriff für Geisteskrankheiten zu sehen, die mit Raserei einhergehen. Bei der Hydrophobie redet der Betreffende irre, sieht Schreckbilder und ist von Sinnen. Die Epilepsie (Fallsucht) wird ebenfalls unter die Geisteskrankheiten gerechnet.

Die „Krankheit der Jungfrauen" zeichnet sich durch Druck auf dem Herzen, Schreckbildern und Suizidgedanken aus. Die verschiedenen Stufen der Intelligenzminderung entstehen durch Mischung von Vernunft (Phrenes) und Unvernunft (Paraphrosyne), was durch unausgewogene Mischung von Feuer und Wasser zustande kommen soll.

Die Geisteskrankheiten werden einerseits im Blut, andererseits im Gehirn lokalisiert und meist durch ungünstige Zusammensetzungen von Schleim oder Galle erklärt, wobei äußere Einflüsse eine bedeutsame Rolle spielen können.

[1] Der Leidensdruck, der Patienten dazu bringt, ärztliche Hilfe zu suchen, geht in der Regel von diesen Symptomen aus.

Überhaupt nehmen die vermuteten Ursachen und die daraus abgeleiteten Therapieempfehlungen in den Schriften einen auffallend breiten Raum ein. Die Beschreibung der körperlichen und vor allem der psychischen Symptome bleibt dabei vergleichsweise blass und undifferenziert.

Auch der römische Autor **Celsus** (Leibbrand 1961, S. 108-111), der unter Kaiser Tiberius eine Enzyklopädie mit dem Titel „Artes“ schrieb, darunter ein achtbändiges Werk über Arzneiwissenschaft, beschäftigte sich mit den Geisteskrankheiten.

Er unterscheidet drei Formen. Die Phrenitis ist eine Krankheit, bei der das Irresein anhaltend ist oder das Denken völlig von irrigen Vorstellungen beherrscht wird. Celsus schildert dabei mehrere Varianten der Phrenitis, mit lustigem, mit traurigem Affekt, mit irrem Reden und mit Gewalttätigkeit. Als zweite Krankheit nennt er die Traurigkeit (Tristitia), als dritte das Irresein mit Wahnvorstellungen bei erhaltenem Intellekt, das bei schwerem Verlauf in völlige Verrücktheit übergehen kann.

Seine Beschreibungen sind wesentlich klarer als die im Corpus Hippokraticum. Celsus erwähnt bei seinen Vorschlägen zum Umgang mit psychisch Kranken (Wittern 1987) einen reichen Mann, der sich vor dem Verhungern fürchtet (Verarmungswahn) sowie traurige Grübeleien auf der einen und unzeitgemäßes Lachen auf der anderen Seite.

Aretäus von Kappadokien, der in der 2. Hälfte des 1. Jahrhunderts n. Chr. lebte (Leibbrand 1961, S. 111-116), löste sich noch mehr von den hippokratischen Vorstellungen und arbeitet zum ersten Mal den Gegensatz Manie – Melancholie heraus.

„Bei den Rasenden (manies) verändert sich die geistige Verfassung zur Zornmütigkeit, bei anderen zur Heiterkeit, bei der Melancholie aber zur Traurigkeit...” (ebd., S. 111). Als Symptome der Melancholie werden neben affektiven Symptomen Vergiftungsgefühle und Dämonengläubigkeit erwähnt. Erwähnt wurde auch ein Mann, der nichts trank, da er meinte, ein Dachziegel zu sein und durch die Feuchtigkeit aufgelöst zu werden. Aretäus lieferte damit die frühesten Andeutungen eines Beeinträchtigungswahns.

Galenos aus Pergamon, der Leibarzt des Kaisers Marc Aurel, (Leibbrand 1961, S. 118-134) behält in seiner Krankheitslehre die hippokratische Einteilung bei. Psychopathologisch arbeitet er vor allem die Halluzinationen bei der Phrenitis heraus. Er unterscheidet Phrenitiker, die sich weder bei dem, was sie sehen, noch bei dessen Beurteilung täuschen, Phrenitiker, die sich in ihrer Sinneswahrnehmung täuschen und Phrenitiker, die sich im Urteil und in der Sinneswahrnehmung täuschen. Damit wird erstmals eine Differenzierung zwischen Sinnestäuschungen und Wahn eingeführt.

Auch Galen ist allerdings von einer systematischen deskriptiven Psychopathologie weit entfernt. Bemühungen zum Aufbau dieser für die Psychiatrie grundlegenden Disziplin begannen im 19. Jahrhundert, wobei zunächst einzelne Teilgebiete behandelt wurden.

Zur Geschichte des Wahnbegriffs: Neuzeit

Mittelalter und Renaissance gelten für die Psychiatrische Forschung, nicht aber für die psychiatrische Versorgung (Luderer 1998), als Epochen des Stillstands und des Rückschritts (Baer 1998). In der Barockzeit begann das Interesse an psychopathologischen Sachverhalten wieder aufzuleben. In der 2. Hälfte des 18. Jahrhunderts beginnt die Methode der Beobachtung psychisch Kranker zunehmenden Einfluss auf die Beschreibung der Krankheitsbilder zu nehmen (Baer 1998). Erste Schilderungen von Schuldwahn, Verarmungswahn und hypochondrischem Wahn finden sich bei **Johann Christian Reill (1759-1813)**, der 1787-1810 an der Universität Halle wirkte. Er teilte die Geisteskrankheiten in Melancholie, Manie, Narrheit und Blödsinn ein. In seinen „Rhapsodieen über die Anwendung der psychischen Curmethode auf Geisteszerrüttungen“ (1803) sprach er sich als einer der ersten für die Anwendung psychotherapeutischer Vorgehensweisen aus. Nicht zuletzt gilt Reill als Schöpfer des Begriffs Psychiatrie (Psychiaterie).

Jean-Etienne-Dominique Esqirol (1772-1840) ging auf den Wahn im Rahmen seiner Monomanielehre ein. Unter Monomanie versteht er einen umschriebenen Wahn („délire“) bei erhaltenem Verstand außerhalb des Wahns. Von der Monomanie unterscheidet er bei den Geisteskrankheiten Manie, Lypemanie (gleichbedeutend mit dem Begriff der Melancholie, den Esquirol vermeidet), weiterhin die erbliche Verrücktheit, die Idiotie und die akute und chronische Demenz.

Ein bedeutender Beitrag zur allgemeinen Psychopathologie ist die Beschreibung der Halluzinationen als Wahrnehmungen ohne gegenständliche Reizquelle. Er definierte in seinem Lehrbuch der Geisteskrankheiten von 1838 (s. auch Leibbrand 1961, S. 427 f.):

„Wer die Überzeugung innerster Art von einer aktuell wahrgenommenen Sensation hat, ohne daß ein äußerer Gegenstand da ist, diese zu erzeugen, hat seinen Verstand verloren und ist im Zustand der Halluzination: er ist ein Visionär."

Abgesehen von den kurzen Bemerkungen über das Verlieren des Verstandes und das Visionäre entspricht diese Definition durchaus heutigen Vorstellungen, ebenso wie die Abgrenzung von den Illusionen, die „vom äußeren Sinn hervorgerufen" werden. Esquirol betont außerdem die Unabhängigkeit des Auftretens von Halluzinationen und Wahn („délire").

1865 griff Snell den Monomanieberiff Esquirols auf. In seinem Vortrag „Monomanie als primäre Form der Seelenstörung" (Leibbrand 1961: 572) unterscheidet er die Monomanie von der Manie durch den Mangel an Ideenflucht und des allgemeinen Ergriffenseins, von der Melancholie durch gehobenes Selbstgefühl. Dabei beschreibt er Wahninhalte von Verfolgung und Selbstüberschätzung.

Der Wahn wurde in Deutschland erstmals von Wilhelm Griesinger (1817-1868) als Thema psychopathologischer Erörterungen aufgegriffen.

Griesinger, der in Tübingen Medizin studierte, arbeitete nach einem Aufenthalt in Frankreich als Assistenzarzt in Winnental. Er wechselte dann zur Medizinischen Universitätsklinik Tübingen, wurde dort a.o. Professor und wirkte als Ordinarius in Kiel, Kairo, Tübingen und Berlin. Zur Eröffnung der dortigen psychiatrischen Klinik hielt er 1867 einen Vortrag über das „Irrereden bei den Geisteskranken, das Delirieren (Leibbrand 1961, S. 517). Er wies darauf hin, dass bestimmte Wahnvorstellungen bei psychisch Kranken in Europa und den USA in ähnlicher Weise auftreten. Diese Wahnvorstellungen nannte er fundamentale oder „Primordialdelirien". Er unterscheidet Leiden, Beeinträchtigung und Unterdrückung auf der einen und Aktivität, Expansion und Steigerung auf der anderen Seite. Als Zusatzformen nennt er Sexualdelirien und Delirien mit dem vorherrschenden Inhalt des „Andersseins". Dabei schilderte er den Wechsel und das gleichzeitige Bestehen von Größen- und Verfolgungsvorstellungen bei ein und dem selben Patienten.

Primordialdelirien lassen sich nach Griesinger nicht aus den affektiven Zuständen des Patienten ableiten, sondern sind Erscheinungen, die nicht auf andere psychische Symptome zurückgeführt werden können. Hierfür prägte er den Begriff der „primären Verrücktheit".

Die Definition des Wahns bei Karl Jaspers

In der 2. Hälfte des 19. Jahrhunderts setzte eine intensive Beschäftigung mit psychopathologischen Fragen ein. 1913 erschien die erste Auflage der „Allgemeinen Psychopathologie" von Karl Jaspers, die er 1923 und 1942 nochmals überarbeitete. Die letzte Überarbeitung durfte in der Zeit des 3. Reiches nicht mehr erscheinen und wurde erst 1946 veröffentlicht. Dieses Buch entstand an der Heidelberger Klinik, der Karl Jaspers damals als Mitarbeiter angehörte. Die Ausgabe von 1959, zu der Jaspers ein Vorwort beisteuerte, in dem er begründete, warum er sich nicht in der Lage sieht, eine Neubearbeitung vorzunehmen, wird bis heute unverändert gedruckt.

Bereits in der ersten Fassung der „Allgemeinen Psychopathologie" von 1913 grenzt er die Wahnideen von abnormen Wahrnehmungen und abnormen Vorstellungen ab. Wahnideen definiert er als verfälschte Urteile, die „folgende Merkmale in einem gewissen hohen – nicht scharf begrenztem Maße – aufweisen: 1. die außergewöhnliche Überzeugung, ... die unvergleichliche subjektive Gewissheit, 2. die Unbeeinflussbarkeit durch Erfahrung und durch zwingende Schlüsse, 3. die Unmöglichkeit des Inhalts."

Urteile, die aus Affekten oder aus anderen abnormen Erlebnissen wie beispielsweise Sinnestäuschungen hervorgegangen sind, nennt Jaspers wahnhafte Ideen, psychologisch nicht weiter zurückzuverfolgende Urteile echte Wahnideen. Er führt im Anschluss daran aus, aus welchen Gründen es nicht möglich ist, das Vorkommen echter Wahnideen zu bestreiten und alle Wahnideen durch psychologisch nachvollziehbare Prozesse oder durch Unfähigkeit zur Kritik in Folge einer Intelligenzschwäche zu erklären.

Bei den formalen Wahncharakteristika unterscheidet Jaspers zwischen Wahnstimmung, Wahnwahrnehmungen, Wahnvorstellungen und Wahnbewusstheiten. Die Wahnstimmung erläutert er am Beispiel einer Patientin, die ihren Mann fragt: „Es ist was los, sag mir doch, was ist denn los?", worauf dieser fragt was denn los sein solle und sie antwortet: „Ja, ich weiß es doch nicht, aber es ist doch etwas" (Jaspers 1913, S. 46).

Bei den Wahnwahrnehmungen wird in einer „normalen und unveränderten Wahrnehmung... die (veränderte) Bedeutung unmittelbar erlebt" (ebd., S. 48). Von der Grenze zur Wahnstimmung, wenn eine Wahrnehmung noch keine genau fassbare Bedeutung aufweist, bis zur klaren Zuordnung einer Bedeutung gibt es zahlreiche Übergänge.

Jaspers verdeutlicht diese Übergänge an Beispielen: Ein Kellner läuft schnell und irgendwie unheimlich an einem Patienten vorbei. Ein vorübergehender

Mann hat einen durchdringenden Blick, er sei möglicherweise ein Detektiv. Menschen sehen unnatürlich aus, sie sind wahrscheinlich verwechselt. Ein Patient berichtet, fremde Personen unterhalten sich auf der Straße über ihn. Ein anderer liest in der Zeitung Nachrichten, die auf ihn gemünzt sind, seine persönliche Lebensgeschichte betreffen.

Wahnvorstellungen treten als Einfälle oder Erinnerungen auf. Bei Wahnbewusstheiten werden Gedanken – und nicht sinnliche Wahrnehmungen, wie bei Wahnwahrnehmungen – mit bestimmten Bedeutungen verbunden. Durch Wahnarbeit kann ein Wahnsystem entstehen, das in sich unter Umständen konsequent aufgebaut und nachvollziehbar und „erst in den letzten Quellen der primären Erlebnisse für uns unverständlich wird“ (ebd., S. 50).

Jaspers grenzt die Wahnsymptome scharf von den überwältigen Ideen ab. Damit sind Vorstellungen gemeint, die aus Affekten hervorgehen und wegen der übermäßigen Identifikation einer Person mit dieser Vorstellung für wahr gehalten werden. Beispiele hierfür sind bestimmte Erscheinungsweisen von Erfinderwahn, Querulantenwahn oder Eifersuchtswahn, die aber nur wahnhaft und damit keine echten Wahnideen sind.

Im Anschluss an die Erläuterungen der Wahnformen weist er darauf hin, dass in der Forschung vor 1913 die Wahninhalte viel zu sehr im Vordergrund gestanden seien. Zeitweise habe man „die Sinnlosigkeit begangen, jeden besonderen Wahninhalt als besondere Krankheit aufzufassen und zu benennen...“ (ebd., S. 51). Er betont, das sich der Patient fast immer im Mittelpunkt des Wahns befindet, dass sich der Wahn also in der Regel auf die Person des Patienten bezieht. Hinsichtlich der Inhalte unterscheidet er zwischen (1) Größenwahn, (2) Kleinheitswahn in Bezug auf Besitz (Verarmungswahn), Fähigkeiten (dumm, leistungsunfähig) oder „sittliche Höhe“ (Versündigungswahn), (3) Verfolgungswahn, (4) hypochondrischem Wahn, (5) sexuellen Wahnideen und (6) religiösen Wahnideen.

In der letzten Fassung von 1946 wurde der Abschnitt über den Wahn vor allem durch einen Versuch zur Definition der Wirklichkeit (ebd., S. 78f.), Gruhles (1932) Wahndefinition als „Beziehungssetzung ohne Anlass“(ebd., S. 87) und eine Verdeutlichung des Begriffs der Unkorrigierbarkeit ergänzt. Die Wahninhalte wurden in das Kapitel „verstehbare Inhalte der Psychosen“ (ebd., S. 342-344) verschoben. Außerdem wurden die Ich-Störungen (ebd., S. 101-108) von den Wahnideen abgegrenzt.

Wahndefinitionen späterer Autoren

Insgesamt ist es nicht übertrieben, die „Allgemeine Psychopathologie“ von Karl Jaspers aus dem Jahr 1913 als grundlegendes Werk der heutigen deskriptiven Psychopathologie zu bezeichnen. Andere bauten auf diesem Werk auf, präzisierten einige Begriffe und bemühten sich weiter um Abgrenzung des Wahns von anderen psychopathologischen Symptomen.

Kurt Schneider (1950, 1952) betonte die Zweigliedrigkeit der Wahnwahrnehmungen im Kontrast zur Eingliedrigkeit von Wahneinfällen und Wahngedanken und ersetzte den missverständlichen Begriff „wahnhaft“ durch das eindeutigere Wort „wahnähnlich“. Zudem erwarb er sich bleibende Verdienste durch eine Zuordnung von Wahnsymptomen zu bestimmten Diagnosegruppen, beispielsweise der Wahnwahrnehmungen zur Schizophrenie.

Vorschläge zur Präzisierung der Wahndefinition finden sich bei verschiedenen Autoren. Blankenburg (1958, 1992) wies auf die Vertauschung logischer und empirischer Aussagecharakteristika durch Wahnkranke hin, da Wahnkranke empirischen Aussagen apriorische Gültigkeit zusprechen. Spitzer (1989, S. 116) schreibt: „Beim Wahn handelt es sich um Aussagen, die formal wie Aussagen über einen mentalen Zustand geäußert werden, bei deren Inhalten es jedoch nicht um mentale Zustände, sondern um intersubjektiv zugängliche Sachverhalte handelt.“ Janzarik (1988) sieht Wahn als „Zufälligkeit oder nur subjektive Gültigkeit ausschließende Überzeugung, solange sie sich einer sie aufhebenden Desaktualisierung entzieht.“

Huber und Gross (1977) definieren Wahn wie folgt: „Inhaltlich falsche Überzeugung, die nicht aus anderen Erlebnissen ableitbar sind, die mit unmittelbarer Gewissheit (apriorischer Evidenz) auftreten und an denen die Patienten bei erhaltener Intelligenz trotz der Unvereinbarkeit mit dem bisherigen Erfahrungszusammenhang und der objektiv nachprüfbaren Realität über längere Zeit oder dauernd und oft unbeirrbar oder unzugänglich für Gegengründe (Unkorrigierbarkeit) festhalten.”

Zur Abgrenzung von Wahnsymptomen in der praktischen Psychiatrie

Alle Wahndefinitionen weisen Unschärfen auf. Das liegt an der Verschiedenartigkeit der Wahnsymptome bei den einzelnen psychischen Störungen, an der unterschiedlichen Bindung an Wahnthemen (thematisch ungebundener vs. thematisch gebundener Wahn), an der unterschiedlichen Intensität, in der Wahnerlebnisse auftreten können, an den Schwankungen der Überzeugung, in der das Wahnerleben auf die einzelnen Patienten einwirkt und an der Tatsache, dass jeder Wahninhalt auch als nicht wahngebundenes Erleben auftreten kann. Mit anderen Worten: es gibt auch nicht wahnhafte Beeinträchtigungsgefühle, nicht wahnhafte Schuldgefühle, nicht wahnhafte Eifersucht, nicht wahnhafte Krankheitsbefürchtungen oder übersteigerte Selbstwertgefühle ohne Wahncharakter. Eine Hilfe bei der Unterscheidung sind die Jaspers'schen Kriterien der subjektiven Gewissheit, der Unkorrigierbarkeit und der Unmöglichkeit des Inhalts. Auch diese Kriterien erlauben nicht immer eine sichere Abgrenzung, was auch Karl Jaspers immer wieder betonte.

Religiöse und andere Fanatiker sind ebenfalls von ihren Auffassungen überzeugt und keiner Kritik zugänglich. Religiöse Überzeugungen sind auf der anderen Seite kollektive Urteile, während religiöser Wahn die Privatmeinung des Wahnkranken widerspiegelt. Manche Wahnkranke haben durchaus Zweifel an der Richtigkeit ihrer Überzeugung und können ihre Auffassungen korrigieren. Diese Korrektur ist allerdings mühevoll und gelingt immer nur gegen einen inneren Widerstand, den Widerstand des Wahnerlebens. Manchmal ist der Inhalt des Wahns nicht unmöglich, nicht abwegig oder nicht einmal falsch. Besonders häufig gilt das für den Eifersuchtswahn, wobei die sexuelle Untreue des Partners fast nie in der Weise stattfindet, die der Vorstellung des Wahnkranken entspricht. Hinzu kommen Verständigungsschwierigkeiten, wenn Untersucher und Patient nicht die gleiche Sprache sprechen oder verschiedenen Kulturen entstammen.

Jeder in der praktischen Psychiatrie Tätige muss dennoch bemüht sein, das Erleben und Verhalten aller Patienten so genau wie möglich im psychopathologischen Befund abzubilden. Häufig gelingt es durch sorgfältiges, geduldiges Zuhören und genaues Nachfragen, diesem Ideal nahe zu kommen. Voraussetzung hierfür ist allerdings das Herstellen einer empathischen, akzeptierenden Atmosphäre. Indem sich der Untersucher auf die Sprache und den inneren Bezugsrahmen der Patienten einlässt und versucht, einfühlend zu verstehen, was in ihnen vorgeht, erleichtert er es ihnen, sich zu öffnen und ihr Erleben mitzuteilen.

Literatur

Arbeitsgemeinschaft für Methodik und Dokumentation in der Psychiatrie (Hrsg.): Das AMDP-System, Göttingen 1995

Baer, R: Die Entwicklung einer psychiatrischen Systematik. In: Baer R (Hrsg.): Themen der Psychiatriegeschichte, Stuttgart 1998

Blankenburg, W.: Daseinsanalytische Studie über einen Fall paranoider Schizophrenie. Schweizer Archiv für Neurologie und Psychiatrie 81 (1958), 9-105

Blankenburg, W.: Wahn. In: Battagay R, Glatzel J, Pöldinger W, Rauchfleisch U (Hrsg.): Handwörterbuch der Psychiatrie, Stuttgart 1992

APA (American Psychiatric Association (ed.): Diagnostic and Statistical Manual of Mental Disorders (DSM-IV). APA, Washington D.C., 1994. Deutsch: Saß, H./ Wittchen, H.U./ Zaudig, M.: Diagnostisches und statistisches Manual Psychischer Störungen, Göttingen 1996

Esquirol, J.E.D.: Allgemeine und specielle Pathologie und Therapie der Seelenstörungen. Frei bearbeitet von Dr. Christian Hille. Nebst einem Anhange kritischer und erläuternder Zusätze von Dr. J.C.A. Heinroth, Leipzig 1827

Gruhle, H. W: Geschichtliches, in: Bumke O (Hrsg.): Handbuch der Geisteskrankheiten Band IX, Spezieller Teil V: Die Schizophrenie, Berlin 1932

Huber, G / *Gross,* G: Wahn, Stuttgart 1977

Janzarik, W: Strukturdynamische Grundlagen der Psychiatrie, Stuttgart 1988

Jaspers, K: Allgemeine Psychopathologie, Berlin 1913, 1923, 1946, 1959

Leibbrand, W / *Wettley,* A: Der Wahnsinn. Geschichte der abendländischen Psychopathologie, Freiburg / München 1961

Luderer, H. J.: Schizophrenie. Ratgeber für Patienten und Angehörige, Stuttgart 1998

Luderer, H..J.: Zur Geschichte der psychosozialen Versorgung, in: Baer, R (Hrsg.): Themen der Psychiatriegeschichte, Stuttgart 1998

Reill, J.C.: Rhapsodieen über die Anwendung der psychischen Curmethode auf Geisteszerrüttungen, Halle 1803

Schneider, K: Allgemeine Psychopathologie, Stuttgart 1950

Schneider, K: Über den Wahn, Stuttgart 1952

Snell, L: Ueber Monomanie als primäre Form der Geistesstörung. Allgemeine Zeitschrift für Psychiatrie und psychiatrisch-gerichtliche Medizin 22 (1865), 368-381

Spitzer, M.: Was ist Wahn? Berlin 1989

WHO (World Health Organisation): Internationale Klassifikation psychischer Störungen (ICD-10), Bern 1992

Wittern, R: Die psychische Erkrankung in der klassischen Antike. Fundamenta Psychiatrica 1 (1987), 93-100

Hinderk M. Emrich (Hannover)

Zur philosophischen Psychologie des Wahns

1. Einleitung

Inwieweit resultiert Wahn aus einem groß angelegten Wirklichkeitserkundungs-, einem Wirklichkeitsdurchdringungsprojekt des menschlichen Geistes? Unser mentales Leben ist geprägt durch Inkongruenzen, Widersprüche, Unbegreiflichkeiten, das Goethesche „Unzulängliche", durch Aporien. Lebbar wird unser Leben durch bestimmte Formen von Vereinfachungen, von Generalisierungen, von Zensurierungen im Sinne der „Wirklichkeitsüberarbeitung", der innere „Zensur", wie dies bereits in einer Fülle von Arbeiten wahrnehmungspsychologisch in Illusions- und Wahrnehmungsexperimenten dargestellt wurde (Emrich 1990). Bestimmte Aspekte unseres Lebens, wie z.B. das Problem der eigenen Endlichkeit, der inneren Widersprüche in der „Einheit der Person" und viele Aspekt des „Peinvollen" und in diesem Freudschen Sinne des Verdrängten müssen wir von uns fernhalten, um zu leben. Ein rationales Weltbild konstruieren heißt radikal vereinfachen, heißt Wirklichkeit „setzen", so wie Johann Gottlieb Fichte von der Selbstsetzung des Subjekts aus der „Spontaneität des Ich" oder auch „Selbstthätigkeit" (Fichte 1971, S. 28) gesprochen hat. Das Setzen von Wirklichkeit bedeutet immer zugleich ein „freies Kausieren", das Erzeugen von Ursache-Wirkungs-Beziehungen. Die Hauptthese der vorliegenden Arbeit ist nun die, dass all dies, was eben über die normale Tätigkeit des Geistes gesagt wurde, sehr viel mit dem Wahn zu tun hat. Der Wahn resultiert demnach in erster Linie nicht aus einer Destruktion des Geistes, sondern, pointiert formuliert: Im Wahn zeigt sich die Normalfunktion des Geistes als eine Eigenschaft des Konstruierens, des Rückführens auf wenige Prinzipien oder auf *ein* Prinzip, d.h. des Reduzierens, eines besonderen Reduktionismus, der Verein-heitlichung, des Generalisierens im Sinne der Erzeugung eines einheitlichen, in sich geschlossenen Weltbildes. Und schließlich resultiert Wahn demnach auf der Funktion der Wahrheitssuche, d.h. der Erhellung und der Erleuchtung, des „Erkennens als", der Erleuchtung, des Entdeckens des „Zugrundeliegenden", des Hypokaimenon. Johann Gottlieb Fichte spricht von der „Evidenz der Evidenz" als eines unhintergehbaren Konstituens von „Licht" als der Metapher des Geistes. In diesem Sinne könnte man sagen: Wahn als eine geistige Funktion lässt sich vom Geist nicht wirklich abtrennen; Wahn ist nicht ein Jenseits des Geistes. Wahn steckt – ebenso, wie die Psychose in jedem normalen Menschen steckt – in nuce in jeder kognitiven Geistestätigkeit: mit den Dispositionen zur Erhellung, Generalisierung, Kausierung und Kohärenzbildung.

In diesem Sinne spricht die große philosophische Dichterin Ingeborg Bachmann in ihrem Schreibprojekt ihrer letzten 10 Jahre, genannt „Todesarten" – in dem Roman „Der Fall Franza" – von „Wahnbildungen und Wahrbildungen". Bachmann hat mit dieser Parallelisierung von Wahrheit und Wahn (wenn man so will von Wahrsinn und Wahnsinn) nicht nur deren wechselseitige Verschränkung, ihre Parallelität und häufige Unentwirrbarkeit angesprochen, sondern auch die Weise der Generalisierung, des „alles auf einen Nenner Bringens", einer spezifischen systematisierenden Weise von Reduktionismus, die das menschliche Erkenntnisvermögen benötigt, um mit „Generaltheorien" in die Undurchdringlichkeit der Wirklichkeit gewissermaßen eine „Schneise hineinzuschlagen". Die Parallelität von Wahnbildungen und Wahrbildungen wird in der Romanexposition an zentraler Stelle dargestellt, an der der Bruder der Protagonistin seine traumatisierte Schwester aufsucht, die von ihrem Ehemann, einer Ritter Blaubart ähnlichen Psychiater-Figur – dem „Fossil" – „zugrundegerichtet" wurde. Hier wird eine ganze postmoderne Wirklichkeitssicht einer Parallelität zwischen erfahrbarer Wirklichkeit und Wirklichkeitskonstruktion etabliert, wo es über eine Zug-Tunnelfahrt dieses Bruders heißt:

> „Nur das Wortgeröll rollt, nur das Papier lässt sich wenden mit einem Geräusch, sonst tut sich nichts, wendet sich nichts, wendet sich keiner um und sagt etwas. Wer also wird etwas sagen und was sich zusammensetzen lassen aus Worten? Das Papier aber will durch den Tunnel, und ehe es einfährt (aber da ist es schon eingefahren!), ehe es, da ist es noch unbedeckt mit Worten, und wenn es herauskommt, ist es bedeckt und beziffert und eingeteilt, die Worte formieren sich, und mitgebracht aus der Finsternis der Durchfahrt (bei nur blauer Lampe) rollen die Einbildungen und Nach-bildungen, die Wahnbildungen und Wahrbildungen ans Licht, rollen heraus aus einem Kopf, kommen über einen Mund, der von ihnen spricht und behauptet und es verlässlich tut wegen des Tunnels im Kopf, aber auch dieser Tunnel ist ja nicht da, ein

> Bild nur, von Zeit zu Zeit unter einer bestimmten Schädeldecke, die aufzuklappen auch wenig Sinn hätte, denn da wäre noch einmal nichts, keiner der beiden Tunnel.“ (ebd., S. 345-346)

Parallel gesetzt werden in diesem Text Einbildungen und Wahnbildungen, Nachbildungen und Wahrbildungen, Konstruktivität und Abbild, dies aber in einer Weise, in der das Verhältnis zwischen beiden nicht mehr durch Außenkriterien explorierbar ist, denn wie es heißt „auch dieser Tunnel ist ja nicht da, ein Bild nur“, wobei schließlich noch die Aporie der neurobiologischen Rekonstruktion deutlich gemacht wird, die die Neurobiologen der Gegenwart eigentümlicherweise schon wieder vergessen haben, dass nämlich es auch wenig Sinn hätte, die Schädeldecke aufzuklappen: „Denn da wäre noch einmal nichts, keiner der beiden Tunnel“.

Die erste These besagt somit, dass der Wahn in gewissem Sinne das „Diesseits vom Wahnsinn“ ist, dass Wahn auf einer wirklichkeitskonstituierenden, wirklichkeitsrettenden Funktion des Geistes beruht, die sich aber entkoppelt, übersteigert, und dadurch eine isolationistische, eine falsche Eigenwirklichkeit aufbaut.

2.0. Wahn und Überwertigkeit

In der Psychiatrie gilt die „überwertige Idee“ als eine abgemilderte Form von Wahn. Es stellt sich aber die Frage, inwieweit nicht gerade die überwertige Idee einen Forschungsgegenstand der Psychopathologie darstellt, an welchem spezifische Eigenschaften von wahnhaftem Denken, von wahnhaftem Erleben und Handeln besonders prägnant herausgearbeitet werden können. Dies zeigt sich beispielsweise im Verhältnis zwischen Überwertigkeit und der „internen Wertebilanz“: Inwieweit ist nicht gerade das Moment des Paranoischen, wenn es als Welterklärung fungiert, ein solches, das sich auf intrapsychische Wertebilanzprozesse beziehen lässt? Dies soll im Folgenden in einer Skizze einer Systemtheorie des Wahns darzustellen versucht werden.

2.1. Zur Systemtheorie des Wahns

Wahn stellt vor allem deshalb ein so schwer zu erforschendes psychisches Phänomen dar, weil Wahn sich nicht zeitlich reproduzierbar aktualisiert wie andere psychotische Symptome wie Halluzinationen und Wahnwahrnehmungen, die zeitlich begrenzt sind. Somit ist Wahn nicht in einer funktionell bildgebenden Messapparatur ansteuerbar bzw. operationalisierbar und damit in seinen neuropsychologischen Korrelaten zu „registrieren". In dieser Situation erscheint es interessant, einerseits über die psychopathologischen Wurzeln von Wahnphänomenen neu nachzudenken; zum anderen aufgrund von Analogieschlüssen spekulative Arbeitshypothesen dahingehend zu entwickeln, auf welcher system-neurobiologischen Grundlage es zu wahnhaften Störungen kommen könnte.

Dabei geht es um Mechanismen der internen „Zensur", die in ihrer Unerschütterlichkeit und Unbelehrbarkeit – den Charakteristika von wahnhaften Störungen – nach der Regel verfährt: Ich nehme etwas nicht wahr, obwohl man mich vom Gegenteil überzeugen kann. Dabei ist es natürlich so, dass wir alle von Weltbildern, Wirklichkeitsmodellen, Wirklichkeitshypothesen abhängen. Von ihnen aus verstehen wir, interpretieren wir und in gewissem Sinne konstruieren wir unsere Wirklichkeit.

Ein mögliches Erklärungsmodell im Hinblick auf das Phänomen „Wahn" besagt nun, dass Wahn in allen seinen verschiedenen Erscheinungsformen, z.B. der Wahnwahrnehmung, dem Beziehungswahn, den Beziehungsideen, dem systematisierten Wahn und schließlich den überwertigen Ideen bei der paranoischen Entwicklung und bei der Paranoia, letztlich zu tun hat mit Störungen „interner Wertebilanzen". Was ist hierunter zu verstehen?

2.2. Paranoia und interne Wertebilanz

Bewertungen sind bei höheren Emotionen nie situationsunabhängig, nie kontextlos; man kann dies am Modell der hippocampalen Comparatoren deutlich machen, das die Neuropsychologen Gray und Rawlins zum Verständnis situationsbezogener Ängste als Erklärungsschema beschrieben haben. Hierbei werden stets Vergleiche gezogen; Vergleiche zwischen „gespeicherten Regularitäten" und Sinnesdaten aus der Außenrealität. Diese beziehen sich auch auf Pläne, auf Intentionen. Was aber passiert mit uns, wenn solche Pläne scheitern? Die eine Seite des Gray-Rawlins-Modells ist die

Erklärung der Angst. Bei Diskrepanzen zwischen Erwartung und Sinnesdaten-Realität kommt es zum Angst-Signal. Was aber passiert bei Diskrepanzen zwischen Plänen und dem Ergebnis der Handlung? Es resultiert Frustration und bei gutwilligen Menschen die Motivation, es noch einmal zu versuchen. Was aber schließlich ist das Ergebnis bei dauerhaftem, sich immer wieder neu einstellendem Versagen, die internen Wertebilanzen zu equilibrieren, sie ins Gleichgewicht zu setzen?

Als Beispiel für die Bedeutung der Erinnerung für die Lösung dieses Wertebilanzproblems sei ein vielzitierter Satz von F. Nietzsche angeführt: „Dies habe ich getan, sagt mein Gedächtnis, dies kann ich nicht getan haben, sagt mein Stolz und bleibt unerbittlich. Schließlich gibt das Gedächtnis nach" (S. 78). Man könnte auch sagen: Die (wahnhafte) „Zensurleistung" setzt sich durch.

Ein anderes Beispiel, wie das narzisstische Selbst mit der internen Wertebilanz umgeht, stammt von H. v. Kleist aus dem Beginn des Theaterstücks „Der zerbrochne Krug", in dem ein Traum Adams einen inneren Gerichtshof darstellt. Da heißt es:

> Adam: „Mir träumt′ es hätt ein Kläger mich ergriffen,
> Und schleppte vor den Richtstuhl mich; und ich,
> Ich säße gleichwohl auf dem Richtstuhl dort,
> Und schält′ und hunzt′ und schlingelt′ mich herunter,
> Und judiziert den Hals ins Eisen mir."
> Licht: „Wie? Ihr, Euch selbst?"
> Adam: „So wahr ich ehrlich bin.
> Drauf wurden beide wir zu eins, und flohen,
> Und mußten in den Fichten übernachten"
> (Kleist 1993, S. 16)

Der Mensch vor dem inneren Gericht spaltet sich in drei Teile: Ankläger, Angeklagter und Richter.

Wenn es unmöglich ist, durch aktive Leistungen die internen Wertebilanzen ins Gleichgewicht zu bringen, ergeben sich offenbar drei Möglichkeiten:

- Verdrängung, Verleugnung, Abspaltung
- Zwangs-Symptome als Abwehrmechanismen
- Wahn im Sinne der Wertebilanzverfälschung

Fragt man in diesem Sinne nach dem Wesen des Wahns – fragt man: Was liegt dem Phänomen des Wahnhaften zugrunde? – , so ist eine Möglichkeit der

Lösung des Problems der – wie Schmidt-Degenhardt einmal formulierte – Dekompensationsgefährdung des Selbstwertgefühls, bzw. – mit Johannes Lange – der Narzissmus des Wahns: Wahnahnungen und schließlich Wahngewissheit geben dann wertebilanzmäßigen Halt.

Die chronische Wertebilanzverfälschung bekommt – das ist somit die Arbeitshypothese – den Charakter einer quasi in bestimmter Richtung verschobenen und pathologisch verstärkten internen Zensurleistung, quasi einer Schere im Kopf, die alles „moralisch" Unliebsame wegschneidet (vgl. den Fall Wagner). Dies ist eine – durch Analogieschluss zur Wahrnehmungszensur generierte – Arbeitshypothese zur System-Neurobiologie und Neuropsychologie der Paranoia und bestimmter Aspekte paranoider Psychosen.

Dies soll zuerst an einem Schema über den Zusammenhang zwischen Kreativität und Wahn deutlich gemacht werden und dann versucht werden, die psychodynamisch treibenden Kräfte zu beschreiben.

2.3. Kreativität und Wahn

Für den Zusammenhang zwischen Kreativität und Wahn ausschlaggebend ist das Phänomen des „reaktiven Konzeptualisierungsdrucks". Darunter ist zu verstehen, dass das System bei Vorliegen von uninterpretierbaren Daten bzw. bei nicht lösbaren herausfordernden Situationen („coping") neue Varianten von „Modellen von Wirklichkeit" aus bisher bestehenden Modellen derivatisiert, um zu einer sinnvollen Interpretation bzw. einer kreativen Lösung zu gelangen. Wie in der „Systemtheorie der Psychose" (Emrich 1990) eingehend dargestellt, führt diese Art von Herausforderung des Systems bei konstitutioneller Schwäche des Zensursystems zur psychotischen Dekompensation. Die Bedeutung des reaktiven Konzeptualisierungsdrucks ist in Abb. 1 dargestellt.

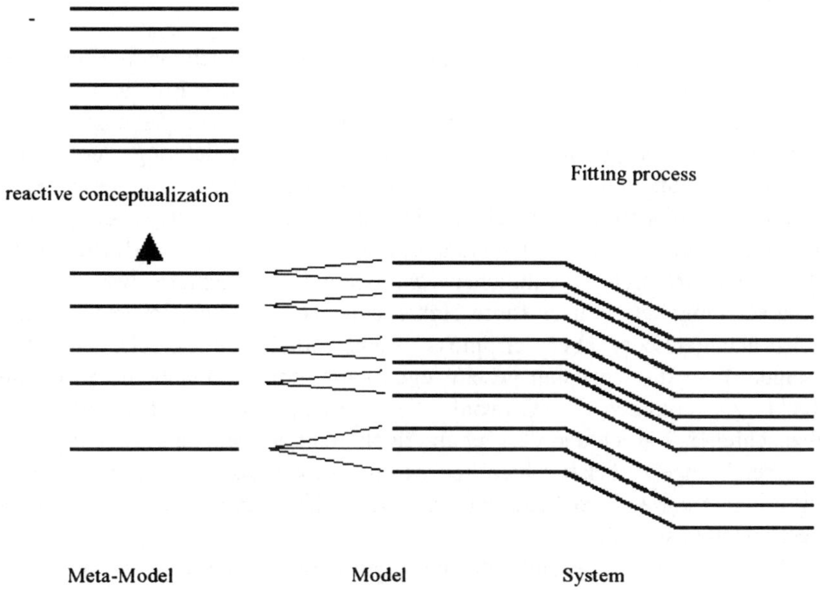

Abb. 1: Erweitertes Schema der struktur-dynamischen Komponenten von Wahrnehmung und Denken. Durch Reaktion des Systems auf reaktiven Konzeptualisierungsdruck (reactive conceptualization) kommt es zur Bildung von Derivaten von Metamodellen: Prozess der Imagination

Die Steigerung des Repertoires verfügbarer Optionen von Wirklichkeitsmodellen kann zur Folge haben, dass das System sich quasi in eine selbstgeschaffene „Sackgasse" hereinmanövriert, eine Art fiktionaler schizoider Eigenwirklichkeit, die zu wahnhafter Falschüberzeugung disponiert. Gesteigerte Kreativität kann in diesem Sinne die Entwicklung paranoider Eigenwelten begünstigen, da das System sich quasi intern selber überflutet und dann quasi „falsche Attraktoren" ausbildet, die mit der Außenwirklichkeit nicht mehr kohärent sind.

2.4. Zur psychischen Wahn-Dynamik

In der Erzählung „Michael Kohlhaas“ hat Heinrich von Kleist dem Phänomen der „Überwertigkeit“ im Sinne paranoischer Entwicklungen ein Denkmal gesetzt. Hierbei handelt es sich um den sogenannten „Querulantenwahn“, eine psychologisch verstehbare Wahnentwicklung, deren innere Dynamik es nun zu untersuchen gilt. Als klinisches Beispiel sei hier aus einem eigenen psychiatrischen Gutachten über einen Patienten zitiert, der an einer derartigen paranoischen Entwicklung erkrankt war: „Der Proband, ein in einem Disziplinarverfahren befindlicher Zollbeamter, berichtete während der Untersuchung: Die konzentrierte Hexenjagd hat, vor allem im letzten halben Jahr, nachgelassen, aber ich muss offensichtlich die Sprache auf Dinge bringen, über die ich lieber geschwiegen hätte, um nur annähernd zu meinem Recht zu kommen ... Obwohl die Absicht unverkennbar war, mich abzuschießen, bin ich der Versuchung doch nicht erlegen, an diese Cliquen mit gleicher Münze zurückzuzahlen. Ich will nicht mehr als mein Recht ... Man hat unter dem Vorwand der Legalität einen Menschen verfolgt, der dem geltenden Recht nach unschuldig ist.“

Aus der Anamnese ergibt sich, dass der Patient, ursprünglich Sattler, sich früh das Ideal bildete, Flieger zu werden. Gleichzeitig trat er in die Hitlerjugend ein, und ein besonders bedeutsames Erlebnis seiner Jugend war, dass Hitler ihm im Jahre 1938 beim Anschluss Österreichs die Hand drückte, da er ihn für einen Österreicher hielt. Auch Göring habe ihm damals die Hand gegeben. 1942 wurde er, der sich inzwischen zu einem hervorragenden Segelflieger ausgebildet hatte, zur Luftwaffe eingezogen und flog 1944/45 insgesamt 60 Fronteinsätze, wobei er sechsmal abgeschossen und zweimal verletzt wurde. Ich zitiere aus dem Gutachten: „Nach seinem letzten Abschuß am 19. 4. 45 in der Tschechei wurde er bald darauf von der SS verhört, weil diese den Verdacht der Fahnenflucht hatte. Er schildert dieses Ereignis in einem schweren Erregungszustand, wobei er vor Weinen und krampfartigen Zuckungen kaum noch sprechen kann. Die SS verhörte ihn vor hochdekorierten, an Bäumen erhängten Offizieren, wobei die SS-Leute sich einen Spaß daraus machten, darüber zu pokern, ob er nun aufgehängt werde oder nicht. In den Jahren nach 1945 verfolgte ihn dieses Erlebnis immer wieder im Traum, so daß er ständig nachts aus dem Schlaf aufschreckte wegen seiner Todesangst und wegen des Zynismus der Leute von der SS.“

In der Folgezeit wurde der Patient Zollbeamter und musste erleben, dass seine Kollegen häufig Unterschlagungen machten und dafür nicht nur nicht bestraft wurden, sondern sich sogar wechselseitig beförderten. Im Zusammenhang mit diesen Delikten wälzten andere Beamte ihre Schuld auf den Probanden ab, wodurch 1951 langwierige Verhöre notwendig wurden, im Verlauf derer ihn das „alte Gefühl der Ohnmacht" wieder überwältigte, wie damals 1945 gegenüber der SS. In ähnlicher Weise wie bei „Michael Kohlhaas" kam es nun nach mehrfachen Demütigungen zur Entwicklung einer überwertigen Idee mit der Tendenz, sich sein Recht einfach zu nehmen, was schließlich zum Disziplinarverfahren führte.

Grundsätzlich liegt den paranoischen Entwicklungen folgende Konstellation zugrunde: Auf der Grundlage eines ausgeprägten Gerechtigkeitsgefühls kommt es nach einer Serie von narzisstischen Kränkungen und Demütigungen zum Erlebnis der eigenen Ohnmacht mit der danach folgenden Überaktivierung des Gerechtigkeitsgedankens und zwar in der Weise, dass das Einzelschicksal mythisch identifiziert wird mit dem allgemeinen Schicksal der „zu kurz Gekommenen". Hierdurch entsteht eine Art von Sendungs-bewusstsein mit metaphysischen Bezügen. Man bewaffnet sich gewisser-maßen wie die heilige Johanna, und partiell Kohlhaas, mit Gott und führt, wie Saddam Hussein, einen „heiligen Krieg". Ein Zollinspektor, der bis zu parlamentarischen Gremien vordringt, wirkt dagegen geradezu noch harmlos.

3.0. Wahn und Philosophie der Zeit

Wie in den vorhergehenden Kapiteln zu zeigen versucht wurde, ist Wahn offenbar nicht in erster Linie „zerstörter Geist", sondern der Wahn kommt gewissermaßen mit den normalen Geistfunktionen daher und stellt in bestimmter Hinsicht eine Übersteigerung, eine Radikalisierung, eine Vereinseitigung normale Geistfunktionen dar. Insofern könnte man Wahn auch als eine „Entgleisung der Geistfunktion" ansehen. Vermutlich muss man dabei zwei Unterformen von Wahnentstehung postulieren, eine Form, in der sich die Fehlattribuierungen aus Systemdekompensationen des Zentral-nervensystems ergeben, dass beispielsweise die „Wahrheitsoption", die Fichtesche „Evidenz der Evidenz" sich gewissermaßen frei flottierend an unzutreffende Kausalverbindungen heftet; dies wäre ein Wahn als „primäre Denkstörung", als eine Form der „Verrücktheit"; und zweitens die Unterform, in der die Wahnbildung daraus resultiert – wie beispielsweise in Kretschmers „sensitivem Beziehungswahn" –, dass psychodynamische wertebilanzmäßige „Notlagen" in der Selbstbewertung ein Problem der Selbstwertregulation im

Sinne der Theorie des Narzissmus ergeben. Diese Form der Wahnbildung hat allerdings dann eine grundsätzliche philosophisch-psychologische Beziehung zur Dimension der Zeit im Sinne der Vergangenheitsbezogenheit. Worin besteht diese? In der zeitphilosophischen Dimension der Wirklichkeits- und Welterklärung von Subjekten gibt es nicht nur die Wahl der Kausalitätsbeziehung, sondern – im Freudschen Sinne – das „Realitätsprinzip". Wahn tritt dabei als Fehlattribuierung von Kausalfaktoren in der vergangenheitsbezogenen Wirklichkeitskonstruktion und Wirklichkeitsrekonstruktion auf. Es sei hier ein Beispiel aus Strindbergs autobiographischem Roman „Inferno" zitiert, wo der psychologisch aus einer gescheiterten Ehe verstehbare Wirklichkeits- und Weltzusammenbruch des Protagonisten zu einer Fülle von wahnhaften Theorien über Ursache-Wirkungszusammenhänge führt, beispielsweise über die Rolle des behandelnden Arztes, den möglichen Diebstahl von Strindbergs Erfindung der „Goldsynthese" etc. Da heißt es in „Inferno":

> „Bin ich in einem Spukhaus, und wer hat mich hierher geschickt? Ich kann ein Lächeln nicht unterdrücken, wenn ich beobachte, wie der Alp, der mich besessen hat, sich meiner Gefangenenwärter bemächtigt. Aber die ruchlose Freude wird bald bestraft. Ein furchtbarer Anfall überrascht mich; ich erwache davon, dass mein Herzschlag stockt, und höre Worte, die ich in meinem Tagebuch notiert habe. Eine unbekannte Stimme ruft: „Drogist Luthardt"! Drogist! Vergiftet man mich langsam mit Alkaloiden, die Wahnsinn hervorrufen, wie Bilsenkraut, Haschisch, Digitalin, Stech-apfel? Ich weiß es nicht; aber seitdem verdoppelt sich mein Argwohn. Man wagt mich nicht zu töten, man will mich nur verrückt machen, durch List, um mich dann in einem Irrenhaus verschwinden zu lassen. Der Schein spricht mehr und mehr gegen den Doktor. Ich entdecke, dass er meine Goldsynthese entwickelt hat, so entwickelt hat, dass er weiter gekommen ist als ich. . . . Die Ruhe, die nach meiner Flucht eingetreten ist, beweist mir, dass mich keine Krankheit befallen, sondern dass mich Feinde verfolgt haben" (S. 116).

In diesem Sinne der Schicksalhaftigkeit von Wahnbildungen tritt uns Wahn entgegen als „Kompensation von Schicksal und Leid". Wahn hat hier eine kompensatorische Funktion; Er eröffnet einen „schützenden Raum", der ganze

Völker ergreifen kann wie nach dem ersten Weltkrieg die Dolchstoßlegende und der Mythos vom „Versailler Schandvertrag“, ein Schutzraum, der allerdings Deutschland in die größte Katastrophe der Geschichte, den zweiten Weltkrieg, das NS-Regime und die Verursachung des Holocaust gestürzt hat. Wahn ist insofern ein zeitphilosophisches Problem, als nur aus der Dimension der Zeit heraus (vgl. Abb. 2a: Zeitbaum nach F. Cramer) der Wahn eine besondere Form des Umgangs mit Traumatisierungen und Entrechtungs- sowie Demütigungserlebnissen bedeutet.

Therapeutisch wichtig also wäre hier eine bestimmte Form von Vergessen, kreatives Vergessen, von Entmächtigen der Vergangenheit durch ein Ankommen im Hier und Jetzt.

Die Frage stellt sich, wie man rückblickend, in der Rückschau, mit einem schicksalhaften Weg „bewältigend“ umgeht.

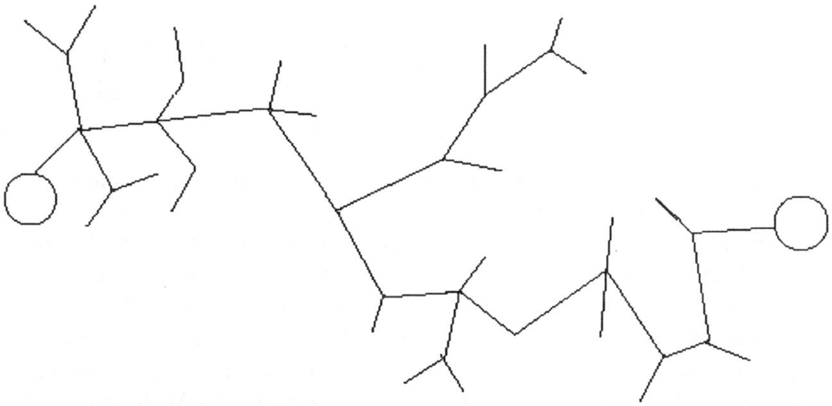

Abb. 2a: Zeitbaum (nach F. Cramer, 1993)

Nutzt man einmal diese Beschreibungsweise des Zeitbaums (nach F. Cramer) als Metapher für die Rekonstruktion des „Weges“ der Entwicklung eines Individuums von einem plurivalenten Ausgangszustand in einen durch die verschiedenen entwicklungsrelevanten Faktoren geprägten Endzustand, so lassen sich hiermit auch die begünstigenden und schädigenden Einflussfaktoren beschreiben, die diesen Weg geprägt haben. Frühe Traumen können die Wahlmöglichkeiten in einer vulnerablen Phase der Entwicklung so stark beeinträchtigt haben, dass diese – später in der Regel „vergessenen“ – Ereignisse den weiteren Lebensweg vollständig geprägt, modifiziert und eingeengt haben.

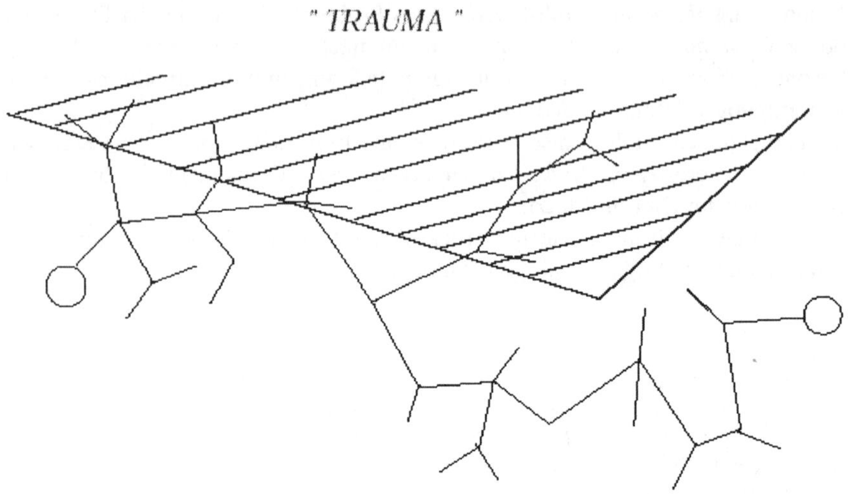

Abb. 2b: Zeitbaum mit schematischer Berücksichtigung eines Traumas

Es sind also ganze Domänen von Options-, Lebens- und Wahlmöglichkeiten als mögliche Lebenszustände eliminiert worden. Es gibt nun dreierlei Weisen des Subjekts, mit dem Ergebnis dieser Entwicklung umzugehen. Die erste Option ist eine rein punktuelle: Hier wird lediglich das „Ergebnis“ betrachtet, wie es ist: „Man muss sich auf den Boden der Tatsachen stellen.“ Die zweite Möglichkeit wäre – im Sinne Hegels – die Betrachtung der Wahrheit in ihrem Zusammenhang zwischen Weg und Ergebnis; und schließlich die dritte Betrachtungsweise beinhaltet nicht nur die Rekonstruktion des Weges, sondern auch der an jedem Verzweigungspunkt noch möglich gewesenen alternativen Optionen. Diese Betrachtungsweise könnte mit Prousts „Suche nach der verlorenen Zeit“ als assoziative Vergegenwärtigung subliminaler Wahrheiten der Vergangenheit verstanden werden. Zu so einem Umgang mit der Vergangenheit ist der Wahnkranke nicht fähig. Denn eine solche Versöhnung mit der Vergangenheit ist nur möglich in einer haltgebenden Geborgenheit gewährenden Lebenssituation, die beim Wahnkranken in der Regel nicht vorhanden ist.

Wahn ist somit eine besondere Form der vergangenheitsbezogenen „Umwertung aller Werte“ im Nietzschen Sinne und hat insofern auch mit der Konzeption Nietzsches über die Frage nach Erinnern und Vergessen zu tun. Wahn kann eine besondere Form sein, das „Hereinragen der Vergangenheit in die Gegenwart“ im Sinne von Michael Theunissens Zeitphilosophie zu bewältigen, allerdings in unangemessener Weise. Denn der Wahn schwächt bestimmte Aspekte des hereinragenden Vergangenen zwar ab, perpetuiert und verfestigt auf der anderen Seite aber bestimmte Aspekte des Vergangenen in einer radikalisierenden Weise so sehr, dass eine lebendige geistige Bewegung und eine Konfrontation mit dem Realitätsprinzip nicht mehr möglich ist.

Literatur

Bachmann, I.: Der Fall Franza. In: Werke Band 3 - Todesarten. München 1993, 339-482

Cramer, F.: Der Zeitbaum. Grundlegung einer allgemeinen Zeittheorie, Göttingen 1993

Emrich, H. M.: Psychiatrische Anthropologie: Therapeutische Bedeutung von Phantasiesystemen / Wirklichkeitsrelativismus und Sinnfrage, München 1990

Fichte, J. G. (1798): Das System der Sittenlehre nach den Principien der Wissenschaftslehre, in: Fichte, J.G.: Werke Bd. IV, Berlin 1971

Gray, J. A. / Rawlins, J. N. P.: Comparator and buffer memory: an attempt to integrate two models of hippocampal functions, in: Isaacson, R. L., Pribram, K. H. (Eds.) The Hippocampus, New York: Plenum vol. 4, 1986, 151-201

Kleist, H. v.: Michael Kohlhaas, Paderborn 1982

Kleist, H. v.: Der zerbrochne Krug, Stuttgart 1993

Nietzsche, Friedrich: Unzeitgemäße Betrachtungen, Frankfurt a. M. 1981

Proust, Marcel: Auf der Suche nach der verlorenen Zeit, Frankfurt a. M. 1993

Strindberg, Arthur: Inferno. München / Berlin 1917

Theunissen, M.: Negative Theologie der Zeit, Frankfurt a. M. 1992

Francesco Saverio Trincia (Rom)

Das Problem eines *multiplen Geistes*: Beobachtungen zu Freud

Man kann in Gestalt einer allgemeinen Hypothese eine Reflexion darüber entfalten, wie sich die Thematik des Subjektes in der Geschichte der Philosophie entwickelt hat. Das Verschwinden der zentralen Rolle und der Einheit des Subjektes einerseits und die Vervielfältigung der Realitäten andererseits fanden als zwei parallele und sich gegenseitig implizierende philosophische Ereignisse statt. Es ist dies keineswegs erstaunlich. Die „multiplen Realitäten", welche die Sphäre der metaphysischen Realität unterteilen und dynamisieren, können – seit dem Beginn der Moderne, seit durch Descartes endlich das „Festland" der subjektiven Sicherheit erreicht wurde, wie Hegel beobachtete – nichts anderes sein als die vielen Arten des Ich. Vervielfältigung der Realitäten und des Ich fallen zusammen seit dem Verlust der Metaphysik der Objektivität in der Moderne, seit dem die Substanz als Subjekt anerkannt wurde: oder seit dem die Vielfalt nicht mehr von den objektiven metaphysischen Einheiten prädiziert wird. Die Entdeckung, dass das Vorhandensein von irrationalem, wahnhaftem, dem Bewusstsein fremdem Verhaltens in der Psyche, gleichzeitig die Existenz dunkler Zonen eben dieser Psyche implizierte, führt zu einer tief greifenden Veränderung hinsichtlich der platonischen Überzeugung, dass die Seele in Teile getrennt sei, und dass einer dieser Teile eben durch das Fehlen der rationalen Kontrolle charakterisiert sei. Nur durch die Moderne ist die Subjektivität tatsächlich *die vorrangige metaphysische Wirklichkeit* geworden. Nur durch die Moderne stellten sich die „Manie", die Verrücktheit, der Wahn, das nicht Rationale, die auch den Menschen der Antike wohlbekannt waren, unter dem beunruhigenden Aspekt eines der zusammenhangslosen Segmente einer geteilten Welt dar, d. h. als eine der *verschiedenen Wirklichkeiten*, in die sich die Einheit des Seins in gefährlicher Weise spaltet. Erst nach dem die zentrale metaphysische Rolle des Subjekts hervorgehoben wurde, erst seit dem Moment, an dem die Philosophie die eigenen Verbindungen zur rationalen Psychologie privilegierte und letztere sich aufs engste mit der Philosophie verwob, hat die Entdeckung der Teilbarkeit des Subjektes selbst die Merkmale einer Bedrohung angenommen, die das Zentrum aller Gewissheiten betrifft.

Die Geschichte des modernen Denkens von Descartes bis Freud bleibt wichtiger Bestandteil unseres tiefgründigsten und unverzichtbarsten kulturellen Vermögens. Dadurch, dass sich die Subjektivität als Zentrum der philosophischen Reflexion durchgesetzt hat, wird auch die Vervielfältigung der psychischen Wirklichkeiten integrativer Bestandteil unseres philosophischen Bewusstseins, wird wesentlicher Teil des gedanklichen Universums, innerhalb dessen wir alle denken. Der Fixpunkt, das Festland des Ich erwiesen sich als potentielle Träger des Abschwächens der „Gewissheit" (wie es Martin Heidegger definierte), welche mit der Entdeckung des Subjektes glaubte, einen jedem Risiko entzogenen Fixpunkt gefunden zu haben. Es scheint die Bestimmung des Subjektes zu sein, sich zu gliedern, sich zu spalten, ausgehend von der 'physiologischen' Äußerung, die 'normal' ist für die Teilung des Ich, welche Reflexivität bedeutet, das Wissen von sich selbst, der Unterscheidung von Bewusstsein und Selbstbewusstsein. Der moderne philosophische *Reichtum* ist von der Philosophie der modernen *Schwäche* nicht trennbar, insofern „Schwäche" 'Teilbarkeit' des Ich, besser gesagt seine Zugehörigkeit zum Horizont der „in sich multiplen Wirklichkeiten" bedeutet. Da nun der philosophische Reichtum und die philosophische Schwäche der modernen Kategorie des Ich trotz allem untrennbar verbunden sind, ist es wichtig, letztere nicht vom ersten zu isolieren – und demnach nicht nur das hervorzuheben, was das Ich zu teilen scheint. Auf diese Weise kann man ein Projekt zur Verteidigung des Ich realisieren, das weder die unmögliche Wiederaufnahme einer Metaphysik des Ich, noch die Kapitulation vor der Auflösung derselben nötig macht.

Auf dem offenen Feld der modernen Entdeckung der Schwächung des Ich zeichnete sich das Denken des 20. Jahrhundert in Wirklichkeit durch eine Art Willen zur Akzentuierung, Radikalisierung, extremer Hervorhebung der Schwäche des Ich aus. Die Entdeckung der Wissenschaften von der Subjektivität einerseits und die Krise des rein phänomenologischen *Ego* andererseits boten dem Betrachter eine philosophische Bühne ohne Subjekt, oder eine von einem beinahe verschwindenden Subjekt belebte Bühne. Doch jetzt ist eine Veränderung in der Orientierung erkennbar geworden. In einer der vielen Diskussionen, die in den letzten fünf Jahren dem Thema der Subjektivität gewidmet waren, wurde beobachtet, dass die Phase des philosophischen Denkens, die durch die Dekonstruktion des Subjektes gekennzeichnet war, gemeinsam mit dem chronologischen Ende des vergangenen Jahrhundert zu einem Ende gelangt zu sein scheint: Man denke an die zentrale Rolle, der so genannten „linguistic turn", der Interpretation-

Deformation der Psychoanalyse durch Jacques Lacan, der Ontologie Heideggers, des Strukturalismus und der aus all dem resultierenden tendenziellen Marginalisierung der ethischen Problematik im 20. Jahrhundert. Es scheint, als habe im Zeichen der Wiederaufnahme der „Frage des Subjektes" ein neues „philosophisches Jahrhundert" begonnen. Die Renaissance der Ethikforschung ist eines seiner typischen Merkmale. Jetzt sieht der philosophische Blick klarer, dass die Teilung des Subjektes, die Entdeckung, dass es im Ich Teile gibt, eine 'Sache des Ich' ist, ein Attribut des Subjektes. Er sieht, dass es nicht möglich ist, nicht vom Subjekt zu sprechen, trotzdem oder vor allem wenn ihm die metaphysische Einheit verloren ging.

So wurde es möglich, nicht *gegen* Freud, sondern *auch dank* Freud, zu denken, dass *eine nicht substanzielle Subjektivität als transzendentale Voraussetzung jeder ihrer inneren Teilungen und Vervielfältigungen anzusehen ist.* Die Unterscheidung zwischen „Wahn" und „Realität" (in dem Sinn, dass „Wahrheit der Wirklichkeit korrespondiert"), die auf die grundlegende Unterteilung der Psyche durch Freud in Unbewusstes und Bewusstes, auf die Unterscheidung dessen, was die philosophische Tradition das Irrationale und das Rationale nannte, verweist, führt ganz und gar nicht zur Vervielfältigung der psychischen Realität, die nur schwach miteinander verbundenen sind. Die These des „gespaltenen Ich" ist nicht Freud zuzuordnen. Es ist nicht möglich, die Wirklichkeit des Wahnes als zerstörende Kraft der Einheit des Ich oder als psychoanalytische Bestätigung einer Teilung der einzelnen Persönlichkeit in eine Vielfalt verschiedener Subjekte zu interpretieren, in eine Vielfalt psychischer Wirklichkeiten, die nach der These Thomas Schellings einander im Verhältnis zum momentanen psychischen Zustand des Körpers abwechseln als wären sie eine *software*-Vielfalt. Aus der Sicht einer philosophischen Subjektivitätstheorie, aber auch vom Standpunkt der theoretischen Voraussetzung eines therapeutischen Eingriffs bei im Wahn befindlichen Subjekten aus, fordern die vom italienischen Philosophen Remo Bodei (Bodei 2000, S. 29f.) so benannten „logischen Regeln des Wahnes" einer mit normativen Werten ausgestatteten Subjektivität notwendigerweise einen normativen Bezug auf eine einheitliche logisch Ordnung. Es bleibt also fraglich, ob Freuds Theorie des Es, des Ich, des Über-Ich erlaubt, „diese Instanzen als im strengen Sinne distinkte und autonome Entitäten" zu verstehen (wie Jon Elster es ausdrückt) (Elster 1985, Introduction).

Das Problem, welches ich ansprechen möchte, nimmt seinen Ausgang an einer Reihe von Fragen, welche in folgender Weise gestellt werden können: Kann man von Sigmund Freud als von einem Theoretiker einer vielfältigen

Psyche sprechen? Kann man aus dem klinischen und metapsychologischen Denken Freuds eine Theorie der Vielfalt dessen ableiten, was in der Sprache der analytischen Philosophie als *mind* definiert wird? Und letztlich: Kann Freuds Denken zur Unterstützung einer Theorie dienen, die Jon Elster Theorie des *multiple self* nannte, die einerseits die allgemeinere philosophische These der Auflösung jeglicher Gewissheit darüber, dass das Ich nicht in Teilen besteht, andererseits, und folgerichtig, das Verschwinden eines immer und unbedingt einheitlichen Subjektes impliziert, das als notwendige Basis für jede seiner inneren Differenzierungen angesehen wird? Ich meine, dass die letzte Frage negativ zu beantworten sei und dass man Freuds Denken dem Gebrauch entziehen könne, den man vom ihm im Rahmen eines allgemeineren Misstrauens in die Möglichkeit, das Konzept einer notwendig einheitlichen Subjektivität (wenn auch nicht denkbar als eine Substanz in der Art der *res cogitans* Descartes') festzuhalten und zu verteidigen, zu machen versuchte.

Es ist natürlich grundlegend, sich über den Sinn zu verständigen, den man einer Theorie (jener, die ich hier verteidigen möchte) zu geben versucht, welche durch solide philosophische Gründe fähig ist, auch einer „schwachen" Fragmentierung oder, wenn man es vorziehen will, einer gemäßigten und begrenzten inneren Vervielfältigung des Ich zu widerstehen, wie jener, die Jon Elster vorschlagen will. Die Diskussion dreht sich tatsächlich nicht, wie die Wissenschaftler analytischer Orientierung festzuhalten scheinen, um das Problem der „Quantität" der Vervielfältigungen des Ich oder das Problem des Grades seiner inneren Teilbarkeit oder die Frage nach der Art der Beziehung zwischen den Teilen, oder besser der Kommunikation zwischen den „Untersystemen" des vom Ich dargestellten Systems. Auch das Problem der Übersetzung und der gegenseitigen Übersetzbarkeit der an den Untersystemen des Ich beteiligten Sprachen steht nicht zur Diskussion. In der Tat ist evident, dass gerade die Einführung der Kommunikation und der Übersetzung zwischen durch das *ego* bestimmten, egologischen *Partnern* als Teile eines Geistes, eines *mind*, das im eigentlichen Sinne ohne Teile unerfassbar ist, selbst das Problem, das mir vorrangig und wesentlich erscheint, als gelöst ansieht.

Der Hauptpunkt, oder besser das, was vor allem einer Prüfung bedarf, sind die *transzendentalen Bedingungen der Möglichkeit des Ich*. Wenn man annimmt, dass das Ich selbst seine transzendentale Bedingung der Möglichkeit seiner psychischen Erlebnisse sei: d.h. wenn man glaubt, dass das Ich ursprünglich seine eigenen Bedingungen der Möglichkeit aufstellt, und es somit nicht möglich sei, das Ich auf naturalistische Weise als eine Art *mind* ausschließlich psychologischen Typs anzusehen, gelangt man zu einer völlig anderen Schlussfolgerung, als der, zu der die rein empiristischen Konzeptionen der psychischen Wirklichkeit gelangen. Aus dem Blickwinkel der letzteren wird deutlich, dass das, was im Ich passiert oder in seinem psychologischen Leben als eine permanente Vorstellung zweier rationaler Schauspieler verstanden werden kann, die auf der Bühne dessen, was wir *mind* nannten, spielen und die mit Vorgängen teilweiser, unterbrochener, unvollständiger oder vorsätzlich falscher Kommunikation beschäftigt sind. So meint man die verschiedenen Formen der *self-deception*, des „akratischen" Verhaltens (Engel 1984, S. 11-20), des *wishful thinking*, des irrationalen Verhaltens (Pears in Elster 1985, Kap.2; Pears 1982, S. 264-288; Davidson 1980, Kap.2; Davidson 1982, S. 289-305), in dem das Ich in seinem Inneren gespalten und notwendigerweise dem Risiko der Inkohärenz und der mangelnden Kombinationsfähigkeit seiner Teile untereinander ausgesetzt ist, erklären zu können. Auf diese Weise würde man zu dem paradoxen Resultat kommen, dass man mit einer empiristischen und notwendigerweise gleichzeitig rationalistischen (in der Sprache der analytischen Philosophie „kognitivistischen") Theorie des Ich, wenn nicht die Irrationalität als solche, so doch die irrationalen Verhaltensweisen des Ich erklären zu können glaubt.

Man merkt, wir sprechen von einem Ich, das, gerade in dem Maße, in dem es sich irrational verhält, doch ein Ich bleibt, denn die irrationalen Verhaltensweisen sind doch immer *seine* Verhaltensweisen und nicht nur die eines seiner Teile: Man setzt tatsächlich voraus, dass die fehlende Übereinstimmung oder die Absurdität der Wertungen oder Annahmen des Ich ein Effekt des Zusammengehens seiner Teile sei, von denen jeder sich in propositional kontradiktorischem Verhalten gegenüber dem der anderen erkennt. *P* und *nicht p* sind die Propositionen der beiden Teile des Ich. Aber sie verursachen nur soweit irrationale Annahmen, Verhaltensweisen und Wertungen, wie sie gleichzeitig demselben einheitlichen Ich angehören. Die Irrationalität ist eine Sache der psychischen Einheit: Wenn die Einheit geteilt wird oder verloren geht, endet die Irrationalität in dem indifferenten Verhältnis zwischen psychischen Bereichen ohne notwendige Relationen zueinander: also ohne jeglichen Bezug zum einigenden Zentrum einer synthetischen Funktion. Die Argumentation, durch welche die Teilung des Ich oder die „multiplen Realitäten" dessen, woraus dieses sich zusammensetzt, als Erklärungsgrundlage für das irrationale Verhalten eingeführt wird, und die widersprüchlicherweise noch immer dazu gezwungen ist, an der Annahme eines *ungeteilten Ich* festzuhalten, welches ungleich der Summe oder besser des Konfliktes seiner Teile ist, scheint einer Theorie völlig zu entbehren, die das einheitliche Ich, dessen sie dringend bedarf, zu rechtfertigen vermag. Tatsächlich ist evident, dass eine rein empirische Theorie des Ich und seiner Teilbarkeit keine Hilfe zum Erreichen dieses Ziels bietet. Die Empirie erfüllt keine synthetische Funktion. Deshalb findet man das Ich nicht auf ihrem Gebiet.

Auf diese Weise werden der Sinn und die Grenzen einer Bezugnahme auf Freud in einem so problematischen Kontext wie dem eben dargestellten klarer. Sigmund Freud nimmt in diesem Kontext eine ganz besondere Stellung ein. Freud ist kein Philosoph und will es nicht sein. Keine Theorie des transzendentalen Ich, die sich der des multiplen Ich entgegenstellt, geht auf ihn zurück oder kann ihm zugeschrieben werden. Man muss im Gegenteil anerkennen, dass die für Freuds Denken spezifische Position, ihn der ganzen Tradition der Philosophie entgegenstellt, die sich auf die Einheit und Transparenz des Bewusstseins stützt. Trotzdem arbeitet sein metapsychologische Denken wie ein impliziter Verbündeter in die Richtung einer Subjektivitätstheorie, der es darum geht, die transzendentale und die psychologische Dimension des Ich zusammenzuhalten, und die es erlaubt, aus dieser Position „phänomenologischen" Typs die Möglichkeit zu schöpfen, die Einheit des transzendentalen Ich und die Vielfalt, die Varietät und sogar die Konfliktträchtigkeit seines „Erlebnis" nebeneinander bestehen zu lassen. So paradox es auch erscheinen mag, Freuds Denken, der große Gegner der Absolutheit des Bewusstseins, der Theoretiker der Unterscheidung der Psyche in Bewusstsein und Unbewusstes, im Sinne dynamischer Komponenten des psychischen Organismus und *nicht* im Sinne Dialog führender und untereinander kommunizierender Akteure, *wirkt zugunsten einer Theorie der Einheit des Ich.*

Die Theorien des multiplen Ich gehen daran, für die Teilung des Geistes zu argumentieren, wobei sie von der Notwendigkeit ausgehen, das irrationale Verhalten zu erklären, und meinen, dazu Freuds Reflexionen anwenden zu können – wofür diese genau in eine ihnen fremde begriffliche Sprache übersetzt werden. Trotz allem besteht die Grenze der Erklärbarkeit von irrationalen Erkenntnis- und Willensakten gerade in der für diese Theorien typischen Schwierigkeit, das Verhältnis zwischen Einheit und Vielfalt des Ich richtig zu bestimmen. Wir haben schon bemerkt, dass, wenn die Irrationalität aus der Schwierigkeit oder dem Gestörtsein der Kommunikation zwischen den *homunkuli*, in welche der *homo* geteilt ist, entspringt, das konkrete Subjekt des irrationalen Verhaltens fehlen wird, da dieses keinem der Teile zugeordnet werden kann, in die der Mensch geteilt ist. Anstatt einer einheitlichen Entität zugeordnet zu werden, die als solche handelt oder irrational denkt, wird die *irrationality* in einem rein abstrakten Subjekt als einer Art idealem Handelnden und Sprechenden wiedererkannt.

Im Denken Freuds dient die Theorie, die das Verhältnis zwischen Bewusstsein und Unterbewussten definiert, dem Zweck, das *reale* Verhalten *realer* Personen zu erklären, von welchen jede eine besondere, von jeder anderen verschiedene Geschichte gelebt hat. Die psychoanalytische Theorie der Psyche geht von der psychologischen und historischen Realität konkreter Personen aus, welche an mehr oder weniger gravierenden psychischen Störungen leiden. Die Subjektivität einzelner Personen soll interpretiert werden und Objekt des therapeutischen Eingriffs sein. Das konkrete Ich (Freud nennt es den „klinischen" Fall) stellt den Anfangs- und Endpunkt des therapeutischen Verlaufs und der theoretischen Konstruktion dar. Bei den Theorien des multiplen Ich sehen wir uns hingegen abstrakten Modellen irrationalen Verhaltens und nicht Personen gegenüber. Wir haben es mit von Philosophen konstruierten Beispielen oder Modellen zu tun, nicht mit erzählten Geschehnissen. Realisierbarkeit einer Teilung des menschlichen Ich scheint dadurch garantiert zu sein, dass man dem Menschen in diesen Philosophen nie begegnet. Die Übersetzung von Freuds Denken in eine empirische Theorie der Vielfalt der Teile eines abstrakten Ich und das grundlegend fehlende Bewusstsein von der Bedeutung einer Theorie der Einheit des Ich stellen zwei eng miteinander verbundene Aspekte der Theorie des multiplen Ich dar.

David Pears bestand auf der Tatsache, dass jeder Teil, in den das Ich sich aufspaltet, der sich „akratisch" verhält oder sich selbst täuscht, *auf der Grundlage seiner Rationalität* agiert. Die Irrationalität wäre somit das Ergebnis der Vereinigung der Verhaltensweisen verschiedener Subjekte, die sich überlagern und aufeinander treffen. Es wird deutlich, dass, wenn das Subjekt, in dem diese Überlagerungen stattfinden, verloren geht, die Irrationalität den Boden selbst verliert, auf dem sie gedeihen kann. Doch das Subjekt wird von jenen Theorien vergessen, die eine wesentliche „Entpersonalisierung" oder „Entobjektivierung" im propositionalen Sinne des Verhaltens voraussetzen. Ihre gesamte Erklärung der Irrationalität beherrscht eine grundlegende rationalistische Vorannahme: Daher endet auch die These der Teilung des Ich damit, völlig unnützerweise eingeführt worden zu sein.

Freuds Theorie ist in der Lage, einen Beitrag zur Bedeutungsbestimmung der Nicht-Absolutheit des bewussten Ich zu liefern (also im Sinn einer in sich *gegliederten*, wenn auch nicht gespaltenem Psyche), ohne dass der Bezug zu einem einheitlichen psychischen (aber nicht transzendentalen) Ich verloren ginge. Gerade dadurch wirkt Freuds Theorie der Psyche, in der die zentrale Einheit des Ich verbleibt, als Instrument der wirksamen Erklärung des *Defizits* des Bewusstseins und der Vernunft, welches die psychischen Erlebnisse (vom Traum über die Neurose zum Wahn) charakterisiert, die nicht allgemein als irrational definiert werden können, da in ihnen das *Unbewusste* aktiv ist, welches in einer tatsächlichen *Abwesenheit des Bewusstseins* besteht. Jene Erlebnisse können nicht als „irrational“ definiert werden, außer auf der rein deskriptiven Ebene. Im Fall der vom Unbewussten bestimmten Verhaltensweisen kann man nicht von irrationalem Verhalten sprechen, wenn man damit eine einfache „Abweichung“ von der Rationalität meint, welche als normatives Kriterium oder als Maßeinheit dessen angesehen wird, was nicht rational ist.

Die Gegenüberstellung von Rationalität und Irrationalität gehört nicht der konzeptionellen Sprache Freuds an, weil die *Triebe* und nicht die *ratio* das Wesen des Menschen bestimmen. Das rituelle Verhalten eines obsessiven Neurotikers kann zwar sicherlich als irrational bezeichnet werden, aber dadurch ist kein Schritt in die Richtung der Kausalklärung eines solchen Verhaltens getan. Vom Gesichtspunkt einer Philosophie aus, die nichts anderes kennt als die Absolutheit der Vernunft, bleibt das Irrationale buchstäblich unerklärbar, denn es zu erklären würde bedeuten, eine Kausalität einzuführen, die der Vernunft fremd bliebe, welche alles mit den „Gründen“ erklärt und nicht mit „Ursachen“. Eine Philosophie dieses Typs kann das Irrationale nur „erklären“, indem sie es in das Rationale übersetzt, das nie als abwesend angesehen werden kann. Anders gesagt, sie kann nur erklären, indem sie das Objekt ihrer Erklärung zerstört. Freuds Denken stellt eine Alternative zu den Philosophien dar, die sich in diese Schwierigkeit verstrickt haben, eben weil es das absolute Wesen der *ratio* nicht als metaphysische Substanz des Menschen ansieht.

Als absurd, widersprüchlich, in aneinandergrenzende Teile zerteilt kann vollständig und wesentlich nur das Erlebnis definiert und beschrieben werden, das von der Tätigkeit des Unbewussten bestimmt wird. Das Unbewusste im freudschen Sinne dient also jener Einheit der Subjektivität, welche die Theorien des „multiplen Ich“ aus dem Blickfeld zu verlieren riskieren, und ist gleichzeitig jener Vervielfältigung der psychischen Realität zweckdienlich (ohne Verlust von deren Einheit), die allein es zulassen kann, die Wahrheit und Wirklichkeit des Wahns zu unterscheiden. Auch wenn andererseits Freuds Theorie des Unbewussten nicht mit einer philosophischen Konzeption der

Transzendentalität des Ich zu vereinen ist, da ein transzendentales Ich in jedem Fall ein für sich selbst absolut transparentes Ich ist und keine unbewusste Region beherbergen kann, stimmt jene trotzdem *faktisch* mit einer philosophischen Konzeption des transzendentalen Wesens des Ich überein, da sie eine Theorie der Einheit des ungespaltenen Ich (die notwendige Bedingung ist für seine Teilbarkeit) impliziert.

Das Schwierigkeit, Freuds Theorie des Unbewussten und die transzendentale Theorie des Ich gegenseitig kompatibel zu machen, stellt natürlich ein großes philosophisches Problem dar. Uns fehlt jegliches Instrumentarium, welches die Übersetzbarkeit beider Sprachen, die vom Subjekt reden oder es zumindest erwähnen, ermöglichen würde, und es ist natürlich nicht ausreichend hervorzuheben, dass beide Theorien eine Konzeption der Einheitlichkeit des Ich implizieren, um sie aneinander anzunähern. Es bleibt der positive Umstand des Zusammentreffens zweier Perspektiven und die Möglichkeit, das Denken Freuds dem philosophischen Abdriften in die Krise oder in das Ende der Subjektivität zu entziehen. Aber das Risiko, eine Theorie des gespaltenen Ich vorzulegen, droht in dem Maße erneut aufzutauchen, in welchem es nicht gelingt, das psychologische und das transzendentale Ich in ein einheitliches Verhältnis zu setzen. So würde man in die phänomenologische Reflexion über das Ich eintauchen und man müsste, wie Edmund Husserl, vom *Parallelismus*, der beide Formen des Ich unterscheidet und verbindet, und sicher nicht von einer inneren *Spaltung* des Ich sprechen. Das „Doppelleben des Subjekts", von dem Rudolf Bernet (Bernet 1994, S. 5-36), einer der Hauptinterpreten der Phänomenologie Husserls, sprach, impliziert tatsächlich weder eine Vervielfältigung des Ich noch das Kommunikationsproblem zwischen „Teilen" des Ich. Das phänomenologische Ich ist ein „verstärktes" Ich durch die Verdoppelung seines intentionalen Lebens. Die Verdoppelung verstärkt die Kraft des ahnenden „Blickes", welcher beiden Leben des Subjektes gemein ist. Die Transparenz des phänomenologischen „Sehens" sorgt dafür, dass sich weder die Probleme der Kommunikation zwischen den Teilen des Ich stellen, wie es in den Fällen der *self deception* und der „akrasia" geschieht, noch die Probleme des Verhältnisses zwischen Bewusstsein und Unbewusstes der einen Psyche, wie es bei Freud geschieht.

Trotzdem gibt es „irrationale" oder vom Unbewussten beherrschte Verhaltensweisen tatsächlich (wir können sie „beobachten", würde Freud sagen) und die phänomenologische Theorie oder Konzeption des „Doppellebens des Subjektes" scheint keine Erklärung liefern zu können, außer um den Preis, die Radikalität des Unbewussten und seiner freudschen Bedeutung ernsthaft zu schwächen. Man darf nie vergessen, dass Freuds Unbewusstes gleichzeitig in der *Abwesenheit des Bewusstseins, die sich im radikalen Wechsel seiner Funktionsweisen zeigt,* besteht: die Tatsache, dass Freud dem Unterbewussten die Unkenntnis des aristotelischen Prinzip vom Widerspruch und von der kantianischen Folge des Vor- und Nachher im Zeitfluss zuordnet, belegt deutlich seinen Willen, eine mit sehr klaren ontologischen Konnotationen ausgestattete Kategorie aufzustellen. Tatsächlich löst die „negative" Konnotation des Unbewussten (als Nicht-Bewusstsein) sich keineswegs im psychischen *Leeren* auf, sondern in einer positiven Ordnung, sei es auch mit radikal veränderten Vorzeichen. Das Unbewusste im Sinne Freuds *manifestiert* sich in Verhaltensweisen praktischen und kognitiven Typs, aber löst sich in diesen nicht auf. Deshalb gelingt jeder Versuch, es in eine Theorie der Irrationalität zu fassen, nur um den Preis seines Verlustes.

An diesem Punkt müssen wir eingestehen, dass wir uns in einem einzigartigen und ambivalenten theoretischen Zustand befinden. Dieser ist gekennzeichnet von der Tatsache ‚dass all das, was man als positiven theoretischen Gewinn auf der Ebene der einheitlichen und transzendentalen Konzeption des Ich erhalten kann, man gleichzeitig auf der Ebene des Verstehens der nichtrationalen Erlebnisse verliert. Die Situation wird noch verkompliziert durch die Annahme, dass Freuds Theorie (welche uns die Möglichkeit einer Erklärung der nichtrationalen Erlebnisse liefert) eine rein psychologische Konzeption des Ich autorisiert, oder besser, uns nur eine „Theorie der Psyche" und keine Theorie des transzendentalen Subjektes gibt, deren *a priori* festgelegte Einheit es erlauben könnte, sich legitimerweise auf ein authentisches „Subjekt" zu beziehen.

Aus dem Blickwinkel der Theorie Freuds, sozusagen von innen betrachtet, gibt es ein und nur ein „konzeptionelles Schema" (wir verwenden den Ausdruck Donald Davidsons) (Davidson 1984, Kap.13), das sich der Realität anpasst. In Freuds Augen gibt es einen und nur einen realen ontologischen Bezug der Theorie. Für Freud kann es nur ein reales Gebiet geben, auf das das konzeptionelle Schema verweist. Aber andererseits stellt sich für ihn nicht das Problem des Verhältnisses mehrerer konzeptioneller Schemata. Man beachte die Bedeutung dieses wesentlichen Aspektes der Theorie Freuds, durch welche sich die perfekte Gegenseitigkeit zwischen zu interpretierender Wirklichkeit und der Theorie, die diese Interpretation leisten soll, ergibt. Das theoretische Hauptproblem der psychoanalytischen Theorie ist exakt ein Problem der Übersetzung oder der Übersetzbarkeit des Unterbewussten in die Sprache des Bewusstseins. Wenn man die Existenz einer Vielfältigkeit der konzeptionellen

Sprachen annähme und die Frage ihrer gegenseitigen Kompatibilität stellte, würde das Problem der Übersetzbarkeit aus dem Unbewussten ins Bewusstsein, oder besser, der Übergang von der Absurdität der Nicht-Vernunft zum rationalen Verständnis jener Absurdität enorm schwierig werden. In Freud ist die Sorge oft spürbar, seine Theorie in einem elastischen Zusammenhalt mit den experimentellen Fakten zu halten, welche in sich selbst als innerlich veränderbar angesehen werden. Doch die Elastizität der Anwendung der Theorie auf die Fakten wird bei Freud von der rigorosen Einmaligkeit der Sprache begleitet, also von der Einheitlichkeit der Kategorien der von Mal zu Mal verwendeten Theorie.

Hier geschieht etwas ähnliches wie beim Verhältnis zwischen Einmaligkeit der Psyche (und in diesem spezifischen Sinn zwischen Einheit des psychophysischen Subjektes) und Differenzierungsmöglichkeit der Psyche in Regionen des Unbewussten und des Bewusstseins, ohne das dies irgendeine Vervielfältigung des Subjektes bedeutete. Die Differenzierungsmöglichkeit der Psyche dank dessen, was Freud in *Metapsychologie* „Rechtfertigung" des Unterbewussten (das, was „anderes" als Bewusstsein ist) nennt, setzt die Einheit der Psyche voraus. Analog dazu kann das Unbewusste auf epistemologischer Ebene nur dann „gerechtfertigt" werden, wenn sein *quid juris* in einer absolut konzeptionellen, nicht zu vervielfältigenden Sprache ausgedrückt wird, also nur, wenn sich kein Problem der gegenseitigen Übersetzbarkeit zwischen unterschiedlichen konzeptionellen Schemata stellt.

Es fällt schwer, eine Konvergenz der epistemologischen Positionen Siegmund Freuds und Donald Davidsons zu sehen. Es stimmt, dass beide jeglichem konzeptionellen Relativismus die Legitimation absprechen, aber Davidson spricht dem konzeptionellen Relativismus die Legitimation aus anderen Gründen als Freud ab: aufgrund dessen, was er als Unmöglichkeit ansieht, sowohl die totale als auch die partielle Unübersetzbarkeit zwischen unterschiedlichen Sprachen zu zeigen. Das *principle of charity*, das aus Freuds Sicht absolut sinnlos, ja im buchstäblichen Sinn unverständlich erscheint, wird in Davidsons epistemologischer Perspektive essentiell. Wie die Einheit des Ich als eine Art Überrest erscheint und nicht als notwendig für die Vervielfältigung des einzigen Ich in viele Partner einer Kommunikation, so gelangt man zu einer akzeptablen Kommunikationstheorie, indem man den Äußerungen eines Sprechers „Wahrheitsbedingungen" zuteilt, welche genau dann gegeben sind, wenn der Sprecher seine Äußerungen für wahr hält. Dies bringt das Wirken des Willens zur „Barmherzigkeit" mit sich, welcher nötig ist, wenn wir die anderen verstehen wollen: Die Anwendung des „Prinzips der Barmherzigkeit" besteht in der Entscheidung anzunehmen, dass die anderen für die Mehrzahl der Fälle Recht haben.

Aus Freuds Sicht könnte keine „Barmherzigkeit“ eingreifen, um die Distanz zwischen den Theorien zu verringern und eine Kommunikation zwischen uns und den anderen zu ermöglichen. Die Einnahme einer ethischen Perspektive seitens Davidsons („ich setze voraus, die Wahrheit zu sagen und nehme gleichfalls an, dass du deinerseits die Wahrheit sagst, nur weil du selbst es bestätigst“) tilgt das Problem, bevor es in seiner Radikalität gestellt werden konnte. Ohne die Grundlage einer Einigung, zu der man vielleicht nur aus reinem Sinn der „Barmherzigkeit“ gelangt, kann es keine Kommunikation geben. Aus diesem Grund ist der Relativismus zurückzuweisen: eben weil die Kommunikation, die nicht unterbleiben kann, stattfindet. Es handelt sich um eine typisch *funktionalistische* Argumentationsweise, welche aus der Notwendigkeit eines Resultates, die Notwendigkeit der Vorraussetzungen, durch die es erreichbar wird, gewinnt. Für Freud ist die „Kommunikation“ zwischen den Regionen der Psyche hingegen ein weitaus gravierenderes Problem, denn kein ethisches und rationales Prinzip der Caritas kann eingreifen, um den gegenseitigen Kontakt zwischen den im Wesentlichen heterogenen *Partnern*, die sich die einheitliche Psyche teilen, zu garantieren. Genau aus diesem Grunde oder eben weil in Freuds Sicht die ethischen und rationalen Garantien der Kommunikation fehlen, muss die konzeptionelle Sprache eine einheitliche sein, mit der dem Problem des Verhältnisses zwischen jenen *radikalen Anderen*, dem Unbewussten und dem Bewusstsein, begegnet und es beschrieben werden kann.

Andererseits birgt die in Freuds Epistemologie implizierte Überzeugung von der Einmaligkeit des konzeptionellen Schemas oder Freuds Fremdheit gegenüber dem Problem der Vielfältigkeit der konzeptionellen Instrumente die Voraussetzung für die Ablehnung der Gleichheit von Psyche und Bewusstsein und für die Annahme des Unbewussten in sich. Von dieser grundlegenden Überzeugung hängt sowohl die Möglichkeit ab, den Wahn zu *erklären*, ohne dadurch die Charakteristik der Manifestation des Irrationalen zu zerstören, als auch das therapeutische Eingreifen in dieses Irrationale. Das Verständnis und die therapeutische Korrektur der wahnhaften Denkformen sind umso besser zu realisieren, als die Natur des Irrationalen in seiner ganzen Fremdheit gegenüber dem Universum der bewussten Vernunft besser erkannt wird (stärker geleitet vom psychoanalytischen Denken über das Unterbewusste als von der philosophischen Vernunft). Verständnis und therapeutische Korrektur werden also in dem Maße annehmbarer, je weniger die Instrumente der philosophischen „Garantie“ der gegenseitigen Durch-dringbarkeit der Sprachen und der dazugehörigen psychischen Regionen, in welche sich die einheitliche Psyche spaltet, weniger vorgefertigt werden. Die Instrumente der philosophischen Garantie gehen tatsächlich immer und in jeder Weise auf die Überzeugung von der Inexistenz von etwas zurück, das etwas „anderes“ als die bewusste Vernunft ist.

Die (relative) Nicht-Vernunft, deren sich der im Wahn Befindliche bedient, wird von Freud *gleichzeitig* in ihrem rationalen Sinn übersetzt und der Dimension des reinen, unverständlich Absurden entzogen, aber bleibt doch immer vom Gesichtspunkt der Sprache aus, mit der man sie ausspricht, beschreibt und erklärt, oder von der Vernunft-Bewusstseins-Dimension aus, „asymmetrisch“. Freuds Konzeption des Unbewussten, als das, was „unter dem Bewusstsein“ steht, ist grundsätzlich nicht vereinbar – wir haben es schon beobachtet – mit der Frage in der Sprache der Philosophie nach dem „Warum des Irrationalen“ und der Annahme, dies durch die Theorie der Vielfältigkeit der konzeptionellen Schemata und der inneren Vielfältigkeit des Ich zu lösen. In beiden Fällen erscheint Freuds Standpunkt gleichzeitig traditioneller (die wissenschaftliche Wahrheit oder die Realität ist nur eine, offensichtlich bis auf die historische Entwicklung des Wissens) und radikaler. Die Irrationalität kann nicht als ein Problem der Vernunft, d.h. als ein Problem, das die Vernunft sich selbst stellt, angesehen werden, um es als solches zu lösen oder aufzulösen: Das erklärte und therapeutisch interpretierte Unbewusste vermindert den eigenen pathogenen Druck, aber wird als solches nicht ausgelöscht.

Das Verhältnis zwischen Bewusstsein und Unbewusstem ist nicht vollständig durch die Kategorie der „Verschiedenheit“ auszudrücken, außer von einem rein deskriptiven und „regionalen“ Standpunkt aus. Der Übergang, den Freud im Kapitel *Das Unbewusste* seiner *Metapsychologie* zu schaffen versucht, besteht im Transfer der *„eigenen Person“* zum *„Schluss“* per analogiam von der Existenz des individuellen Bewusstseins (welches jedem von uns „nur die Erkenntnis des eigenen Seelenzustandes“ ermöglicht) zur Existenz des Bewusstseins anderer und von uns verschiedenen. Man muss somit sagen, dass „alle die Akte und Äußerungen, die ich an mir bemerke und mit meinem sonstigen psychischen Leben nicht zu verknüpfen weiß, beurteilt werden müssen, als ob sie einer anderen Person angehörten, und durch ein ihr zugeschriebenes Seelenleben Aufklärung finden sollen“ (Freud 1915, S. 268). Es ist die Verschiedenheit zwischen innerer Person und der Person, die wir selbst sind, die es uns erlaubt, alle psychischen Erlebnisse, die wir nicht mit dem Rest unseres bewussten Lebens in Verbindung setzen können, zu erklären.

Die „andere Person“ stört ursprünglich die Person, die wir sind. Es sind die Leerräume der bewussten psychischen Kontinuität, die uns zwingen, anzunehmen, dass das, was wir nicht als psychisch zu uns gehörig erkennen, „von einem anderen“ sei. Wir haben es nicht mit „akratischen“ Verhaltensweisen oder mit Formen der Selbsttäuschung zu tun, welche eine konflikthafte Kommunikation zwischen verschiedenen minds, „Geistern“ des einen Ich bezeugen würden, jeder entstanden aus seiner inneren Rationalität, die aus dem eigenen Blickwinkel Gültigkeit erlangt. Vielmehr haben wir es mit etwas zu tun, das die radikale Verschiedenheit von etwas bezeugt, das vom Bewusstsein erkannt werden kann und das den Schluss, nach dem es sich um eine Art „zweite Person“ in uns handeln muss, erlaubt: Aber diese Formel hat nur den Zweck zu zeigen, dass nach Freud das Bewusstsein nicht absoluter Herr im eigenen Haus ist, dass es etwas gibt, das nicht ihm angehört, das ganz und gar nicht die Charakteristik des Bewusstseins trägt und dass es also kein Phänomen des „doppelten Bewusstseins“ oder multiplen Bewusstseins ist. Hier haben wir den Beweis vor uns, dass die Kategorie des Unbewussten „legitimerweise“ eingeführt wurde: Dazu und nur dazu dient die Vorgehensweise, die Freud anzuwenden vorschlägt, nämlich die Analogie von der Feststellung des Bewusstseins meiner selbst auf das Bewusstsein von den anderen außer mir und dann weiter auf die Präsenz „der anderen“ oder „des anderen“ in meiner Person auszudehnen.

Die pathologischen Formen des psychischen Lebens, aber auch und vor allem die Träume, sind Ergebnisse eines strukturellen „Eindringens“ des Unbewussten in das Leben des Bewusstseins: Das bedeutet, dass letztere eine Art „sekundären Charakter“ besitzen, eine Art „Ausnahme“ gegenüber der strukturell unbewussten Natur der Psyche sind. Für die These, die wir diskutieren, ist es sehr wichtig, dass es neben den alltäglichen pathologischen Formen vor allem die Träume sind, die dank der Hypothese der Existenz des Unbewussten erklärt werden sollen, dessen Darstellungsformen der Zugang zum Bewusstsein durch das Eingreifen der Zensur untersagt ist. Es ist kein Zufall, dass die Theoretiker des gespaltenen Ich nie den Fall des Lebens im Traum als Beispiel der Vielfalt des Ich bringen: Während tatsächlich die Spaltung des Ich eine wesentliche rationalistische Erklärung der Formen der täglichen Irrationalität liefern kann – vom Selbstbetrug bis zur „Akrasis“, zum *wishful thinking* – entzieht sich der Traum jeglicher rationalistischer Erklärung auf der Grundlage der Theorie des „multiplen Ich“. Das, was im Traum geschieht, ist dem Gebiet des Bewusstseins völlig fremd, und die Hypothese einer Vielfältigkeit mit Bewusstsein ausgestatteter egologischer Instanzen, würde bedeuten, der wesentlichen Qualität des Traumes grundlegend zu widersprechen. In Freuds Denken wird das Unbewusste bekanntlich vor allem dazu eingeführt, die Verformungen, denen die Arbeit des Traums das repräsentative Material liefert, und eben diesen Traum zu erklären. Das Funktionieren der unbewussten psychischen Instanz ist strukturell gesehen beim Leben im Traum und in der Neurose dasselbe: In beiden Fällen zeigen Unbewusstes und Verdrängen etwas, was vom Zugang zum Bewusstsein ausgeschlossen bleibt – und was die rationale Interpretationsarbeit eben erklären soll. Diese Forderung des Unbewussten nach der Suche des Lebens im Traum im Denken Freuds stellt ein radikales Hindernis für jeglichen Gebrauch des Konzeptes des Unbewussten innerhalb einer Theorie des „multiplen Ich" dar. Das Unbewusste wird eingeführt, um die unverständlichen „Lücken" und „Leerstellen" zu erklären, welche die Kontinuität des bewussten Lebens zerteilen und kann nicht als etwas übersetzt werden, das einem Stück, einem Segment des bewussten Lebens ähnelt, das äußerst vielfältig, eventuell konfliktbeladen und daher fähig ist, irrationale Verhaltensweisen hervorzubringen. Irrationalität und Unbewusstes lassen sich nicht gleichsetzen, denn das Unbewusste wird eingeführt, um irrationale Verhaltesweisen auf der Grundlage einer Theorie zu erklären, welche nicht die Äquivalenz zwischen Psyche und Bewusstsein voraussetzt – und sich aus diesem Grund vor allem bei der Trauminterpretation einsetzen lässt.

So wollen wir noch einmal unseren Ausgangspunkt unterstreichen. Das Verhältnis zwischen den „vielen Seinsarten der Psyche" hängt bei Freud hauptsächlich vom Begriff des Unbewussten ab. Dieses Verhältnis ist gleichzeitig durch eine radikale Rückführbarkeit auf die Einheit der Erklärung und des epistemologischen Schemas und eine ebenso radikale Distanz der psychischen Forderungen, die vereint werden, charakterisiert. In *Freud ist die Psyche nur deshalb verdoppelt, weil die Theorie der Psyche einzig und einheitlich ist.* Das ist der Grund dafür, dass das Unbewusste ganz sicher etwas anderes als das Bewusstsein, aber nicht von ihm zu trennen ist, nicht zu in einer Region undarstellbarer und unobjektivierbarer Substanz werden kann (wie beispielsweise Michel Henry annimmt), hingegen immer der eigenen Übersetzung in die Sprache des Bewusstseins und der Vernunft gegenüber verfügbar bleibt – das *immer die Verschiedenheit von sich selbst anerkennt, um daraus das Objekt einer unendlichen Aneignung* auf der Grundlage dessen zu werden, dass es keine Hindernisse für die Übersetzbarkeit seiner Sprache in jene der bewussten Vernunft gibt, welche als solche die Fähigkeit besitzt, eine wissenschaftliche Erklärung zu liefern.

Das psychoanalytische Denken beinhaltet in sich ein philosophisches Paradox, welches ihm den Grund des Hauptinteresses liefert und ein fast ausschließliches Gebiet bildet, innerhalb dessen das Problem des Verhältnisses zwischen Wahn und Wirklichkeit oder Wahrheit in all seiner Tiefe gestellt werden kann. Das psychoanalytische Denken kann sich nicht darauf beschränken, die multiple Realität des psychischen Lebens zu theoretisieren, es kann sich nicht darauf beschränken, aus dem Verhältnis zwischen Bewusstsein und Unbewusstem einen Gegenstand der eigenen Theorie zu machen. In seiner Eigenschaft als *Denken*, in seiner Eigenschaft als Produkt einer bewussten Subjektivität, befindet sich das psychoanalytische Denken in der doppelten Rolle, diesem Doppeltsein anzugehören (oder besser, eine Manifestation des rationalen Lebens jenes Bewusstseins zu sein, das nur einen Teil des komplexen Lebens der Psyche darstellt) und jenes Doppeltsein zu beherrschen, oder besser, nicht Teil zu sein, nicht bedingt zu sein.

Die auf Descartes zurückgehende Unterscheidung zwischen Mensch und Automat bedeutet, dass der Mensch nur insofern Mensch ist, wie er im Besitz aller spirituellen Fähigkeiten ist, oder wie er in sich selbst universal ist. Diese Universalität ist kein moralisches Attribut des Menschen, sondern drückt seine wesentliche ontologische Natur aus. Vernunft bedeutet Universalität, doch der Mensch ist Vernunft. Es wird also klar, dass die Annahme des Unbewussten auf eine Krise der Universalität des Menschen, des Menschen als Universales zurückgeht. Trotzdem ist der Punkt, den man auch aus dieser Perspektive wieder unterstreichen muss, jener, dass diese Krise - welche sicher das Produkt der Hauptkategorie der Psychoanalyse ist – tatsächlich nicht zu einer Fragmentierung des Subjektes, zu einem Bruch der Einheitlichkeit der psychischen Realität führt. Freud ist derjenige, welcher der Kontinuität der Vernunft, der Subjektivität und der geistigen Universalität, welche der Tradition der westlichen Philosophie angehören, einen Hieb versetzt. Doch auch wenn die Sache merkwürdig erscheinen mag, auch wenn es vielleicht genau dem theoretischen Bewusstsein Freuds verborgen bleiben mag, zerstört dieser Bruch nicht die Objekte „Vernunft", „Subjekt", „Universales", weil die Struktur von Freuds Denken selbst auf diesen Konzepten begründet bleibt: Ohne sie könnte Freud selbst das eigene Vertrauen in die Fähigkeit des wissenschaftlichen Wissens, durch die rationale Erklärung immer weitere Gebiete der Realität zu erobern, nicht mehr aufrecht erhalten. Das vom Begriff des Unbewussten hervorgebrachte Abbrechen der philosophischen Tradition führt weder in die Richtung der Philosophie Nietzsches noch in die Richtung der von der analytischen Philosophie angenommenen Vielfalt des Subjektes.

Es eröffnet eine Front der radikalen philosophischen Reflexion, welche eine Neuformulierung der durch die westliche philosophische Tradition erbrachten Konzepte erfordert, also vor allem des Verständnisses der Welt, in der eine Kontinuität unterbrochen wird und sich gleichzeitig neu herstellt und *nicht* abbricht, nicht verschwindet.

Rationalität und Universalität stellen bei Freud ein Definitionskriterium der Krise selbst dar: Der Wahn ist aus rationaler Sicht eine kognitive und praktische Nicht-Wahrheit, aber er beinhaltet Elemente, denen es möglich ist, eine Dekodierung der trotz allem in ihm enthaltenen Wahrheit, oder Gesetze, die seine Struktur bilden, zu realisieren. Dass er in seiner Nicht-Wahrheit interpretierbar bleibt, konstituiert die Bedingung selbst, damit diese als solche annehmbar ist. Doch die Interpretation wäre bei fehlenden (in sich wahren) Interpretationsregeln nicht möglich. Die Nicht-Wahrheit des Wahnes ist nur durch die Perspektive der Wahrheit, Rationalität und der Universalität artikulierbar. Der Wahn wird somit von der Wahrheit, die ihn von dem unterscheidet, was nur auf dem Gebiet der aristotelischen Vernunft verständlich ist, entdeckt und von ihr aufgenommen.

Auch das therapeutische Verhältnis kann sich nur unter der Bedingung realisieren, dass eine normative Ordnung vorausgesetzt wird, welche von der Universalität durchwoben ist: Würde diese normative Ordnung fehlen, sähe man nicht, warum das Ziel der psychoanalytischen Therapie die Trockenlegung des Zuidersees sein solle. Offensichtlich zählt das trockene und produktive Festland mehr als das Meereswasser, was überschwemmt und zerstört. Freud zeigt also die Zerstörung des Universellen aus der Sicht des Universellen selbst. Dieses in seiner Theorie versteckte, aber starke *ethische Motiv* bietet eine Bestätigung der Hypothese, dass diese Theorie von einer „axiologische Symmetrie“ zwischen Bewusstsein und Unbewusstem gekennzeichnet ist.

Vielfalt, Differenz, Spaltung können als konstitutive Elemente der Realität eines psychischen Subjektes oder einer geistigen Subjektivität nur unter der Bedingung gedacht werden, dass nicht vergessen wird, dass man trotz allem von einem Subjekt als einer multiplen oder multiplizierbaren Realität spricht. Ohne den Bezug auf ein Subjekt bleibt die Vielfalt nicht darstellbar. Die extreme Vervielfältigung eines psychischen Subjektes würde zu dessen definitiver Krise führen, wie aus einer Untersuchung „der Logik des Wahnes“ von Remo Bodei hervorgeht: Aus diesem Grund bringt der vom Wahn Betroffene jede Anstrengung auf, das gespaltene Universum seiner Darstellungen zu vereinigen und ihm Kohärenz zu verleihen.

Man kann auch die These von Jacques Derrida, dass eine „ursprüngliche Differenz“ Edmund Husserls Anspruch auf ein konstituierendes „reines Ego“ aufsplittere, da das Ursprüngliche und das Reine immer „unrein“, oder, wie Rudolf Bernet bemerkte (Bernet 1994, S. 267-296) gleichzeitig „maintenant“ und „apres-coup“ seien, einer analogen Beobachtung unterziehen. Ist es legitim – kann man fragen – dem, was Jacques Derrida „différance“ nannte, den Status einer Entität, einer Substanz zu verleihen, um zu vermeiden, dem Subjekt Substanz zuzugestehen? Muss die „différance“ nicht zu einem Subjekt gehören, wenn wir sie denken wollen. Ist es wahr, dass es kein reines ursprüngliches Subjekt gibt, wie es kein reines und totales Gewissen gibt, aber dass es doch immer ein Subjekt gibt, dem wir Reinheit und Unreinheit voraussagen und dass da immer ein psychischer Apparat ist, von dem wir sagen, dass er sich nicht auf das reine Gewissen reduziert. Die Idee der Person, des personellen Subjekts kann nur eine naive Vorstellung vollständig erhalten. Aber daraus resultiert nichts anderes als die Dringlichkeit einer Neuformulierung der Subjektivitätstheorie, nicht einer Theorie der Spaltung des Subjektes.

Wir haben gesagt, dass Freuds Denken in der Existenzthese des Unbewussten die Möglichkeit bietet, den psychischen Apparat einheitlich zu erhalten, während dieser von der Hypothese, dass es eine Vielfalt des Bewusstseins im selben psychischen Apparat gäbe, gespalten werden würde. Es muss einen psychischen Apparat geben, dem Bewusstsein und Unbewussten genau in dem Maße angehören, in dem sie dieses Subjekt nicht spalten. Wenn sie es spalteten, würden sie ihm nicht angehören, denn das Subjekt, dem sie angehörten, würde schwinden, und es würde letztlich unmöglich, von einem „wahnhaften Subjekt“ zu sprechen. Es ist die ausdrückliche und klare Überzeugung Freuds, dass die Existenzthese des Unbewussten, die Konsequenz der Spaltung der Psyche in eine Vielzahl von Bewusstseinsformen oder die Konsequenz vieler bewusster Ich, von denen wir bewusste Subjekte nichts wissen, genau wie die einen oder die anderen nichts davon wissen, vermeidet. In der *Metapsychologie* begegnet Freud der „Annahme eines anderen, zweiten Bewusstseins, welches mit dem mir bekannten in meiner Person verbunden ist“. Aber wie kann man sich ein Bewusstsein vorstellen, „von dem der eigene Träger nichts weiß“ – ohne die Überzeugung anzubringen, dass das Andere neben dem Bewusstsein, von dem wir reden, eben das Unbewusste sei? Warum sollten wir uns mit einem zweiten oder dritten Bewusstsein beschäftigen, von dem man nichts weiß, von dem man also noch weniger weiß, als man durch das analoge Vorgehen unseres Bewusstseins über das einer anderen Person zu wissen vermeint? Vom Bewusstsein müsste man Wissen haben, denn das Bewusstsein ist in sich Wissen von sich. Wenn man das Unbewusste zurückweist, muss man um so mehr das Absurdum eines „unbewussten Bewusstseins" zurückweisen, das einzige Instrument der Möglichkeit, an eine Psyche zu denken, die mit einer Vielfalt von, sich gegenseitig unterscheidenden, unbekannten und nicht von einem Bewusstsein vereinten Bewusstseinsformen ausgestattet ist.

Die einzelnen latenten Seelenvorgänge, welche in Richtung der Annahme des Unbewussten drängen, sind von einander unabhängig und erkennen sich gegenseitig nicht (sie sind buchstäblich „ohne Bewusstsein" von sich und den anderen). Die These von der Vielfalt der inneren Bewusstseinsbereiche der Psyche würde also dahin führen, dass „wir uns selbst nicht nur die Existenz eines zweiten Bewusstseins annähmen, sondern auch eine dritte, vierte und vielleicht eine unabschließbare Reihe von Bewusstseinzuständen, die sämtlich uns und miteinander unbekannt sind" (Freud 1915, S. 269). Es ist kein zweites Bewusstsein, dass wir für unsere Person annehmen müssen, sondern die „Existenz von psychischen Akten, welche des Bewusstseins entbehren". Der Punkt ist also klar: In Freuds Teilung der Psyche in Bewusstsein und Unbewusstes stellt letzteres die ontologische Substanz der Psyche dar (seine *ratio essendi*), doch das Bewusstsein, welches die Situation der unterbewussten Substanzhaftigkeit der Psyche kennt (oder herausfindet, beschreibt, sieht und theoretisiert), stellt die *ratio cognoscendi* jener dar.

Auf der Ebene des Seins herrscht das Unbewusste vor, während das Bewusstsein auf der Ebene der Erkenntnis herrscht. Daraus folgt, dass wir berechtigt sind, es für legitim zu halten, dass das, was wir als einheitlichen psychischen Organismus ansehen, wir können es auch *mind* in seiner Einheit nennen, für sich genommen ein *einheitliches Ich* ist und nicht durch Teile (täuschend der eine, getäuscht der andere) gebildet wird, denn nur die Teilung des Ich in eine Vielfalt von Bewusstseinsformen könnte uns das Recht geben, von „Teilen des Ich" zu sprechen.

Literatur

Bernet, R.: La vie du sujet. Recherches sur l'interprétation de Husserl dans la phénoménologie, Paris 1994

Bodei, R.: Le logiche del delirio. Ragione, affetti, follia, Roma-Bari 2000

Davidson, D.: Essays on actions and events, Oxford 1980

Davidson, D.: Inquiries into truth and interpretation, Oxford 1984

Davidson, D.: Paradoxes of irrationality, in: Wolheim, R. / Hopkins, J. (Eds): Philosophical essays on Freud, Cambridge 1982
Elster, J. (Ed.): The multiple self, Cambridge 1985
Engel, P.: Aristote, Davidson et l'akrasia, in: Philosophie 3/1984
Freud, S. (1915): Metapsychologie. Das Unbewusste, in: Gesammelte Werke, Bd. 10, London 1946
Pears, D.: Motivated irrationality, freudian theory and cognitive dissonance, in: Wolheim, R. / Hopkins, J. (Eds.): Philosophical essays on Freud, Cambridge 1982

Lukas K. Sosoe (Luxembourg)

Foucaults Wahnanalyse aus systemtheoretischer Sicht

Bekanntlich verbindet sich Michel Foucaults Denken mit einer radikalen Gesellschaftskritik. Luhmanns Werk hingegen gilt zu Recht oder Unrecht als konservativ. Beide Autoren in einem Text zusammenzuführen könnte daher den Eindruck erwecken, dass hier zwei Positionen gegeneinander ausgespielt werden. Noch mehr könnte man auf den Gedanken kommen, dass eine fortschrittliche einer konservativen Position gegenüber gestellt wird. Foucaults Wahnanalyse systemtheoretisch zu durchleuchten, verfolgt aber ein anderes Ziel. Wir gehen von der verbreiteten These aus, dass sich Gemeinsamkeiten zwischen Foucault und Luhmann finden lassen. Thematisch und vielleicht auch methodisch-deskriptiv verstanden ist diese zum Gemeintopos geworden (vgl. Horster 1997). Inwiefern diese These im einzelnen bestätigen lässt, wollen wir anhand des Themas Wahn und Wirklichkeit überprüfen, wobei der Akzent mehr auf die Wahnanalyse gesetzt wird.

Im allgemeinen lässt sich Luhmanns Werk in die Nähe des französischen Dekonstruktivismus rücken. Noch eher kann die Systemtheorie jedoch als jene Supertheorie betrachten werden, die einige Themen des französischen Dekonstruktivismus aufgreift und sogar den Anspruch erhebt, ihn auf seinem eigenen Terrain zu überbieten (vgl. Sosoe 2001; Sosoe 2000). Zu diesen Dekonstruktivisten gehört auch Foucault, dessen Schaffen Gesellschaftskritik und Analysen von Herrschaftsstrukturen moderner Gesellschaften verbindet, in deren Bereich vorzugsweise auch die Wahnanalyse gehört. Dagegen fehlen in Luhmanns Werk eine offenkundige gesellschaftskritische Dimension und eine Foucaults Arbeit vergleichbare Herrschaftskritik. Heißt dieser Umstand, dass die genannten Gemeinsamkeiten zwischen dem französischen Dekonstruktivismus und Luhmann sich nicht auf Foucaults Werk beziehen?

Ziel des vorliegenden Beitrages ist es also, anhand von Foucaults Wahnanalyse die Frage zu beantworten, ob, und wenn ja in welcher Hinsicht Foucaults Wahnanalyse, wenn nicht allgemein, so doch wenigstens partiell und exemplarisch die Verbindung zu Luhmanns Systemtheorie herzustellen vermag. Dabei wird nicht die Triftigkeit der These Foucaults untersucht, der These nämlich, dass die Modernität mit ihrer fortschreitenden Rationalisierung zur Exklusion eines Teils der Menschheit geführt hat und dass überall dort, wo

Vernunft in der Moderne zum Zuge gekommen ist, sie all das ausgeklammert und unterdrückt hat, was ihren Kriterien nicht entsprach. Ob diese These zutrifft oder nicht sei dahingestellt. Uns interessiert vielmehr die Methode, die Foucault verwendet, um eine derartige These zu verteidigen und die Gemeinsamkeiten und Divergenzen, die diese Methode mit Luhmanns Systemtheorie aufweist.

Diese Gemeinsamkeiten und Unterschiede gilt es in den drei nächsten Schritten hervorzuheben. In einem ersten Schritt wird Foucaults Wahnanalyse der Unvernunft sehr kurz dargestellt. Es wird sich einerseits herausstellen, dass die archäologische Methode, deren sich Foucault bedient, eine frappierende Ähnlichkeit mit Luhmanns Begriff der Semantik der Gesellschaftsstrukturen aufweist. Andererseits aber unterscheiden sich beide Positionen darin, dass bei Luhmann nicht die Perspektive des außenstehenden Gesellschaftskritikers beansprucht wird. Foucault geht vom Standpunkt des Intellektuellen aus, der die Gesellschaft besser beobachten kann als andere und der sich anmaßt, Machtstrukturen entlarven zu können. Luhmann hingegen historisiert die eigene Beobachtung, die der semantischen Analyse unterzogen wird. Ausgehend von dem, was Luhmann unter dem Begriff der Semantik der Gesellschaft versteht, so unser zweiter Schritt, wird Foucaults Analyse des Wahns aus der Sicht der Systemtheorie ‚beobachtet'. Im dritten Teil wird versucht, den Begriff des Wahns systemtheoretisch aus der Sicht der erkenntnistheoretischen Prämissen Luhmanns umzuformulieren. Wir werden die folgende zweiteilige These vertreten: Sowohl für Luhmann als auch für Foucault lässt sich das Phänomen des Wahns nur gesellschaftstheoretisch rekonstruieren. Foucault setzt es in Verbindung mit der zunehmenden Rationalisierung oder des rationalen Diskurses der Modernität überhaupt. Dasselbe gilt auch für Luhmann. Dennoch würde er den Wahn rein formal als die Unfähigkeit eines Bewusstseinssystems ansehen, an gesellschaftlicher Kommunikation teilzunehmen.

1. Foucaults Wahnanalyse

Michel Foucaults Buch *Wahnsinn und Gesellschaft. Eine Geschichte des Wahnsinns im Zeitalter der Vernunft* gehört in jene Reihe von Schriften, in denen zumindest in Frankreich die Antipsychiatrie eine Art theoretisch-polemische Ausrüstung gegen die bis in die 70er Jahre geltenden Meinungen über den Wahnsinn und vor allem seine medizinische Behandlung gefunden hat. Faszinierend an diesem Werk ist nicht nur die Sprache, deren poetischer Stil manchmal auf Kosten der zu erwartenden philosophischen oder medizinkritischen, noch besser medizinhistorischen Argumentation geht und diese zurückdrängt, sondern auch das Ziel selbst, eine Geschichte des Wahnsinns schreiben zu wollen, in der Vernunft und Unvernunft nicht nur dialektisch aufeinander verweisen. Beide haben vielmehr denselben Ursprung. Schon im Vorwort beschreibt der Autor sein Vorhaben folgendermaßen:

> „Die Geschichte dieser anderen Art des Wahnsinns ist zu schreiben, - dieser anderen Art, in der die Menschen miteinander in der Haltung überlegener Vernunft verkehren, die ihren Nachbarn einsperrt, und in der sie an der gnadenlosen Sprache des Nicht-Wahnsinns einander erkennen. Wir müssen den Augenblick dieser Verschwörung wiederfinden, bevor er im Reich der Wahrheit endgültig errichtet und der lyrische Protest widerlegt worden ist. Man muss in der Geschichte jenen Punkt Null der Geschichte des Wahnsinns wiederzufinden versuchen, an dem der Wahnsinn noch undifferenzierte Erfahrung, noch nicht durch Trennung gespaltene Erfahrung ist“ (Foucault 1996, S. 7).

Ferner heißt es:

> „Dabei handelt es sich um ein zweifellos heikles Gebiet, bei dessen Durchforschen man auf den Vorteil endgültiger Wahrheiten verzichten muss und sich stets durch das leiten lassen darf, was wir vom Wahnsinn wissen können. Keiner der Begriffe der Psychopathologie darf – selbst und vor allem im impliziten Spiel der Retrospektionen – eine organisatorische Rolle spielen. Konstitutiv ist nur die Geste, die den Wahnsinn abtrennt, und die Wissenschaft, die in der nach der einmal vollzogenen Trennung wiedereingetretenen Ruhe entsteht. Ursprünglich ist dabei die Zäsur, die die Distanz zwischen Vernunft und Nicht-Vernunft herstellt...“ (ebd., S. 7).

Mit anderen Worten: Am Anfang steht die Vernunft nicht allein, getrennt von dem, was nicht die Vernunft ist, geschweige denn von der Unvernunft, ihrem Gegenüber. Wir haben es mit einer totalen Undifferenziertheit, mit einer Einheit zu tun. Das klassische Zeitalter hat diese Einheit mit der Entdeckung des Vernünftigen zurückgedrängt. Die undiskriminierte Anerkennung, die Nachbarn oder Mitmenschen einander schulden, wurde seitdem durch die Sprache der Vernunft und Unvernunft‘ in zwei Lager gespalten. In der sozialen und politischen Öffentlichkeit durfte nur derjenige Anerkennung genießen, der zur Sprache der Vernunft fähig war. Der Unvernunft fielen nur die Würde und die Bürde des Ausschlusses, der Einsperrung zu. Später hat die Moderne sie zur medikamentös behandelbaren Krankheit erklärt. Ansonsten haben immer Vernunft und Nicht-Vernunft eine gemeinsame Geschichte, eine Geschichte, die sich vom Barockzeitalter über das klassische Zeitalter hinaus bis zur Moderne erstreckt und die nach Foucault als die Geschichte einer dramatischen Entweihung dargestellt werden kann. Diese Geschichte, die zugleich eine der negativen Radikalisierungen der Einstellung zum Wahn und den Wahnsinnigen war, versucht er zu schildern. Ihm zufolge werden immer zwei Bilder zur Legitimation der Psychiatrie vorgeführt: die Art und Weise, wie die Quäker in Amerika die Wahnsinnigen behandelten und die Diagnose von Pinel im Spital Bicêtre. Foucault hebt die Tatsache hervor, dass der Wahnsinnige bei den Quäkern ein Haus bekam, wenn er nicht in der Lage war, sich eines zu leisten, damit er mehr Freiraum genießen konnte. Für Pinel liegt die Aggressivität des Wahnsinnigen nur daran, dass er keine oder zu wenig frische Luft hat.

Auf dem ersten Blick enthalten diese beiden Einstellungen zum Wahnsinnigen nichts Negatives. Die Einstellung der Quäker könnte man sogar als großzügig und die von Pinel vielleicht nur als eine banale, ja heute überholte Diagnose betrachten. Dennoch werden die beiden von Foucault negativ beurteilt. Sowohl die Quäker als auch Pinel mit seinem Anspruch, die Wahnsinnigen zu diagnostizieren und zu heilen, haben für Foucault deshalb eine negative Bedeutung, weil sie den Schlusspunkt der Trennung zwischen Vernunft und Unvernunft und damit den Ursprung des Wahns darstellen. Foucault greift auf das literarische Moment des Narrenschiffs zurück mit der Absicht, aufzuzeigen, wie vor dem klassischen Zeitalter Wahnsinnige behandelt worden waren. Deutlicher soll der Übergang vom Barockzeitalter zur Moderne werden. Stichworte der modernen Behandlung heißen: die große Gefangenschaft, die große Angst und die radikale Trennung und Exklusion. Michel Foucault führt vor Augen, dass die Literatur der Renaissance voller Bilder von Narren vor. Dies soll bestätigen, dass Wahnsinn nicht immer zur Exklusion führte, sondern auch etwas anderes als eine Krankheit gewesen war. Dies kommt besonders in der folgenden Passage (nach einer langen Beschreibung der Situation der Wahnsinnigen) zum Ausdruck:

> „Von all diesen fabulösen oder satirischen Schiffen hat nur das ‚Narrenschiff' wirklich existiert, denn diese Schiffe, die ihre geisteskranke Fracht von einer Stadt zur anderen brachten, gab es

> wirklich. Es geschah oft, dass Irre ein Wanderleben führten. Häufig jagte man sie aus der Stadt und ließ sie in der freien Landschaft umherlaufen, wenn man sie nicht einer Gruppe vor Händlern und Pilgern anvertraute“ (Foucault 1996, S. 2).

Aus der Stadt gejagt oder Pilgern und Händlern anvertraut, bleibt für Foucault die Dimension der Freiheit des Wahnsinnigen wichtig: nicht eingesperrt zu sein! Man könnte sogar von einer mehr oder weniger gelungenen Integration sprechen. Der Wahnsinnige hatte einen Platz in aktiven Bereichen der Gesellschaft. Er konnte mit Händlern auch mit Pilgern herumwandern, also mit Menschen, die unter damaligen Bedingungen und auch heute noch als normal gelten. Dem eingeschränkten Raum des Dorfes, wo der Wahnsinnige leben konnte, oder der Stadt, in der er herumlief, aus der er manchmal sogar herausgejagt wurde, wurde der Vorrang vor der Diagnose und der Therapie gegeben. Weder krank noch räumlich situiert war der Wahn. Er gehört einfach zur Fülle dessen, was die ‚menschliche Koexistenz‘ ausmachte.

Dieses während der Renaissance überall zu findende Bild des Narren wurde durch ein anderes, negatives Bild ersetzt. Foucault nennt es *le grand enfermement*, also die große Gefangenschaft. Damit wird implizit gemeint, dass frühere Epochen den Wahnsinnigen nicht anders behandelt haben, sondern ihm die Bewegungsfreiheit ließen, die mit der Moderne allmählich eingeschränkt wurde und schließlich verschwand. Die Raumfreiheit wurde durch Diagnose und medikamentöse Behandlung abgelöst. Auch hier wie andernorts hat die Moderne ihr Versprechen der Emanzipation oder der Freiheit mittels des Vernunftgebrauchs nicht einlösen können bzw. konnte es nur um den Preis der Exklusion des Nichtvernünftigen einlösen. Der Vernunftgebrauch hat einen Preis: die Diskriminierung und die Bestrafung des Nichtvernünftigen. Das, was der Unvernunft zugeordnet wird, gehörte nunmehr ins Reich der Krankheit. Wo früher Lepra und Geschlechtskrankheiten ihren Sitz hatten, fand der als Krankheit diagnostizierte Wahn seinen sozial legitimierten Sinn. Besser ausgedrückt: Der Wahn löst sie dort ab, wo sie Platz freimachen. Dazu schreibt Foucault:

> „Die Lepra verschwindet, die Leprakranken sind fast vergessen, aber die Strukturen bleiben. Oft kann man an denselben Orten zwei oder drei Jahrhunderte später die gleichen Formeln des Ausschlusses finden: Arme, Landstreicher, Sträflinge und «verwirrte Köpfe» spielen die Rolle, die einst die Leprakranken innehatten; und wir werden sehen, welches Heil von diesem Ausschluss für sie selbst erwartet wird oder

für diejenigen, die sie ausschließen. Mit einem ganz neuen Sinn und auf einer völlig anderen Entwicklungsstufe bestehen die Formen fort, insbesondere jene bedeutendere Form einer rigorosen Trennung, die in sozialem Ausschluss, aber geistiger Reintegration besteht“ (Foucault 1996, S. 23).

Nicht vernünftig sein können gehört ab diesem Punkt zur Liste der Krankheiten. Die Geburtsstunde der Vernunft markiert die der Geisteskrankheit. Das Herumfahren mit Händlern und Pilgern gehörte zu jener Normalität, welche die Unterscheidung zwischen Vernunft und Unvernunft ignorierte. Der Wahnsinnige war nur ein bisschen anders, wie heute der Ausländer mit seinem komischen Akzent, der in manchen gut denkenden Kreisen als anders befunden wird, aber nicht im Namen irgendeiner normalen Leitkultur aus dem Raum mehr oder weniger normaler Bürger ausgeschlossen wird. Gerade die geistige Zwangsintegration, die versuchen würde, aus ihm unbedingt einen ‚akzentfreien, gebürtigen‘ Sprecher der deutschen Sprache zu machen, – so könnte man Foucault analog verstehen –, würde das Anderssein verletzen. Wenn dies der Fall ist, dann ist Wahn keine Krankheit. Sie ist ja nur eine Form der Verschiedenheit, der Differenz. Diese Differenz als Problem zu diagnostizieren, geschweige denn medikamentös behandeln oder heilen zu wollen kommt dem Ausschluss des Fremden und somit dem Nichtvernünftigen gleich. Das Andere der Vernunft wird als ‚Unvernunft‘ diagnostiziert, verlangt eine geistige Reintegration ins Normale: eine Therapie.

Die Thematisierung des Anderen der Vernunft ist nicht umsonst im 18. und 19. Jahrhundert entstanden. Selbst in seiner großen Gefangenschaft – um mit Foucault zu reden – löste sein Dasein damals überall Angst in allen Schichten der Gesellschaft aus. Die Phantasie der Dichter und der Schriftsteller dokumentierte diese Angst und verbreitete sie in allen Ecken von Paris. Das Programm der medikamentösen Therapie entstand als letzte Stufe der Art und Weise, wie die Modernität das Nichtvernünftige behandelt hat. Dem Krankenhaus wurde nunmehr seine aktuelle Bedeutung für den Ausschluss des Geisteskranken verliehen. Im Barockzeitalter wanderte der Wahnsinnige fröhlich von Stadt zu Stadt. Im klassizistischen Zeitalter verlor er schon seine Freiheit. Dem Wahnsinnigen blieb nichts anderes als die Diagnose der Krankheit und damit die medikamentöse Behandlung: die Geburt der Psychiatrie. Die Geburtswehen der Psychiatrie bilden nur die letzte Stufe einer zunehmenden Rationalisierung. Sie hat einen Namen: Freiheitsverlust.

Ob die von Foucault dargestellte Entwicklung der Geschichte des Wahnsinnes stimmt, wird hier nicht diskutiert. Zahlreiche Medizinhistoriker haben schon gezeigt, dass Foucaults Historiographie der Entwicklung der Einstellung zum Wahn nicht stimmt. Für unser Anliegen ist diese Frage nicht sehr wichtig. Nur die kritische Funktion des Unternehmens und der damit implizit verbundene Anspruch sind von Bedeutung, auf Wahrheit und Falschheit kommt es hier nicht an. Wichtiger erscheint uns die folgende Frage: Worum geht es bei Foucaults Analyse des Wahns, wenn es nicht um Wahrheit oder Falschheit geht?

2. Luhmanns kritische Sicht der historischen Begriffsanalyse

Grundsätzlich geht es bei Foucault um eine Kritik der Moderne. Obwohl er sich methodisch zu Nietzsche bekennt, bleibt Foucault in jener Tradition der Kritik der Moderne, die auf Rousseau zurück geht. Die Argumentationsfigur, die hier verwendet wird, finden wir schon bei dem Autor der beiden *Discours*. Kurz und bündig formuliert besagt die These Folgendes: Die Modernität oder der gesellschaftliche Fortschritt hat nicht zur versprochenen Emanzipation und Autonomie des Menschen geführt. Er hat nur zu einer zunehmenden Unfreiheit, zu einer Art Degradierung geführt. Den Weg zu dieser Unfreiheit beschreibt Foucault als jene Art von Pilgerfahrt, die vom Barockzeitalter bis zur Moderne einen rationalisierten Werdegang der Unterdrückung schildert. Zu diesem Schluss kommt Foucault nur durch einen methodischen Vorgang, den er Archäologie nennt. Was ist aber mit archäologischer Methode im Kontext der Geschichte des Wahns gemeint?

Mit Archäologie meint Foucault jene Methode, welche die Kulturgeschichte von Institutionen, Begriffen, also Mentalitätsforschungen, Vorstellungen und in diesem Fall der Einstellung zum Wahn mit Hilfe von historischen Dokumenten nachvollzieht. Bis zu einem gewissen Punkt könnte Luhmann mit der historisch-archäologischen Methode einverstanden sein. Bei ihm selbst finden wir eine ähnliche Methode. Luhmann redet aber von Semantik der Gesellschaftsstrukturen, von einer Art Wissenssoziologie. Diese historische Begriffsanalyse und diese historische Erforschung von Institutionen heben hervor, wie illusorisch das Emanzipationsprojekt der Moderne war. Für Foucault, könnte man meinen, geht es darum, dieses Projekt zu denunzieren und zu liquidieren. Luhmann begnügt sich mit einer nüchternen Beschreibung und betont, wo nötig, weshalb die modernen Kategorien nicht in der Lage sind, moderne Gesellschaften zu beschreiben. Im Gegensatz zu Foucault wird die

Beschreibung als Selbstbeschreibung der modernen Gesellschaft und nicht das Ergebnis der Rekonstruktion des Wissenschaftlers allein verstanden, der mit einem einzigen Begriff die Evolution der gesellschaftlichen Vorstellungen und Einstellungen zum Wahn schildert. Vielmehr geht Luhmann von der These aus, dass sich mit dem Übergang von einer stratifikatorischen zu einer funktional differenzierten Gesellschaft die Semantik der Gesellschaft ändert (Luhmann 1981, S. 15). Unter dem Begriff der funktionalen Differenzierung versteht Luhmann die zunehmende Komplexität des Gesellschaftssystems. Gerade diese zunehmende Komplexität des Gesellschaftssystems und die Kontingenz seiner Operationen, deren Veränderung mit Änderung der Semantik beantwortet wird, gilt es zu zeigen. „Man kann das Begreifen und damit auch die Distanz zu fremdem Denken begreifen, es aber nicht aufgrund moderner Prämissen konkret nachvollziehen, ‚so denken wie'" (Luhmann 1981, S. 15). In diesem Sinne wären die verschiedenen Einstellungen und Vorstellungen zum Wahn das Resultat der Komplexität des Gesellschaftssystems und der Kontingenz seiner Operationen. Es geht letzten Endes um eine Art Mentalitätsforschung, die aber nicht mehr wie bei Foucault von einem einzigen Begriff wie dem der Vernunft ausgehend kritisch-denunziatorisch vorgeht. Dennoch versucht auch Luhmann, jede Form von Wissen oder Institution geschichtlich zu analysieren; was manchmal einer entlarvenden Kritik gleichkommt. Im Gegensatz zu Foucault verfährt er jedoch nicht nur kritisch, sondern auch selbstkritisch. Damit will Luhmann ein Hauptproblem der Wissenssoziologie vermeiden. Mit Blick auf Foucaults Unternehmen lautet die Frage: Wie kann Foucault seine These rechtfertigen, ohne den Standpunkt eines Außenstehenden, eines besserwissenden Beobachters zu beanspruchen? Mit anderen Worten: Welche Legitimität darf die These von Foucault beanspruchen, wenn er Kategorien der heutigen Epoche benutzt, um vergangene Praktiken nicht nur zu beschreiben, sondern auch zu be- und implizit zu verurteilen, ohne sich dem Vorwurf der puren Ideologie auszusetzen?

3. Zur Kritik an Foucaults Wahnanalyse aus systemtheoretischer Sicht

Die Frage, wie Foucault seine These rechtfertigen kann, ohne den Standpunkt eines Außenstehenden, Besserwissenden zu beanspruchen oder sich selbst einen privilegierten Zugang zur Realität zu gewähren, muss auf eine skeptische Antwort stoßen. Denn Foucault hat aus wissen-schaftstheoretischer oder gesellschaftstheoretischer Sicht keine Möglichkeit, seine Theorie selbstkritisch zu überprüfen. Gerade an diesen Punkt will Luhmann die Leistung der Systemtheorie, der Semantik der Gesellschaft, deutlicher machen. Diese Leistung besteht darin, eine Relation zwischen Gesellschaftsstrukturen und Ideengeschichte herzustellen. Aus Luhmanns Sicht würde die Beschreibung des Wahns ein sehr gutes Beispiel darstellen, um wissens-soziologisch jenen privilegierten Standpunkt des Gesellschaftskritikers oder des Ideologiekritikers im Wissensprozess aufzuheben. Dieses Problem kann Foucault methodisch nicht lösen. Nicht nur lassen sich die Vorstellungen und Einstellungen des Wahns nicht allein mit Hilfe eines einzigen Begriffs – hier des Begriffs der Rationalisierung – geschichtlich schildern, sondern die Wahnanalyse entpuppt sich für einen Autor, der wie Foucault Gesellschaftskritik, Vernunftkritik und nicht zuletzt Kritik am Subjektbegriff oder an Subjektivität überhaupt ausüben wollte, jedenfalls aus system-theoretischer Sicht als jene Ideologiekritik, deren Autor sich außerhalb der Gesellschaft befindet und mit modernen Kategorien dasjenige beurteilt, was zu anderen Epochen gehört. Legitim kann das Urteil nur dann sein, wenn Foucault die Gesellschaftsstrukturen und deren Veränderungen einbezieht, die zu den verschiedenen Vorstellungen des Wahns in der Geschichte geführt haben. Foucaults Analyse des Wahns ist aus einer wissenssoziologischen Perspektive bedenklich. Sie kann sich selbst nicht metatheoretisch rechtfertigen.

Die als Modernitätskritik auftretende Wahnanalyse muss also scheitern, weil sie nicht in der Lage ist, Kriterien der Selbstkritik aufzustellen. Nach Luhmann lassen sich diese Mängel nur dann beheben, wenn die Theorie *autologisch* verfährt, also wenn sie angibt, nach welchen Kriterien sie beurteilen will und sich selbst beurteilen lassen will. Denn jedes Wissen, auch das Wissen über die Geschichte der Mentalitäten und sozialen Einstellungen, ist eine Beobachtung wie alle anderen. Um zu wissen, ob eine Beobachtung zutrifft, müssen wir herausfinden, wer gerade beobachtet und von welchem Standpunkt aus er beobachtet. Mag die Metapher der Archäologie einen kohärenten Diskurs über Gegenstände beschreiben, welcher ausgegraben und mit mehr oder weniger Präzision datiert wird. Mag sie auch darüber hinaus etwas über die Gegenstände selbst rekonstruieren. Was die Mentalitätsforschung und Ideengeschichte betrifft, ist immer der Ideologieverdacht vorhanden. Will man sich nicht in die heute umstrittene Rolle einer theoretischen Avantgarde setzen, die den notwendigen Gang der Geschichte mit einem einzigen Begriff schildert, sei es „Geist“, „Proletariat“ oder „das Kapital“ oder gar „Schock der Kulturen“, so lohnt es sich, wenigstens zu versuchen, gesellschaftliche Vorstellungen durch den mit menschlichem Handeln verbundenen Begriff des

Sinns zu erklären. Es sei denn, man analysiert eine normative Theorie. Aber damit wird die Schwelle der Archäologie, der reinen Beschreibung überschritten.

4. Fazit

Unser Interesse am Thema Wahn und Wirklichkeit eignet sich besonders für erkenntnistheoretische Überlegungen. Mit der kurzen Zusammenfassung von Foucaults Wahnanalyse aus der Perspektive der Systemtheorie Luhmanns wollen wir, anders als eine medizinische oder kulturanthropologisch inspirierte Verharmlosung der Situation des Wahnsinnigen und dessen Umwelt, einen Blick auf eine bekannte und einflussreiche Theorie über den Wahn werfen. Durch die hervorgehobenen methodologischen Differenzen zwischen Luhmann und Foucault glauben wir dies erreicht zu haben. Enttäuschend könnte das Resultat für diejenigen erscheinen, die zum Beispiel in Foucaults Analyse der Macht etwas Positives finden. Auch die Tatsache, dass seine Kritik die Aufmerksamkeit auf die Praxis der Psychiatrie und deren Mängel gelenkt hat, wollen wir nicht unterschätzen. Man könnte sogar sagen, dass sich die Psychiatrie die Kritik Foucaults zu eigen gemacht hat. Wir wollten alle diese positiven Gesichtspunkte nicht bestreiten. Dennoch ist dies nicht das Ziel dieses Beitrages. Vielmehr geht es um die Erfolgsträchtigkeit jener Theorie, die eine bessere, nicht medizinische, auch nicht nur historische, sondern wissenschaftstheoretische Überlegung sein will, die über die Wirklichkeit des Wahns etwas aussagt, das wir wenigstens nachvollziehen können, ohne dass die Wirklichkeit des Wahnes, wenn so etwas überhaupt vernünftig erfasst werden kann, auch zur wahnsinnigen Wirklichkeit wird.

Literatur

Foucault, Michel: Wahnsinn und Gesellschaft, Frankfurt a. M. 1996

Horster, Detlef: Niklas Luhmann, München 1997

Luhmann, Niklas: Gesellschaftsstruktur und Semantik. Studien zur Wissenssoziologie der modernen Gesellschaft, Frankfurt a. M. 1981

Sosoe, Lukas K.: Luhmanns Systemtheorie: Eine Herausforderung für die zeitgenössische französische Philosophie, in: Günther Abel (Hrsg.): Französische Nachkriegsphilosophie, Berlin 2001

Sosoe, Lukas K.: Einführung zu Niklas Luhmann: «La légitimation par la procédure», Paris, Cerf, Laval 2000

Klaus Treuheit (Erlangen)

Musik als gehörte Wirklichkeit

Wir hören eingangs ohne jede Vorabinformation je zweieinhalb Minuten Morton Feldmans ‚For Samuel Beckett' und Art Tatums Version von ‚Get Happy' mit kurzer, unkommentierter Pause. Unser inneres Zeitempfinden kann sich dabei bemerkbar machen, ebenso das Vermögen, Regelmäßigkeiten oder Figuren zu erkennen bzw. wiederzuerkennen: wahrzunehmen, was ‚da' ist – durch Lautsprecheranlage von CD vertont. Es folgen Bemerkungen etymologischer Art zu Vernehmen/Vernunft und mehr noch zu Wahn als ‚Fehlen, Hoffen, Vorstellen.' Wirklichkeit wird vom Wortstamm her als ‚dasjenige, was wirkt' von der Welt der Dinge (res) unterschieden – im Gegensatz zur Vorstellungswelt. Auf die Welt der mundanen Erfahrung gewendet – sagen wir Alltagserfahrung – könnten wir Wahn und Wirklichkeit als Komplementärbegriffe zum Erfassen menschlichen Handelns ansehen.

Das Hören von Musik kann als ein Herstellen von multiplen Realitäten aufgefasst werden. Der Plural bezieht sich auf die Beobachtung, dass nicht nur der Interpret einer musikalischen Komposition deren Ausformung realisiert, sondern sogar (je)der Hörer. Die Frage nach dem Gehalt des Werkes ist analog zu der Frage nach der Wirklichkeit an sich. Im Falle der Musik und des Hörens ist dies die Frage nach dem Modus der konstitutiven Leistung des Interpreten und/oder Hörers. Der Interpret kann als spezialisierter Hörexperte apostrophiert werden. Er schafft eine vom Komponisten initiierte Wirklichkeit auf subjektiver und transzendentaler Basis nach.

Die unterschiedlichen Aufnahmedaten der gehörten Aufnahmen (1940/1991) und die so wahrnehmbaren Ebenen des aural Gegebenen bieten Anlass zum Notieren des ‚Zurechthörens', d.h. des unwillkürlichen Ausblendens von Stör- und Begleitgeräuschen nach kurzer Zeit, es sei denn, es erfolgt eine Konzentration auf eben diese Phänomene. Die Sensibilisierung, die beim Hören und Spielen von Musik sich ereignet, ist als Leistung zu sehen, die aber auch die Gefahr mit sich bringen kann, die musikalische Wirklichkeitskonstruktion als redundant, langweilig, fehlerhaft oder unangemessen zu erleben. Musik wäre demnach die Anwendung des Gehörs auf sich selbst.

Was ist denn beim Feldmanschen Musikbeispiel zu hören? Gibt es Aufschluss über unser Hörvermögen, beleuchtet es unsere Hörroutine? Lässt es Rückschlüsse auf unsere Wirklichkeitskonstitution durch Sinneseindrücke akustischer Provenienz zu? Werden womöglich Raum- und Zeitempfinden thematisiert und so Bedingungen unserer Wahrnehmung benennbar gemacht? Mir scheint, dass beim Hören dieser Musik auch mit unserer Sensibilität gespielt wird. Das heißt, dass wir auf einen Zusammenhang aufmerksam werden können, der uns sonst im Vollzug nicht klar, sondern selbstverständlich ist. Das Hören ist hier also ein Krisenexperiment. Garfinkel hat gezeigt, was passiert, wenn Selbstverständlichkeiten in der alltäglichen Kommunikation eben nicht als solche behandelt werden, sondern ausdrücklich nachgefragt und so thematisiert werden: Irritation, zirkuläre Prozesse werden dabei ausgelöst, die den Charakter dieses Vorgangs bezeichnen und auf diese Weise im Problematisieren des sonst Unproblematischen Fundamente dieses Austauschprozesses beleuchten, uns so etwas über uns selbst und unsere Art, uns Gewissheit zu verschaffen lehren und dies benennbar werden lassen, unsere Wirklichkeitssphäre auf die Bedingungen ihrer Möglichkeit abklopfen und auf diese Weise relativieren. Natürlich spielt jede Art von Musik mit unserer Sensibilität. Fordert und fördert unser Unterscheidungsvermögen in vielerlei Hinsicht. Lässt Spannung entstehen: Doch wie, auf welche Art und Weise?

Ein mit Feldmanscher Musik nicht vertrauter Hörer vernimmt möglicherweise zunächst Repetition, Abwesenheit von Zusammenhang oder gar Spannung – kurz: immergleiches Wiederholen. Es ist denkbar, dass die Hörroutine diesen Eindruck bestimmt. Empirische Untersuchungen zeigen, dass der als zusammenhängend empfundene Jetzt-Bereich beim Hörer maximal drei Sekunden umfasst. In der vertrauten Musik – einerlei ob der Gebrauchs- oder Kunstmusik zuzurechnen – wird innerhalb dieser Spanne Rhythmik, Melodie, harmonisches Feld bestätigt (Identität), gegebenenfalls variiert oder weitergeführt. So wird Kontinuität erzeugt, vielleicht auch bloß suggeriert. Hörer aus anderen Kulturen mit anderen Erfahrungs- und Selbstverständlichkeitshintergründen beschreiben die europäische Musik ihrem Eindruck nach als hohl, leer, wie eine unausgefüllte Skizze, die Intervalle als unvermittelte Abgründe. Feldmans Musik hat die konventionelle Redundanz aufgehoben und lässt Raum fürs Hören jenseits der Konvention. Sie lässt den Klang in den Vordergrund treten, verzichtet auf rhythmische, melodische Formeln, vermeidet Entwicklung im traditionellen Sinn – übrigens auch Setzung und Scheidung, Thema und Durchführung samt zugehöriger Nomenklatur. Kontinuität wird so durch eine Trennung und Neubewertung der verwendeten Elemente von Floskeln befreit. So erfährt man beim ersten Hören möglicherweise zunächst Starre und Repetition – erst eine Distanz zur konventionellen Erwartungshaltung lässt die Qualitäten gewahr werden, macht

Verhältnisse von Spannung und Kontemplation hörbar: wie etwa bestimmte Tonhöhen durch die verschiedenen Instrumente(ngruppen) des Ensembles wandern und so eben nicht bloß repetiert werden. Interessanterweise zeigt auch das Notenbild eher die Absicht, die Interpreten aus ihren Routinen zu zwingen und sich der Binnenstruktur des Werkes anzunähern. Es erfordert ein Ent-Lernen von Fertigkeiten – oder besser ein Einsatz von Sensibilität und Präzision ohne die Kruste der Routine der Tradition.

Das Thema dieser Musik wäre demnach das klangliche Ereignis, der Ton als Phänomen, das raum-zeitliche akustische Phänomen. In diesem Sinne wäre von Zeitkunst zu sprechen – wie die bildende Kunst Raumkunst wäre.

Auch zum Musikbeispiel Tatums lassen sich Worte finden: Die vernehmbare musikalische Phantasie zeigt sich in der Sphäre von Variation und Improvisation. Die außerordentliche Virtuosität des Musikers, der gerade nicht Interpret ist, sondern seine Gedanken beim Spielen aktualisiert (‚verfertigt'), ist Kriterium des künstlerisch-musikalischen Gehalts. Inhaltlich wird eine bekannte Vorgabe präsentiert und in Variationen „durchgeführt." Diese Variationen stellen eine rhythmische und/oder melodisch-harmonische Komplizierung/Verdichtung des Ausgangsmaterials dar. Dabei ergeben sich klangliche Effekte. Der Hörer goutiert die Leistung des Improvisators, der stets formal themenbezogen agiert. Man könnte sagen, dass festgelegt ist, was gespielt wird (‚Get Happy'), das „wie" gestaltet Art Tatum. Bei Morton Feldman werden weit rigidere Spielanweisungen befolgt, die gleichwohl interpretierbaren Spielraum beinhalten. Doch die Leistung der Interpreten ist vorausgesetzt – sonst ist das Ergebnis eben nicht jene Komposition.

Doch in welcher Weise berührt uns das Hören? Ist es aktives, zielgerichtetes Erkennen? Wie wäre dies gerade beim musikalischen Hören vorzustellen? Oder ist es eher passives Affiziert-Werden, je nach Zustand und (Leidens)Fähigkeit, also eher Fühlen? Oder ist es gar nur Signal oder Auslöser eines Projektionsvorganges? Denkbar wäre doch, dass Klänge, geräuschhafte Sequenzen, besonders in Verbindung mit weiterer Information (visuell, wertevermittelte Einordnung, Prestige, aurale Ikonen) mit unseren Wünschen, Hoffnungen, Befürchtungen, Ängsten zusammengehen und wir sie daher als Ersatz, Anstoß, Anregung, Projektionsraum suchen – mit weitgehender Realitätsabkoppelung. Hören dient also auch als Angstabwehr. Unstrittig scheint, dass dem Individuum Wirklichkeit stets sprach- und sinnenvermittelt gegeben ist. Darüber hinaus ist sie aber auch in gestalteter Form (also sinnvermittelt) gegeben, d.h. mit Sinn- und Wertdimensionen. Sprache z.B. ist eben nicht bloß ein Konglomerat von Geräuschen, sondern ein Sich-Schaffen und Vernehmen von Wirklichkeit, damit aber auch immer ein Übersetzen. Gäbe es dann ein – vorgelagertes – „Original“? Oder wird Wirklichkeit nicht immer erst aus sinnen- und sprachvermittelten Werteoptionen zusammengesetzt (und eine Sinnkonsistenz unterstellt)? Wahn ist daher als eine Art Entmischung vorstellbar und grundsätzlich bloß graduell von der Normalität der „Anderen“ geschieden. Die ihrerseits sinnstiftende Wirksamkeit aufeinander bezogener sinnen- und sprachvermittelter Werte-optionen erschließt uns ein „Lesen“ von Architektur, Mode, Design, Habitus, vielleicht auch von Gestik (Stilen). Musik hören wird auch als Traum beschrieben, im Gegensatz zur Realität. Das Hören, wohlgemerkt, Musik machen ist aber alles andere als ein Traum! Die konstitutive Handlung der Sinnstiftung ist materialiter im erzeugten Werk nicht unbedingt greifbar. Der Schnitt etwa ist im Film ja gerade nicht „zu sehen“ – dasjenige welches zwar nicht dingfest zu machen ist, aber durch Anordnung, Reihenfolge, Verweisen wirkt – eine Kombination von Zeigen und Nichtzeigen.

Nicht unerwähnt bleiben soll die Tatsache, dass das Innenohr die empfindlichste Körperpartie des Menschen ist: Es enthält ein Maximum an Nervenzellen und Nervenendigungen und ist im Felsenbein, dem härtesten Knochen des Körpers, positioniert. Es fällt auf, dass Gehörtes, besonders Musik, stärker als eine rationale, argumentative Annäherung wirken kann. Ergebnisse der modernen Hirnforschung zeigen, dass Erklingendes sowohl die Rezeptoren des Innenohrs erregt und so mit bereits Gehörtem abgeglichen wird, als auch das limbische System affiziert, das für Stimmungslagen verantwortlich sein soll. Reagieren wir motorisch auf Gehörtes, so läuft dies über das Kleinhirn. Dabei erfolgt die Umwandlung akustischer Reize im Gehirn in weniger als einer Millisekunde – optische werden deutlich langsamer umgesetzt (30-40 Millisekunden). Schließlich gilt als gesichert, dass das embryonale menschliche Gehör bereits ab der 24. Schwangerschaftswoche aktiv ist.

Hören ist mehr als bloße Aufnahme von Geräuschen und deren Dechiffrierungsversuch. Durch unser akustisches Lokalisierungsvermögen werden weitere Botschaften vermittelt: Man denke an die akustische Dispersion sonorer Vorgänge in einem sakralen Raum, den wir genau dadurch aural als solchen bestimmen. Die technische Reproduzierbarkeit akustischer Phänomene birgt eine Vielzahl von Konsequenzen: Aus dem gemeinschaftlichen Erlebnis des Konzerts kann gerade durch diese neue Art des Hörens etwa soziale Vereinzelung werden. Doch gerade dieser Aspekt vermittelt sich nicht durchs Hören. Gerade auch Wertbezüge sind im Gehörten selbst höchstens vermittelt enthalten – und können so leicht abhanden geraten. Ob man drei Stimmen punktuell als Akkorde vernimmt oder als vertikale, kontinuierliche Stimmen, hängt wesentlich von der Qualität des Gehörs ab. Unsere Sinne konstituieren Wirklichkeit für uns. Zum Handeln oder Bewerten muss Spontaneität hinzu treten, eben etwas von den Sinneseindrücken qualitativ Verschiedenes wirken. Der Hörvorgang ließe sich polarisierend als „tradieren" oder „erleben" beschreiben, womit wir beim Phänomen der ‚auralen Ikone' angelangt sind (Beispiel: ‚Händel' oder ‚Punk'). Der Hörer engt den Bereich der möglichen auralen Erfahrung derart ein, dass wir von Second-hand-Erfahrung sprechen müssen. Faszinierend bleibt, dass sich der Hörer dieser Einschränkung kaum in dieser Form bewusst ist. In der einschlägigen Literatur war oft vom regressiven Hörmodus die Rede – mit all den bedauerlichen Implikationen betreffs des Hörers. Ich möchte bei dieser Gelegenheit darauf hinweisen, dass wir nie wissen werden, was der Hörer tatsächlich vernimmt. Weit wichtiger aber erscheint mir, dass Hören – zumal von Musik – Subjektivität bewusst werden lässt, sie dies dem Hörer gewahr werden lassen kann. Gerade im wörtlichen Sinn: Sub-iectum. Die Gepflogenheit des Applaudierens ist übrigens schon als kollektives Sich-Geltend-Machen der einzelnen Individuen nach einer Phase des Sich-Aufgebens, der Identifikation mit dem musikalischen Geschehen beschrieben worden.

Ein Ziel meines Beitrags ist, darauf hinzuweisen, wie sehr in unserer Sprache optische Metaphern dominieren. Wie ist dies mit dem logozentrischen Drall der meisten wissenschaftlichen Theorien und sogar der Alltagssprache vereinbar? Zur näheren Bestimmung von Wahn und Wirklichkeit bieten sich musikalische, d.h. auf das Hören bezogene Begriffe und Beziehungsgeflechte an. Zum Beispiel ‚Kontrapunkt': wie zu etwas Gegebenem Anderes hinzutritt und was sich daraus ergibt; ‚Balance' als Form der Verhältnisse untereinander; ‚Fuge' als Behandlungsart eines Themas. Dies könnte zur Kritik des logozentrischen Weltbildes beitragen und Modi der Sinnvermittlung jenseits des Begriffs erschließen. Hören von Musik kann man auch beschreiben als ‚mit dem Ohr erleben': Zeit wird im Vergehen empfunden, das Objekt schwindet ständig und muss erinnert werden. Die dazu notwendigen Identifikationsleistungen erfordern ein Hin und Her der Bewußtseinsfokussierung und können auch diese Tatsache ins Bewusstsein heben. Aus dieser Einsicht heraus lässt sich einer dem Auge geschuldeten Wirklichkeitswahrnehmung, die ja das Räumliche betont (sic!) und das Dasein durch das optisch Wahrgenommene ersetzt, am Zeug flicken. So scheint es, als ob die durch diese optisch-räumliche Wirklichkeitsbestimmung suggerierte Wirklichkeit uns wesentlich über Begriffe, Verknüpfungen, Schlüsse, Denken vermittelt wäre. Dagegen bleibt festzuhalten, dass sie sich stets in präsentativer Form zeigt und diskursiv erläutert wird. Die aus der Psychoanalyse, der Pathologie und der modernen Hirnforschung gewonnenen Einsichten zeigen gerade in eine Richtung: Entscheidungen bedürfen einer Kraft, die in dem bloß vorliegend Faktischen nicht enthalten ist. Ein tadelloses Funktionieren der analytischen Fähigkeiten gibt noch nicht Entscheidungs-vermögen. Die im Gefühlsleben erfahrene Stabilität wird als unerlässlich dafür angesehen. Zu fragen bleibt daher: Wie kommt es zum Zustand der Gesundheit (als Abwesenheit von Wahn)? Zur Balance konkurrierender Realitätsausformungen oder deren möglichen Konsequenzen? Könnten das nur (zufällige) Nebeneffekte sein? So thematisiert sich Gesundheit als Kraft, schwächende, destruktive Momente der Wirklichkeit ausblenden zu können.

Tonträger (CD) und Literatur

Attali, J.: Bruits, Paris 1977
Bruhn, H. / *Oerter*, R. / *Rösing*, H. (Hg.): Musikpsychologie, Reinbek bei Hamburg 1993
Feldman, M.: For Samuel Beckett, London 1987 (Universal Edition)
Feldman, M.: For Samuel Beckett, hat ART 6107, Therwil (Schweiz) 1993 (CD)
Garfinkel, H.: Studies in Ethnomethodology, Englewood Cliffs 1967
Hennion, A.: La Passion musicale, Paris 1993
Maconie, R.: The Concept of Music, Oxford 1990
Rudhyar, D.: Die Magie der Töne. Musik als Spiegel des Bewußtseins, München 1984
Tatum, A.: Over the Rainbow, Dreyfus Jazz, Paris 2000, FDM 36727-2 (CD)

Martin Endress (Tübingen)

Die Einheit multipler Sinnordnungen in der sozialen Wirklichkeit

> „Diese Welt ist prinzipiell undurchsichtig, in ihrem letzten Grund für die natürliche Einstellung unverstanden und unverstehbar." (Schütz 1958, S. 257)
> „I do not exactly know what reality is." (Schütz 1943a, S. 149)

Im soziologischen Kontext tritt der mit den Stichworten „Wirklichkeit" und „Wahn" umschriebene Phänomenbereich im Rahmen einer wissenssoziologischen Perspektivierung in den Blick. Prominent sind in dieser analytischen Orientierung neben dem Werk Michel Foucaults[1] insbesondere die entsprechenden Überlegungen der phänomenologisch fundierten Soziologie im Anschluss an Alfred Schütz.[2] Auf der Grundlage sozial etablierter Mechanismen der Normalisierung von Weltsichten, d.h. von Prozessen, aufgrund derer in bestimmten sozialen Kontexten „Normalität" konzipiert wird, ist danach die Frage nach gesellschaftlich als legitim geltenden und institutionalisierten Kriterien dessen zentral, was als „wirklich" gedeutet akzeptiert bzw. als „wahnhaft" ausgegrenzt wird. Diese Argumentationslinie wird nachfolgend anhand des analytischen Instrumen-tariums des Ansatzes von Schütz vorgestellt und im Hinblick sowohl auf aktuelle Phänomene der „Irrealisierung" als auch der Möglichkeit alltags-praktischen Festhaltens an der Vorstellung *einer* Wirklichkeit diskutiert.

1. Pragmatische Lebenswelttheorie

Die im Werk von Alfred Schütz vollzogene handlungstheoretische und interpretative Orientierung soziologischer Forschung impliziert eine gewisse methodologische Reserve gegenüber dem Thema „Wahn und Wirklichkeit",

---

[1] vgl. dazu den Beitrag von Sosoe im vorliegenden Band.
[2] Dazu gehören bspw. Arbeiten von Erving Goffman (vgl. den Beitrag von Zitterbarth im vorliegenden Band) oder auch die Studie von Christa und Thomas Fengler zum Thema „Alltag in der Anstalt" von 1980.

die Schütz in die Aussage kleidet: „It is a misunderstanding of the essential character of science to think that it deals with reality if we consider as the pattern of reality the world of daily life“ (Schütz 1943a, S. 149). Denn der mit der Verwendung der Konjunktion „und“ in der Formulierung „Wahn *und* Wirklichkeit“ verbundene systematische Zirkel scheint offenkundig: Insofern wir das Wissen, auf das wir uns beziehen, um ein Urteil darüber zu fällen, was in „Wirklichkeit“ „ist“, stets aus dem Horizont der wesentlich unbefragt bleibenden relativ natürlichen Einstellung des täglichen Lebens beziehen, bleibt dieses Urteil notwendig dem eigenen kategorialen Rahmen verhaftet - was keineswegs seine interne, zweifellos jedoch seine externe Validität tangiert.

Denn die Schütz zufolge zentrale Aufgabenstellung der Soziologie, nach den formalen Konstitutionsbedingungen des Selbstverständlichen im alltäglichen Leben zu fragen (Schütz 1932, S. 17), zieht methodologisch konsequent die Einsicht nach sich, dass selbst dem Wahnhaften im Wahnzustand die damit gegebene Weltperspektivierung selbstverständlich ist, so dass für diese die analogen Konstitutionsprinzipien zu reklamieren sind. Der Fokus auf dem Kriterium der „Selbstverständlichkeit“ signalisiert, dass in dieser Optik ausschließlich *interne* Geltungskriterien von Relevanz sind, so dass sich der soziologische Problemzugriff aus Gründen des analytischen Potentials der Disziplin jeder Entscheidung darüber enthalten muss, „was“ denn nun „Realität“ oder gar „die“ Realität „ist“ und was nicht. Die Soziologie ist ontologisch neutral und sie hat „daher unterschiedlichen geschichtlich-gesellschaftlichen Wirklichkeitskonstruktionen ... gleiche analytische Behandlung zuzugestehen“ (Luckmann 1999b, S. 21). Als Soziologe Realitätsverlust zu diagnostizieren, wie dies im Begriff „Wahn“ anklingt, kann also nicht in therapeutischer Absicht erfolgen, sondern ausschließlich unter Bezugnahme entweder auf gesellschaftlich etablierte bzw. institutionalisierte sowie legitimierte Realitätsdefinitionen (Wirklichkeitsvorstellungen, Weltbilder) oder aber in Hinsicht bspw. auf ein von Akteuren vollzogenes Ignorieren allgemeiner Strukturgesetze sozialen Handelns wie bspw. elementarer Reziprozitätsregeln. Bezugspunkt entsprechender Urteile über die „Wirklichkeit“ muss aus Gründen des analytischen Potentials der Disziplin stets eine sozial institutionalisierte und typischerweise legitimierte Vorstellung *einer* sozialen Wirklichkeit sein. Die notwendig wissenssoziologische Perspektivierung des Themas ist damit deutlich. Fragen wie die nach der „ontologischen Relativität“ (Quine) stellen sich der Soziologie lediglich in wissenstheoretisch-komparativer, nicht jedoch in wahrheitsanalytischer oder metaphysischer bzw.

ontologischer Hinsicht. Perspektivität lautet das für den soziologischen Zugriff entscheidende Stichwort und die Alltagssprache verrät selbst diese Optik in ihrem synonym für den Begriff „Wahn“ üblichen Terminus „Verrücktheit“ – ver-rückt im wörtlichen Sinne eines vom eigenen Standpunkt aus gesehen Verschobenen ist eine den Normalitätsbestimmungen des Alltags gegenüber fremde Weltsicht.

Aus der Perspektive der Lebenswelttheorie von Schütz relevant wird damit der pragmatische Sinn der Orientierung an einer als definitiv oder als einzig gültig angesehenen Wirklichkeit. In intersubjektiver Hinsicht leitend ist dabei die sog. „Grundidealisierung“ (Schütz 1958, S. 286), d.h. die „Generalthesis der Reziprozität der Perspektiven“ (ders. 1958, S. 265), die sich aus den Idealisierungen der „Vertauschbarkeit der Standorte“ und der „Übereinstimmung bzw. Kongruenz der Relevanzsysteme“ zusammensetzt. Bei diesen Idealisierungen handelt es sich um alltäglich handlungs- und deutungspraktisch je schon fungierende Prinzipien von präreflexivem Status, die als „Grundkonstruktionen ... die gemeinsame Lebenswelt als Welt für Jedermann ... konstituieren“ (ders. 1958, S. 265f.).

Angesichts des Wahnphänomens ist dabei das strukturelle Risiko dieser Annahmen bzw. „Unterstellungen bis auf weiteres ...“ offenkundig: Das Einbrechen des Unerwarteten, des Außergewöhnlichen, des Fremden in die als vertraut unterstellte Welt des Alltags bedroht als potentiell grundlegende Irritation stets alltäglich selbstverständlich fungierende fundamentale (affektive, kognitive, praktische) Orientierungsmodi.[3] Gleichwohl ist gegen eine vorschnelle krisentheoretische Zuspitzung dieses Sachverhalts an den von Goffman in seiner Abhandlung zur „Rahmen-Analyse“ (1974) geführten Nachweis zu erinnern, dass bereits die Rahmen alltäglichen sozialen Handelns stets durch Transformationen, Modulationen[4] oder Täuschungsmanöver gefährdet sind, so dass wir gerade auch alltäglich stets darum wissen, nie vollständig sicher sein zu können, was gerade – mit uns oder um uns herum – geschieht. Es handelt sich hier regelmäßig um pragmatisch abgestützte Sicherheiten „bis auf weiteres“. Jedwedem Alltag kommt damit ein strukturell

[3] Diesen Umstand zum methodischen Leitfaden eines eigenen Typus sozialwissenschaftlicher Forschung im Rahmen sog. „Krisenexperimente“ gemacht zu haben ist der Verdienst von Harold Garfinkel.

[4] Hinsichtlich dieser Modulationen unterscheidet Goffman fünf prinzipiell mögliche Typen: das „So-tun-als-ob“, den „Wettkampf“, die „Zeremonie“, „Sonderausführungen“ und das „In-anderen-Zusammenhang-Stellen.“

experimenteller Charakter zu, so dass – zumindest in theoretisch-systematischer Hinsicht – einzig dessen graduelle Ausprägung fraglich bleibt.

2. Multiple Sinnordnungen

Hält man sich Schütz' hermeneutisches Leitmotiv der sozialpragmatischen Genese von Weltdeutungen vor Augen, dann kann die Frage nach der Einheit multipler Sinnordnungen in der sozialen Wirklichkeit eine Antwort nur unter Verweis auf das „Wie" der Stiftung von „Sinnzusammenhängen" finden, insofern „nur Teilinhalte der Welt ... in dem durch das Geschäft des täglichen Lebens geforderten Maß in Sinnzusammenhänge gebracht und dadurch transparent gemacht werden" können (ders. 1958, S. 257). Bei der handlungspraktisch wirksamen Vorstellung von *einer* Wirklichkeit handelt es sich somit stets um eine *operative Sinnordnung*. Diesen Zusammenhang verdeutlicht Schütz' Differenzierung verschiedener Wirklichkeitsakzente.

Kernstück von Schütz' Theorie der sozialen Wirklichkeit ist die Analyse ihrer Gliederung in „mannigfaltige Wirklichkeiten [multiple realities]" (z.B. ders. 1945, S. 269ff.), die Anregungen von William James verarbeitet.[5] Damit trägt Schütz dem Umstand Rechnung, dass menschliches Erleben, Handeln und Denken nicht nur auf den Bereich des Alltags beschränkt ist, sondern sich in verschiedenen „geschlossenen Sinnprovinzen [finite provinces of meaning]", vom Traum, über die Religion, die kindliche Spielwelt bis etwa zur Wissenschaft abspielt. Dabei konstituiert – wie Schütz im Anschluss an Husserl (1913, S. 120) betont – „nicht die ontologische Struktur der Gegenstände, sondern der Sinn unserer Erfahrungen die Wirklichkeit" (Schütz 1945, S. 264; 1955b, S. 393). Jeder dieser idealtypisch abgegrenzten vielfachen Wirklichkeitsbereiche zeichnet sich durch einen spezifischen „Erkenntnisstil" bzw. „kognitiven Stil" aus, für deren typologische Differenzierung mehrere Dimensionen relevant werden (vgl. ders. 1945, S. 265; 1958, S. 354, 385f.): (i) ein spezifischer Grad von Bewußtseinsspannung, d.h. einer „Aufmerksamkeit auf das Leben", (ii) eine spezifische Art vorherrschender Epoché, d.h. ein

[5] Theoriegeschichtlich lässt sich diese Idee der „multiple realities" auch als sinntheoretische Um- bzw. Ausdeutung von Simmels Idee der Teilhabe an unterschiedlichen - wie er sagt – „Verkehrskreisen" oder „Berührungskreisen" verstehen, geht es Schütz mit diesem Theoriebaustein doch erklärtermaßen darum, James' „theory of the different realities in which we live at the same time" (1943a, S. 149) für die sozialwissenschaftliche Analyse sozialer Realität fruchtbar zu machen.

bestimmter Grad der „Enthaltung von Zweifeln", (iii) eine vorherrschende Form von Spontaneität, also von Aktivitäts- und Passivitätsgraden, (iv) eine besondere Form der Selbsterfahrung als „ganzer Person" oder Rollenträger, (v) eine besondere Form von Sozialität, d.h. der Erfahrung vom Anderen und (vi) eine besondere Zeitperspektive (Zeitdauern, Zeitrhythmen). Insofern diese spezifischen Erkenntnisstile unterschiedliche „Realitätsakzente" verleihen (ders. 1958, S. 404), stellt jeder Übergang von einer Sinnprovinz in eine andere objektiv – wie Schütz im Anschluss an Kierkegaard formuliert – einen „Sprung" dar, der in der subjektiven Erfahrung als „Schock" erlebt wird (ders. 1945, S. 265ff., 276ff. sowie 1955b, S. 397).[6] Aus diesem Grund spricht Schütz von „geschlossenen Sinngebieten": „Die Geschlossenheit impliziert, dass es keine Möglichkeit gibt, ein geschlossenes Sinngebiet auf ein anderes durch Einführung einer Transformationsformel zurückzuführen" (ders. 1958, S. 387).[7]

3. „Künstliche" und „fremde" Welten

Konfrontiert man diesen Ansatz mit aktuellen Phänomenen einer Dimension des Virtuellen, so stellen sich folgende Fragen: Bildet die virtuelle Realität[8] des Internet[9] als „virtuelle Gemeinschaft" eine eigene und historisch gesehen

[6] Als prominentes literarisches Beispiel zur Veranschaulichung seiner Theorie der mannigfaltigen Wirklichkeiten dient Schütz Cervantes' Roman *Don Quixote* (1955a; vgl. dazu: Endress 1998). Die Wahl gerade dieses Beispiels darf als keineswegs zufällig angesehen werden, ist doch Cervantes' *Don Quijote* das historisch erste literarische Werk, welches das Verhältnis resp. die Spannung von Fiktion und Realität selbst explizit zu seinem Thema macht. Der Text ist deshalb hervorragend dazu geeignet, das Deutungspotential von Schütz' Theorie zu veranschaulichen. Die systematische intersubjektivitätstheoretische Pointe seiner Analyse des *Don Quijote* ist, dass der Verlust des Vertrauens in die Wahrhaftigkeit des Anderen zum Zusammenbruch von Quijotes Identität führt.

[7] Aus diesem Umstand resultiert das sog. Problem indirekter Kommunikation bzw. Mitteilung von „Erfahrungen" in anderen Sinnprovinzen im Rahmen des Alltags (Schütz 1958, S. 394f.), da „Kommunikation ... Akte des Wirkens in der Lebenswelt voraus[setzt]" (ders. 1958, S. 403).

[8] Mit Heintz (1997, S. 98) verstanden als „eine computergenerierte künstliche Welt". Anders dagegen Paetau: „Virtuelle Realität ist das, was bereits im Horizont der Möglichkeiten liegt und was in einer gegebenen Situation einen mehr oder weniger punktgenauen Zugriff erlaubt" (Paetau 1999, S. 273).

[9] Mit Heintz (1997, S. 99) als „dezentral organisiertes Netzwerk aus Computernetzwerken" aufgefasst.

neue Sinnprovinz? Bildet sie einen nicht-materiellen Raum der Grenzenlosigkeit? Bildet der Cyberspace[10] ein spezifisches „Medium von Weltflucht“ (vgl. Heintz 1997, S. 98)?

Ein Ansatz zur Beantwortung dieser und entsprechender weiterer Fragen könnte wie folgt lauten: Das Internet bietet - dem heutigen Verständnis zufolge – die Möglichkeit der Kommunikation und Kooperation. Schütz' Kommunikationsbegriff, der auf die sinnliche Unmittelbarkeit von körperlichen face-to-face-Kontakten zugeschnitten ist, scheint sich damit möglicherweise als zu eng zu erweisen. Ist die Welt des Internet also womöglich umstandslos zu der von Schütz als „ausgezeichnet“ begriffenen Wirkwelt des Alltags zu rechnen? Diese Annahme scheint durch die These von Heintz gestützt, dass das Internet „nicht eine Gegenwelt, sondern ein Spiegelbild der Realwelt ist“ (Heintz 1997, S. 100; vgl. auch Ellrich). Verglichen jedoch mit der Mehrdimensionalität der Alltagskommunikation stellt „die Kommunikation im Internet eine äußerst ausgedünnte Form der Verständigung“ dar (ebd.), insofern insbesondere die Dimension des wesentlich nonverbal kommunizierten „korrektiven Austauschs“ (Goffman) über Tonfall, Gesten und Blicke im Internet völlig fehlt: „Im Gegensatz zur face-to-face-Kommunikation ist die computervermittelte Kommunikation auf *ein Medium* beschränkt“ (ebd.). Netzkommunikative Ein- statt alltagskommunikative Mehrdimensionalität, so ließen sich vielfach vorgetragene Diagnosen auf den Begriff bringen: Für Heintz bspw. kommunizieren im „ent-wirklichten“ Raum des Netzes „fiktive Identitäten“ statt „wirkliche“ Interaktionspartner (Heintz 1997, S. 102). Zugespitzt formuliert: Die Ausdrucksreichhaltigkeit *offline* kontrastiert der Ausdrucksmonotonie *online.*

„Online“ haben wir es insofern mit einem Hintereinanderschalten kommunikativer Monaden zu tun, als hier aufgrund der kommunikativen Eindimensionalität ein qualitativer Sprung für die Kontrollmöglichkeiten der Stimmigkeit von Selbstpräsentationen zu beobachten ist. Die alltägliche identitätskonstitutive intersubjektive Anerkennungsstruktur wird im Netz systematisch unterlaufen oder zumindest in extremer Weise reduziert: wir haben es mit vielfältig unterbrochenen oder gekappten Reziprozitäts-

[10] Im Sinne von Heintz (1997, S. 99) als „Sammelbegriff für verschiedene Formen künstlicher Welten, angefangen von der virtuellen Realität bis hin zu textbasierten Computernetzen.“

verhältnissen zu tun.[11] Zumindest in dieser Hinsicht scheint im Netz die Unterscheidung zwischen Simuliertem und Realem, zwischen „Wahn" und „Wirklichkeit" hinfällig zu werden: Geschlecht und Biografie bzw. Lebenslauf verlieren offenkundig ihre identitätskonstitutiven Funktionen, auch wenn diese Akzentuierung den möglicherweise gleichgewichtig zu verbuchenden Optionsgewinn hinsichtlich des spielerischen Umgangs mit vielfältigen Realitäten eher unterschlägt. Vorbehaltlich weiterer Überlegungen scheint sich jedenfalls aufgrund der Karriere virtueller Realitäten im Zeitalter ausufernder Konstruktivismen verschärft die Frage zu stellen, ob sich ein qualitativer Sprung oder aber lediglich graduelle Unterschiede im jeweiligen Charakter der Konstruiertheit von sog. Realwelt („wirklicher Wirklichkeit") und virtueller Welt („künstlicher Wirklichkeit") und ihrer Vermittlung überhaupt noch namhaft machen lassen. Oder ob hier nicht einfach für eine sozialwissenschaftliche Forschungsoptik analytisch ebenso gleich zu behandelnde unterschiedlich konstruierte soziale Welten zu identifizieren sind, wie dies für verschiedenartige soziokulturell gewachsene Gesellschafts-formen als methodologisch unabdingbar festzuhalten ist?[12]

Damit ist auf ein weiteres Phänomen der Differenzierung der Lebenswelt in verschiedene geschlossene Wirklichkeitsbereiche verwiesen, das ebenfalls von Schütz thematisiert wird (1955b) und das gegenwärtig u.a. im Zuge forcierter Re-Ethnisierungsprozesse spezifische Brisanz erhält: Denn die Lebenswelt zeigt sich nicht nur subjektiv als in „mannigfache Wirklichkeiten" gegliedert, sondern sie weist zudem insofern *soziale* Modifikationen auf, als der als selbstverständlich erfahrenen Alltagswirklichkeit der „Eigengruppe" eine Pluralität von Alltagswirklichkeiten von „Fremdgruppen" gegenüber steht: Die historisch gewachsenen „Zivilisationsmuster" der verschiedenen sozio-kulturellen Gruppen mit ihren unterschiedlichen Orientierungs- und Relevanzschemata transzendieren sich notwendig wechselseitig, so dass ein und dieselbe soziale Wirklichkeit für Person A ihren Alltag, für eine Person B jedoch einen außeralltäglichen Wirklichkeitsbereich darstellen kann (Schütz

[11] Faßler spricht in diesem Zusammenhang von „heterarischer Reziprozität" (1999, S. 227f.), um den Kontingenzzuwachs medialer Kommunikationen anzuzeigen, ihre in seinen Augen prinzipielle Fluidität.

[12] Dies verweist auf das Thema der „Hybridität", d.h. auf Vermittlungsstrukturen und -dynamiken realer und virtueller Sozialwelten. Diese sog. „neuen Wirklichkeiten" werden bisweilen als grundsätzlich neues Phänomen betrachtet, für das die hergebrachten Begrifflichkeiten nicht mehr taugen würden (so bspw. Faßler, Geser), während andere Autoren dies bestreiten (so Paetau 1999).

1955b, S. 380ff. sowie 1943b). D.h. sowohl die Formen der „Typisierung des Anderen“ als auch die Formen der „Selbsttypisierung ... sind in der relativ natürlichen Weltanschauung der [jeweiligen] sozialen Gruppe vorangelegt“. Entsprechende Typologien sind somit als „Bestandteil der sozial approbierten Typenbildung“ konstitutiv relational (Schütz 1958, S. 270).[13]

Gegenüber auf diese Argumentation sich stützenden Heterogenitätsvermutungen hält Schütz jedoch fest, dass der Mensch nichtsdestoweniger "zumindest zu einem gewissen Grade, fähig [ist], seinen Mitmenschen zu verstehen". Und er verweist zur Begründung dieser die alltägliche Erfahrung dominierenden Einschätzung auf die „Konformität des Relevanzsystems“ der an Interaktionen jeweils beteiligten Akteure (ders. 1958, S. 284). Damit wird zugleich die potentielle Bedeutung des Programms der phänomenologisch fundierten Soziologie für Fragen des interkulturellen Vergleichs deutlich: Wenn es in phänomenologischer Forschungsoptik gelingt, universale Strukturen freizulegen, könnten diese der vergleichenden Analyse verschiedener Kulturen nicht nur als struktureller Leitfaden im Sinne einer Matrix (Luckmann), sondern zugleich als Orientierungspunkte interkultureller Übersetzungsprozesse dienen. Im vorliegenden Zusammenhang entscheidend ist somit, dass in Schütz’ Werk sowohl die strukturellen Konturen entsprechender Phänomene als auch die strukturtheoretische Perspektive ihrer adäquaten sozialwissenschaftlichen Bearbeitung angelegt sind (vgl. Srubar 2000). Sie firmieren im Rahmen der Lebensweltheorie unter den Titeln „Phänomene der Transzendenz“ und „Appräsentative Strukturen“.

4. Transzendenzphänomene

Die Alltagserfahrung ist wesentlich durch die Unterscheidung von ichbezogenen und jenseits dieser Ich-Bezogenheit liegenden (ich-überschreitenden bzw. fremdbezogenen) Erfahrungen strukturiert. Diese soziokulturell spezifisch ausgeprägte Strukturierung bildet das grundlegende Stabilitäts- und Orientierungsmuster im Alltag. Menschen werden im Alltag dabei in mehrfacher Hinsicht mit Grenzerfahrungen konfrontiert: Die jeweils

[13] Diese Überlegungen verweisen auf die Inklusions/Exklusionsthematik und damit unmittelbar in den Horizont herrschaftssoziologischer Reflexionen, da die Standardisierung von Typisierungen zur „Institutionalisierung, z.B. im Recht,“ führen kann und so unmittelbar auf das „Problem des sozialen Zwangs“ verweist. Zur wechselseitigen Exklusion von Wirklichkeitsvorstellungen vgl. Schütz (1957a, 1943a).

erfahrbare Welt weist Horizonte auf, die die jeweiligen biographischen Situationen des räumlichen „Hier“ und zeitlichen „Jetzt“ stets notwendig transzendieren. Transzendierungen dieses jeweils subjektzentrierten – aber sich gleichwohl intersubjektiven Prägungsprozessen verdankenden – Strukturmusters sind in mehrfacher Hinsicht alltäglich präsent: nicht nur sozial in subjektiver (Traum, Ekstase) oder intersubjektiver/kollektiver Hinsicht (Familie, Gruppe, Ethnie), sondern auch in zeitlicher (Vergangenheit, Zukunft) und räumlicher (Relevanzstrukturen) Hinsicht: So stoßen Menschen etwa in religiösen Erfahrungen oder beim Übergang in den wissenschaftlichen Handlungsraum an die Grenzen ihrer Alltagswelten (Schütz 1955b, S. 355ff.). Das Phänomen der Erfahrungstranszendenz zeigt demzufolge unter-schiedliche Formen: Neben Transzendenzen, „die der Realität der alltäglichen Lebenswelt“ zugehörig sind, stehen Erfahrungen, die „die geschlossene Sinnprovinz der alltäglichen Lebenswelt transzendieren“ (ders. 1958, S. 306, 333). Für deren typologische Differenzierung im Anschluss an Schütz spricht Luckmann von „kleinen“, „mittleren“ und „großen“ Transzendenzen (1985, S. 538f.; 1987, S. 15ff.; 1999a, S. 14ff.)[14]; eine Unterscheidung, die ihrerseits auf diejenige von zeitlicher, sozialer und sachlicher Sinndimension abbildbar ist:

(i) „kleine“, d.h. *zeitlich-räumliche* Transzendenzen verweisen darauf, dass „das in der gegenwärtigen Erfahrung angezeigte Nicht-Erfahrene grundsätzlich genau so erfahrbar [ist] wie das gegenwärtig Erfahrene" (Luckmann 1985, S. 538). Es handelt sich um räumlich-zeitliche Grenzen „die in weiteren Erfahrungen oder späterem Handeln überschreitbar sind“ (ders. 1987, S. 16);[15]

(ii) „mittlere“, d.h. *soziale* Transzendenzen, in denen „die jeweils gegenwärtige Erfahrung auf ein anderes [verweist], das grundsätzlich nicht unmittelbar erfahren werden kann“ (ders. 1987, S. 18; 1985, S. 538). Diese Transzendenzen betreffen das „Verstehen von Mitmenschen und die Verständigung mit ihnen“ (ebd.; 1999a, S. 15) – wie die Deutung von Gesichtsausdrücken oder Gesten;

---

[14] Im Unterschied dazu spricht Schütz lediglich von erster, zweiter und dritter Transzendenz (vgl. Schütz 1958, S. 320-322). Die nachfolgende Darstellung hält sich an die bei Luckmann vorliegenden Ausarbeitungen dieser Transzendenztypologie, sucht diese auf eine Differenzierung von Sinndimensionen zu beziehen und verzichtet auf einen detaillierten Abgleich mit Schütz’ ursprünglichen Überlegungen.

[15] Im Hintergrund stehen bei Luckmann offenkundig Schütz’ Überlegungen zur wiederherstellbaren und erlangbaren Reichweite: „Die 'kleinen' Transzendenzen der Alltagswirklichkeit werden typisch als ein Außer-Reichweite-Sein von Erfahrungsgegenständen erlebt, die einmal in Reichweite gewesen sind und die grundsätzlich wieder in Reichweite gebracht werden können“ (Luckmann 1987, S. 17).

(iii) „große", d.h. *nicht-alltägliche* Transzendenzen als die Phänomene, in denen „das in der gegenwärtigen Erfahrung angezeigte Nicht-Erfahr[en]e ... in der gleichen Wirklichkeit überhaupt nicht unmittelbar erfahrbar" ist (ders. 1985, S. 538) wie bspw. in Schlaf und Traum, in Halbwachheit und Tagtraum, in Ekstase, in Situationen höchster Bedrohtheit, d.h. in sog. überwältigenden Erfahrungen.

Die phänomenale Struktur dieser typologischen Unterscheidung ist offensichtlich: Während es sich bei kleinen und mittleren Transzendenzen um alltägliche Transzendenzen handelt, die mittleren Transzendenzen also strukturelle Analogien (typische Vergleichbarkeiten) zu den Grenzerfahrungen der kleinen Transzendenzen aufweisen (ders. 1987, S. 18), haben große Transzendenzen außeralltägliche Bezüge (Luckmann 1985, S. 546). Jenseits dieser Aufnahme der von Max Weber eingeführten Unterscheidung von Alltag und Außeralltäglichkeit lässt sich systematisch eine Differenz des jeweiligen Typus der Grenzerfahrung ausmachen: Bei kleinen Transzendenzen handelt es sich um *temporäre* und grundsätzlich *kontingente* Grenzerfahrungen; bei den mittleren Transzendenzen haben wir es mit *kontinuierlichen* und grundsätzlich *nicht-kontingenten* Grenzerfahrungen zu tun; bei großen Transzendenzen schließlich handelt es sich um *prinzipielle* und *strukturell auf andere Wirklichkeiten verweisende* Grenzerfahrungen. Dabei kann der „Austritt" aus der alltäglichen Wirklichkeit geplant und jederzeit abbrechbar sein (wie bei einem Theaterbesuch, beim Vollzug religiöser Rituale, dem Eintritt ins Spiel, dem Betreiben von Wissenschaft oder dem Engagement in virtuellen Realitäten), er kann methodisch angeleitet sein (wie in Meditationen oder bei körperlichen Entspannungstechniken), er kann sich unerwartet plötzlich ereignen (im Falle von Naturkatastrophen, Lebenskrisen, Angstzuständen, dem Tod Nahestehender oder Unfällen), es kann sich um ein alltäglich vorbereitetes Sich-Einlassen-auf handeln (wie im Falle des Schlafens, beim Tagtraum, dem Drogenrausch oder im Karneval) oder dieser Austritt kann sich willentlich in einem Steigerungsprozess vollziehen (wie im Fall der Ekstase).

Soziologisch von besonderem Interesse ist der sozio-kulturell spezifische Umgang mit unterschiedlichen Formen der Transzendenz: Die Vergesellschaftung und d.h. die soziale Kontrolle des die alltäglichen Relevanzsysteme (zumindest potentiell) gefährdenden „Außeralltäglichen" wird *räumlich* durch die Schaffung von „Enklaven" (z.B. religiöse, psychiatrische, polizeiliche Institutionen), *zeitlich* durch periodische Freiräume (z.B. Karneval/Fasching, Feste) und *sozial* bspw. durch die Übersetzung in „Spielformen" (u.a.

„verkehrte Welt" in Witz und Humor)[16] organisiert. In allen drei Hinsichten werden als außeralltäglich typisierte Erfahrungen in sozial modellierten und damit kontrollierten Formen gesellschaftlich zugelassen (vgl. auch Luckmann 1987, S. 26; 1999a, S. 20) und unterliegen insofern gesellschaftlich legitimierten Ausdrucksformen, die jeweils spezifischer sozialer und damit herrschaftlicher Kontrolle zugänglich sind.[17]

5. Appräsentation und Typik

Sowohl Schütz' Analyse der mannigfaltigen Wirklichkeiten als auch seine Analytik von Transzendenzerfahrungen provozieren die Frage, welche Mechanismen es Menschen alltäglich ermöglichen, an der Vorstellung *einer* Wirklichkeit festzuhalten, d.h. alltagspraktisch von diesem Datum schlicht – also mit weitgehendem handlungspraktischem und kommunikativem Erfolg – ausgehen zu können?

Zur ihrer Beantwortung ist mit Husserl (1931, §§ 49-54; 1952, §§ 43-50) und Schütz (1955b, S. 339ff.) auf das Phänomen des „Appräsentierens" zu verweisen, d.h. auf den Umstand der in aller Erfahrung stets präsenten Mitvergegenwärtigung von anderem oder der Übertragung auf anderes: Das mit dem Begriff „Appräsentation" umschriebene Phänomen zielt auf den Umstand, dass alles, was sich gegenwärtig als es selbst zeigt, stets und zugleich in diesem Sich-Zeigen auf anderes, aktuell Nicht-Gegenwärtiges verweist und so – streng genommen – erst zu diesem „es selbst" wird (vgl. Luckmann 1985, S. 537; 1987, S. 14; 1999a, S. 14). In diesem Sinn ist jede Erfahrung durch eine „immanente Transzendenz"[18] gekennzeichnet und es kann „von dem notwendigerweise transzendenten Charakter jeden Erfahrens

---

[16] Man denke an „Till Eulenspiegel" aus dem 14./15. Jahrhundert, an das „Lalebuch" des 16. Jahrhunderts (die sog. Schildbürgerstreiche), an „Gullivers Reisen" aus dem 18. Jahrhundert oder an „Alice im Wunderland" im 20. Jahrhundert; vgl. zur Orientierung: Albersmeyer-Bingen 1986, S. 193ff.

[17] Man vergleiche in diesem Zusammenhang Foucaults Disziplinierungstheorie oder Goffmans Analyse totaler Institutionen. Ebenso ist an eine wissenssoziologische Verlängerung der Argumentation zu denken: Zeichen und symbolische Bedeutungen werden, da es sich bei ihnen – im Unterschied zu Anzeichen und Merkzeichen – um intersubjektiv konstituierte Verweisungen handelt, in komplexen Vorgängen der Kanonisierung und Zensur festgelegt, fixiert bzw. kodifiziert (vgl. Luckmann 1999a, S. 25f.).

[18] Dieser Begriff wurde wohl erstmals von Georg Simmel geprägt, Verwendung findet er jedoch auch in Husserls *Cartesianischen Meditationen* (1931); vgl. auch Schütz 1958, S. 335.

überhaupt" gesprochen werden (Schütz 1958, S. 337). Danach betrachten wir aufgrund unserer Vorerfahrungen typischerweise die Wahrnehmung irgendeines Gegenstandes A stets auch als einen Verweis auf einen Gegenstand B, oder das Ereignis X ruft ein Bild von Y in uns hervor usw. Jeder Gegenstand und jede Wahrnehmung stehen so notwendig innerhalb eines weiteren thematischen Feldes, aus dem heraus sie erst in ihrem (vollständigen) Sinn- bzw. Bedeutungsumfang verständlich werden (können). Die entsprechenden Sinnverweisungen bilden sich dabei um so selbstverständlicher aus und werden sprachlich als Deutungsmuster fixiert, tradiert und als fraglos gegeben gesetzt, je häufiger, selbstverständlicher und nachdrücklicher sie für die Bewältigung von alltagspraktischen Situationen relevant oder sie durch gesellschaftliche Verbände, Interessenverbindungen oder anderweitige Trägergruppen gestützt werden.

Der unthematisch-implizite Charakter und fungierende Modus des Appräsentierens wird dabei von Schütz klar herausgestellt, wenn er betont, dass Appräsentation „*kein* Schließen" ist, insofern wir „mit Hilfe der Appräsentation anschaulich etwas als etwas anderes signikativ anzeigend oder abbildend" erfahren (ders. 1958, S. 307). Anders gewendet: *Latenz* bildet hier die entscheidende Basis sozialer Wirksamkeit.

Ineins mit dieser appräsentativen Struktur menschlicher Erfahrung ist auf das Phänomen der stets typischen Strukturierung von Welterfahrung zu verweisen. Beide Strukturphänomene beruhen auf dem prinzipiellen zeichenstrukturierten Charakter menschlicher Erfahrung und fundieren sich als deren Matrix wechselseitig: Jedwede „Objekte" werden in der natürlichen Einstellung „von vornherein in ihrer Typenhaftigkeit erfahren" (Schütz 1958, S. 311, 327), und Typiken tragen auch die Formen indirekter Kommunikation, also Mitteilungen über die Grenzen von Sinnprovinzen hinweg. Es lässt sich deshalb ebenso formulieren, dass die typische Struktur der Alltagssprache appräsentative Beziehungen als allgemeine Strukturform der Sinnübertragung im Alltag erweist. Für eine mit Schütz argumentierende sozial-wissenschaftliche Position heißt das: Die relative Eindeutigkeit des Alltags und damit der über partielle Störungen, Probleme und Verständigungsschwierigkeiten hinweg führende Orientierungswert alltäglich etablierter Sinnmuster beruht auf den Typisierungsleistungen des Bewusstseins. Sie umschreiben den Kern der Konstitution alltäglicher Normalitätsannahmen.

Für den vorliegenden Problemzusammenhang von besonderer Bedeutung ist nun Schütz' These, dass diese „Appräsentationsverweisungen die Funktion [haben], die verschiedenartigen Transzendenzen, die wir erfahren, zu bewältigen“ (1955b, S. 376, 338; 1958, S. 330, 333, 336). Dabei ist zwischen zwei Typen von Verweisungen zu unterscheiden: Während alle Transzendenzen innerhalb der Alltagswelt mit Hilfe von verbalen und non-verbalen Merkzeichen, Anzeichen und Zeichen bewältigt werden können (Schütz 1955b, S. 353ff., 376),[19] werden mit Hilfe von Symbolen Transzendenzerfahrungen einzuholen versucht, die (außeralltäglich) zwischen den geschlossenen Sinnprovinzen bestehen bzw. die aus der Alltagswelt auf andere geschlossene Sinnbereiche verweisen. Symbole fungieren somit als „Brücken“ zwischen den verschiedenen Wirklichkeitsbereichen. Sie dienen dazu, Außeralltägliches in den Bedeutungshorizont des Alltags einzufügen bzw. einzugliedern und damit sinnstrukturell beherrschbar zu machen, d.h., in einen alltäglich transparenten bzw. als transparent gesetzten Sinnzusammenhang zu stellen (vgl. Schütz 1955b, S. 339, 380ff., 396ff.; vgl. Soeffner 1991). Symbolisierungsprozesse fungieren somit als Mechanismen der Integration anderer Wirklichkeiten bzw. als anders erfahrener oder gedeuteter Wirklichkeiten in die als ausgezeichnet begriffene und gesellschaftlich etablierte Alltagswirklichkeit (vgl. Luckmann 1985, S. 535, 545; 1999a, S. 11). Sie dienen damit der deutungsmäßigen Beherrschung sowohl – vormodern – einer qua göttlicher Macht als fremd begriffenen Natur, als auch – modern – einer qua soziokultureller Komplexität als fremd begriffenen sozialen Umwelt.

---

[19] Anzeichen und Merkzeichen sind appräsentative Verweisungen, in denen das appräsentierte Glied „nur 'zufällig' nicht anwesend oder sozusagen aus technischen Gründen im Augenblick nicht unmittelbar erfassbar ist“ (Luckmann 1999a, S. 22). Zeichen sind demgegenüber „appräsentative Beziehungen, in denen das appräsentierte Glied nicht nur 'zufällig' nicht anwesend ist, sondern grundsätzlich nicht unmittelbar erfasst werden kann“ (Luckmann 1999a, S. 22; auch Luckmann 1985, S. 545f.). Beispiele für Anzeichen der „Manifestierung einer typischen und plausiblen Relation“ sind der Rauch, der auf Feuer verweist, oder die Zeigerposition der Tankanzeige. Beispiele für Merkzeichen als ausschließlich subjektive Erinnerungsmale sind ein geknickter Zweig, ein Lesezeichen, eine Anstreichung im Text oder ein Knoten im Taschentuch. Zum Typus der Zeichen gehören u.a. die Mimik, das Erröten, ein Lächeln oder Weinen oder spezifische Ausdrucksformen eines Mitmenschen, z.B. lautes Kreischen (vgl. insges. Schütz 1958, S. 313ff.). Dabei handelt es sich nie um einsinnige (also eindeutig fixierbare) und endgültige (also nicht nicht-aufstufbare) Verweisungsstrukturen (vgl. Luckmann 1985, S. 548; 1999a, S. 25 im Anschluss an Schütz' „Grundsatz der (unbegrenzten) Übertragbarkeit“): „Alles, was ein Hinweis auf etwas anderes ist, kann ein Hinweis auf eine andere Wirklichkeit werden; alles, was ein Hinweis ist, kann ein Hinweis auf einen Hinweis werden“ (Luckmann 1999a, S. 25).

6. Vertrautheit und Fremdheit

Gleichwohl bleibt angesichts des für Schütz' Theorie – im Unterschied bspw. zu sog. postmodernen Ansätzen – charakteristischen Festhaltens an der Vorstellung nicht nur *einer* Wirklichkeit, sondern einer zudem *ausgezeichneten* Wirklichkeit des Alltagslebens die Frage, ob wir es bei diesem Ansatz mit einer noch nicht hinreichend modernen Theorie zu tun haben, der ein Sinn für die Logik von Differenzen fehlt und die mit einem noch ganz auf Harmonie und Bündigkeit abgestellten Sinnbegriff operiert? Ist also, anders formuliert, Schütz' Ansatz hinreichend sensibel für Vertrautheit-Fremdheit-Spannungen, deren Multiplizierung und Intensivierung jenseits postulierter Globalisierungsprozesse als Charakteristikum der fortgeschrittenen Moderne angesehen wird? Und wenn für das menschliche Weltverhältnis eine Form der unaufhebbaren Wechselseitigkeit von Vertrautheit und Fremdheit aufweisbar ist, was heißt das dann für das Konzept der „Lebenswelt"? Ist die Lebenswelt, deren Selbstverständlichkeitscharakter geradezu sprichwörtlich ist, kein vertrauter Ort?[20]

Zunächst ist daran zu erinnern, dass der Lebensweltbegriff in seiner Verwendung bei Schütz eine interne Gliederung in mehrere „geschlossene Sinnprovinzen" aufweist, die als wirklichkeitskonstituierende Weltzugänge immer schon eine unaufhebbare Spannung zwischen Vertrautheit und Unvertrautheit implizieren: Denn auch wenn wir in natürlicher Einstellung mehr oder weniger darum wissen, dass die *eine* Lebenswelt ein plurales Gefüge unterschiedlicher Wirklichkeitsperspektiven darstellt, die jeweils von unterschiedlicher Relevanz für die eigene Lebensführung sind, so sind diese Perspektivierungen selbst jedoch keineswegs aus der Perspektive des für den Alltag, also für die Welt der natürlichen Einstellung, eigentümlichen Erkenntnisstils ihrerseits vertraut, insofern für die verschiedenen Sinnprovinzen jeweils unterschiedliche „Erkenntnisstile" konstitutiv sind (Schütz 1945, S. 265). Die Lebenswelt, die für ein Ego zu einem bestimmten Zeitpunkt nur aus der Perspektive eines für eine der Sinnprovinzen konstitutiven Erkenntnisstils 'zugänglich' ist, erweist sich gerade als die eine und einzige *zugleich* als ein komplexes Feld von Wirklichkeits-perspektivierungen, die wechselseitig konstitutiv in einem unaufhebbaren Spannungsverhältnis von

[20] Nachfolgend wird in diesem Abschnitt partiell auf Überlegungen zurückgegriffen, die in anderem Zusammenhang ausführlicher entwickelt wurden (vgl. Endress 2001 sowie Endress 2002).

Vertrautheit und Unvertrautheit zueinander stehen. Als perspektivisches Universum ist die Lebenswelt solchermaßen durchzogen von Vertrautheits-Unvertrautheits-Spannungen, denn diese sich im Perspektivenwechsel gegenüber der „natürlichen Einstellung der ausgezeichneten Wirklichkeit des alltäglichen Lebens“ zu eigen zu machen ist Schütz zufolge jeweils mit einem spezifischen „Schock“ verbunden, d.h., Menschen setzen die Welt alltäglich als vertraut und innerhalb dieser Vertrautheit ist ihnen die Unvertrautheit (die „Transzendenz“) der Welt selbst ein vertrautes Phänomen; sie wird als selbstverständlich hingenommen und mit ihr wird, als fraglos gegeben, (mehr oder weniger und graduell gestuft) routiniert umgegangen.

Schütz' Analyse ist damit zweistufig angelegt. Denn auch wenn die Sinnprovinzen den Alltag transzendieren, ist das Gegebensein anderer kognitiver Weltzugänge im Rahmen des für den Alltag typischen Erkenntnisstils seiner Typik nach (mehr oder weniger) bekannt. Dem Alltag ist damit das Faktum der Differenz zwischen natürlicher Einstellung und anderen Modi des Weltbezuges vertraut, also die Differenz von Alltag (kleinen und mittleren Transzendenzen) und Außeralltäglichkeit (großen Transzendenzen) ebenso wie die mit der Pluralität von Sinnprovinzen einhergehende konstitutive Perspektivität. Gegenstand des alltäglichen Modus der Transformation des Unvertrauten ins Vertraute werden dabei jedoch stets nur diejenigen Aspekte, die für das im alltäglichen Kernbereich der Lebenswelt dominierende „pragmatische Motiv“ (Scheler) zur Frage oder zum Problem werden. Gegen einen undifferenziert gebrauchten Lebensweltbegriff ist demnach festzuhalten, dass für das Lebensweltkonzept im Rahmen der phänomenologisch fundierten Soziologie von Schütz nicht nur deutlich ist, dass „Fraglosigkeit und Vertrautheit dieser Welt ... keineswegs homogen“ sind (ders. 1957b, S. 154), sondern dass die Lebenswelt selbst in mehrfacher Hinsicht unter der Spannung des Vertrauten und Unvertrauten steht.

Auch wenn Schütz also sehr unterschiedliche Auskünfte darüber erteilt, wie viele „multiple realities“ es gibt bzw. geben kann und welche er zu diesen zählt, es also ziemlich unklar bleibt, ob es unzählige Subuniversa, kulturell variierende Sets von Subuniversa oder aber nur eine strukturell begrenzte Zahl von Subuniversa gibt, so ist die Logik seiner Argumentation doch klar: Formal (phänomenologisch) gesehen ist von vielfachen, also de facto nicht zählbar vielen multiple realities auszugehen, auf der Ebene konkreter Kulturen können sich jeweils nur einige wenige Subuniversa ausbilden, so dass historisch jeweils sozio-kulturell typische Ausprägungen vorliegen.

Wie aber steht es mit der Übersetzbarkeit der kognitiven Stile geschlossener Sinnprovinzen ineinander, wenn, wie Schütz argumentiert, die „Einführung einer Transformationsformel" unmöglich ist (ders. 1958, S. 387)? Liegt hier eine Variante der These prinzipieller Inkommensurabilität vor (Whorf, Kuhn, Feyerabend) oder lässt sich, ungeachtet ihrer differenten Typik, an der Vorstellung einer prinzipiellen deutungsbezogenen „Übersetzbarkeit" dieser Stile ineinander festhalten (vgl. z.B. Davidson 1974)[21]. Wenn nach Quine (1960, S. 135ff.) die „Unbestimmtheit der Übersetzung [indeterminacy of translation]" eine strukturelle Konsequenz des Umstandes ist, dass sich verschiedene Übersetzungsmöglichkeiten empirisch als mit demselben sprachlichen Verhalten Fremder kompatibel erweisen, dann legt sich wohl folgende Schlussfolgerung nahe: Unter Rekurs auf die von Schütz skizzierte Theorie mannigfaltiger Wirklichkeiten verliert das von Quine für seine These der prinzipiellen Unbestimmtheit der Übersetzung angeführte Argument, dass wir unsere jeweils eigene Sprache nicht transzendieren könnten und somit deren syntaktische und semantische Voraussetzungen im Zuge von Übersetzungsprozessen stets notwendig auf eine fremde Sprache projizierten, erheblich an Gewicht: Denn systematisch interpretiert, gibt Schütz' Problemzugriff zu erkennen, dass sich in die Rede von „unserer Sprache" leicht eine Unifizierung einschleicht, die deren – wie man sagen kann – ausdifferenziertem Charakter (Horizontcharakter) prinzipiell nicht gerecht wird. Denn Schütz zufolge ist „Typisierung" jene Form der Abstraktion, die zu mehr oder weniger standardisierten, aber auch mehr oder weniger vagen Begriffsbildungen führt und daher zu der notwendigen Zweideutigkeit der Termini in der normalen Umgangssprache" (Schütz 1958, S. 327). So kann die Theorie der mannigfaltigen Wirklichkeiten bei Schütz als Beitrag gedeutet werden, die Annahme von mit Kulturen verbundenen „conceptual schemes" – in Verlängerung der Beiträge Davidsons – einer Kritik ebenso zu unterziehen wie dieser Idee einen in sozialpragmatischer Perspektive tragfähigen Sinn abzugewinnen und an der Annahme prinzipieller Verstehens- und Verständigungsmöglichkeit festzuhalten.

[21] Vgl. das von Quine formulierte "Prinzip der Nachsichtigkeit [principle of charity]" (1960, S. 115) - dazu auch dessen Extension bei Davidson (1973, S. 197ff.; 1974, S. 279ff.): Davidsons Erweiterung des "principle of charity" lässt sich wohl am angemessensten als "Schwellenprinzip" deuten, das den deutenden Zugang zu einer als fremd erscheinenden Kultur aktuell eröffnen oder dauerhaft zumindest potentiell offen halten soll.

7. Pragmatische Einheitlichkeit sozialer Wirklichkeit

Phänomenologisch angeregte wissenssoziologische Überlegungen zeigen, dass die heute verbreiteten (und zumeist als „politisch korrekt" erachteten) Thesen prinzipieller Heterogenität, zunehmender Pluralität und fortschreitender Inkompatibilität eher kontrastiv dazu tendieren, das Vergangene retrospektiv zu unifizieren – und solchermaßen kontrapunktisch überhaupt erst ihr Profil zu erschleichen. Zu verweisen ist demgegenüber darauf, dass jeder Erfahrung ihre Transzendenz bereits immanent ist, also jede Erfahrung notwendig über sich hinaus auf anderes verweist, dass also das Phänomen des die unmittelbare Erfahrungswirklichkeit Transzendierens ein Strukturmoment jeder Erfahrung und damit strukturell kein Krisenphänomen ist. Die eigentümliche Phänomenalität von Erfahrungen besteht in ihrer prinzipiell unabschließbaren Offenheit für jeweils mitlaufende Erfahrungsgehalte. Jedwede Erfahrung ist für sich also konstitutiv unvollständig. Dieses Strukturphänomen liegt dem operativen Charakter von Sinnordnungen zugrunde.

Intersubjektivität und Sozialität sind für Schütz zudem konstitutive Momente der als „ausgezeichnet" begriffenen, typisch strukturierten alltäglichen Wirkwelt. Indem er solchermaßen für den Kernbereich der Lebenswelt das Produktionsparadigma an elementaren Strukturen sozialer Objektivität bricht, kann er für seine Analyse der „multiple realities" an der Vorstellung dieses pragmatischen Kerns der Alltagswelt festhalten, ohne – wie dies dann in der Ethnomethodologie geschieht – den Begriff *einer* sozialen Wirklichkeit aufzulösen in eine Reihe verschiedener Modi der Generierung von konstitutionslogisch gleichgewichtigen Sinnwelten. Im Unterschied also zur ethnomethodologischen Radikalisierung, die Intersubjektivität selbst als kontingent, als seitens der Akteure erst zu produzieren begreift, hält Schütz an der Vorstellung von Intersubjektivität und Sozialität als invarianten Strukturmerkmalen alltäglicher Wirklichkeit fest. Und es ist dieser Umstand, der die Rede von *sozialer* Wirklichkeit legitimiert. Systematischer Ansatzpunkt hierzu ist der Aufweis der Typisierungs-leistungen des Alltagsbewusstseins, die die relative Eindeutigkeit und relative Stabilität einer „relativ natürlichen Weltanschauung" (Scheler) begründen.

Es sind demnach die Generalisierungs- und Synthetisierungsleistungen des Appräsentierens, die die strukturell unhintergehbare Teilansichtigkeit der Welt zu *einer* sozialen Wirklichkeit zu verdichten ermöglichen – im Unterschied bspw. zur schizophrenen/paranoiden Irritation des Stehen-bleibens bei bzw.

der als endgültig erscheinenden Faktizität der Vieldeutigkeit von Teilansichten (vgl. Albersmeyer-Bingen 1986, S. 205f.). Entsprechend als „wahnhaft“ gedeutete Wirklichkeitszugänge lassen sich somit unter Bezugnahme auf eine als pragmatisch primär relevant gesetzte Weltsicht auf nur unzureichend durch sozial etablierte Normalisierungsmechanismen strukturierte Interpretationen der sozialen Wirklichkeit zurückführen. Und das heißt, ihren Grund in von alltäglich als selbstverständlich angesetzten Wirklichkeitsdeutungen abweichenden Appräsentations- und Typisierungs-leistungen zu erblicken. Die Überlegungen verweisen damit ebenso auf die strukturellen Analogien der Konstruktion von „Wirklichkeit“ und „Wahn“ wie sie zugleich den Umstand der stets sozial institutionalisierten Abstützung entsprechender Ein- und Ausgrenzungen von Weltdeutungen anzeigen.

Methodologisch ist zudem zu ergänzen, dass die Thesen prinzipieller Verstehbarkeit bzw. Verständlichkeit auf der einen und die systematische Unterstellung von Unverständlichkeit, also eines Nicht-Verstehen-Könnens, auf der anderen Seite geltungstheoretisch äquivalent sind: Beide lassen sich nicht überprüfen und implizieren somit ihre eigene Immunisierung. Argumentationsanalytisch entbehren beide damit hinreichender Validität. Plausibel und argumentativ vertretbar scheint demgegenüber viel eher eine Perspektive, die sich an in pragmatischer Optik aufweisbaren Phänomenen orientiert und deren den Alltag strukturierende Logik rekonstruktiv freilegt. Und erst in dieser Blickstellung ergeben sich Hinweise auf Bedeutung und Status der Annahme *einer* bzw. einer pragmatisch *herausragenden* Wirklichkeitssphäre.

Literatur

Albersmeyer-Bingen, H.: Common Sense. Ein Beitrag zur Wissenssoziologie, Berlin 1986

Davidson, D. (1973): Radikale Interpretation, in: ders.: Wahrheit und Interpretation, Frankfurt a. M. 1990, 183-203

Davidson, D. (1974): On the Very Idea of a Conceptual Scheme; dt.: Was ist eigentlich ein Begriffsschema?, in: ders., Wahrheit und Interpretation, Frankfurt a. M. 1990, 261-282

Ellrich, L.: Zwischen „wirklicher“ und „virtueller Realität“. Über die erstaunliche Wiederkehr des Realen im Virtuellen, in: Honegger, C. / Hradil, S. / Traxler, F. (Hg.): Grenzenlose Gesellschaft? Teil 1, 1999, 397-411

Endress, M.: Alfred Schütz's Interpretation of Cervantes' *Don Quixote* and his Microsociological View on Literature, in: Embree, L.: (Ed.): Alfred Schütz's "Sociological Aspects of Literature". Construction and Complementary Essays, Dordrecht / Boston /London 1998, 113-128

Endress, M.: Vertrauen und Vertrautheit. Phänomenologisch-anthropologische Grundlegung, in: Hartmann, M. / Offe, C. (Hg.): Vertrauen. Die Grundlage des sozialen Zusammen-halts, Frankfurt a. M. / New York 2001, 161-203

Endress, Martin: Vertrauen, Bielefeld 2002

Faßler, M.: Netzkommunikation und Medienwelten. XVIII Thesen, in: Honegger, C. / Hradil, S. / Traxler, F. (Hg.): Grenzenlose Gesellschaft?, Teil 2, Opladen 1999, 220-239

Geser, H.: Metasoziologische Implikationen des „Cyberspace," in: Honegger, C. / Hradil, S. / Traxler, F. (Hg.): Grenzenlose Gesellschaft? Teil 2, Opladen 1999, 202-219.

Goffman, E. (1974): Rahmenanalyse. Ein Versuch über die Organisation von Alltagserfahrungen, Frankfurt a. M.²1989

Heintz, B.: Sozialwelt Internet - Kommunikation und Gemeinschaft im virtuellen Raum, in: Schweizerischer Werkbund SWB-Dokument Nr. 4: Kulturwandel. Entwicklungen im Banne der Neuen Medien, Zürich 1997, 97-114 (Disk.: S. 115-122)

Husserl, E. (1913): Ideen zu einer reinen Phänomenologie und phänomenologischen Philosophie. Erstes Buch, in: ders.: Gesammelte Schriften Bd. 5, Hamburg 1992

Husserl, E.: Ideen zu einer reinen Phänomenologie und phänomenologischen Philosophie. Zweites Buch (Husserliana Bd. IV), hg. v. Walter Biemel, Den Haag 1952

Husserl, E. (1931): Cartesianische Meditationen. Eine Einleitung in die Phänomenologie, in: ders.: Gesammelte Schriften Bd. 8, Hamburg 1992

Husserl, E. (1936): Die Krisis der europäischen Wissenschaften und die transzendentale Phänomenologie, in: ders.: Gesammelte Schriften Bd. 8, Hamburg 1992

Luckmann, Th.: Riten als Bewältigung lebensweltlicher Grenzen, in: Schweizerische Zeitschrift für Soziologie 3, 1985, 535-550

Luckmann, Th. Grenzen der Alltagserfahrung und Transzendenz, in: Kolleritsch, O.: (Hg.): Entgrenzungen in der Musik, Wien/Graz 1987, 11-28.

Luckmann, Th.: Phänomenologische Überlegungen zu Ritual und Symbol, in: Uhl, F. / Boelderl, A. R. (Hg.): Rituale. Zugänge zu einem Phänomen, Düsseldorf/Bonn 1999a, 11-28

Luckmann, Th.: Wirklichkeiten: individuelle Konstitution und gesellschaftliche Konstruktion, in: Hitzler, R. / Reichertz, J. / Schröer, N. (Hg.): Hermeneutische Wissens-soziologie. Standpunkte zur Theorie der Interpretation, Konstanz 1999b, 17-28.

Paetau, M.: Computernetzwerke und die Konstitution des Sozialen, in: Honegger, C. / Hradil, S. / Traxler, F. (Hg.): Grenzenlose Gesellschaft?, Teil 2, Opladen 1999, 270-284

Quine, W. v. O. (1960): Word and Object, Cambridge, MA: MIT Press ¹⁵1985; dt.: Wort und Gegenstand, Stuttgart 1980

Schütz, A. (1932): Der sinnhafte Aufbau der sozialen Welt. Eine Einleitung in die verstehende Soziologie, Frankfurt a. M. 1974

Schütz, A. (1943a): The Problem of Rationality in the Social World, in: Economica 10, 130-149

Schütz, A. (1943b): The Stranger; dt.: Der Fremde, in: Ders., Gesammelte Aufsätze II, hg. v. A. Brodersen, Den Haag 1972, 53-69

Schütz, A. (1945): On Multiple Realities; dt.: Über die mannigfaltigen Wirklichkeiten, in: ders., Gesammelte Aufsätze I, hg. v. M. Natanson, Den Haag 1971, 237-298

Schütz, A. (1955a): Don Quixote und das Problem der Realität, in: ders., Gesammelte Aufsätze II, hg. v. A. Brodersen, Den Haag 1972, 102-128

Schütz, A. (1955b): Symbol, Reality, and Society; dt.: Symbol, Wirklichkeit und Gesellschaft, in: ders.: Gesammelte Aufsätze I, hg. v. M. Natanson, Den Haag 1971, 331-411

Schütz, A. (1957a): Die Gleichheit und die Sinnstruktur der sozialen Welt, in: ders.: Gesammelte Aufsätze II, hg. v. A. Brodersen, Den Haag 1972, 203-255

Schütz, A. (1957b): Strukturen der Lebenswelt., in: ders.: Gesammelte Aufsätze III, hg. v. Ilse Schütz, Den Haag 1971, 153-170

Schütz, A. (1958): Die Notizbücher, in: ders. / Luckmann: Strukturen der Lebenswelt II, Frankfurt a. M. 1984, 217-406

Soeffner, H.-G.: Zur Soziologie des Symbols und des Rituals, in: Oelkers, J. / Wegenast, K. (Hg.): Das Symbol – Brücke des Verstehens, Stuttgart / Berlin / Köln 1991, 63-81

Srubar, I.: Unterwegs zu einer vergleichenden Lebensform-Forschung. Die pragmatische Lebensweltheorie als Grundlage interkulturellen Vergleichs, Mskr. 2000

Uwe Wolfradt (Halle/Saale)

Depersonalisation und Derealisation als Störungen des Wirklichkeitserlebens

Wieder seh ich Schleier sinken,
Und Vertrautestes wird fremd,
Neue Sternenräume sinken,
Seele schreitet traumgehemmt.

Erste Strophe des Gedichtes ‚Neues Erleben' von Hermann Hesse

1. Einleitung

„Wirklich ist, was uns *Widerstand* leistet" schrieb Karl Jaspers in seinem Werk „Allgemeine Psychopathologie" im Jahre 1913. Mit dieser Bemerkung unterstrich er, dass Personen, die keine Erfahrungen des Scheiterns an Widerständen kennen oder bei Erreichung von Zielen keine Hindernisse erleben, kein Wirklichkeitsbewusstsein entwickeln und stattdessen einen Wirklichkeitsverlust erleben. Und weiter schreibt er:

> „Der Widerstand in der Welt ist das weite Feld des Wirklichen, das von der Handgreiflichkeit des Tastbaren bis zu der Wahrnehmung der Bedeutungen der Dinge, der Handlungen und Reaktionen der Menschen das Bewusstsein der Realität bringt, mit der ich praktisch rechne, zu der ich mich jeden Augenblick verhalte, die mich erfüllt als das, was ich erwarte, woran als an ein Seiendes ich glaube" (S. 79).

Menschen mit Depersonalisations- und Derealisationserfahrungen erleben diesen Widerstand nicht mehr, ihre eigene Person wie auch ihre eigene Welt werden ihnen fremd. Sie „reiben" sich nicht mehr an der Welt, da sie die Welt – wie durch einen Schleier sehend – distanziert erleben. Dieses ich-dystone Erleben mit einem Als-Ob-Charakter führt oft zu einer negativen Stimmungslage. Bei der Depersonalisation und Derealisation handelt es sich um subjektive Erlebensformen, die sich dadurch auszeichnen, dass der eigene Körper, die eigene Person, sowie sonst vertraute Personen und Objekte der Umwelt als unwirklich erlebt werden. Hierbei besteht bei der depersonalisierten Person eine Ungewissheit, was nun als real und was als irreal zu betrachten ist. Weber (1938) fasste daher die Depersonalisation als „eigentümliches Schwanken und Schweben zwischen Anerkennung und Nichtanerkennung der Wirklichkeit“ (Weber 1938, S. 119) auf. Obgleich sich die Derealisation auf die veränderte Wahrnehmung der Personen und Objekte *außerhalb* des eigenen Leibes bezieht, wird sie unter dem Begriff der Depersonalisation subsumiert, der im eigentlichen Sinne auf das Entfremdungserleben gegenüber der eigenen Person Bezug nimmt. Der Begriff „Depersonalisation“ lässt sich im späten 19. Jahrhundert als Bezeichnung für eine Ansammlung von verschiedenen Störungssymptomen erstmals nachweisen. Etwas später wurde dann der Begriff „Derealisation“ im Bezug auf einen spezifischen Aspekt der Depersonalisation, der veränderten Wahrnehmung der Außenwelt, durch Mayer-Gross (1935/1968) eingeführt (siehe hierzu historischer Überblick: Sierra / Berrios 1997). Depersonalisationserfahrungen sind in der Normalbevölkerung (19.1% Aderibigbe, Bloch / Walker 2001; 27.4% Wolfradt, 2000a) sowie als komorbides Störungs-symptom bei affektiven Störungen (z.B. Depression, Panikstörungen; Barlow / Craske, 1988), bei Schizophrenien (Wolfradt / Engelmann, 1999) und bei Automutilationen (Wolfradt, Veith, Jany / Frank, 2002) häufig zu finden. Als eigenständiges Störungsbild, der Depersonalisationsstörung hat sie Eingang in die psychiatrische Diagnostik gefunden (siehe Simeon / Hollander 1993). Gründe für die Entstehung von Depersonalisation liegen wesentlich in psychologischen Faktoren (starke psychische Belastungen, z.B. Traumata), die die Entwicklung der Selbststruktur beeinträchtigen (Brunner et al. 2000). Des weiteren kann auch die sensorische Deprivation (z.B. Meditation, Hypnose, Wolfradt 2000b) oder der Genuss von Rauschmitteln (z.B. Marihuana) Depersonalisation auslösen. Ferner hängen Depersonalisationserfahrungen eng mit einem restriktiv-autoritären elterlichen Erziehungsstil während der Adoleszenz zusammen (Wolfradt, Hempel / Miles, im Druck). Schließlich werden neurobiologische Fehlfunktionen im Temporalbereich (z.B. bei Epilepsien) und in der Amygdala als Erklärung für das Auftreten von Depersonalisation (siehe hierzu Sierra / Berrios 1998) oder Depersonalisation in Folge eines Gehirntraumas genannt (Grigsby / Kaye 1993).

Es soll nun ein kurzer historischer Abriss über die Entwicklung des Depersonalisationskonzeptes, nebst begrifflicher Abgrenzung, und seine Etablierung in der Psychologie und Psychiatrie gegeben werden. Hiernach folgt eine eigene kleinere Studie zum Zusammenhang zwischen Depersonalisation und Selbstaufmerksamkeit bei schizophrenen Patienten.

2. Die historische Entwicklung des Begriffs der Depersonalisation

Als einer der Ersten führte Dugas im Jahre 1898 den Begriff „Depersonalisation“ in die Psychopathologie ein, obgleich das Phänomen schon früher beschrieben wurde. Dugas definierte Depersonalisation (*dépersonnalisation*) als „Zustand, in dem ein Gefühl auftritt, als seien Handlungen dem Selbst entzogen und werden als fremd erlebt, ich nenne dies eine Entfremdung von der Persönlichkeit oder eine Depersonalisation“ (Sierra / Berrios 1996). In diesem Kontext ist es wichtig zu wissen, dass Dugas (1898) bzw. später Dugas und Moutier (1911) den Begriff „Personalisation“ (für Persönlichkeit) im Sinne des 19. Jahrhunderts verwendeten (siehe Berrios 1993). Personalisation im Gegensatz zu Depersonalisation verstand sich als psychische Synthese von selbstbezogenen Elementen, d.h. einer Aneignung und Zuschreibung von Zuständen zum Selbst (Dugas / Moutier 1911). Dugas (1898) hielt die Depersonalisation für ein Versagen der bewussten Integration dieser psychischen Elemente, verursacht durch Apathie.

Die frühesten Theorien zur Depersonalisation bezogen sich auf das sensorische System (Krishaber 1873, Ribot 1895, Wernicke 1906). Im 19. Jahrhundert beinhaltete dies die Sinnesmodalitäten, Muskelsensoren und Koenaesthesie (*cénesthésie*: Körperwahrnehmung), die zu jener Zeit als ontogenetisch und phylogenetisch besonders bedeutend angesehen wurden. Ein erster Versuch der Systematisierung von Depersonalisationserfahrungen (obwohl die Bezeichnung noch nicht existierte) wurde von Krishaber (1873) in Frankreich vorgenommen. Mit der Bezeichnung *Névropathie Cérébro-Cardiaque* wurde ein Erfahrungsspektrum aus Angst, Erschöpfung und Depression charakterisiert. Über ein Drittel seiner Patienten mit diesem Störungsbild klagte über verwirrende und unangenehme Erfahrungen, die sich als Verlust des Realitätsgefühls äußerten. So berichtete Krishaber von einem Patienten: „Von diesem allem war mir der Eindruck zu träumen am empfindlichsten; hundertmal berührte ich die Gegenstände, welche mich umgaben; ich sprach sehr laut, um mir die Realität der Außenwelt, die Identität meiner eignen Person zurückzurufen. Auch das Berühren der Objekte rektifizierte meine Eindrücke nicht“ (zit. nach Dilthey 1890/1968, S. 8/9). Krishaber (1873) vermutete, dass diese Phänomene aus einer sensorischen Dysfunktion resultierten, d.h. Gefühle der Irrealität möglicherweise durch pathologische Veränderungen der sensorischen Funktionen hervorgerufen werden. Eine Störung der Koenaesthesie, auch Koenaesthopathie genannt, wurde mit der Depersonalisation inhaltlich gleichgesetzt (siehe hierzu auch Lieb 1989).

In der deutschen Psychiatrie war auch Wernicke (1906) der Überzeugung, das Körperbewusstsein (die Somatopsyche) resultiere aus muskulären propriozeptiven Wahrnehmungen (dem Muskelsinn). Somatopsychosen können demnach als Störungen des Körperbewusstseins charakterisiert werden und Depersonalisation stellt ihm zufolge einen Typ der Somatopsychose dar. Wernicke verstand die Depersonalisation als ein Ergebnis des Umstandes, dass das Bewusstsein keine Bewertung der Organgefühle vornimmt, und somit das Selbstverständnis fehlt, sich als eine eigene Person zu empfinden (siehe auch Sierra / Berrios, 1997).

Eines der ersten psychologischen Konzepte, welches mit Depersonalisationsphänomenen in Verbindung gebracht wurde, war das der Gedächtnis- und Aufmerksamkeitsprozesse. So beschrieb Kraepelin (1887) Depersonalisationsgefühle als eine Gedächtnisstörung, als Gefühle der Irrealität, die Teil eines Déjà-vu-Erlebnisses (damals *fausse reconaissance* genannt) sind. Heymans (1904/1906) führte in den Niederlanden zwei Untersuchungen an Studierenden durch und fand heraus, dass Déjà-vu-Erlebnisse (er bezeichnete diese ebenfalls als *fausse reconnaissance*) häufiger als Depersonalisationserfahrungen auftraten und beide miteinander eng zusammenhingen (Heymans 1904, 1906; siehe auch Sno / Draaisma 1993). Er betrachtete beide Phänomene als Ausdruck einer einheitlichen Störung der Wiedererkennung und nahm an, dass Depersonalisation die Schwerere der beiden Erfahrungstypen darstelle. Ihm zufolge sind beide Erfahrungstypen auf eine Einschränkung der Aufmerksamkeit zurückzuführen. Hierzu schreibt er: „Wir dürfen es demnach wohl für wahrscheinlich halten, dass tatsächlich überall eine negative Schwankung der Bewusstseinsintensität, eine Herabsetzung der psychischen Energie, eine momentane Erschlaffung der Aufmerksamkeit (oder wie man diesen Tatbestand sonst nennen will) den betreffenden Erscheinungen zugrunde liegt“ (Heymans 1904, S. 339). Das für die Depersonalisation typische Fremdheitsgefühl geht ihm zufolge auf die niedrige Anzahl und die geringe Stärke der Assoziationen mit früheren Erinnerungen zurück (Heymans 1904).

Ein anderes Erklärungsmodell für Depersonalisation rückte den Affekt in das Zentrum. Dugas und Moutier (1910) sahen bereits die Affekte als Grundbedingung der Depersonalisation. Hierbei interpretieren sie die Depersonalisation als Konsequenz starker emotionaler Ereignisse. Störring (1900) dagegen schlug eine Theorie des Ich-Bewusstseins vor, in welcher der

Affekt ebenfalls eine bedeutende Rolle spielt. Wie die Vertreter der französischen Psychiatrie glaubte auch er, dass die Koenaesthesie die Basis für Gefühle des Selbst-Erlebens darstellt: Die Bewusstheit des eigenen Körpers und der eigenen Handlungen (Aktivitätsgefühle) werden als wesentliche Bestandteile des Ich-Bewusstseins betrachtet. Er vertrat jedoch bezüglich der Selbst-Fremdheit eine andere Ansicht. Ihm zufolge ist Depersonalisation nicht Ursache einer gestörten sensorischen Wahrnehmung, sondern eine Störung der Stärke der Wahrnehmung, die als gesteigerte Aufmerksamkeit auf bestimmte Wahrnehmungsaspekte zum Ausdruck kommt. Sein Modell beinhaltet die drei Komponenten ‚Koenaesthesie', ‚Aktivitätsgefühl' und ‚Stärke der Wahrnehmung'. Eine Störung in der Beziehung dieser Komponenten bedingt Depersonalisation, die von Empfindungslosigkeit oder Gefühlsarmut begleitet wird.

Janet (1903) rückte das gestörte aktive Selbsterleben bei der Depersonalisation ins Zentrum seiner Betrachtung. Er betrachtete Depersonalisation als eine Manifestation der Psychasthenie. Im Kern seiner klinischen Vorstellung stand das Unvollständigkeitsgefühl (*sentiment d'incomplétude*), das durch drei Faktoren bestimmt wird: (1) Verminderung der geistigen Synthese, d.h. Einschränkung der Vereinigung psychischer Elemente im Bewusstseinsfeld, die zu einem psychologischen Automatismus führt; (2) Herabsetzung der geistigen Komplexität, die Gefühle der Irrealität und Fremdheit bedingt; (3) Verlust der Erinnerung an die frühere Funktionsweise des Geistes, die zu einer Entfremdung gegenüber der eigenen Person führt. Depersonalisationserleben und hier besonders das Gefühl des Automatismus gründet in einem Mangel an Synthese. In der Depersonalisation wird die Handlung nicht mehr mit der Person verknüpft erlebt. Folge davon ist ein Gefühl der Unkontrolliertheit und des unfreiwilligen Beherrschtseins. Schilder formulierte im Jahr 1914 aufgrund seiner klinischen Fallbeobachtungen theoretische Annahmen hinsichtlich der Depersonalisation. Er definierte Depersonalisation folgendermaßen:

> „Ich verstehe darunter einen Zustand, in dem das Individuum sich gegenüber dem früheren Sein durchgreifend verändert fühlt. Diese Veränderung erstreckt sich sowohl auf das Ich als auch auf die Außenwelt und führt dazu, dass das Individuum sich als Persönlichkeit nicht anerkennt. Seine Handlungen erscheinen ihm automatisch. Es beobachtet als Zuschauer sein Handeln und Tun. Die Außenwelt erscheint fremd und neu und hat ihren Realitätscharakter verloren" (Schilder 1914/1968, S. 46).

Im Zentrum seiner Überlegungen zur Entstehung der Depersonalisation sieht er zwei wichtige Aspekte: (1) eine intensive Selbstbeobachtung, (2) ein gestörtes Körperbild.

Schilder (1914/1968) ging dabei davon aus, dass eine Selbstbeobachtung der inneren psychischen Prozesse zu einer Interferenz zwischen Kontrolle und Vollzug einer Handlung beiträgt, so dass das Erleben als unecht und damit depersonalisiert erlebt wird. Er greift in diesem Zusammenhang die Unterscheidung von Edmund Husserl (1950) zwischen *Noema* (dem Wahrgenommenen als Objekt) und *Noesis* (dem Wahrnehmen als Prozess) auf und wendet sie auf psychologische Verhaltensbereiche an. Insbesondere auf dem Feld der Emotionen weist Schilder auf die Unterschiede zwischen „Gefühl" und „Fühlen" hin. Ihm zufolge ist die Depersonalisation durch eine Störung der Beziehung dieser beiden Kategorien geprägt, die zu einem nicht-evidenten Gefühlszustand führt. Hierzu schreibt er: „Die Gefühlsstörung der Depersonalisierten ist nun darin gegeben, dass das Individuum keine evidenten, im Einklang mit dem Gefühlshintergrunde stehenden Gefühle vollzieht" (ebd., S. 55). Das Empfinden dieses nicht-evidenten Gefühls führt nach Schilder zu einer negativen Stimmungslage, die wiederum die Tendenz zur Selbstbeobachtung der Gefühle erhöht. Hierzu schreibt er: „Für die Depersonalisation ist charakteristisch, dass die Tendenz der Beobachtung mit der Gefühlstendenz ringt. Man könnte sagen, während des Fühlens will der Depersonalisierte beobachten und während des Beobachtens will er voll erleben" (ebd., S. 56). Dieser Prozess zwischen Selbstbeobachtung und Gefühl lässt sich auch auf die Wahrnehmung beziehen. Schilder spricht von „unechter Wahrnehmung", wenn durch eine Selbstbeobachtung die Beziehung zwischen dem wahrgenommenen Objekt und dem Prozess des Wahrnehmens gestört wird. Folge ist eine ungenaue Erfassung der Wahrnehmungsobjekte, die als verändert und fremd empfunden werden. Als weitere Aspekte, die unmittelbar durch die Selbstbeobachtung betroffen sind, lassen sich eine Einschränkung der Imaginationsfähigkeit und der Motivation nennen.

Ferner bezieht Schilder (1935) auch das Konzept des Körperschemas in seine Überlegungen mit ein. Er sieht es in das breitere Konzept des Körperbildes eingebettet, das stärker das subjektive Körpererleben als ganzheitliches Phänomen bezüglich seiner kognitiven wie affektiven Komponenten berücksichtigt. Unter Berücksichtigung neuropsychologischer und psychoanalytischer Konzepte nahm er an, dass Depersonalisation eine Störung des Körperbildes sei, die aus einer Abwehr der libidinösen Struktur resultiert. Als

Folge dieser Abwehr werde der Körper als nicht zur eigenen Person gehörig empfunden und abgelehnt.

Jaspers (1913/1959) trägt wesentlich zum Verständnis der Depersonalisation bei. Ihm zufolge ist die Depersonalisation eine Störung des Ich-Bewusstseins; und er unterscheidet hierbei fünf verschiedene Aspekte des Ich-Bewusstseins: (a) Aktivität des Ichs; (b) Einheit des Ichs; (c) Identität des Ichs; (d) Ich-Bewusstsein im Gegensatz zur Außenwelt; (e) Persönlichkeits-bewusstsein. Als Vertreter der Ansicht des ‚Ich-Erlebens' glaubte er, dass die Aktivität des Ichs, welche das Gefühl der Ich-Zugehörigkeit vermittelt, wesentlich durch Depersonalisation beeinflusst ist (Jaspers, 1913/1959): „Dass das Psychische, sei es Wahrnehmung, Körperempfindung, Erinnerung, Vorstellung, Gedanke, Gefühl, diesen besonderen Ton des ‚mein', des ‚ich', des ‚persönlichen', des eigenen Tuns bekommt, nennt man Personalisation" (Jaspers 1913/1959, S. 101). Jaspers fährt dann fort: „Wenn diese psychischen Elemente auftreten mit dem Bewusstsein, nicht die meinigen, mir fremd, automatisch, aus sich selbst, von anderswoher vollzogen zu sein, so nennt man diese Phänomene Depersonalisationserscheinungen" (ebd., S. 101). Bei einem Verlust der „Einheit des Ich" ist für Jaspers eine Störung gegeben, bei der die Person handelt (z.B. automatisiert redet) und sich sogleich beobachtet (z.B. aufmerksam zuhört). Die Person ist also Handelnde und Beobachterin ihres Verhaltens zugleich. Die „Identität des Ich" ist nach Jaspers durch das Bewusstsein gekennzeichnet, „in der Zeitfolge identisch derselbe zu sein" (ebd., S. 105). Diese Form der Ich-Konsistenz ist eine wesentliche Bedingung für eine normale Persönlichkeit.

Depersonalisation wird von psychoanalytischen Autoren auf der Grundlage der Annahme eines Energiemodells betrachtet; libidinöse Energie für eine Aktivität kann nur auf Kosten der Energie einer anderen Aktivität verbraucht werden (siehe Oberst 1983). Hierbei gibt es eine hohe Übereinstimmung, Depersonalisation unter dem Aspekt der Ich-Spaltung und Selbstbeobachtung als Abwehrphänomen zu betrachten (z.B. Feigenbaum 1937; Federn 1949/1978, siehe Wöller 1993). Bereits Freud (1936/1968) sah in einem eigenen Depersonalisationserlebnis auf der Akropolis in Athen („Also existiert das alles wirklich so wie wir es auf der Schule gelernt haben?!" Ebd., S. 180), eine Abwehr der Gefühle des Triumphes und der Schuld gegenüber seinem Vater, der seinerseits Griechenland niemals besuchen konnte. Diese unbewussten phantasierten Identifikationen können aber auch durch die plötzlich wahrgenommene Diskrepanz zwischen realem und idealem Selbstbild entstehen (Bradlow 1973). Der Depersonalisierte idealisiert seinen Zustand, um sich nicht mit seinem verdrängten aktuellen negativen Stimmungszustand auseinandersetzen zu müssen. Auch eine unbewusste Identifikation mit einem unbelebten Objekt wird als Erklärung für Depersonalisation herangezogen (Sarlin 1962). Negativ erlebte Anteile des Ichs würden vom Depersonalisierten im Rahmen der Psychodynamik als unreal und nicht zugehörig erlebt. Die Depersonalisation zeige damit eine reale oder befürchtete Gefahr des Verlustes der Selbstkonstanz, des Selbsterlebens in der Kontinuität vergangener und zukünftiger Erlebenszustände (siehe Wöller 1993). Ferner wird angenommen, dass Personen, die aufgrund labiler Ich-Funktionen nicht fähig sind, eine differenzierte und ausreichend integrierte Selbststruktur zu schaffen, Depersonalisationserfahrungen entwickeln. Nach Wöller (1993) entsteht Depersonalisation bei zwei Pathologieformen: (1) bei Entwicklungspathologie mit unzureichend integrierter Selbststruktur; (2) bei neurotischen Pathologien, wenn plötzliche Änderungen innerhalb der Selbstrepräsentanzen nicht in die Selbststruktur integriert werden können. Im folgenden sollen kurz definitorische Annäherungen an den Depersonalisationsbegriff vorgenommen werden.

3. Begriffsklärungen

Die unklare Abgrenzung des Konzepts der Depersonalisation führt noch immer zu Konfusion, und oft werden nur Fragmente des ursprünglichen Kernverhaltens zur Diagnose der Störung verwendet. Die oft unscharfe Definition hat daher zu Problemen bei der Untersuchung der Depersonalisation wesentlich beigetragen. Eine neuere Studie von Sierra und Berrios (2001) analysierte deskriptiv 200 psychiatrische Fallbeschreibungen von Depersonalisation seit dem Jahr 1898 und kommt zu dem Ergebnis, dass emotionale und visuelle Störungen neben verändertem Körpererleben und gesteigerter Selbstbeobachtung zu den immer wieder genannten Kernsymptomen gehören (siehe hierzu Tabelle 1).

Tabelle 1: Kernsymptome der Depersonalisation nach Sierra und Berrios (2001)

Symptom	Definition	Beispiel
Emotionale Taubheit	Fehlen oder Reduzierung der Erfahrung emotionaler Gefühle	unerklärliche Weinepisoden ohne Fähigkeit, Trauer oder Glück zu empfinden
Veränderungen im Körpererleben	Subjektive Gefühle der Körperveränderung bezüglich der Größe von Körperteilen oder dass Teile des Körpers nicht zu der eigenen Person gehören	Hände scheinen nicht zu der Person zu gehören, Beine erscheinen größer als bisher
Veränderungen im visuellen Erleben	Unwirklichkeitsgefühle bezüglich der visuellen Wahrnehmung	Alles scheint wie ein gemaltes Bild, vollkommen still zu sein; Dinge erscheinen ohne Leben und wie durch einen Schleier gesehen
Erhöhte Selbstbeobachtung	Zustand des gesteigerten Selbstgewahrseins mit dem Gefühl, der körperlose Beobachter der eigenen Handlungen und mentalen Aktivitäten zu sein	Unfähigkeit zu berichten, ob man als Person oder als Teil des Körpers abwesend ist; das Gefühl auf eine Szene zu schauen, in der man selber handelt; intensive Aufmerksamkeit auf Gedanken und Gefühle

Haug (1936) versteht unter Depersonalisation eine Störung des Persönlichkeitsbewusstseins oder ein Gefühl der Ichentfremdung (siehe auch Störring 1933). Hierzu schreibt Haug: „Es handelt sich also nicht um Störungen im Aufbau der Persönlichkeit bzw. des Ichs überhaupt, sondern ausdrücklich um die eigene Wahrnehmung bzw. das Erlebnis solcher Störungen“ (Haug 1936, S. 1). Depersonalisationserfahrungen lassen sich ihm zufolge nach folgenden Kriterien unterteilen: (1) nach Intensität und Qualität (z.B. Häufigkeit und Dauer); (2) nach den Bezogenheiten (z.B. körperbezogen etc.); (3) nach dem zeitlichen Verlauf (kurze Attacken versus lange Zustände); (4) nach der Art des begleitenden Affekts (z.B. dysphorische Stimmung); (5) nach den ursächlichen Zusammenhängen (psychologische versus organische Ätiologie). Ihm zufolge zeichnen sich Depersonalisierte zudem durch eine hohe Labilität in der Persönlichkeitsstruktur und eine hohe Introversion aus.

Nach Ackner (1954) ist Depersonalisation durch folgende Charakteristika gekennzeichnet (siehe auch Mellor 1988): (1) Depersonalisation ist immer subjektiv und eine Störung der Erfahrung, (2) die Erfahrung bedingt eine internale oder externale Veränderung, die sich durch ein Gefühl der Entfremdung oder Irrealität auszeichnet, (3) die Erfahrung ist unangenehm, (4) jede mentale Funktion kann durch diese Veränderung betroffen sein, die Affekte aber sind stets betroffen, (5) die Einsicht in das subjektive Geschehen bleibt erhalten.

Scharfetter (1996) hebt schließlich drei Aspekte bezüglich der Differenzierung des Depersonalisationskonzeptes hervor: (1) eine Selbstentfremdung bzw. Selbstdistanz, (2) eine reduzierte Vitalität; (3) ein Gefühl der Irrealität. Nach Metzinger (1997) lässt sich die Depersonalisation ebenfalls als eine Form der Ich-Störung betrachten. In diesem Kontext versteht er unter dem „Ich" das phänomenale Selbst, d.h., die im subjektiven Erleben gegebene Inhalte des Selbstbewusstseins. Es (das Selbst) verleiht drei strukturelle Merkmale: Zentriertheit, präreflexive Selbstvertrautheit und Perspektivität (Erste-Person-Perspektive). Weiter schreibt er: „Wenn man nun von ‚Ich-Störungen' spricht, dann kann dies zunächst nur bedeuten, daß sich eben dieser Inhalt des Selbstbewußtseins – also: eine spezielle Form phänomenalen Gehalts – verändert, z.B. indem er sich ungewöhnlich anreichert, eingeschränkt wird oder dadurch, daß er graduell an Kohärenz verliert" (Metzinger 1997, S. 171). Der Organismus entwickelt fortwährend ein Selbstmodell, eine repräsentionale Struktur, die neurobiologisch fundiert ist. Dieses Selbstmodell wird zum einen durch interne Informationen (Propriozeption – grundlegende körperliche Empfindungen) und zum anderen durch externe Informationen (Erfahrungen in verschiedenen Kontexten) aufrechterhalten. Depersonalisationserfahrungen, d.h. Störungen der Selbstmodellierung, treten dann auf, wenn die externen Informationen stark inkongruent erlebt werden und sich nicht in das bisherige Selbstmodell integrieren lassen.

Auf Grundlage der bisherigen Überlegungen und den historischen Begriffsentwicklungen soll folgende Definition vorgeschlagen werden (Wolfradt 2001, S. 27):

> „Unter Depersonalisation lässt sich eine subjektive Erlebnisform verstehen, die sich durch abweichend-veränderte kognitiv-perzeptive und affektive Prozesse auszeichnet. Auf der kognitiv-perzeptiven Ebene werden die eigene Person, der eigene Körper und Personen und/oder Gegenstände außerhalb der eigenen Person als verändert und fremd wahrgenommen. Auf der affektiven Ebene werden Gefühle gar nicht oder nicht zur eigenen Person zugehörig empfunden. Diese Affektlabilität kommt überwiegend in einer dysphorischen Stimmungslage zum Ausdruck. Die Depersonalisation zeichnet sich zudem durch eine intensive Aufmerksamkeit auf die eigenen mentalen und körperlichen Prozesse aus."

4. Ein eigenes Modell der Depersonalisation

Im Folgenden soll ein eigenes Modell und eine kleine empirische Studie vorgestellt werden. Wie bereits verdeutlicht wurde, hängt die Depersonalisation eng mit der Entwicklung der Selbststruktur zusammen. Habermas (1989) setzt bestimmte kognitiv-entwicklungspsychologische Bedingungen für die Depersonalisation voraus. Das Kind muss ab dem 6. Lebensjahr eine Differenzierung von verschiedenen Perspektiven lernen. Es muss verstehen, dass es eine eigene Perspektive und eine Fremdperspektive anderer Personen gibt. Eine bloße Unterscheidung zwischen Wunsch und Wirklichkeit, wie sie ab dem 4. Lebensjahr auftritt, ist nach Habermas nicht ausreichend; da in der Depersonalisation eine Verschmelzung der Perspektiven stattfinde, fühle sich die Person als Handelnde und Beobachterin zugleich. Die Person muss die hypothetische Perspektive einer dritten Person konstruieren, um die Perspektiven aus der Sicht des Beobachters und des Handelnden koordinieren zu können (siehe hierzu auch Damon / Hart 1982). Depersonalisationserfahrungen setzen also die Entwicklung einer Selbststruktur voraus. Basierend auf Überlegungen von Stern (1992) entwirft Popitz (1997) ein „Drei-Stufen-Modell der Entwicklung der Selbststruktur". Diese entsteht im sozialen Dialog, in der Interaktion des Kindes mit sich selbst und mit anderen. In der ersten Stufe des *Selbstempfindens* entwickelt der Säugling im 3. Monat durch motorische Bewegungen eine Differenzierung zwischen selbst- und fremderzeugten Effekten. Das Kind beginnt sich als eine von der Mutter getrennte Einheit zu empfinden. Zwischen dem 7. und 9. Monat werden innere Zustände, Gefühle und Intentionen als eigene empfunden, und diese werden gezielt eingesetzt. Das Kind versteht die Geste des Zeigens (durch die Mutter) und kann den Gesichtsausdruck der Mutter richtig interpretieren.

In der zweiten Stufe entwickelt sich das *Selbstbewusstsein* durch die Fähigkeit zum Erwerb des Perspektivenwechsels. Durch die Konfrontation mit der ersten sozialen Negation – Handlungseinschränkungen durch Verbote – entwickelt das Kind eine Gegenstrategie. Es übernimmt die Perspektive des anderen, indem es die Rolle des Verbietenden einnimmt und nachspielt. Diese bereits bei Mead (1934/1988) beschriebene Rollenübernahme („taking the role of the other" und „Man entwickelt insoweit eine Identität, als man die Haltung anderer einnehmen und sich selbst gegenüber so wie gegenüber anderen handeln kann." Mead 1934/1988, S. 214) ermöglicht einen inneren Selbstdialog. Dieser Prozess der Verdopplung ist durch das Wissen gekennzeichnet, dass in uns jemand zuhört und wir gleichzeitig erfahren, dass wir es selbst sind, die zu uns sprechen. Hierzu schreibt Popitz (1997): „Selbstbewußtsein ist die Erfahrung, daß ich eins und doppelt bin" (Popitz 1997, S. 41). Ferner weist Popitz darauf hin, dass das Selbstbewusstsein mehr ist als der innere Dialog; Selbstbewusstsein zeichne sich durch die Gewissheit aus, etwas eigenes zu haben, das ich mit niemandem teile.

Als dritte Entwicklungsstufe nennt Popitz die *Selbstgewissheit*. Die Struktur des Selbstbewusstseins muss nun durch spezifische Fähigkeiten wie Sprachkompetenz und Empathie angereichert werden. Das Kind lernt Handlungen der Mutter zu antizipieren und gewinnt ein Vertrauen in die eigene Handlungskompetenz und Handlungsselbstwirksamkeit. Popitz greift hierbei ein für die Depersonalisation wichtiges Phänomen – die Spiegelbild-Erfahrung – heraus. Die leibliche Konfrontation des Ebenbildes beinhaltet die Komponenten des Perspektivenwechsels (das ‚Sich vom anderen her sehen') des Selbstbewusstseins (Dialog mit sich selbst und Einheit des Selbst) und der Selbstgewissheit (Konstanz des eigenen Bildes). Popitz (1997) nennt vier Gruppen von Selbsterfahrungen vor dem Spiegelbild: a) naive Selbsterfahrung, wie man körperlich aussieht (z.B.: das ist meine Nase, mein Mund...); b) Betrachtung durch den Blick anderer (z.B.: so erscheine ich anderen), c) Verdopplung und Selbstdialog (z.B. ich kann mein Spiegelbild verändern – etwa durch Grimassen); d) Einheit des Selbst (z.B.: ich bin beides zugleich, der dort im Spiegel und der hier davor).

Basierend auf diesen Überlegungen wurde ein Modell mit einer Skala entwickelt, die Störungen in diesen Entwicklungsstufen erfassen soll (siehe Abbildung 1).

Abbildung 1:

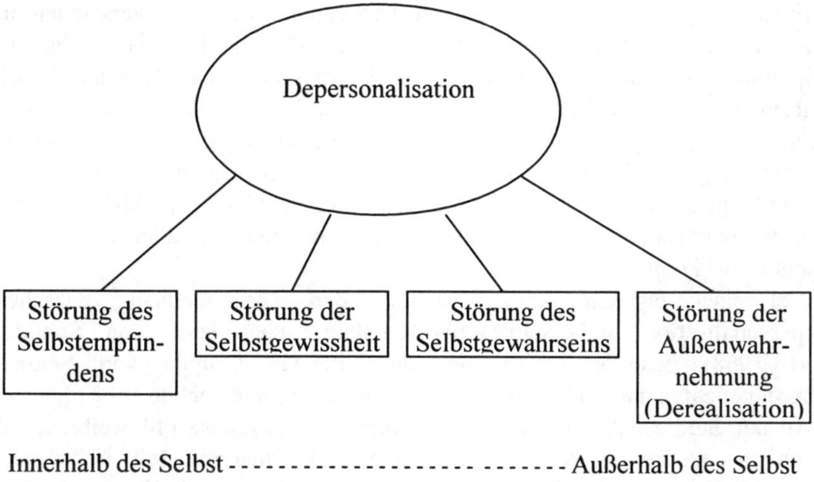

Bereits Jacobs und Bovasso (1992) gingen bei der Depersonalisation von einem multidimensionalen Modell aus, d.h. Depersonalisation lässt sich als ein Syndrom von Störungen unterschiedlicher Selbstaspekte verstehen. In der Entwicklung des Instrumentes wurde folgende Unterscheidung getroffen: Eine Störung des Selbstempfindens ist durch eine tiefgreifende Veränderung der eigenen Leiblichkeit bzw. Körperlichkeit gekennzeichnet (Beispielitem: „Ich denke, dass ich nur einen Kopf, aber keinen Körper habe). Eine Störung des Selbstgewahrseins (hier wurde der Begriff Selbstbewusstsein nicht verwendet) ist durch Probleme in der Selbstwahrnehmung bestimmt, die eigene Person nicht richtig einschätzen und wahrzunehmen zu können (Beispielitem: „Ich beobachte mich wie einen fremden Menschen"). Eine Störung der Selbstgewissheit ist durch Probleme gekennzeichnet, eine Vergewisserung der eigenen Person in Handlung und Wahrnehmung zu gewinnen (Beispielitem: „Ich schaue in den Spiegel, ohne mich wirklich zu erkennen"). Schließlich Derealisation als Störung der Wahrnehmung bezüglich Personen und

Gegenstände der äußeren Welt (Beispielitem: „Die Welt kommt mir verschwommen und verzerrt vor").

Depersonalisation wird nach Schilder (1914/1968) als Folge einer verstärkten Selbstbeobachtung bzw. Selbstaufmerksamkeit verstanden. Nach Wicklund und Frey (1993) wird Selbstaufmerksamkeit folgendermaßen definiert: „Unter Selbstaufmerksamkeit wird dabei ein Zustand verstanden, in dem die Person sich selbst als Objekt sieht, d.h. in dem das Selbst im Mittelpunkt der Aufmerksamkeit bzw. des Bewusstseins steht. Gegenstand der Selbstaufmerksamkeit können alle Aspekte sein, die eine Person als Teil ihres Selbst kognifiziert, z.B. ihre jeweiligen Stimmungen, Affekte, Selbsteinschätzungen, Intentionen, Aspirationen, Erwartungen, Standards, Einstellungen, Ziele und Verpflichtungen" (Wicklund / Frey 1993, S. 155). Selbstaufmerksamkeit hat eine Intensivierung und Betonung aller fokussierten Aspekte zur Folge.

Ziel einer eigenen Studie war es, den Zusammenhang zwischen Depersonalisation und Selbstaufmerksamkeit, wie dieser von Schilder (1914/1968) postuliert wird, an einer kleinen Gruppe von Schizophreniepatienten und nicht-klinischen Probanden zu untersuchen.

An der Studie nahmen 40 Patienten mit einer Psychose (14 weiblich, 26 männlich) aus zwei Kliniken in Halle und Chemnitz teil mit einem Durchschnittsalter von 34,1 Jahren (*SD*= 8.7, Range 18-50 Jahre). Des weiteren wurde eine parallelisierte „gesunde" Kontrollstichprobe von 40 Probanden (14 weiblich, 26 männlich) aus Halle mit einem Durchschnittsalter von 34,3 Jahren (*SD*= 9.7, Range 17-53 Jahre) befragt. Als Untersuchungsinstrumente wurden den Probanden die Skala zur Erfassung von Depersonalisationserfahrungen mit 20 Items mit einem Häufigkeitsantwortformat (1 = nie bis 5 = sehr oft) eingesetzt, die die oben genannten Störungsbereiche der Selbststruktur erfassen (Wolfradt 2001). Ferner wurde ein Fragebogen vorgelegt, der zwei Formen der (privaten) Selbstaufmerksamkeit erfasst (siehe Filipp / Freudenberg 1989): Selbstreflexion (Beispielitem: „Ich überprüfe ständig meine Motive") und Wahrnehmung internaler Zustände (Beispielitem: „Ich beobachte sorgfältig meine innersten Gefühle").

Die Ergebnisse zeigen, dass die Schizophreniepatienten signifikant häufiger von Störungen in den verschiedenen Depersonalisationsbereichen berichten als die Kontrollprobanden (siehe Abbildung 2).

Abbildung 2: Mittelwertunterschiede zwischen den Gruppen bezüglich der Depersonalisationsbereiche

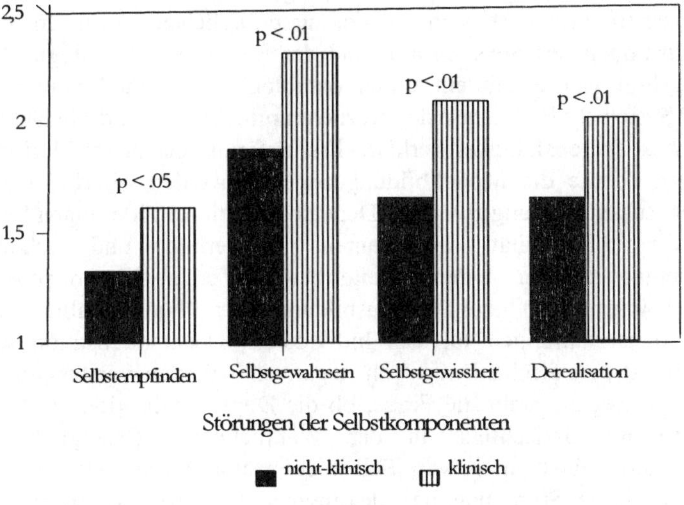

Ferner ergab sich für die Gruppe der Kontrollprobanden kein korrelativer Zusammenhang zwischen den Depersonalisationsbereichen und den Selbstaufmerksamkeitskomponenten. Demgegenüber zeigte sich in der Gruppe der Schizophreniepatienten ein signifikanter Zusammenhang zwischen Störungen des Selbstgewahrseins und Derealisation mit der Selbstaufmerksamkeitskomponente „Wahrnehmung internaler Zustände" (r = .59, p < .001 und r = .37, p < .05). Ferner ließ sich eine korrelative Beziehung zwischen Störungen des Selbstgewahrseins und Selbstreflexion (r = .54, p < 01) nachweisen. Zwischen beiden Gruppen ließen sich keine signifikanten Mittelwertunterschiede bezüglich der beiden Selbstaufmerksamkeitskomponenten ermitteln.

5. Conclusio

In den bisherigen Ausführungen wurde deutlich, dass Depersonalisation (und Derealisation) eine subjektive Störungsform des Wirklichkeitserlebens gegenüber der eigenen Person und der Umwelt darstellt. Das mit der

Depersonalisation zusammenhängende Erfahrungsspektrum wurde im frühen 19. Jahrhundert beschrieben, bevor es als eigenständige Begrifflichkeit durch Dugas Eingang in die Psychopathologie gefunden hat. Der Depersonalisationsbegriff orientiert sich in der ursprünglichen Form an dem Persönlichkeitsmodell des Sensualismus und der Elementenpsychologie. Das neue Störungsbild wurde seitdem durch pathologische Veränderungen im sensorischen System (z.B. Verlust der Körperempfindungen) und Gedächtnis (Verlust der Assoziationsfähigkeit) erklärt. Erst aufgrund genauerer klinischer Beobachtungen konnte die Modellbildung angeregt werden. Hierbei wurde schon früh ein Zusammenhang zwischen Depersonalisation auf der einen Seite und negativer Affektivität, abgelehntem Körperbild und erhöhter Selbstbeobachtung auf der anderen Seite betont. Ferner führten psychoanalytische Konzeptionen zur Herausbildung der Funktionalität von Depersonalisationserfahrungen für das Individuum. Depersonalisation wird hierbei als ein Abwehrmechanismus von negativen Affekten verstanden. Im Zentrum der Überlegung steht die Frage, ob die Depersonalisation die Folge einer Störung im Gedächtnis, in der Wahrnehmung (bezüglich des Körperbildes, oder einer intensiven Selbstbeobachtung) oder im Gefühlsbereich (dysphorische Stimmung bei alexithymer Tendenz) ist. Hierbei ist Depersonalisation durch ein durchgreifendes Entfremdungserleben gegenüber der eigenen Person und der Umwelt gekennzeichnet.

Obgleich die Funktionsweise von Depersonalisationserfahrungen bislang noch nicht hinreichend in der psychiatrischen und psychologischen Forschung geklärt wurde, ist davon auszugehen, dass Depersonalisation mit einer Störung der Selbststruktur einhergeht. In der Selbstentwicklung treten spezifische Probleme in der Innen-Außen-Perspektive auf, die das Selbstgewahrsein betreffen. Insbesondere die erhöhte Konzentration auf die inneren mentalen Zustände ist mit einer Einschränkung der Innen-Außen-Perspektive, respektive der Subjekt-Objekt-Beziehung, assoziiert. In der dargestellten Studie konnte verdeutlicht werden, dass Schizophrenie-Patienten signifikant häufiger Depersonalisationserfahrungen berichten und dass bei ihnen ein stärkerer Zusammenhang zwischen Störungen des Selbstgewahrseins und Aspekten der erhöhten Selbstaufmerksamkeit zu beobachten ist. So ist das Typische der Depersonalisation, dass sich die Person verstärkt zum Objekt ihrer eigenen Beobachtung macht, ohne sich selber in den Handlungen und Gefühlen zu erkennen. Die häufige Einnahme dieser Metaperspektive auf die eigene Person scheint vitale Lebensempfindungen zu negieren. Hierauf weisen auch Überlegungen von Ambrosino (1976), der basierend auf der Unterscheidung von James (1890) zwischen einem erfahrenden leiblichen Ich (empirisches Ich - dem ‚Me') und dem Ich als Wissenden (reines Ich - dem ‚I') Depersonalisation als Folge einer Differenz zwischen diesen beiden Ichaspekten auffasst, die nachhaltig Handlungen, Gefühle und Selbsterfahrungen beeinflusst. In diesem Sinne führt m. E. eine erhöhte Selbstbeobachtung des ‚I' auf das ‚Me' zu Empfindungen der Entfremdung, da das ‚Me' keine unmittelbaren leiblichen Erfahrungen machen kann. Eine Kontinuität des Erlebens ist mithin nicht möglich („consciousness of personal sameness" nach James, 1890). Linschoten (1961) schreibt hierzu in Bezugnahme auf James: „Das Fühlen der persönlichen Identität beruht auf dieser Übereinstimmung, durch ein zwischen verschiedenen erlebten Dingen bemerktes Erlebnis: ich erlebe die Identität meines heutigen Selbst und meines gestrigen und sage: ‚Ich bin derselbe, der ich gestern war'" (Linschoten 1961, S. 228/229). Es bleibt abzuwarten, inwiefern die empirische Forschung in Psychologie und Psychiatrie es vermag, tiefere Erkenntnis über die Phänomenologie und Funktionsweise der Depersonalisation aufzuzeigen.

Literatur

Ackner, B.: Depersonalization: I. Aetiology and phenomenology, in: Journal of Mental Science 100 (1954), 838-853

Aderibighe, Y. A. / Bloch, R. M. / Walker, W. R..: Prevalence of depersonalization and derealization experiences in a rural populations, in: Social Psychiatry & Psychiatric Epidemiology 36 (2001), 63-69

Ambrosino, S. V.: Depersonalization: A review and rethinking of a nuclear problem, in: The American Journal of Psychoanalysis 36 (1976), 105-118

Barlow, D. H. / *Craske*, M. G.: The phenomenology of panic, in: Rachman, S. / Maser, J. D. (Eds.): Panic: psychological perspectives, Hillsdale, NJ 1988, 91-109

Berrios, G. E.: European views on personality disorders: a conceptual history, in: Comprehensive Psychiatry 34 (1993), 14-30

Bradlow, P. A.: Depersonalization, ego splitting, non-human fantasy and shame, in: International Journal of Psychoanalysis 54 (1973), 487-492

Brunner, R / *Parzer*, P. / *Schuld*, V. / *Resch*, F.: Dissociative symptomatology and traumatogenic factors in adolescent psychiatric patients, in: Journal of Mental and Nervous Disease 188 (2000), 71-77

Damon, W. / *Hart*, D.: The development of self understanding from infancy through adolescence, in: Child Development *52* (1982), 841-864

Dilthey, W. (1890): Beiträge zur Lösung der Frage vom Ursprung unseres Glaubens an die Realität der Außenwelt und seinem Rech, in: J.-E. Meyer (Ed.): Depersonalisation; Darmstadt 1968, 1-45

Dugas, L.: Un cas de Dépersonnalisation, in: Revue Philosophique de Paris et l'Étranger 46 (1898), 500-507

Dugas, L. / *Moutier*, F.: Dépersonnalisation et émotion, in: Revue Philosophique de Paris et l'Étranger 70 (1910), 441-460

Dugas, L. / *Moutier*, F.: La dépersonalisation., Paris 1911

Federn, P: Die Depersonalisation, in: Federn, P.: Ichpsychologie und Psychosen, Frankfurt a. M. 1949/1978

Feigenbaum, D.: Depersonalization as defence mechanism, in: Psychoanalytic Quarterly 6 (1937), 4-11

Filipp, S.-H. / *Freudenberg*, E.: Der Fragebogen zur Erfassung dispositionaler Selbstaufmerksamkeit (SAM-Fragebogen), Göttingen 1989

Freud, S.: Brief an Romain Rolland (Eine Erinnerungsstörung auf der Akropolis), in: Meyer, J. E. (Ed.): Depersonalisation, Darmstadt: Wissenschaftliche Buchgesellschaft 1936/1968, 178-186

Grigsby, J. P./ *Kaye*, K.: Incidence and correlates of depersonalization following head trauma, in: Brain Injury 7 (1993), 507-513

Habermas, T.: Entfremdungserleben und Fähigkeit zur Perspektivenübernahme, in: Zeitschrift für Kinder- und Jugendpsychiatrie 17 (1989), 31-36

Haug, K.: Die Störungen des Persönlichkeitsbewußtseins und verwandte Entfremdungserlebnisse. Eine klinische und psychologische Studie, Stuttgart 1936

Heymans, G.: Eine Enquête über Depersonalisation und „Fausse Reconnaissance," in: Zeitschrift für Psychologie 36 (1904), 321-343

Heymans, G.: Weitere Daten über Depersonalisation und „Fausse Reconnaissance," in: Zeitschrift für Psychologie 43 (1906), 1-17

Husserl, E.: Ideen zu einer reinen Phänomenologie und phänomenologischen Philosophie (Husserliana III/1), Den Haag 1950

Jacobs, J. R. / *Bovasso*, G. B.: Toward the clarification of the construct of depersonalization and its association with affective and cognitive symptoms, in: Journal of Personality Assessment 59 (1992), 352-365

James, W.: The principles of psychology, New York, NY 1890

Janet, P.: Les Obsessions et la psychasthénie, Paris 1903

Jaspers, K.: Allgemeine Psychopathologie, Berlin 1913/1959

Kraepelin, E.: Über Erinnerungsfälschungen, in: Archiv für Psychiatrie und Nervenkrankheiten 17 (1887), 830-843

Krishaber, M.: De la névropathie cérébro-cardiaque, Paris 1873

Lieb, S.: Koenaesthopathie, Depersonalisation, Körperschema, Spiegelerleben: Konzeptualisierungen des Körpererlebens in der französischen Psychiatrie seit Anfang des 20. Jahrhunderts (Diss.), Tübingen 1989

Linschoten, J.: Auf dem Wege zu einer Phänomenologischen Psychologie. Die Psychologie von William James, Berlin 1961

Mayer-Gross, W.: Zur Depersonalisation, in: Meyer, J.-E. (Ed.): Depersonalisation, Darmstadt 1935/1968, 187-214

Mead, G. H..: Geist, Identität und Gesellschaft, Frankfurt a. M. 1934/1988

Mellor, C. S.: Depersonalisation and self perception, in: British Journal of Psychiatry 153 (1988), 15-19

Metzinger, T.: Ich-Störungen als pathologische Formen mentaler Selbstmodellierung, in: G. Northoff (Ed.): Neuropsychiatrie und Neurophilosophie, Paderborn 1997, 169-192

Oberst, U.: Einige theoretische Ansätze zur Depersonalisation, in: Nervenarzt 54 (1983), 17-22

Popitz, H.: Wege der Kreativität, Tübingen 1997

Ribot, T.: Les maladies de la personnalité, Paris 1895

Sarlin, C. N.: Depersonalization and derealization, in: Journal of American Psychoanalytic Association 10 (1962), 784-804

Scharfetter, C.: Allgemeine Psychopathologie. Eine Einführung, Stuttgart 1996

Schilder, P.: Deskriptiv-psychologische Analyse der Depersonalisation, in: Meyer, J.-E. (Ed.): Depersonalisation, Darmstadt 1914/1968, 46-140

Schilder, P.: The image and appearance of the human body, London 1935

Sierra, M. / *Berrios*, G. E.: 'A case of depersonalization' by Dugas. A translation and introduction, in: History of Psychiatry, 8 (1996), 213-229.

Sierra, M., / *Berrios*, G. E.: Depersonalization: A conceptual history, in: History of Psychiatry 8 (1997), 213-229

Sierra, M. / *Berrios*, G. E: Depersonalization: Neurobiological Perspectives, in: Biological Psychiatry, 44 (1998), 898-908

Sierra, M. / *Berrios*, G. E.: The phenomenological stability of depersonalization: Comparing the old with the new, in: The Journal of Nervous and Mental Disease 189 (2001), 629-636

Simeon, D. / *Hollander*, E.: Derpersonalization disorder, in: Psychiatric Annals 23 (1993), 382-388

Sno, H. N. / *Draaisma*, D.: An early Dutch study of déjà vu experiences, in: Psychological Medicine 23 (1993), 17-26

Stern, D. N.: Die Lebenserfahrung des Säuglings, Stuttgart 1992

Störring, G.: Vorlesungen über Psychopathologie in ihrer Bedeutung für die normale Psychologie, Leipzig 1900

Störring, E.: Die Depersonalisation. Eine psychopathologische Untersuchung, in: Archiv für Psychiatrie und Nervenkrankheiten 98 (1933), 462-545

Weber, A.: Über nihilistischen Wahn und Depersonalisation, Basel 1938

Wernicke, C.: Grundriß der Psychiatrie in klinischen Vorlesungen, Leipzig 1906

Wicklund, R. A. / *Frey*, D.: Die Theorie der Selbstaufmerksamkeit, in: Frey, D. / Irle, M. (Eds.): Theorien der Sozialpsychologie. Kognitive Theorien, Bd. 1, Bern 1993, 155-173

Wöller, W.: Psychoanalytische Theorien der Depersonalisierung, in: Forum Psychoanalyse 9 (1993), 122-131

Wolfradt, U. (2000a): Déjà-vu-Erfahrungen: Theoretische Annahmen und empirische Befunde, in: Zeitschrift für Klinische Psychologie, Psychiatrie und Psychotherapie 48 (2000), 359-376

Wolfradt, U. (2000b): Suggestibilität und Depersonalisationserfahrungen. Phänomenologische und empirische Zusammenhänge. Experimentelle und Klinische Hypnose 16 (2000), 101-122

Wolfradt, U.: Depersonalisation. Theoretische Überlegungen und empirische Befunde zu einem Erlebnisbereich zwischen Normalität und Psychopathologie (Habil.), Halle 2001

Wolfradt, U. / *Engelmann*, S.: Depersonalization, fantasies, and coping behaviour in clinical context. In: Journal of Clinical Psychology 55 (1999), 225-232

Wolfradt, U. / *Hempel*, S. / *Miles*, J.: Perceived parenting styles, depersonalization, trait anxiety and coping behavior among adolescents. Personality and Individual Differences. (im Druck).

Wolfradt, U. / *Veith*, C. / *Jany*, C. / *Frank*, D.: Depersonalisation und Automulation - Eine empirische Studie, in: Zeitschrift für Klinische Psychologie, Psychiatrie und Psychotherapie 50 (2002), 75-90

Walter Zitterbarth (Marburg)

Rahmen und Regeln. Wirklichkeit als Kontextphänomen bei Goffman und Wittgenstein

Es gehört mit zu den undankbarsten Bemühungen, für einen philosophischen Gedanken so etwas wie ein Entstehungsdatum angeben zu wollen. Man kann fast sicher sein, dass man, kaum hat man es niedergeschrieben, drei Historiker im Nacken sitzen hat, die akribische Beweisführungen dafür vorlegen, dass zumindest Vorformen des Gedankens sich weitaus früher finden lassen, als man es je für möglich gehalten hätte. Wohl wissend um diese Gefahr werde ich dennoch hier den Narren auf eigene Faust spielen und sehenden Auges in dieses offene Messer laufen, wenn ich behaupte, dass es William James war, der erstmals den Stachel des Zweifels an einer unproblematisch vorgegebenen Wirklichkeit tief in das Fleisch des neuzeitlichen Denkens senkte. In seinem Artikel "The Psychology of Belief“, der zuerst 1889 in MIND (James 1889) und dann 1890 unter dem veränderten Titel „The Perception of Reality“ als Kapitel XXI seines Hauptwerkes „Principles of Psychology“ (James 1890, S. 283-324) erschien, gab er der zwar schwierigen, aber prinzipiell beantwortbar erscheinenden Frage, was die Wirklichkeit sei, eine subtile pragmatistische Wendung, indem er sie geschickt durch folgende Umformulierung ersetzte: Unter welchen Bedingungen halten wir etwas für wirklich? Das philosophisch Interessante an der Wirklichkeit, wollte er sagen, ist unsere Auffassung als wirklich, sowie im Gegensatz dazu das Gefühl bei anderen Dingen, ihnen diese Eigenschaft absprechen zu müssen. Fragt man nun, unter welchen Bedingungen ein derartiges Gefühl entsteht, so hat man damit ein begrenztes und augenscheinlich zu bewältigendes Problem, aber eines, und das ist hier entscheidend, bei dem unser Tätigsein im Vordergrund steht und nicht dessen (vermeintliches) Referenzobjekt.

Bei seinem Versuch, eine Antwort auf diese Frage zu geben, hob James die Faktoren der selektiven Aufmerksamkeit, des persönlichen Interesses und der Verträglichkeit mit unserem sonstigen Wissen hervor. Doch von besonderer Wichtigkeit war sein Unterfangen, die verschiedenen „Welten“ auch aufzuzeigen, die als mögliche Teilwelten durch unsere Aufmerksamkeit und unser Interesse als für uns wirklich ins Leben gerufen werden können: die Welt der Sinne, die Welt der wissenschaftlichen Gegenstände, die Welt der abstrakten philosophischen Wahrheiten, die Welt der Mythen und des übernatürlichen Glaubens, die Welt des Verrückten usw... Jede dieser Teilwelten besitzt für James „ihre eigene wohlbestimmte Existenzweise" (James 1890, S. 291), und „jede Welt ist, während man sich ihr zuwendet, auf ihre eigene Weise wirklich; nur dass die Wirklichkeit gleichzeitig mit der Aufmerksamkeit dahinschwindet" (James 1890, S. 293).

Doch kaum hatte James diesen radikalen Standpunkt eingenommen, machte er schon wieder einen Rückzieher und gestand zu, dass der Sinnenwelt etwas Besonderes anhafte, weil sie nämlich diejenige sei, die wir als wirklichste Wirklichkeit empfinden und auf die sich unser lebhaftester Glaube richte, gegenüber dem die anderen Welten zurücktreten müssten. Dies ist ein frühes Aufblitzen der später von Husserl inaugurierten phänomenologischen Einsicht, dass man sorgfältig zwischen dem Inhalt einer aktuellen Wahrnehmung und dem Wirklichkeitsstatus unterscheiden müsse, den man dem Wahrnehmungsinhalt zuschreiben möchte.

1945 griff Alfred Schütz den Jamesschen Gedanken in seiner Arbeit „Über die mannigfaltigen Wirklichkeiten" (Schütz 1945/1971) wieder auf und verhalf ihm zu neuem Ansehen. Bei insgesamt engem Anschluss an die Argumentation von James, beschäftigte sich Schütz aber dennoch mehr mit der Frage des Übergangs zwischen verschiedenen Wirklichkeitsbereichen oder „endlichen Sinnbereichen", wie er sie nannte. Von Schütz stammt auch der in mancher Hinsicht interessante, aber nur unzureichend belegte Gedanke, man erlebe eine besondere Art von „Schock", wenn man plötzlich von einer „Welt", etwa der des Spiels, in eine andere überspringe, etwa die des Traumes: „Es gibt so zahlreiche Arten verschiedener Schockerfahrungen, wie es verschiedene geschlossene Sinnbereiche gibt, denen ich den Wirklichkeits-akzent erteilen kann. Nennen wir einige Beispiele: der Schock des Einschlafens als Sprung in die Traumwelt; die innere Verwandlung, die wir beim Aufzug des Vorhangs im Theater erleben, als Übergang in die Welt des Bühnenspiels; die radikale Änderung unserer Einstellung, wenn wir vor einem Gemälde die Einengung unseres Blickfeldes auf das innerhalb des Rahmens Dargestellte zulassen, als Übergang in die Welt der bildlichen Darstellung; der Zwiespalt, der sich in Lachen auflöst, wenn wir einem Witz lauschen und einen Augenblick lang bereit sind, die fiktive Welt des Witzes für wirklich zu halten, mit der verglichen unsere Alltagswelt närrisch erscheint; die Wendung des Kindes zu seinem Spielzeug, als Übergang in die Welt des Spiels, usw.. Aber auch die religiösen Erfahrungen in all ihrer Vielfalt gehören zu diesen Beispielen, so etwa auch Kierkegaards Erfahrungen des „Augenblicks" als Sprung in die religiöse Sphäre. Die Entscheidung des Wissenschaftlers, die leidenschaftliche

Anteilnahme an den Geschehnissen „dieser Welt“ durch eine desinteressierte, kontemplative Einstellung zu ersetzen, ist ein weiteres Beispiel“ (Schütz 1971, S. 266).

Und obwohl er mit James darin übereinstimmte, dass einer dieser Sinnbereiche – die „funktionierende Welt“ – eine Vorzugsstellung einnehme, war er im Hinblick auf dessen Objektivität deutlich vorsichtiger als James: „Wir sprechen von Sinnbereichen und nicht von „sub-universa“, weil nicht die ontologische Struktur der Gegenstände, sondern der Sinn unserer Erfahrungen die Wirklichkeit konstituiert“ (Schütz 1971, S. 264). Er führt somit den Vorrang der „funktionierenden Welt“ auf den Menschen und nicht auf die Welt zurück. „Es wird sich zeigen, dass die Welt des täglichen Lebens und des Alltagsverstandes eine ausgezeichnete Stellung unter den verschiedenen Wirklichkeitsbereichen einnimmt, weil nur in ihr eine Verständigung mit Mitmenschen möglich ist. Aber die Welt des Alltagsverstandes ist von allem Anfang an eine soziokulturelle Welt; die vielen Fragen, die mit der Intersubjektivität der Symbolbeziehung zusammenhängen, haben in ihr ihren Ursprung, sind von ihr bestimmt und werden von ihr gelöst“ (Schütz 1971, S. 339). Ein „kognitiver Stil“ prägt die Teilwelten und nicht ihre ontologischen Strukturgegebenheiten. Dennoch bleibt der Stoff, aus dem diese Welten und ihre Grenzen gemacht sind, ebenso im Dunklen wie der Prozess ihrer Entstehung oder Erzeugung. Und gerade hier, für diese Fragen, sind die Überlegungen von Goffman und Wittgenstein geeignet, dieses Dunkel etwas aufzuhellen.

Beginnen wir mit Erving Goffman. In seinem bei uns noch immer wenig rezipierten Hauptwerk „Rahmen-Analyse“ beschäftigt er sich mit dem Problem, wie Individuen es vollbringen, an alltäglichen sozialen Ereignissen und Situationen teilnehmen zu können. „Denn jedes Objekt hat tendenziell eine unendliche Anzahl von Eigenschaften, die man als die entscheidenden herausgreifen könnte, und oft gibt es auch unendlich viele Möglichkeiten, die Objekte voneinander abzugrenzen“ (Goffman 1981, S. 35). Dies zwingt dazu, in jedem Einzelfall diejenigen Eigenschaften zu markieren und hervorzuheben, die für den Beobachter oder Interaktionspartner relevant sind. Zu diesem Zwecke bedarf es einer beständigen Neuorganisation der eigenen Erfahrungen sowie einer fortwährenden Um- und Neudefinition der Situation. Da auch momentan in den Hintergrund gerückte Bedeutungsvarianten jederzeit wieder hervortreten können, kann es eine endgültige Festlegung auf die „richtige“ Wirklichkeit, auf einen unverrückbaren Sinn, nicht geben, sondern nur eine vorläufige, zeitlich begrenzte Einigung. Luigi Pirandello, dessen Dramen

Goffman gerade wegen ihrer Vielschichtigkeit an Bedeutungsebenen schätzte, macht die Problematik des Verstehens von Ereignissen und der passenden Zuweisung des Wirklichkeitsakzents an der Novelle von Signora Frola und Signor Ponza, ihrem Schwiegersohn deutlich (Pirandello 1962, S. 106ff.):

Signor Ponza, ein Präfekturbeamter in Valdana (Sizilien), war vor kurzem in die Stadt gezogen und hatte sich am Ortsausgang, seine Schwiegermuter hingegen im Zentrum, eine Wohnung genommen. So dachten die Leute, es herrsche zwischen beiden eine starke Unverträglichkeit. Zudem war durchgesickert, dass Ponza ihr sogar das Zusammentreffen mit ihrer eigenen Tochter verbot. Signora Frola, der deswegen alle Sympathie entgegenschlägt, verteidigt hingegen ihren Schwiegersohn öffentlich. Er bete ihre Tochter derart an, dass sie sich diesbezüglich keinen besseren Schwiegersohn wünschen könne. Überdies dürfe sie ihre Tochter ja auch sehen – wenigstens von der Ferne auf dem Balkon. Sie habe sich damit abgefunden und leide schon fast nicht mehr daran.

Da Signor Ponza um seinen guten Ruf als Beamter fürchtet, sieht er sich schleunigst zur öffentlichen Gegendarstellung gezwungen. Nichts davon sei wahr. Die Tochter, seine Frau, sei schon seit vier Jahren tot, und darüber habe seine Schwiegermutter den Verstand verloren. In ihrem Wahn glaube sie, ihre Tochter sei noch am Leben, nur würde er, der Schwiegersohn, die Besuche der Mutter verbieten. Aus reiner Liebespflicht und unter erheblichen finanziellen Opfern unterstütze er diese Wahnvorstellungen, da sie Signora Frola wenigstens von ihrem Schmerz befreie. Zum Glück habe seine zweite Frau dafür Verständnis und spiele dieses Spiel mit.

Von neuem erscheint nun Signora Frola mit größter Natürlichkeit, um ein nicht unwesentliches Detail nachzutragen: ihr Schwiegersohn sei wirklich untadelig und ein fähiger Beamter, sie habe ihn deshalb nicht gefährden wollen. Sie habe deshalb bisher geheim gehalten, dass er den Verstand verloren habe. Er glaube nämlich, dass seine Frau vor vier Jahren gestorben sei und verbreite überall das Gerücht über sie, seine Schwiegermuter, sie würde in ihrer Verrücktheit diesen Tod nicht akzeptieren können. Dabei habe er seine Frau, ihre Tochter, aus heftiger Liebe beinahe umgebracht, so dass man sie heimlich entführen und in ein Sanatorium habe bringen müssen, wo sie sich gut erholt habe und nach einem Jahr blühend wie nie zuvor nach Hause zurückgekehrt sei. Allerdings glaube er nun, dass seine Frau wirklich gestorben sei und halte sie für eine andere. Man habe daher eine zweite Hochzeit inszeniert, die sein psychisches Gleichgewicht wieder hergestellt habe. Ihre arme Tochter sei nun gezwungen, so zu tun, als sei sie eine andere und auch sie, die Schwiegermutter, müsse leider das Schicksal auf sich nehmen, die Verrückte zu spielen, die fälschlicherweise glaube, ihre gestorbene Tochter sei noch am Leben. Aber was liege schon daran, wenn damit der Seelenfrieden dieser Ehe gerettet werden könne.

Beide führen also wundervoll vernünftige Reden und zeigen einen so rührenden Opfersinn, dass in Valdana niemals jemand auf die Idee gekommen wäre, zu behaupten, eine von beiden Personen sei verrückt, wenn sie es selbst nicht voneinander gesagt hätten. Jedes Mal wenn sie einander begegnen, zeigen sie ein Bild größter Herzlichkeit, Zuvorkommenheit und Liebe, so dass es noch niemandem gelungen ist, zu begreifen, wer von beiden eigentlich der Verrückte sei, wem man Glauben schenken dürfe und wo die Wirklichkeit, wo das Phantom beginne. Denn die Tochter kann man nicht fragen, Signor Ponza ist tatsächlich rasend eifersüchtig und zeigt seine Frau keiner Menschenseele... (n. Hettlage 1991, S. 96f).

In Goffmans Rahmenanalyse spiegelt sich die Organisation von Alltagserfahrungen durch die an diesen Erfahrungen Teilnehmenden. Man kann sich dem Kernbegriff der Analyse relativ ungezwungen von der Umgangsprache her annähern: „Ein Kleid, eine Äußerung, ein Benehmen, eine Geste etc., die nicht in diesen oder jenen <Rahmen passen>, sind gern diskutierte Gegenstände alltäglicher Rahmenanalysen“ (Soeffner 1989, S. 146). Alle Handlungen verweisen notwendigerweise auf einen Kontext, aus dem heraus sie verständlich werden. Für diesen in jeder Interaktion immer mitgegebenen Kontext, übernimmt Goffman von Bateson den Begriff des Rahmens. Stoßrichtung und Leistungsumfang dieses Begriffs bestehen demnach hauptsächlich in der Identifizierung, Differenzierung und Relationierung von Kontexten. Bei Bateson heißt es dazu: „Der Rahmen um ein Bild besagt, wenn wir ihn als eine Mitteilung auffassen, die dazu dient, die Wahrnehmung des Betrachters zu ordnen oder zu organisieren: <Achten Sie auf das, was innen, und nicht auf das, was außen ist>“ (Bateson 1985, S. 254).

Die wichtigste Funktion des Rahmens besteht für Goffman in der Konstitution und Strukturierung von „Welten“. Der Handelnde „bedient“ sich des Rahmens in einer Weise, als handele es sich um eine mehr oder weniger komplexe Verstehensanweisung. Goffman reflektiert neben solchen Rahmen, deren Kenntnis und Beherrschungen zur „Gesellschaftsfähigkeit“ gehört, und die aus Kategorien für das Selbst-, Fremd- und Weltverständnis bestehen, wie sie in der Frühphase der Sozialisation vermitteltet werden, auch gruppenspezifische Rahmen. Seine Rahmenanalyse stellt den Versuch dar, „einige der grundlegenden Rahmen herauszuarbeiten, die in unserer

Gesellschaft für das Verstehen von Ereignissen zur Verfügung stehen und ihre besonders schwachen Punkte zu analysieren" (Goffmann 1977, S. 18). Im Mittelpunkt seines Interesses stehen dabei direkte Interaktionen, so dass die diversen Interaktionsrahmen zwischenmenschliche Beziehungen dergestalt definieren, dass spezifische Wirklichkeiten und entsprechende Un-Wirklichkeiten entstehen. Einen Schwerpunkt legt er auch in den Aufweis der Mannigfaltigkeit von Rahmen als Handlungsvoraussetzungen und Handlungsinhalten.

Im Kennen und Erkennen des geltenden Rahmens sieht Goffman eine systematische Vorbedingung des sozialen Erwartungs- und Handlungserfolgs. Wer „den Rahmen verfehlt", muss nicht nur mit der Einschränkung seiner Möglichkeiten des Deutens, Planens und Handelns rechnen, sondern er verfehlt Goffman zufolge eine ganze „Seinsordnung" (Willems 1997, S. 40). „Denn wenn man einen Tatbestand vermittels des Rahmens wahrnehmen kann, innerhalb dessen er formuliert ist, wenn die Erfahrung eines Gegenstandes die Konfrontation mit einer bestimmten Seinsordnung bedeutet, dann kann die falsche Wahrnehmung eines Tatbestandes zu einer Sichtweise führen, die selbst völlig unpassend ist, die selbst eine Haltung, eine ganze Grammatik von Erwartungen erzeugt, die zu nichts führt" (Goffmann 1977, S. 339).

Im Vorgriff auf Wittgenstein lässt sich sagen: Es geht Goffman um die Etablierung einer Art Grammatikalität des Sozialen. Ein Rahmen wird bestimmt durch seine stabilen Operationsregeln, wie auch immer die genaueren Umstände irgendeiner sozialen Inszenierung im einzelnen gestaltet sein mögen (Gonos 1977, S. 857). Die Regeln konstituieren, was er auch als Grammatik und Syntax des Verhaltens bezeichnet, unabhängig vom Individuum, wie im Falle der Sprache. Jeder lernt diese grammatischen Verhaltensregeln nebenher, wenn er lernt, wie man sich verhält, gerade so, wie es bei der Sprache der Fall ist (Burns 1992, S. 362). Auch wenn für Goffman die sozialen Wirklichkeiten keine momentanen Hervorbringungen sind, wie dies etwa für die Ethnomethodologie gilt, sondern zumindest als Potentiale schon vordefiniert vorliegen, wird dadurch weder einem Determinismus Vorschub geleistet noch die Bedeutsamkeit der Praxis vernachlässigt, denn die Rahmen sind sowohl historisch veränderbar als auch durch das einzelne Subjekt und seine Interaktionen modifizierbar.

In der Unterscheidung von „Rahmen" und „Rahmung" schlägt sich Goffmans Verständnis der Differenz von sozialem Sinn (Struktur) und sinnaktualisierender Praxis (Prozess) nieder. Während Rahmen als Erzeugungsschemata definiert sind, die sich durch relative Stabilität,

Autonomie und Widerständigkeit gegenüber allen faktischen Interaktionen auszeichnen, erscheint die Rahmung als Umsetzung und Aktualisierung von Sinn kontingent und anfällig, weil prinzipiell offen. Rahmen funktionieren in Goffmans Augen als mehr oder weniger reflexiv operierende Sinnerzeugungsmaschinen, die alle Phänomene und Ereignisse in ihrem Anwendungsbereich mit Bedeutung belegen. Jeder Rahmen schafft und schöpft daher eine potentielle Welt, die Antworten auf alle Fragen über die Beschaffenheit dessen bereithält, was von den Teilnehmern als wirklich angesehen werden soll, und ebenso darüber, wie sie ihren Platz als Teilnehmer an dieser Realität finden können.

Für Goffman stellen Rahmen Sinnstrukturen von unterschiedlicher Komplexität dar, die es ermöglichen, interaktionsgestützt zu erkennen, „was eigentlich los ist". Einen Teil dieser Strukturen nennt er „primäre Rahmen". Mit dieser Bezeichnung soll, anders als bei James oder Schütz, nicht eine Realitätsebene auf besondere Weise als herausgehoben oder vorherrschend charakterisiert werden, sondern es geht ihm dabei vor allem darum, eine Grenzziehung zwischen Sinnlosigkeit und Sinnhaftigkeit vorzunehmen. Er geht ihm dabei weniger um eine Auflistung sämtlicher Rahmen im Sinne einer Kategorientafel, sondern vielmehr darum, Rahmentypen zu unterscheiden. Von besonderer Wichtigkeit sind ihm dabei zwei Klassen primärer Rahmen, die er ausführlicher charakterisiert: natürliche und soziale. Damit ist nicht die aus der Beobachterperspektive getroffene Unterscheidung von Natur und Kultur als Unterschied zwischen Ereignissen in der natürlichen und der sozialen Welt erfasst, sondern gemeint ist die Unterscheidung zwischen natürlichen und sozialen Primärrahmen als eine durch die Gesellschaftsmitglieder sozial konstruierte Unterscheidung. Natürliche Rahmen, wie z.B. Krankheit, Alter oder Betrunkenheit, sind demnach Konstruktionen, bei denen durch sie erfasste Ereignisse als dem Willen und der Verantwortlichkeit der Betroffenen entzogen erscheinen und damit auch keiner moralischen Beurteilung unterworfen sind. Im Gegensatz dazu liefern dann soziale Rahmen Deutungshintergründe, die aus Ereignissen oder Verrichtungen Handlungen machen, „an denen Wille, Ziel und steuerndes Eingreifen einer Intelligenz, eines Lebewesens, in erster Linie des Menschen, beteiligt sind" (Goffmann 1977, S. 32).

Eine Hauptfunktion des Begriffs der primären Rahmen besteht darin, ein durchschnittlich normales Weltverständnis, wie es in unserer Gesellschaft Gültigkeit hat, in seinen sprachlichen Grenzen festzulegen und aufrechtzuerhalten. Werden solche Grenzen erreicht oder überschritten – droht also eine Verletzung der „Kosmologie“ – muss eine diskursive Bearbeitung zur Rahmenaufrechterhaltung einsetzen, die natürlich ein Wissen um die Primärrahmen voraussetzt. Eine Klasse solcher Grenzphänomene sind sog. „Erstaunlichkeiten“ wie eine Entführung durch Aliens, Prophezeiungen und Voodoozauber. Das diskursive Auftreten derartiger Phänomene kann bei den Beteiligten dazu führen, Zweifel an ihrer allgemeinen Auffassung vom Verlauf der Dinge zu wecken, „denn es scheint, dass man zur Erklärung des Vorgangs neuartige Naturkräfte oder Steuerungsmöglichkeiten zulassen muss, wobei an letzteren womöglich neuartige Wesen beteiligt sind“ (Goffmann 1977, S. 38). Tritt ein solcher Fall auf, so geht man in unserer Gesellschaft von der grundlegenden Prämisse aus, „dass alle Ereignisse – ohne jede Ausnahme - in das herkömmliche Vorstellungssystem hineinpassen und mit seinen Mitteln bewältigt werden können“ (Goffmann 1977, S. 40).

Ein anderer Fall sind „Kunststücke“ wie wir sie etwa aus dem Zirkus kennen. In Goffmans Augen bedeuten sie Möglichkeiten der „Aufrechterhaltung der Orientierung und der Beherrschung der Situation durch ein willensbegabtes Wesen unter anscheinend fast unmöglichen Bedingungen“ (Goffmann 1977, S. 40). Wer zum ersten Mal von so einem Kunststück hört, mag denken, hier liege etwas menschenunmögliches vor, dass die Ordnung und Grenzen unserer grundlegenden Rahmen sprengt. Doch die Vorführung und Demonstration vor Publikum zeigt dann, dass dem doch nicht so ist. Somit hat auch etwa eine Sendung wie „Wetten dass“ im Goffmanschen Sinne kosmologische Funktionen.[1]

Gegenüber James, dessen Text Goffman kennt und zustimmend zitiert, hat er deutlich gemacht, dass es bei den vielfachen Wirklichkeiten weniger um Entdeckungen als um Erfindungen geht, nicht die Welt, sondern die Kamera verfügt über den wirklichkeitsverleihenden Akzent. Man könnte auch sagen: Eine Statik pluraler Wirklichkeiten wird durch eine Dynamik ergänzt und weiterentwickelt.

Damit möchte ich zu Wittgenstein übergehen. War es bei Goffman die begriffliche Trias von Interaktion, Rahmung und Rahmen, die sein Wirklichkeitsverständnis trug, so tritt bei Wittgenstein an diese Stelle die Trias von Sprachspiel, Lebensform und Grammatik. Die Interaktion war für Goffman sozusagen der Rohstoff, der der Bearbeitung und Stabilisierung bedurfte. Diese erfolgte in der Praxis durch Rahmungen, die auf Rahmen zurückgehen, deren Existenz, Funktion und Beschreibung für die sozialen

[1] Diesen Hinweis verdanke ich Willems 1997, S. 58.

Akteure in aller Regel implizit bleiben, und sich vor allem dem Theoretiker des sozialen Lebens erschließen.

Bei Wittgenstein haben wir es nicht mit einem Sozialtheoretiker, sondern mit einem Sprachphilosophen zu tun, der in seiner Frühzeit die Idee einer die Welt abbildenden eineindeutigen Sprache verfolgte. Diese Sprache wird von einer dogmatischen Ontologie her so entworfen, dass die logische Syntax dieser Sprache als Widerspiegelung der ontologischen Strukturen der Welt auftritt. Der metaphysische Realismus, der dieser Philosophie zugrunde liegt, sieht Sprachen und Theorien als unabhängig von einer ihnen gegen-überliegenden Wirklichkeit und sieht in der Logik den Leistungsträger, der die Isomorphie zwischen Sprache und Welt ermöglicht.

Dies alles braucht uns hier aber nicht weiter zu beschäftigen. Denn Wittgensteins Spätphilosophie, und nur ihr soll unser Interesse gelten, ist nichts anderes als eine groß angelegte Kritik und Abrechnung mit diesem Gedankengebäude. Im Vordergrund steht nicht länger die Beschäftigung mit einer Idealsprache, sondern mit unserem alltäglichen Sprechen. An diesem ist für Wittgenstein besonders wichtig, dass es in untrennbarer Verknüpfung mit dazugehörigen nicht-sprachlichen Handlungen steht. „Unsere Rede erhält durch unsere übrigen Handlungen ihren Sinn" (Wittgenstein 1984, S. 164). Sprache allein, ohne mit der Handlung verknüpft zu sein, wäre bloßes, von unartikulierten Lauten kaum zu unterscheidendes Gebrabbel. Der Terminus „Sprachspiel" wird von Wittgenstein eigens entwickelt, um auf diese enge Verknüpfung aufmerksam zu machen. „Das Wort „Sprachspiel" soll ... hervorheben, dass das Sprechen der Sprache ein Teil ist einer Tätigkeit..." (Wittgenstein 1969, S. 300). Am Beispiel eines Bauenden, der seinem Gehilfen die Bezeichnungen für unterschiedlich geformte Bausteine zuruft, worauf dieser die entsprechenden Steine herbei trägt, wird deutlich, wie eine Art der Verwobenheit von Sprache und Handlung aussehen kann, die wir vielleicht Aufforderungen äußern und befolgen nennen könnten.

Nun sind eine beliebige Vielzahl von Sprachspielen denkbar und ausführbar, und für Wittgenstein gibt es darüber hinaus auch noch etwas, was manche von ihnen als zusammengehörig erscheinen lässt und damit wieder von anderen trennt. Er spricht hier von „Lebensformen" als dem Verbindenden und zugleich Trennenden. Lebensformen schaffen Kontexte für Sprachspiele und besitzen ihnen gegenüber Horizontcharakter. Immer wieder stellt Wittgenstein in seinen Ausführungen bezüglich fiktiver, von ihm erfundener Sprachspiele die Frage danach, wie denn die Lebensform der Menschen aussehen müsste, damit sie sich auf die erfundene Weise erfolgreich verständigen könnten.

Am Beispiel eines Schülers, dem wir anhand seiner Reaktionen das Verständnis für eine Regel zu- oder absprechen wollen, bemerkt Wittgenstein: „Das aber ist wichtig, dass diese Reaktion, die uns das Verständnis verbürgt, ... bestimmte Lebens- und Sprachformen als Umgebung, voraussetzt. (Wie es keinen Gesichtsausdruck gibt ohne Gesicht.)“ (Wittgenstein 1974, S. 414). Die fragliche Reaktion, die uns als Kriterium des Verstehens auf Seiten des Schülers dient, ist selbst in einen komplexen Handlungs- und Interaktionskontext eingebettet, der sie erst sinnvoll macht und einen Ermöglichungsgrund liefert, vom Verständnis einer Regel zu reden. Diese Umgebung wird von Wittgenstein „Lebensform“ genannt. Sprachspiele gewinnen einen interindividuellen Sinn auf dem Hintergrund einer gleichförmigen Lebenspraxis, auf dem Grund fester Lebensmuster und –formen. Somit haben Lebensformen die Funktion der Stabilisierung und Festigung, sind aber selbst nicht ein für allemal Festes oder Zeitloses, sondern als historisch-kontingente Phänomene prinzipiell der Veränderbarkeit unterworfen.

Das Sprachspiel als Ort regelgeleiteten kommunikativen Handelns ist also pragmatisch in einem umfassenden Bezugssystem fundiert, den Lebensformen. Doch was grenzt Lebensformen voneinander ab und konstituiert sie somit auch? Hier lautet Wittgensteins Antwort: ihre „Grammatik“. Wenn er von Grammatik spricht, so zielt er dabei nicht ab auf das traditionelle Verständnis der Grammatik als Formenlehre, Satzlehre und Lautlehre, sondern er ist wesentlich an der semantischen Ebene interessiert. Sätze innerhalb eines Spiels oder einer Lebensform werden von solchen außerhalb unterschieden, die als Bedingungen für die Sinnhaftigkeit der ersteren auftreten. Um Fußball spielen zu können („können“ hier im Sinne einer conditio sine qua non verstanden), müssen die Regeln des Spiels zuvor festgelegt werden. Erst dann sind kontrollierbare Spielzüge möglich, zuvor gibt es keine erlaubten/verbotenen Züge. Ein anderes Beispiel für grammatische Aussagen, liefert die Festlegung einer Meßmethode, bevor anhand dieser Methode „Wirklichkeit“ mittels Messungen beschrieben werden kann: „Wenn wir a priori wissen, dass die Winkelsumme des Dreiecks nicht 181 Grad ergeben kann, sondern 180 Grad ergeben muss, so ist dies nur die Form, in der wir ein Dreieck im Euklidischen Raum beschreiben, d.h. was die Winkelsumme von 181 Grad ergäbe würden wir nicht Dreieck nennen“ (Fischer 1987, S. 80).

Wir entziehen einem Satz die Falsifikationsmöglichkeit und machen ihn zum unbefragbaren Ausgangspunkt. Damit haben wir ihn aber insgeheim in eine Norm der Darstellung verwandelt, in eine Angel gleichsam, um die sich der

Rest drehen muss, und statt dass er die Wirklichkeit darstellt, muss diese ihm entsprechen: „Einen Satz als unerschütterlich gewiss anzuerkennen – will ich sagen, heißt, ihn als grammatische Regel zu verwenden: dadurch entzieht man ihn der Ungewissheit“ (Wittgenstein 1974, S. 170). Nur weil zur Lebens-form Behaviorismus der grammatische Satz gehört, dass innere Zustände sich nicht im Erleben, sondern ausschließlich in der Beobachtung erschließen, funktioniert der folgende Witz: Zwei Behavioristen haben Sex miteinander. Hinterher sagt der eine: „Also für dich war´s wundervoll. Wie war´s für mich?“ Die traditionelle metaphysische Philosophie sah in den grammatischen Sätzen so etwas wie feste Schienen, auf denen sich unser Denken und Sprechen notwendig bewegt. Wittgenstein verweist darauf, dass wir selbst es sind, die diese Schienen verlegt haben und dass wir mittels ihrer Hilfe nur den Anschein erzeugen, als könnte unser Denken und Sprechen sich niemals in andere Richtungen bewegen. „Man glaubt wieder und wieder der Natur nachzufahren, und fährt nur der Form entlang, durch die wir sie betrachten“ (Wittgenstein 1969, S. 343). Und da diese veränderbar ist, gibt es in einem nicht-metaphysischen Sinne keine Realität an sich, keine objektive Wirklichkeit und dementsprechend auch keine objektive Erkenntnis dieser Realität. Die philosophische Grammatik besitzt Ordnungsfunktion und stellt damit die kognitiven Grundlagen für Wirklichkeitserkenntnis dar. Diesen grammatischen Aussagen korrespondiert notwendig ein Grund fester Lebensformen, welcher die Grammatik als Handlungsrahmen erst bestimmt.

Wittgensteins Kontextualismus hat nun wichtige Konsequenzen für das Thema Wahn auf der Handlungsebene: Kommunikative Handlungen haben nur in gewissen Zusammenhängen Sinn. Ein Zug im Sprachspiel ist für einen Kommunikationspartner nur dann verständlich, wenn er kontextuell eingeordnet werden kann, d.h. er muss innerhalb eines sinnbestimmenden Kontextes lokalisierbar sein. Damit sind aber auch Kontexte oder Situationen möglich, die einer Botschaft keinen bestimmten Sinn verleihen, weil die Passung zwischen Sprachspiel und Kontext fehlt. Wird eine Sprachspielhandlung in einem solchen unbestimmten Kontext vollzogen, bleibt sie vieldeutig und erscheint unter gegebenen Umständen als verrückt. Doch auch eine mögliche Strategie, das Verrückte wieder gerade zu rücken, deutet sich damit an: nämlich die mindestens partiell verworrenen Fragmente eines Sprachspiels durch einen passenden Kontext zu ergänzen und so durch Kontextualisierung paradox erscheinende Sprach- und Handlungsmuster in einen sinnkonstituierenden Rahmen rückzuholen und gleichsam einzubinden.[2] Auf diese Weise verfährt etwa die systemisch orientierte Familientherapie: Man versteht die psychosoziale Organisationsform Familie als den originären Kontext, in dem sich solche pathologischen Symptome, die sich in deformierten Sprachspielen zeigen, ihre grammatische Heimat haben. Was damit gewonnen ist, ist die Möglichkeit, das Konzept des Wahns oder der Geisteskrankheit ganz allgemein von zwei metaphysischen Bildern zu befreien, die uns in der Neuzeit für lange Zeit gefangen hielten: Es handelt sich bei der Geisteskrankheit weder um eine Erkrankung des Geistes in der Maschine, wie ihn Descartes erfunden und Ryle auf den Begriff gebracht hat, noch um eine Trübung des Spiegels der Natur als der unser Bewusstsein von empiristischer Seite gerne gesehen wird, sondern um eine interpersonal belegbare und Interaktionsverhältnisse betreffende Veränderung der Lebensform.

Literatur

Bateson, G.: Ökologie des Geistes, Frankfurt a. M. 1985

Bryson, L. u.a. (eds.): Symbols and Society, New York 1955

Burns, T.: Erving Goffman, London 1992

Fischer, H. R.: Sprache und Lebensform. Wittgenstein über Freud und die Geisteskrankheit, Heidelberg 1987

Goffman, E.: Rahmen-Analyse. Ein Versuch über die Organisation von Alltagserfahrungen, Frankfurt a. M. 1977

Goffman, E.: Geschlecht und Werbung, Frankfurt a. M. 1981

Gonos, G.: „<Situation> versus <Frame>: The <Interactionist> and the <Structuralist> Analysis of Everyday Life", in: American Sociological Review 42 (1977), 854-867

Hettlage, R.: „Rahmenanalyse – oder die innere Organisation unseres Wissens um die Ordnung der Wirklichkeit", in: Hettlage / Lenz 1991, 95-154.

Hettlage, R. / *Lenz*, Karl (Hg.): Erving Goffman – ein soziologischer Klassiker der zweiten Generation, Bern / Stuttgart 1991

James, W.: „The Psychology of Belief", in: MIND XIV(1889), S. 321-352

James, W.: Principles of Psychology, Bd.2, New York 1890

Pirandello, L.: Wenn man das Spiel verstanden hat, München 1962

Schütz, A.: "On Multiple Realities", in: Philosophy and Phenomenological Research 5 (1945), 533-576

Schütz, A.: "Symbol, Reality, and Society", in: Bryson, Lyman u.a. (eds.): Symbols and society: fourteenth symposium (Conference on science, philosophy and religion in their relation to the democratic way of life), New York 1955, 135-202

---

[2] Dies ist ein wesentlicher Ertrag der Arbeit von Fischer 1987.

Schütz, A.: Das Problem der sozialen Wirklichkeit, in: ders.: Gesammelte Aufsätze Band 1, Den Haag 1971

Soeffner, H.-G.: Auslegung des Alltags – Der Alltag der Auslegung, Frankfurt a. M. 1989

Willems, H.: Rahmen und Habitus. Zum theoretischen und methodischen Ansatz Erving Goffmans: Vergleiche, Anschlüsse und Anwendungen, Frankfurt a. M. 1997

Wittgenstein, L.: Philosophische Untersuchungen, in: dito 1969a, 279-544

Wittgenstein, L.: Schriften 1, Frankfurt a. M 1969a

Wittgenstein, L.: Bemerkungen über die Grundlagen der Mathematik, Frankfurt a. M. 1974

Wittgenstein, L.: Über Gewissheit, in: ders.: Werkausgabe, Frankfurt a. M. 1984

Richard Rottenburg (Halle/Saale)

Code-Wechsel. Ein Versuch zur Umgehung der Frage: Gibt es eine oder viele Wirklichkeiten?

Wenn es in geistes- und sozialwissenschaftlichen Debatten um die primordiale Problematik der Begründungszirkel und der Letztbegründungen geht, wird gegenwärtig häufig mit den Zuschreibungen ‹Realismus› und ‹Antirealismus› operiert. Sobald eine Kontroverse diesen Punkt erreicht hat, steckt sie in der Regel bereits in der Sackgasse. In diesem Text möchte ich die Position stark machen, wonach einiges zu gewinnen ist, wenn man der Realismuskontroverse – die eine Wirklichkeit versus viele gleichberechtigte Wirklichkeiten – vorsichtig aus dem Weg geht, um sich der Streitfrage gewissermaßen von hinten zu nähern.

Zunächst kann man auf diesem Weg relativ einfache und beantwortbare Fragen stellen: Unter welchen Umständen wird an *die eine Wirklichkeit* appelliert? Unter welchen Umständen wird betont, dass es *viele Wirklichkeiten* gibt? Wann, wo und von wem wird ein Appell an *die* Wirklichkeit dadurch in Frage gestellt, dass man ihn als Ausdruck der Interessenlage und der Kultur der Appellierenden interpretiert und zu diesem Zweck die ‹nackte Wirklichkeit› als Zeugin anführt? Vor welchem Hintergrund wird ein Appell an *die* Wirklichkeit umgekehrt dadurch in Frage gestellt, dass man auf die Existenz multipler Realitäten verweist? Und wann wird schließlich ein Beharren auf multiplen Realitäten dem Bereich kultureller Täuschungen zugeschrieben, indem man auf die allen menschlichen Repräsentationen vorgängige Wirklichkeit verweist?

Alle diese Fragen kann man einzeln zufriedenstellend beantworten, doch die Antworten lassen sich auf keinen gemeinsamen Nenner bringen, bzw. sie lassen sich nicht auf sich selbst anwenden. Was für eine Operation bestritten wird, wird im selben Atemzug für die Operation des Infragestellens vorausgesetzt. Was ein Kritiker seiner Gegenpartei nicht zugesteht, muss er selbst für sich in Anspruch nehmen, um überhaupt seine Kritik zu begründen. Die Annäherung an dieses Dilemma ‹von hinten› soll präzisere Suchfragen ermöglichen, die bessere Aussichten auf fruchtbare Antworten haben. Die Leitfrage lautet: Wenn der Wechsel zwischen den Positionen einen Wechsel des Referenten sowie einen Wechsel zwischen entsprechenden Codes voraussetzt, wie funktioniert dieser Wechsel?

Die Annahme der einen und erreichbaren Wirklichkeit geht mit der Annahme einher, dass es *den* einen Metacode geben muss, in dem sich *die* eine Wirklichkeit unverzerrt abbilden lässt. Die Annahme des Metacodes bedeutet wiederum, dass alle übrigen vorfindbaren Codes Kulturcodes sein müssen. Ohne die Unterscheidung zwischen dem einen universellen Metacode und den vielen partikularen Kulturcodes wäre die Annahme der einen Realität nicht aufrecht zu erhalten, denn unterschiedliche Kulturcodes entwerfen unterschiedliche Realitäten. Wer nun aber umgekehrt an der Behauptung multipler Realitäten festhält, ist selbst wieder darauf angewiesen, auf den einen Metacode zu rekurrieren, der die Behauptung der vielen Realitäten überhaupt erst ermöglicht. Damit ist die Aussage also wieder unterlaufen. Folgt daraus, dass es die eine Wirklichkeit geben muss?

Mein Vorschlag besteht darin, statt nun dieses Paradox auflösen zu wollen oder sich durch es lähmen zu lassen, lieber zu untersuchen, wie und unter welchen Umständen der Wechsel zwischen Metacode und Kulturcode praktisch vollzogen wird. Auf diese Tour gewinnt man zwar keine Antwort auf die Frage nach der einen Wirklichkeit, aber vielleicht eine Antwort auf die Frage, weshalb man die Annahme der einen Wirklichkeit nicht bestreiten kann, ohne selbst auf diese zurückzugreifen.

1. Die Ausgangsfrage und ihre Aporie

Auch wenn es in der Hitze der Gefechte um Objektivität hin und wieder anders aussehen mag, stimmen die streitenden Parteien im Grunde doch überein, dass wissenschaftliche Aussagen überprüfbar sein müssen. Auch diejenigen Wissenschaftler, die gerne betonen, dass sie lediglich eine neue, nicht aber eine objektivere Sicht der Dinge anbieten, halten sich selbstverständlich an das Gebot der Übereinstimmung ihrer Aussagen mit einer Wirklichkeit, um ihre Zuhörer zu überzeugen. Und gerade wenn sie dann gleichzeitig behaupten, dass eine korrespondenztheoretische Wahrheitsprüfung prinzipiell unmöglich sei, müssen sie zur Begründung eben dieser Be-hauptung erst recht auf externe Referenten verweisen – nämlich auf korrespondenztheoretische Wahrheitsprüfungen als Beobachtungsgegenstände –, denen sie gerecht werden möchten. Sie verschieben den externen Referenten ihrer Aussagen lediglich auf eine andere Ebene, können ihn aber nicht wirklich loswerden. Am Ende müssen sie auf das zurückgreifen, was sie mit der Behauptung gerade bestreiten.[1]

Man kann auch sagen: Um den *Code der Repräsentation* von Wirklichkeit zu kritisieren und ihm einen *Code der performativen Hervorbringung* von Wirklichkeit entgegen zu halten, muss man erst recht auf den Code der Repräsentation zurückgreifen. Wenn diese Feststellung zutrifft, dann kann es in den Auseinandersetzungen um Objektivität eigentlich nicht um die Frage der besseren Alternative gehen – Realismus oder Sozialkonstruktionismus, Repräsentation oder Performanz –, denn anscheinend handelt es sich gar nicht um Alternativen, sondern eher um verschiedene Perspektiven.

Bei genauerem Hinsehen lässt sich zudem noch feststellen, dass die Überprüfbarkeit einer Aussage als Repräsentation einer Wirklichkeit verschiedene Aspekte betrifft bzw. verschiedene Voraussetzungen hat, die historisch und kulturell variieren und sich nicht ohne weiteres unter einen Hut bringen lassen.[2] Allein schon von daher erscheint die Gegenüberstellung von Repräsentation und Performanz hilflos.

Damit es überhaupt zu einem Ruf nach Überprüfung kommt, muss eine Aussage zunächst als Aussage erkannt werden, d.h. sie muss mitteilbar sein. Ihre Mitteilbarkeit macht eine Aussage von einem Code abhängig, der seine eigenen Regeln hat. Diese Regeln setzen einer Aussage Bedingungen, die unabhängig von dem Referenten der Aussage sind. Gewissermaßen umgekehrt muss eine kommunizierbare Aussage im logisch nächsten Schritt durch ihre mangelnde Plausibilität, durch ihre fehlende Einsichtigkeit auffallen. Sie muss aus der Reihe der Aussagen, die aufgrund ihrer selbstverständlichen Evidenz unhinterfragt durchgehen, hervorstechen und irritieren; andernfalls käme der Ruf nach Überprüfung gar nicht erst auf.

Diese beiden soziokulturellen Voraussetzungen der Überprüfbarkeit einer Aussage – nämlich deren *Mitteilbarkeit* und deren *Evidenz* – sind ihrerseits voraussetzungsvoll. Die um die Gültigkeit einer Aussage streitenden Parteien müssen zumindest in jenen Bereichen der Epistemologie übereinstimmen, die für den Streit relevant sind. Andernfalls könnten sie sich auf gar keinen Disput einlassen, weil sich ihre Argumente gar nicht treffen würden. Sie müssen zudem die ontologische Überzeugung teilen, dass ihre gegeneinander gehaltenen Vorstellungen sich auf ein und denselben Gegenstand beziehen, den sie zumindest prinzipiell für erreichbar halten.

Man kann also festhalten: Wenn zwei oder mehr Parteien um Problem- und

---

[1] Luhmann 1991; Fish 1989, S. 437-467, besonders S. 467

[2] Daston 2001

Lösungsdefinitionen streiten, müssen sie sich auf Aussagen verständigen und beschränken, die sie gemeinsam überprüfen können. Das bedeutet, dass sie sich unter Vorbehalt auf Wahrheitskriterien und Realitätsdefinitionen einigen müssen, die sie für den Zweck und die Dauer ihrer Kooperation im Prinzip gelten lassen. Auf dieser elementaren ontologischen und epistemologischen Grundlage entfalten sich allerdings zwei auseinander laufende Richtungen.

Die eine Richtung – die der *Repräsentation* – setzt auf eine bestimmte Art der *begrenzten* Skepsis. Hier wird der Streit um die Gültigkeit von Aussagen darauf eingeschränkt, verschiedene Repräsentationen einer einzigen, fraglos gegebenen äußeren Wirklichkeit gegeneinander zu halten. Unter diesen Voraussetzungen besteht Aussicht, früher oder später zu einer zufriedenstellenden Lösung zu kommen. Man muss nur eben solange suchen, bis man der Wirklichkeit dazu verhelfen konnte, sich endlich selbst zu Wort zu melden, um das Argument abzuschließen. Dann muss man trotz alledem noch skeptisch bleiben und damit rechnen, dass diese Wortmeldung vielleicht doch weniger der Wirklichkeit zuzuschreiben ist als ihrem Fürsprecher – bzw. seinem Paradigma mit einem dazugehörigen Code –, der etwas performativ hervorgebracht hat, was es unabhängig von seiner Fürsprache so gar nicht gibt. Schließlich darf man trotz dieser skeptischen Vorsicht die Hoffnung nicht aufgeben, dass sich am Ende die Wahrheit durchsetzen wird.

Diese Position beruht letztendlich auf der Überzeugung, dass Aussagen dann wissenschaftlich gültig sind, wenn sie vollkommen frei von allen Einflüssen sind, welche die Sprecher und ihre Kontexte auf die Aussage haben. In diesem Sinn besteht das moderne Wissenschaftsideal in einer aperspektivischen Objektivität, die als ‹Blick von nirgendwo› die nackte Wahrheit erfasst. Robert Merton hat 1945 die soziologische Einbettung dieser Überzeugung folgendermaßen beschrieben:[3]

> „Mit der Zunahme gesellschaftlicher Konflikte erweitern sich die Unterschiede zwischen den Werten, Einstellungen und Denkweisen der verschiedenen Gruppen bis zu dem Punkt, wo die diesen Gruppen zuvor gemeinsame Orientierung von unvereinbaren Gegensätzen überschattet wird. Es entwickeln sich dann nicht nur voneinander getrennte Sprach- und Gedankenwelten, sondern die Existenz jeder dieser Welten stellt die Gültigkeit und Daseinsberechtigung der anderen in

[3] Merton 1945/1985

> Frage. Die Koexistenz solcher konfligierenden Perspektiven und Deutungen innerhalb einer Gesellschaft führt zu einem aktiven Misstrauen zwischen den verschiedenen Gruppen. Vor dem Hintergrund solchen Misstrauens fragt man nicht mehr nach dem Gehalt von Überzeugungen und Behauptungen, wenn man bestimmen will, ob sie gültig sind oder nicht, man unterzieht die Behauptungen nicht mehr einer Prüfung am jeweiligen Gegenstand, sondern bringt eine völlig neue Frage ins Spiel: Wie kommt es, dass solche Anschauungen vertreten werden?“ (ebd., S. 218f.)

Zur Beantwortung dieser Frage ist allein die Wissenschaft autorisiert. Sie entzieht sich dem generalisierten Misstrauen dadurch, dass sie eine aperspektivische Objektivität für sich in Anspruch nimmt. Diese Autorität kann sie nur solange aufrecht erhalten, wie sie die Fähigkeit zur aperspektivischen Objektivität allen anderen Parteien abspricht, denn sonst wäre man wieder beim Ausgangsproblem gelandet.

Die andere Richtung – die der *Performanz* – kann sich mit der Einschränkung der Skepsis und mit der Annahme der Möglichkeit einer aperspektivischen Objektivität nicht abfinden. Sie entfaltet statt dessen eine *unbegrenzte* Skepsis. In dem oben zitierten Text hat Merton einen Vorgeschmack davon gegeben, was passiert, wenn sich die aperspektivische Objektivität in einer selbstreflexiven Wende gegen sich selbst richtet:

> „Gemeinsam ist all diesen Analysemodellen, dass sie den ‘Nennwert’ von Aussagen, Überzeugungen und Ideensystemen herabsetzen, indem sie sie in einem neuen Kontext, der ihre ‘wahre Bedeutung’ sichtbar macht, untersuchen. Aussagen, die man normalerweise auf ihren manifesten Inhalt hin betrachtet, werden … entlarvt, indem dieser Inhalt in einen Zusammenhang mit bestimmten Eigenschaften des Sprechers oder der Gesellschaft, in der er lebt, gebracht wird. Der professionelle Bilderstürmer, der Enthüllungsfachmann, der Ideologiekritiker und ihre jeweiligen Gedankensysteme gedeihen in einer Gesellschaft, in der große Gruppen von Menschen den gemeinsamen Werten bereits entfremdet sind und in der die Aufspaltung in verschiedene Sprach- und Gedankenwelten gegenseitiges Misstrauen zur Folge hat.“ (ebd., S. 220)

Sobald die professionellen Bilderstürmer und Enthüllungsfachleute – also Leute vom Schlag Mertons – in das von Merton beschriebene generalisierte Misstrauen hereingezogen werden und damit die Behauptung einer aperspektivischen Objektivität selbst zweifelhaft erscheint, wird die Sache offenbar abgründig.

Merton hat es verstanden und konnte es sich noch leisten, den Abgrund uneingeschränkter Skepsis dadurch zu vermeiden, dass er seine eigenen wissenschaftlichen Enthüllungen ganz selbstverständlich in der Rhetorik aperspektivischer Objektivität verfasste, obschon er deren gesellschaftliche Herkunft kannte. Dagegen vertreten andere und teils neuere Anhänger der generalisierten Skepsis folgende Auffassung: Damit ein Diskurs das Attribut ‹wissenschaftlich› verdient, darf er das, was er erklären möchte – sei es Gott oder die Wirklichkeit –, nicht schon als gegeben voraussetzen. Aus Sicht dieser Agnostiker sind die ‹Realisten› unter den Wissenschaftlern keine Wissenschaftler, weil sie – analog den Gottgläubigen – die Existenz dessen, was sie erklären wollen, voraussetzen und sich demnach in tautologischen Schleifen bewegen.[4]

Man kann diesen Punkt auch so formulieren: Die eine der beiden skizzierten Richtungen, die begrenzt skeptische Sozial- und Kultur-wissenschaft, die sich auf aperspektivische Objektivität beruft, ist eine Wissenschaft des ‹Irrtums›. Sie ‹klärt› uns darüber auf, wie die Weltentwürfe von Menschen soziokulturell beeinflusst und aus diesem Grund fehlerhaft sind. Die größten Beiträge Mertons – etwa die Theorie der selbsterfüllenden Prophetie – liegen auf dieser Ebene. Dagegen ist die andere der beiden Richtungen, der uneingeschränkt skeptische, ‹agnostische› Sozialkonstruk-tionismus, insofern eine Wissenschaft der ‹Wahrheit›, als er sich bevorzugt mit solchem Wissen beschäftigt, das nicht nur nach populärem Verständnis für gültig gehalten wird, sondern auch nach dem aktuellen wissenschaftlichen Kenntnisstand.

Der Sozialkonstruktionismus geht davon aus, dass eine objektive Erkenntnis von Wirklichkeit – im Sinn einer Interpretation und Bearbeitung von Realität, die allein in der Sache begründet und keinerlei Beeinflussung durch die Instrumente der Beobachtung und Bearbeitung ausgesetzt ist –, prinzipiell unmöglich sei. Ein solches Ideal erscheint dem Sozialkonstruktionismus auch nicht als Horizont erstrebenswert, auf den man zuläuft, ohne jemals dort anzukommen. Unter diesen Voraussetzungen erscheint weniger der mehr oder weniger offenkundige ‹Irrtum› erklärungsbedürftig, sondern eher das, was die

[4] Bloor 1976/1991

modernen Menschen mit Hilfe ihrer Wissenschaften als die ‹Wahrheit› hervorbringen. Die Aufmerksamkeit weitet sich von den üblichen Verdächtigten der Moderne – das sind die Verlierer der Moderne und die Normverletzer –, auf die zentralen Institutionen der Moderne aus, die die Normen setzen.

Die so skizzierte Erweiterung des wissenssoziologischen Anspruchs beruht auf einem *Symmetrieprinzip*. Solange es beispielsweise um die Analyse von Fetischen geht, käme niemand auf die Idee, den Fetischcharakter eines Dings aus der essentiellen Natur des Dings abzuleiten. Das Symmetrieprinzip fordert nun, Fetische und Fakten gleich zu behandeln. So wie nämlich der Fetischcharakter eines Dings nicht einfach im Ding steckt, ergibt sich auch die Faktizität einer Sache nicht allein aus der Sache. Wenn man also – um ein Schlüsselbeispiel zu wählen – untersucht, wie es sich mit der Vorstellung der Welt als Scheibe verhält, kommt man nicht auf den Gedanken, dass die Welt zur Zeit dieser Vorstellung vielleicht eine Scheibe war. Wenn man aber die Vorstellung der Welt als Kugel untersucht, ist man geneigt zu unterstellen, dass es diese Vorstellung gibt, weil die Welt eben eine Kugelform hat. Inzwischen ist die Welt aber zum ‹blauen Planeten› geworden, weil sie sich vom Mond so darstellt. Die Ursache dieser Erscheinung wird in der einzigartigen Atmosphäre der Welt gesehen, doch die Atmosphäre ist um Millionen Jahre älter als das Bild des blauen Planeten. Und damit drängt sich die Frage auf, ob die Welt in Zukunft vielleicht noch ganz andere Formen und Eigenschaften erhalten wird, die die Kugelvorstellung ebenso naiv erscheinen lassen werden, wie heute die Scheibenvorstellung wirkt.[5]

In diesem spezifischen Sinn ist der neuere Sozialkonstruktionismus eine Wissenschaft der ‹Wahrheit›. Er stellt die ätzende Frage, wie jenes unwahrscheinliche Ergebnis überhaupt möglich ist, dass sich Menschen immer wieder – auch und gerade unter Einbeziehung wissenschaftlicher Wissensproduktion – auf eine Interpretation von Wirklichkeit einigen, die sie für objektiv gegeben halten, obwohl die Geschichte eine gegenteilige Position nahelegt. Bei der Beantwortung dieser Frage – und das ist sein Spezifikum – schließt der Sozialkonstruktionismus in jedem Fall eine Alternative aus: dass sich nämlich die Wirklichkeit selbst zu Wort melden und sich etwas allein schon deshalb durchsetzen könnte, weil es wahr ist. Wahrheit ist aus dieser Perspektive nichts, worauf man sich verlassen kann, sondern etwas, das man mit Mühe hervorbringen und verteidigen muss.

[5] Sachs 1994

Anhand des Beispiels vom blauen Planeten wird indes auch etwas anderes klar. Während Wolfgang Sachs die Objektivität dessen, was das Bild des blauen Planenten darstellt, einklammert und sich statt dessen auf die soziotechnische Konstruktion des Bildes konzentriert, kommt er nicht darum herum, eine andere Realität als festen Boden seiner Argumentation einzuführen und selbst nicht mehr zu hinterfragen. Damit Sachs die Leser seines Textes über*zeugt*, behandelt er die wissenschafts- und technik-historischen sowie die politischen und militärsoziologischen Entwicklungen, die zur Hervorbringung der Ikone des blauen Planeten geführt haben, als äußere Realität, die er korrekt abbilden möchte.

An diesem Dreh- und Angelpunkt schleicht sich somit die hier thematisierte epistemologische Komplikation ein. Wenn man sich bei den Tatsachen mehr für die Taten als für die Sachen interessiert, wenn man also sozialkonstruktionistisch untersucht, wie die Sachen gemacht werden, kann man deren Faktizität heuristisch einklammern. Auf anderer Ebene ist man indes sofort wieder mit dem gleichen Problem konfrontiert: Die Herstellung von Fakten kann selbst nur als ein Prozess der äußeren Realität aufgefasst werden, um ihn überhaupt beschreiben und analysieren zu können. Sozialkonstruktionistische Analysen kommen nicht darum herum, sich dadurch zu legitimieren, dass sie eine äußere Realität – häufig die wissenschaftliche Herstellung von Fakten – korrekt wiedergeben, so dass sich ihre Darstellungen anhand der Realität – nämlich der Herstellung von Realität – überprüfen lassen. Damit ist das Ausgangsproblem zwar bestehen geblieben, doch man hat es an eine andere Stelle verschoben. Ein wesentlicher Impuls für diese Verschiebung kommt aus der Ethnologie, auch wenn sie das geistige Eigentum daran schon länger an andere abgetreten hat.

2. Die ethnologische Verschiebung der aporetischen Ausgangsfrage

Aufgrund ihrer besonderen Aufgabe behandelt die Ethnologie das hier diskutierte epistemologische Problem als ein empirisches – was zugegebenermaßen zunächst wie eine contradictio in adjecto klingt. Die Ethnologie ist seit Beginn des 20ten Jahrhunderts mit der Herausforderung beschäftigt, fremde Kulturen zu analysieren und zu beschreiben, um sie gegenüber dem Vorwurf der Irrationalität zu verteidigen. Ob diese Herausforderung eventuell die Kehrseite der kolonialen Expansion war, die es auf die Konstruktion rationaler Subjekte abgesehen hatte, die man nicht mehr ausrotten, sondern regieren und ausbeuten wollte, ändert nichts an der Logik des gewählten Rehabilitationsverfahrens vermeintlich irrationaler Wilder.

Als sich die Ethnologie an die Aufgabe machte, fremd und irrational erscheinende Realitätsentwürfe in ihre eigene Sprache zu übertragen und dabei verständlich darzulegen – also: Alienität in Alterität zu transformieren –, setzte sie die fraglichen Realitätsentwürfe in Bezug zu deren soziokulturellen Voraussetzungen. Federführend war in diesem groß angelegten Übersetzungsprojekt die an Émile Durkheim angelehnte britische Sozial-anthropologie. Vor dem Hintergrund der so konstruierten Voraussetzungen erschienen auch noch die rätselhaftesten Praktiken und Vorstellungen insofern plausibel und vernünftig, als sie zur Aufrechterhaltung der gesellschaftlichen Ordnung beitrugen. Diejenigen Menschen aber, die ihre Überzeugungen aus ganz anderen Gründen für vernünftig hielten, wurden durch das gewählte Rehabilitationsverfahren nicht weniger denunziert, als durch den unmittelbaren Vorwurf der Irrationalität und des Aberglaubens.

Das philosophische Begründungsparadox stellt sich der Ethnologie somit als Übersetzungsparadox.[6] Seit Johann Gottfried Herder hat das Höhlengleichnis in der Ethnologie einen besonderen Austragungsort gefunden. Geht man nämlich (mit Herder) davon aus, dass es auf der einen Seite objektive Berichte über fremde Kulturen gibt, die von keinem kulturell bedingten Bezugsrahmen abhängen, nimmt aber auf der anderen Seite davon unberührt weiterhin (und ebenfalls mit Herder) an, dass alle Kulturen gleichwertig sind, dann steckt man in einer Zwickmühle. Denn woher soll unter den Bedingungen der Gleichwertigkeit der objektive Bericht kommen? Aus welcher Warte lässt sich die Gleichwertigkeit überhaupt feststellen? In welchem Code soll der Bericht von der Gleichwertigkeit verfasst werden? Es lassen sich innerhalb der kulturrelativistischen Ethnologie vier Standpunkte unterscheiden, die bei der Beantwortung dieser Frage eingenommen werden.

(1) Von einem zunächst naheliegen Standpunkt nimmt man an, dass der Relativismus vor der Wissenschaft halt macht. Die Ethnologen können sich dementsprechend außerhalb aller kulturellen Höhlen auf und ab bewegen und in die Höhlen der anderen hineinblicken. Von dort aus beobachten sie, wie die Höhlenbewohner ihre eigenen Schatten für beobachterunabhängige Realitäten halten. Für die Darlegung dieser Beobachtung bedienen sie sich des einen Metacodes, in den sich wiederum alle Höhlensprachen oder Kulturcodes ohne Verlust übersetzen lassen. In einem anderen Vokabular formuliert: Die

[6] Rottenburg 2002

Ethnologen erklären die Weltbilder und sinnstiftenden Narrative der fremden Kulturen, indem sie aufzeigen, wie sich diese Bilder und Narrative aus den soziokulturellen Gegebenheiten ableiten.

Wenn ethnologische Vertreter dieses Ansatzes in ihren Prologen und Epilogen betonen, dass sie die fremden Weltbilder von ‹innen› beschreiben, dass sie die Perspektive ‹von unten› einnehmen, dass es ihnen um die Rehabilitation der fremden Weltbilder gehe, hätte das von Anbeginn stutzig machen sollen. Denn derlei Rehabilitationsversuche laufen notwendigerweise auf folgendes Muster hinaus: ‹Säße ich in jener Höhle, hielte auch ich meinen Schatten für einen autonomen Agenten›. Nun ist aber die Implikation dieses Satzes, dass sich der Sprecher außerhalb jener Höhle positioniert und sich dort draußen alleine wähnt. Diese Art von Rehabilitation wird folglich um den Preis einer radikalen Denunziation erkauft: Während den Menschen, die mit diesen Bildern und Narrativen leben, unterstellt wird, dass ihnen die Abhängigkeit ihrer Semantik von der Sozialstruktur verschlossen bleibt, durchschaut sie der einsame, randständige Ethnologe. Kultur stellt sich aus dieser Warte als kollektiver Irrtum dar, dem immer die anderen verfallen. Ein besonders mutiger Vertreter dieser Position war Ernest Gellner.[7]

(2) Um die mit dem Übersetzungsparodox einhergehende Denunziation zu vermeiden, versucht man in einer zweiten, radikaleren Version, den Standpunkt eines epistemischen Relativismus einzunehmen (den man dann nicht ganz durchhalten kann). Man geht in diesem Fall davon aus, dass auch die Ethnologie über keinen neutralen Beobachterstandpunkt und keinen Metacode verfügt. Damit sind Aussagen, die ohne einen soziokulturell gesetzten Bezugsrahmen auskommen, grundsätzlich ausgeschlossen. Das heißt, die Höhlenbewohner und ihre ethnologischen Beobachter befinden sich unhintergehbar in derselben epistemologischen Situation und verfügen über dieselbe Kompetenz, den illusionären Charakter ihrer Vorstellungen zu reflektieren. Entsprechend fallen die Analysen und Darstellungen hier nicht grundsätzlich anders, sondern nur bescheidener aus: Durch externe Beobachtung sieht man nicht *mehr*, sondern lediglich etwas *anderes* als die Menschen, die ‹innerhalb› der untersuchten Semantik leben. Für diesen Ansatz steht der Name Clifford Geertz, auch wenn er auf die verstehende Soziologie Max Webers und die Hermeneutik Gadamers zurückgeht.[8]

Ethnographien, die diesen Standpunkt für sich reklamieren, zeichnen sich

[7] Gellner 1992/1995

[8] Geertz 1983/1993

insbesondere dadurch aus, dass sie den ‹native point of view› weniger erklären, als ihm eine Stimme geben wollen. Darüber hinaus wird darauf Wert gelegt, die Heterogenität und Vielstimmigkeit der fremden Kultur nicht der Konsistenz der Darstellung zu opfern. Am Ende lässt dieser Ansatz die Ausgangsfrage allerdings unbeantwortet. Wenn es nämlich nur darauf ankommen soll, dem Fremden die Möglichkeit zu verschaffen, sich mit eigenen Stimmen selbst zu vertreten, scheint es gar kein Problem mit der einen oder den vielen Wirklichkeiten zu geben. Die Herausforderung der Alienität wird so unter der Hand verharmlost, indem die Translation von Alienität in Alterität unsichtbar gemacht wird.

(3) Eine dritte Version geht den denunziatorischen Effekt der Höhlenmetapher konsequenter an. Wie in der zweiten Version wird zum einen vorausgesetzt, dass die Höhlenbewohner und ihre ethnologischen Beobachter sich unhintergehbar in derselben epistemologischen Situation befinden und über dieselbe Kompetenz verfügen, den illusionären Charakter ihrer Vorstellungen zu reflektieren. Zum anderen geht die dritte Version aber insbesondere von der Beobachtung aus, dass sich die Höhlenbewohner durchaus umdrehen und in die Höhlen ihrer Beobachter hineinschauen können.

Der Blick auf das Fremde – in die Höhle des anderen – wird unter dieser Annahme hauptsächlich deshalb eingeübt, weil er den Blick des Fremden zurück auf das Eigene zugänglich macht. Der eigentliche Zweck ethnologischer Erkenntnis besteht hier darin, Selbstauslegung im Anderen zu betreiben. Die Gültigkeit einer ethnologischen Darstellung misst sich in dieser dritten Version nicht schon daran, ob sie mit einer fremden Wirklichkeit übereinstimmt, sondern erst daran, ob sie den eigenen Wirklichkeitsentwurf trifft und dezentriert. Übersetzungstheoretisch gesprochen geht es hier darum, die eigene durch die fremde Sprache gewaltig in Bewegung zu bringen, statt ihren historisch zufälligen Stand festzuhalten.[9]

(4) Eine vierte Version lässt die Problemdefinition, wie sie das Höhlengleichnis nahelegt, auch nicht in kritischen Abwandlungen gelten. Wer das Zustandekommen von Wirklichkeitsvorstellungen untersuchen möchte, ist aus dieser Warte gut beraten, die Metapher der Höhle durch die der *Aushandlungszone* zu ersetzen.[10] Die Metapher der Aushandlungszone legt einen andauernden Widerstreit verschiedener Bedeutungs- und Realitäts-

---

[9] Kramer 1993

[10] Galison 1997, insbesondere Kapitel 9 «The trading zone: coordinating action and belief», S. 781-844.

entwürfe nahe. Die Akteure sind keine ‹cultural dopes›, sondern verfügen über die Kompetenz, die Erwartungen ihrer Mitmenschen zu antizipieren, deren Erwartungs-Erwartungen zu erkennen und Selbstreflexion zu betreiben. Die Beobachter stehen nicht außerhalb der Aushandlungs-prozesse, sondern sind immer – ob sie das wünschen oder nicht – in die Aushandlungen verstrickt. Ihre Darstellungen und Analysen sind niemals neutral und harmlos, sie wirken stets zurück und sind selbst das Ergebnis von Aushandlungsprozessen, die immer durchmachtet sind.

Aus der Reihe der unterschiedlichen *Zonen*, die man aus dieser Warte gewinnbringend untersuchen kann, sind zunächst solche aufschlussreich, die man vorläufig als ‹homogene Zonen› oder ‹kühle Zonen› bezeichnen kann. Das sind Zonen, wo das meiste anscheinend reibungslos abläuft und kaum noch etwas ausgehandelt werden braucht, weil selten jemand die selbstverständlich gegebenen Spielregeln und Grundannahmen in Frage stellt. Dem kulturell Fremden sind im Regelfall manche der impliziten, fraglos gegebenen Regeln und Grundannahmen indes unvertraut und sein Verhalten wird leicht zu einem Garfinkelschen ‹breaching experiment›. Auf diese Weise können professionell Fremde Spielregeln und damit verbundene Spannungen und Differenzen ans Licht holen, die von den unmittelbar beteiligten Akteuren tunlichst unter der Oberfläche gehalten werden, um die Abläufe nicht zu stören. Im selben Atemzug wird den fremden Beobachtern erst bewusst, welches ihre eigenen Grundannahmen sind, deren Kontingenz sie nunmehr erkennen.

Umgekehrt sind auch ‹heterogene Zonen› oder ‹heiße Zonen› aufschlussreich, wo unterschiedliche Arten des Orientierungswissens zusammentreffen oder krisenbedingt grundlegende Differenzen offen ausgetragen werden, um Kooperationen auf den Weg zu bringen, die man trotz Differenzen notwendig oder erstrebenswert findet. Eine Verständigung über die genaue Art der Krisenbewältigung oder der angestrebten Kooperation kann nur zustande kommen, wenn man sich vorher auf Evidenzverfahren geeinigt hat, um so die Auseinandersetzung über die Kooperation überhaupt erst führen zu können. Professionell fremde Teilnehmer können in diesem Fall vorhandene Gemeinsamkeiten ans Licht holen, die von den Akteuren bisweilen versteckt gehalten werden, weil ihnen die Hervorhebung von Differenzen strategische Vorteile bringen kann.

Nun setzen aber die Einigung auf Evidenzverfahren und sogar die verständige Beteiligung eines fremden Beobachters schon ein Minimum an Gemeinsamkeiten auf der Ebene der Mitteilbarkeit voraus. Das bedeutet, dass man über den vierten ethnologischen Zugang das Begründungs- und Übersetzungsparadox auch nicht losgeworden ist. Auch in einer Aushandlungszone muss das, was man erreichen will, im Ansatz immer schon da sein, damit man überhaupt anfangen kann. Allerdings hat eine so verfahrende Ethnologie ihr eigenes Paradox in ihrem Gegenstand ausgemacht, wo sie nun untersuchen kann, wie andere damit umgehen. Dabei folgt sie der zentralen Suchfrage, wie man sich in heterogenen Zonen auf Evidenzverfahren einigt.

Die vier ethnologischen Herangehensweisen, die ich soweit skizziert habe, sind in Wirklichkeit nicht so eindeutig voneinander abgegrenzt. Es handelt sich eher um Hervorhebungen und Prioritäten, welche die verschiedenen Autoren, Epochen und Schulen setzen, ohne jemals ganz auf die übrigen Herangehensweisen zu verzichten. Zudem ist es möglich, die Arbeit der Ethnologie nach anderen Gesichtspunkten zu ordnen und die Familienähnlichkeiten der Ansätze anders zu bündeln. Die hier vor-genommene Anordnung hat den Zweck, die einleitend aufgeworfene Problematik neu zu entfalten: Ist es möglich und angeraten, der Kontroverse über die eine oder die vielen Wirklichkeiten aus dem Weg zu gehen und statt dessen den Wechsel zwischen Metacode und Kulturcode bzw. zwischen Code der Repräsentation und Code der Performanz zu untersuchen? Im dritten und letzten Abschnitt möchte ich die Überlegung anhand empirischer Beobachtungen fundieren.

3. Aushandlungszonen

Um sich dem zu nähern, was in heterogenen Aushandlungszonen stattfindet, kann man zunächst von der Metapher ‹Markt› als Denkbild ausgehen. Für das erfolgreiche Zustandekommen von Tauschvorgängen kommt es erstens darauf an, einen Maßstab für Vergleichbarkeit zu finden. Dafür ist zweitens wichtig, solche Aspekte einzuklammern, die störende Komplikationen bei der Vergleichbarkeit nach sich ziehen könnten. Das Kommunikationsideal des Marktes ist die Minimierung von Faktoren und Informationen auf das unbedingt Notwendige (oder umgekehrt formuliert: die Maximierung von Externalitäten, die man tunlichst aus dem Tauschgeschäft heraushalten möchte).[11] Der Extremfall dieser Minimierungsstrategie ist in dem gegeben, was man in der Ethnologie den stummen Tausch nennt. Nachdem eine Partei ihre Güter (etwa Salz) an einem Ort abgelegt und sich wieder zurückgezogen

[11] Rottenburg 2000

hat, kommt die andere Partei und legt so viel von ihren Gütern (etwa Korn) daneben, wie sie es für angemessen hält, um sich dann ihrerseits zurückzuziehen. Die erste Partei holt dann die Tauschgüter ab, sofern sie mit dem Äquivalent einverstanden ist; andernfalls lässt sie sie liegen, so dass die zweite Partei etwas hinzufügen kann. Wenn das gelingt, kann sich der Tausch in Zukunft wiederholen, sonst wird er abgebrochen.

In Aushandlungszonen, wo es nicht um Gütertausch, sondern um Kooperation unter Bedingungen der Heterogenität geht, wirkt derselbe Mechanismus in diversen komplexeren Varianten. Ein besonders treffendes Beispiel kommt aus der Welt der Entwicklungszusammenarbeit. Hier wurde unter explizitem Verweis auf die Problematik der Heterogenität der Vorstellungen, die in die Verhandlungen einfließen, eine sogenannte ‹Zielorientierte Projektplanung› (Zopp) als Verhandlungstechnik eingeführt. Zwei Bilder sollen hier helfen, die Argumentation knapp und nachvollziehbar zu halten. Auf dem ersten Foto (Abbildung 1) sieht man eine Gruppe von Verwaltern, Ingenieuren, Betriebswirten und Finanzexperten, die im Jahr 1996 in einer tansanischen Stadt ‹zoppen›, um die Voraussetzungen, Ziele und Vorgehensweisen eines Entwicklungsprojektes festzulegen. Im Hintergrund sieht man eine Notiztafel, auf der bunte, beschriebene Zettel unterschiedlicher Formen haften. Auf dem zweiten Foto (Abbildung 2) sieht man zwei Wasseringenieure, einen Unternehmensberater und einen Ethnologen. In der Mitte steht ein Notebook, auf dem gerade die Tabellenkalkulation Excel von Microsoft läuft.

Abbildung 1

Abbildung 2

Damit in solchen Situationen verhandelt werden kann, klammert man alle Faktoren und Informationen, die nicht unbedingt notwendig sind und infolgedessen stören könnten, möglichst ein. Diejenigen Informationen aber, anhand derer man verhandelt, präsentiert man in einer *standardisierten* Form, auf die man sich schon vorher geeinigt haben muss. Meine These besteht nun darin, dass hier insbesondere Letztbegründungen für die Wahrheit von Aussagen bzw. für die Unterscheidung von Fiktion und Wirklichkeit eingeklammert und durch *formale Evidenzverfahren* ersetzt werden.[12] Auf diese Weise wird ein pragmatisches Weitermachen im Hinblick auf eine konkrete Kooperation ermöglicht. Das heißt, dass alle Äußerungen, die im Rahmen der Aushandlung gemacht werden, im ganzen als wirklichkeitsbezogen anerkannt werden. Dies ist insofern unerlässlich, als der Anspruch einer Aussage, in der *Sache* begründet zu sein, niemals prinzipiell angezweifelt werden kann, ohne der Aushandlung den notwendigen Boden zu entziehen. Erst auf der Grundlage dieser provisorischen Konstruktion kann über einzelne Irrtümer und Täuschungsmanöver überhaupt gestritten werden, um zu einer Einigung im Hinblick auf die angestrebte Kooperation zu kommen.

Zu diesem Zweck braucht man in erster Linie einen *Metacode*, der für sich in Anspruch nimmt, jenseits der diversen partikularen Kulturcodes zu stehen und

[12] Porter 1992; ders. 1995

unmittelbar mit der äußeren Wirklichkeit verbunden zu sein. Analog der Handelssprache der Märkte muss dieser Metacode alle unbedingt notwendigen Informationen übermitteln und alle überflüssigen und störenden Wissensbestände zum Verschwinden bringen.

Die pragmatische und provisorische Einigung auf den einen Metacode verschiebt die Aufmerksamkeit von der Frage der korrespondenztheoretischen Gültigkeit einzelner Aussagen, die sich gegenüber einer externen Realität zu bewähren hätten, auf die Frage der Anschlussfähigkeit der Aussagen untereinander. Das Problem *externer Referenz* wird somit zugunsten des Problems *transversaler Referenz* in den Hintergrund verschoben. In einer anderen Sprache formuliert: Das *Verfahren* bekommt Priorität gegenüber der *Sache*, um die es geht. Damit diese Verschiebung funktionieren und ihre Wirkung erzielen kann, müssen die Akteure zumindest für die Dauer der Aushandlung davon absehen, die Bevorzugung der transversalen gegenüber der externen Referenz zu thematisieren. Es wird also unter der Prämisse verhandelt, dass der Metacode deshalb gilt, weil er eben in der äußeren Wirklichkeit verankert ist und folglich alle partikularen Bezugsrahmen transzendiert. Die Invisibilisierung der tatsächlichen Abhängigkeit des Metacodes vom Bezugsrahmen der Aushandlungszone und den dort geltenden Verfahrensregeln ist eine Bedingung der Möglichkeit, dass überhaupt ergebnisbezogen verhandelt werden kann. Andernfalls könnte man in unendlicher Abfolge immer wieder nur feststellen, dass sich die zur Debatte stehende Angelegenheit je nach Bezugsrahmen jeweils etwas anders darstellt.

Gerichtliche Aushandlungsprozesse lassen diesen allgemeinen Tatbestand besonders deutlich hervortreten: Man streitet vor Gericht zwar um die Wahrheit, doch bei der Austragung des Streits müssen vorher festgelegte Argumentationsmuster befolgt werden, um überhaupt geordnet streiten zu können. Oft fängt das schon mit der Anklage an: Wenn sich der strittige Tatbestand rechtlich nicht gut verfolgen lässt, zielt die Anklage auf einen Nebenaspekt ab, der nach Common Sense von der Sache ablenkt. Beim Überprüfen der Beweismittel geht es analog weiter: Nicht der unmittelbare Wahrheitsgehalt steht im Fordergrund, sondern formale Kriterien der Gültigkeitsbestimmung von Beweismitteln.

Mein Argument lässt sich anhand eines Vierfelderschemas verdeutlichen, das ich der Arbeit von Mary Douglas und Aaron Wildavsky entnehme, ihm aber eine andere Deutung gebe:[13]

---

[13] Douglas 1982

		WISSEN	
		sicher	*unsicher*
KONSENS ÜBER ZIELE UND MITTEL	*erreicht*	*Problem*: technischer Art 4 *Lösung*: kalkulierte Intervention	*Problem*: Information 2 *Lösung*: Forschung
	fraglich	*Problem*: Uneinigkeit 3 *Lösung*: Aushandlung	*Problem*: Wissen, Konsens 1 *Lösung*: ins 2. Feld gehen

Das erste Foto zeigt eine Zopp-Runde, die entsprechend der Argumentation von Douglas und Wildavsky im 3. Feld liegt, wo das Wissen über die gegebene Situation als gesichert gilt (in der ersten Spalte), die Ziele und Mittel indes fraglich sind (in der zweiten Zeile). Man arbeitet innerhalb des 3. Feldes also auf dem festen Boden einer Realität, den man verlassen würde, ginge man ins 2. oder gar ins 1. Feld zurück, wo das Wissen über diese Realität noch strittig ist.

Um diesem Argument zu folgen, muss man rechts unten im *1. Feld* des Schemas anfangen, wo das Wissen noch unsicher und der Konsens über die Ziele fraglich ist. Man steht hier im 1. Feld vor dem Problem, noch nicht genau zu wissen, in welcher Situation man eigentlich steckt, worauf man unter den gegebenen Umständen im Einzelnen hinaus will, was überhaupt erreicht werden kann, welches eventuell mitbetroffene Parteien sind, wer legitim in deren Namen sprechen darf, wie diese anderen Parteien die Dinge überhaupt sehen und was sie wollen. Man steht sogar vor dem Problem, noch nicht einmal genau zu wissen, wie man das notwendige Wissen für diese Klärungen verbessern kann.

Nur die wenigsten Verhandlungen fangen im 1. Feld an, denn meistens gelten die grundlegenden Fragen bereits als geklärt bzw. man tut so, als seien sie geklärt. Das Vierfelderschema repräsentiert keine notwendige Reihenfolge, sondern ein Iterationsverfahren, bei dem man in jedem beliegen Feld anfangen kann. Sobald sich aber Probleme einstellen, setzt ein Suchverfahren ein, das sich idealtypisch in vier Schritte gliedern lässt, die man wiederholt durchlaufen kann.

Damit eine Aushandlung des 1. Feldes die Chance hat, sich von der Klärung der elementarsten Fragen in Richtung auf eine angestrebte Kooperation zu bewegen, muss zunächst das Wissen über die Situation und die beteiligten Parteien mit ihren Interessen sowie das Wissen über die diversen Probleme und die möglichen Lösungswege verbessert und objektiviert werden. In die Visualisierung von Douglas und Wildavsky übertragen bedeutet dies, dass sich die zusammengekommenen Akteure gemeinsam in das *2. Feld* bewegen. Aus der gewählten Perspektive lässt sich im 2. Feld nämlich dadurch Konsens erzielen, dass man aperspektivisch objektive Fakten findet, welche die richtige Entscheidung herbeiführen helfen.

Damit die Akteure nun aber zu einer konkreten Kooperation kommen können, müssen sie sich als nächstes ins *3. Feld* bewegen. Hier ist der Konsens dann allerdings wieder fraglich, weil gesichertes wissenschaftliches Wissen keine evaluativen und schon gar keine präskriptiven Aussagen zur Folge hat. Nach Douglas und Wildavsky ergeben sich aus der objektiven Beschreibung eines Sachverhalts noch keine eindeutigen Handlungsanlei- tungen. Im 3. Feld geht es folglich darum, unter Bedingungen objektiven Wissens nun auch evaluative Einigkeit darüber herzustellen, wohin man genau gelangen will und welchen Weg man am besten einschlagen sollte. Die Zopp-Runde auf dem ersten Foto ist gerade dabei, sich über die angemessene Organisationsform städtischer Wasserversorgung zu einigen, um ein bereits angelaufenes Projekt voranzubringen.

Wenn man im 3. Feld über einen sozialen Konsens – im vorliegenden Fall über Zopp – zu einer präskriptiven Einigung gekommen ist, geht es nur noch darum, die technischen Aspekte der anvisierten Kooperation im Einzelnen durchzukalkulieren. Entsprechend der gewählten Visualisierung begibt man sich zu diesem Zweck nach oben in das *4. Feld.* Auf der Grundlage der getroffenen Entscheidung wird hier die geplante Kooperation gesteuert und kontrolliert. Die Tätigkeit, die auf dem zweiten Foto mit dem Notebook in der Mitte zu sehen ist, wäre nach dieser Einteilung im 4. Feld anzusiedeln. Die Figuren dieser Szene wissen bereits, was sie wollen und wozu sie in der Lage sind; sie müssen nur noch berechnen, wie sie das am günstigsten erreichen können.

Das Vierfelderschema bzw. die soweit vorgetragene, an Douglas und Wildavsky angelehnte Argumentation operiert mit der Unterscheidung von Wissen (in den beiden Spalten) und Konsens (in den beiden Zeilen). Diese Unterscheidung entspricht jener zwischen Fakten und Werten bzw. jener zwischen dem Wahren und dem Guten. Abstrakter gesprochen geht es hier um die Leitdifferenz zwischen einem *denotativen Sprachspiel* und einem *evaluativen bzw. präskriptiven Sprachspiel*.[14] Durch diese Unterscheidung wird das denotative Sprachspiel als außergesellschaftliches Geschehen aufgefasst, das nur insofern konsensuell verläuft (im 2. Feld), als es scheinbar allein in der Sache gründet und von daher für alle Gültigkeit beansprucht. In dieser Perspektive kommt die Gesellschaft und mit ihr das Problem der Verständigung über Ziele und Mittel als eine Frage der Werte erst im 3. Feld zum Zug, wenn es um die wertorientierte Anwendung eines aperspektivisch objektiven Wissens geht.

Nun lässt sich aber einwenden, dass Forschung – zumindest Forschung in unruhigen, heißen Bereichen, wo geltende Paradigmen zur Disposition stehen – in historischer Perspektive auf keine einheitliche, zunehmend verbindliche Version von Wirklichkeit konvergiert. Vielmehr werden laufend miteinander konfligierende Wirklichkeitsversionen produziert. Die wachsende Anzahl der gefundenen Antworten reduziert nicht die Anzahl der offenen Fragen. Es gibt keine wissenschaftliche Expertise, die keine Gegengutachten nach sich ziehen würde. Damit verschiebt sich die Ausgangsfrage: ‹Wie beweist man die Objektivität einer Aussage?› zu der abgründigen Frage: ‹Wie beweist man den Beweis?›.

Die Arbeit im 2. Feld und die Bewegung von dort in das 3. Feld sind aus dieser Warte betrachtet keine außergesellschaftlichen, rein sachbezogenen Tätigkeiten auf dem festen Boden sicheren Wissens über die Realität. Es sind vielmehr Tätigkeiten, die sich eben auf keine aperspektivische Objektivität berufen können, weil sie schon im 2. Feld unhintergehbar immer schon mit Werten und Interpretationen verwoben sind, die vom gewählten Bezugsrahmen abhängen. Umgekehrt betrachtet kann das Problem der Uneinigkeit im Hinblick auf Ziele und Mittel im 3. Feld nicht auf rein ‹evaluative› und ‹präskriptive› Aspekte beschränkt werden. Vielmehr kann jeder Akteur entsprechend seiner Ziel- und Mittelvorstellungen andere ‹denotative›

[14] Lyotard 1979/1993

Aussagen aus dem 2. Feld heranziehen, damit seine Zweck- und Mittelvorstellungen dadurch realistischer erscheinen.

Entsprechend meiner These ist die Visualisierung von Douglas und Wildavsky aber dennoch richtig. Allerdings in einem anderen Sinn, als die Autoren meinen. Das Vierfelderschema kann nämlich als zutreffende Visualisierung der notwendigen Selbstbeschränkung und der legitimierenden Außendarstellung von Aushandlungsprozessen unter Bedingungen unaufhebbarer Heterogenität betrachtet werden. Der unlimitierte Rückfall ins 1. Feld würde einer Endlosschleife gleich kommen, in der die Akteure es nicht schafften, sich – zumindest für eine Zeit lang – auf ein denotatives Ergebnis des 2. und auf ein evaluatives Ergebnis des 3. Feldes einzulassen. Ohne diese Festlegungen würde man freilich auch niemals im 4. Feld landen und könnte folglich zu keiner Kooperation gelangen. Neben dem Oktroi ist das einzige Mittel zur Vermeidung der Endlosschleife die *Inszenierung* der Selektion des gewählten Pfades als rein sachbezogene Angelegenheit, die in der Realität fundiert ist.

Die Unterstellung der einen Wirklichkeit mit ihrem Metacode hat neben der Funktion, Kooperation unter Bedingungen der Heterogenität zu ermöglichen, noch eine zweite und ebenso unverzichtbare Rolle. Die Figuren der Aushandlungszone handeln in der Regel nicht oder nicht ausschließlich im eigenen Namen. Sie sind vielmehr Stellvertreter kollektiver Akteure, denen gegenüber sie Rechenschaft schuldig sind. Damit sie diese Rechenschaft ablegen können, ohne die Verantwortung ungeschützt auf den eigenen Schultern zu tragen, müssen sie sich auf allgemein anerkannte Verfahren berufen können. Diese Verfahren sind wiederum das Ergebnis ähnlicher Aushandlungsprozesse.

Im Licht der hier gewählten Perspektive ist die Annahme einer einzigen und erreichbaren Realität mit dem dazugehörigen Metacode zunächst eine politisch und juristisch unverzichtbare Notwendigkeit. Um Aushandlungs-prozesse dem Einfluss willkürlicher Macht und der Beliebigkeit zu entziehen, bedarf es einer Verfassung, deren elementarstes Grundprinzip darin besteht, die Leitdifferenz zwischen denotativen und evaluativen Sprachspielen zu setzen. Ob die Annahme einer einzigen Realität darüber hinaus noch etwas anderes sein könnte, erweist sich aus dieser Warte als sekundäre Frage.

Damit nun aber diese Verfassung nicht selbst zum zentralen Instrument der Hegemonie wird, erweist es sich als politisch vernünftig, Appelle an *die eine Realität* lediglich als das hinzunehmen, was sie zunächst auch nur sind: vorläufige Übereinstimmungen, die unter Vorbehalt zu einem bestimmten

Zweck und innerhalb der Vorgaben eines besonderen Bezugsrahmens getroffen worden sind, um in heterogenen Aushandlungszonen kooperieren zu können. Die durch eine solche Annahme verursachte unüberwindliche Ungewissheit ist die beste Voraussetzung dafür, sich nach dem Verlassen der Aushandlungszone zurückzulehnen und die Bedingungen der getroffenen Entscheidung reflexiv wieder in Frage zu stellen.

Selbstreflexive Infragestellung bedeutet aber nichts anderes, als den eigenen Standpunkt so zu verschieben, dass man nicht mehr den Gegenstand der Aushandlung, sondern den eigenen Bezugsrahmen als externen Referenten fokussiert. Es kommt so zu einem nicht vermittelbaren Hin- und Her zwischen einem Metacode mit korrespondenztheoretischem Anspruch gegenüber dem verhandelten Gegenstand und einem Metacode mit korrespondenztheoretischem Anspruch gegenüber der soziokulturellen Rahmung der Verhandlung. Verglichen mit dem Anspruch, das Begründungsparadox objektiver Aussagen durch eine absolute Unterscheidung von Realität und Fiktion ein für alle mal lösen zu wollen, scheint der so gemeinte Code-Wechsel die vorsichtigere Alternative zu sein.

Dank für Anregungen und Hilfestellungen schulde ich Steffen Strohmenger, auch wenn er meine Position nicht in allen Punkt teilt.

Literatur

Bloor, D.: Knowledge and social imagery, London 1976/1991

Daston, L.: Wunder, Beweise, Tatsachen. Zur Geschichte der Rationalität, Frankfurt a. M. 2001

Douglas, M. / *Wildavsky*, A.: Risk and culture. An essay on the selection of technical and environmental dangers, Berkeley 1982

Fish, S.: Doing what comes naturally: change, rhetoric, and the practice of theory in literary and legal studies, Durham / London 1989

Galison, P.: Image and logic: a material culture of microphysics, Chicago 1997

Geertz, C.: «From the native's point of view»: On the nature of anthropological understanding, in: Local knowledge. Further essays in interpretive anthropology, London 1983/1993, 55-70

Gellner, E.: Descartes & Co. Von der Vernunft und ihren Feinden, Frankfurt a. M. 1992/1995

Kramer, F.W. und Gertraud Marx: Zeitmarken. Die Feste von Dimodonko, München 1993

Luhmann, N.: Stenographie und Euryalistik, in: Paradoxien, Dissonanzen, Zusammenbrüche. Situationen offener Epistemologien, hrsg. von Gumbrecht, Hans Ulrich und K. Ludwig Pfeiffer, Frankfurt a. M. 1991, 58-82

Lyotard, J-F.: Das postmoderne Wissen. Ein Bericht, Wien 1979/1993

Merton, R. K: Zur Wissenssoziologie, in: Merton, Robert K.: Entwicklung und Wandel von Forschungsinteressen. Aufsätze zur Wissenschaftssoziologie, Frankfurt a. M. 1945/1985, 217-257

Porter, Th. M.. Objectivity as standardization: The rhetoric of impersonality, in: Measurement, statistics, and cost-benefit analysis. Annals of Scholarship 9 (1-2) 1992, 19-60.

Porter, Th. M.. Trust in numbers. The pursuit of objectivity in science and public life, Princeton 1995

Rottenburg, R. et al.: In search of a new bed. Economic representations and practices, in: Facts and figures. Economic practices and representations. Jahrbuch Ökonomie und Gesellschaft 16, hrsg. von Kalthoff, Herbert, Richard Rottenburg und Hans-Jürgen Wagener, Marburg 2000, 9-34

Rottenburg, R.: Crossing gaps of indeterminacy. Some theoretical remarks, in: Translationes: The possibility and impossibility of the art of translation, hrsg. von Maranhao, Tullio und Bernhard Streck, Arizona 2002 (im Druck)

Sachs, W.: Satellitenblick. Die Ikone vom blauen Planeten und ihre Folge für die Wissenschaft, in: Technik ohne Grenzen, hrsg. von Braun, Ingo und Bernward Joerges. Frankfurt a. M. 1994, 305-346

Gabriele Cappai (Bayreuth)

Andere Kulturen, andere Wirklichkeiten. Der Weg ins Unbekannte und zurück

1. Einleitung

Das Phänomen der „multiplen Wirklichkeiten" beschäftigt keinen anderen Forscher so sehr wie den Ethnologen. Naturgemäß, muss man gleich hinzufügen, denn kaum ein anderer steht wie dieser vor der Herausforderung, sich in unterschiedlichen Wirklichkeiten heimisch zu betrachten. Genau besehen, entspricht die ethnologische Arbeit einer doppelten Aufgabe: Man muss erstens die symbolische und semantische Struktur der fremden Wirklichkeit erschließen und man muss dann zweitens das Erschlossene adäquat übersetzen, damit es auch den Mitgliedern anderer Gesellschaften zugänglich wird. Die folgenden Ausführungen beabsichtigen, diese doppelte Aufgabe genauer zu analysieren, indem sie den Begriff der Übersetzung als Leitfaden der Diskussion verwenden.

Bei der Übersetzung handelt es sich eigentlich um einen Begriff, der noch vor wenigen Jahren in der Selbstreflexion des Faches eine randständige Rolle spielte. Nur wenige Anthropologen haben das Thema der kulturellen Übersetzung ins Zentrum der Aufmerksamkeit gerückt und noch wenigere haben die epistemologischen Implikationen dieses Vorgehens genau reflektiert. Diese Situation scheint sich nun schnell zu ändern, denn, schaut man auf einige Publikationen neueren Datums, so ist evident, dass sich dieses Thema zunehmender Aufmerksamkeit erfreut.[1] Dies gilt allerdings nicht allein für die Ethnologie (Cappai 2000; 2002).

Die Frage lässt sich hier kaum unterdrücken, ob es sich dabei um einer jenen Modeerscheinungen handelt, die gelegentlich eine wissenschaftliche Disziplin ergreifen und diese dann eine Zeit lang in der Form von Tagungen, Publikationen und Uni-Seminaren beherrschen, oder ob die Beschäftigung mit diesem Thema einem echten wissenschaftlichen Verlangen entspricht. Ich

---

[1] Nach Talal Asad wurde der Ausdruck „Übersetzen zwischen Kulturen" seit den fünfziger Jahren in zunehmendem Maße zu einer geradezu abgedroschenen Beschreibung der spezifischen Aufgabe der Sozialanthropologen (Asad 1993, S. 300). Diese Tradition scheint heute eine Renaissance zu erfahren: Asad 1986; Aoki 1992, S. 49-68; Shimada 1998, S. 138-165; Bachmann-Medik 1997

neige dazu, die verstärkte Aufmerksamkeit, die heute dem Begriff der Übersetzung geschenkt wird, als eine Folgeerscheinung des Versuches anzusehen, die ethnologische Praxis neu zu definieren. Insofern denke ich, dass, wenn nicht das Wort, so doch das damit Gemeinte auch in Zukunft zum festen Bestand der Disziplin gehören wird.

Erst dann, wenn man einsieht, dass der Ethnologe seinen Forschungsgegenstand nicht vorfindet und abbildet, sondern nach bestimmten Gesichtspunkten selektiert, ordnet und konstruiert, und dass diese Akte dann die Form eines Textes annehmen, erscheint die Redeweise „Übersetzung von Kultur“ weniger abwegig, als sie vielleicht auf den ersten Blick erscheinen mag. Unter den Ethnologen ist mittlerweile klar, dass die Textualisierung des auf dem Feld Erfahrenen unterschiedlich ausfallen kann, je nachdem, ob die Forschung dialogisch oder monologisch konzipiert ist, ob sie den eventuellen Machtasymmetrien zwischen Forscher und Informanten Rechnung trägt oder nicht, ob die untersuchten Phänomene aus ihrer Einbettung in umfassendere Zusammenhänge herausgerissen werden oder nicht. Ein Text, der diesen Phänomenen nicht adäquat Rechnung trägt, stellt eine falsche bzw. mangelhafte Übersetzung von Kultur dar.

So betrachtet, besitzen die Begriffe „Text“, „Inskription“ und „Übersetzung“ eine Art Signalfunktion. Sie machen darauf aufmerksam, dass der ethnologische Text (ob Monographie oder problembezogene Abhandlung) das Produkt unterschiedlicher Entscheidungen ist. Diese Begriffe signalisieren, dass zwischen dem Verstehen und Erklären der untersuchten Phänomene und der Vermittlung des Verstandenen und Erklärten an Dritte[2] unterschiedliche Schritte zwischengeschaltet sind.

An dieser Stelle gilt noch anzumerken, dass für manche Repräsentanten der zeitgenössischen Ethnologie sowohl die Tätigkeit der Inskription bzw. Datengenerierung als auch die Aufgabe der Vermittlung der gewonnenen Daten fragwürdige Unterfangen geworden sind. Die Skepsis bei der Konstruktion und Weitergabe von Wissen über das Fremde erreicht bei den sogenannten postmodernen Ethnologen und Metaethnologen einen Höhepunkt.[3] Diese Skepsis richtet sich nicht so sehr gegen diese oder jene

2 Diese können folgende sein: die Gemeinschaft der Forscher, normale Mitglieder der Gesellschaft, aus welcher der Forscher stammt, oder Mitglieder der Gesellschaft, in welcher der Forscher tätig war.

3 Als postmodern werden vor allem jene Autoren bezeichnet, die sich um die „Writing Culture“-Bewegung gruppieren. Nicht alle diese Autoren teilen eine gleich starke Abneigung gegen das repräsentationistische Paradigma, alle betonen jedoch ihre theoretische,

Verfahrensweise bzw. dieses oder jenes methodologische Instrumentarium zur Repräsentation fremder Wirklichkeit, sondern gelegentlich gegen die Idee der Repräsentation überhaupt. In der Regel pflegen diese Autoren ihre Skepsis durch Bezugnahme auf dekonstruktivistische Denkansätze, die in der Philosophie (Rorty 1981), und in der Geschichtswissenschaft (White 1986) zu Hause sind, zu untermauern.

Die postmodernen Skeptiker unter den Anthropologen definieren aber ihre Position vor allem dadurch, dass sie sich von allem Früheren abgrenzen. Sie gewinnen ihr Profil in erster Linie dadurch, dass sie zwischen den Gründungsvätern des Faches und sich selber eine klare Trennungslinie ziehen. Dass übrigens heute in der Ethnologie der Unterschied zwischen fachlich Altem und Neuem stärker markiert wird als in anderen Disziplinen, mag vielleicht mit dem schlechten Gewissen des Faches zusammenhängen, als Instrument kolonialistischer Willkür gedient zu haben. Ich frage aber im folgenden nicht nach ethischen oder politischen Gründen und Konsequenzen dieser Grenzziehung. Das Interesse, das ich auf den nächsten Seiten verfolge, ist vornehmlich epistemologischer und methodologischer Natur.

2. Die Ausschaltung von Übersetzung als Bedingung des „Eintauchens" in die fremde Wirklichkeit

Auf das „Feld" versetzt, ist sich der Ethnologe nicht immer dessen bewusst, dass die Erforschung einer fremden Kultur Übersetzungsprobleme unterschiedlicher Art involviert: einerseits die Erfassung der symbolisch-kategorialen Struktur der untersuchten Wirklichkeit, andererseits die Mitteilung dessen, was man erfasst hat. John Beattie, ein Ethnologe der zweiten Generation, drückt diese doppelte Aufgabe wie folgt aus: „In any case the fieldworker, who has to convey to others through his own language what it is like to be a member of another culture, is faced with a crucial problem of translation. First he has to acquire, by a thorough knowledge of the language of that culture and of the ways in which it is used, an understanding of its basic categories, which in all probability differ radically from those of his own culture... . Then he must convey to people who lack his own first-hand

methodologische und ideologische Distanz zur vorherigen Forschungstradition. Selbst innovative Beiträge, wie der symbolistische Ansatz von Geertz, gehören in dieser Perspektive zu einer überholten bzw. zu überholenden Forschungspraxis.

knowledge of that culture and its language as adequate as possible an understandig of these basic categories and the ways in which they are used“ (Beattie 1968, S. 89).

Nicht alle Forscher haben in gleicher Weise den Akzent auf diese zwei unterschiedlichen Aufgaben gelegt. Während einige von ihnen eine Herausforderung hauptsächlich darin sahen, fremde Kulturwelten zu erschließen, haben andere mehr über das Problem reflektiert, wie das Erschlossene adäquat in die Sprache der Gemeinschaft zurückübersetzt werden könnte, zu der sie gehörten. Es gibt also Ethnologen, für die das richtige „Hineinkommen“ in eine bestimmte Wirklichkeit das Hauptproblem ist, und andere, für die das richtige „Herauskommen“ aus ihr eher zum Thema wird. Die eben zitierte Passage von Beattie eignet sich nicht nur gut diese doppelte Aufgabe des Forschers zu illustrieren, sie erlaubt uns auch einen fundamentalen Zug zu erkennen, der viele Ethnologen der zweiten Generation kennzeichnet. Es handelt sich eben um die „Dramatisierung“ der Aufgabe, der man gegenübersteht. Da nämlich die Basiskategorien, welche die fremde Wirklichkeit auszeichnen, als „radikal unterschiedlich“ zu denjenigen definiert werden, welche die vertraute Welt konstituieren, gewinnt die ethnologische Arbeit - sowohl als Erkenntnis des Forschungsgegenstandes, als auch als Vermittlung desselben an Dritte - den Charakter einer außerordentlichen Aufgabe. Je mehr die zu decodierenden Symbole, die zu erklärenden Kategorien und die zu verstehenden Handlungen als fremd definiert werden, je mehr also die Entfernung, die zwei Kulturen trennt, als eine tiefe Kluft angesehen wird, um so unentbehrlicher und unvermeidbarer erscheint dann der Rekurs auf das Spezialwissen des Ethnologen.

Bereits am Beginn seiner Forschung ist er mit dem Problem der Übersetzung konfrontiert. Gelegentlich ist die Lage des Ethnologen bei der ersten Annäherung an seinen Forschungsgegenstand mit derjenigen des kleinen Kindes, das durch Nachahmung und unter Anweisung anderer, erwachsener Menschen lernt, sich in einer noch unbekannten Welt von Symbolen und Handlungen zu orientieren, verglichen worden. Ein solcher Vergleich ist jedoch nicht nur unpassend, sondern auch falsch. Der Forscher erlernt keinesfalls eine fremde Sprache „aus dem Nichts“, sondern er lernt, sich einem semantischen Universum auf der Grundlage eines bereits vorhandenen (des eigenen) anzunähern. Diese Präzisierung ist von fundamentaler Bedeutung, wenn man der Tatsache Rechnung tragen möchte, dass der Ethnologe, anders eben als das Kleinkind, bei der Interpretation einer fremden Wirklichkeit auf

Übersetzung rekurrieren muss, und dass diese Übersetzung der Gefahr unrechtmäßiger Projektionen ausgesetzt ist.

Man könnte die Tätigkeit des Ethnologen in der ersten Phase seiner Forschung am besten mit dem Bild der Pendelbewegung charakterisieren. Das „Pendeln" zwischen einer Sprache bzw. Symbolwelt und einer anderen ist hier so lange eine Notwendigkeit, bis sich die fremde Kulturwelt, wenigstens in ihren Hauptzügen, erschließt, bis er in der Lage ist, an jenem Universum der Sinnauslegung und Sinnerzeugung unmittelbar - d.h. ohne den Rekurs auf Übersetzung - zu partizipieren, in dem die Mitglieder der erforschten Kultur „eingetaucht" sind.

Von dieser Perspektive aus betrachtet, ist das erste Ziel des Ethnologen die *progressive Minimierung und schließlich die gänzliche Vermeidung von Übersetzung.* Das Ideal ist, die Pendelbewegung als Suche nach Äquivalenzen zwischen zwei Sprachen zum Stillstand zu bringen und zu lernen, sich nur noch innerhalb eines Sprach- bzw. Sinnsystems zu orientieren. Unter anderen erkannte Malinowski die Wichtigkeit eines restlosen Eintauchens in die fremde Lebenswelt, der Herstellung dessen, was er einen „wirklichen Kontakt" mit den Eingeborenen nannte (Malinowski 1984, S. 29). Er selber dachte, es sei ihm gelungen, diesen Kontakt herzustellen, oder wenigstens den Weg zu erkennen, der dies ermöglichen würde: „Bald schon, nachdem ich mich in Omarakana (Trobiand-Inseln) niedergelassen hatte, nahm ich auf bestimmte Weise am Dorfleben teil, indem ich erwartungsvoll den wichtigen oder festlichen Ereignissen entgegensah, am Klatsch und an der Entwicklung der kleinen Dorfgegebenheiten persönlich Anteil nahm und jeden Morgen zu einem Tag erwachte, der sich mir mehr oder weniger so darstellte wie den Eingeborenen" (ebd.). Das bedeutet folglich für den Forscher, die Perspektive der Eingeborenen soweit zu übernehmen, dass ihm das Leben so erscheint wie diesen. Dies bedeutet vor allem auch, nicht mehr auf das eigene Kategoriensystem oder auf vertraute Begriffe angewiesen zu sein, um sich in einer fremden Wirklichkeit orientieren zu können; nicht mehr übersetzen zu müssen, um eine Brücke zur fremden Sinnwelt zu errichten. Gewiss, nicht alle Ethnologen der ersten Generation, auch wenn sie die Notwendigkeit eines gänzlichen Eintauchens in die fremde kulturelle Wirklichkeit einsehen, beurteilen eine solche Bemühung als möglich oder wünschenswert. So können wir bei Evans-Pritchard lesen: „Man kann nicht wirklich ein Zande, ein Nuer oder ein arabischer Beduine werden, und man erweist ihnen die größere Ehre, wenn man in den wesentlichen Dingen den Abstand wahrt. Auf jeden Fall behält man die eigene Identität: im Innern ein Angehöriger der eigenen

Gesellschaft, der Gast in einem fremden Land ist" (Evans-Pritchard 1988, S. 331). Nichtsdestotrotz räumt Evans-Pritchard kurz darauf die Möglichkeit ein, dass man „in zwei verschiedenen Welten des Denkens" leben kann, also in Kategorien, Begriffen und Werten denkt und handelt, „die oft nur schwer in Einklang zu bringen sind" (ebd.).

Der empirisch verfahrende Ethnologe erkennt relativ bald, dass sich das Problem des „Hineinkommens" in eine fremde Kultur vor allem als ein Problem des Sinnverstehens darstellt. Der Ethnologe steht vor der Notwendigkeit, nicht nur Handlungen, Artefakte und Institutionen dieser fremden Welt zu beschreiben, sondern auch zu verstehen, welche Bedeutung ihre Akteure bzw. ihre Schöpfer mit diesen Handlungen, Gegenständen und Institutionen verbinden. Malinowski wendet sich gegen das naive Beobachten als „Registrierung oberflächlicher Einzelheiten" und fordert als primäre Aufgabe für den Forscher, „in die Geisteshaltung einzudringen, die in ihnen ihren Ausdruck findet" (Malinowski 1984, S. 43).

Die Perspektive der anderen zu übernehmen, so dass es sinnvoll erscheint, so zu denken und zu handeln, wie die anderen denken und handeln - diese Maxime leitet auch das Forschungsprogramm Lévy-Bruhls. So heißt es bei dem französischen Ethnologen „…si l'on entre dans la facon de penser et de sentir des indigènes, si l' on remonte aux représentations collectives et aux sentiments d'où leurs actes découlent, leur conduite n'a plus rien d'absurde. Elle en est, au contraire, la conséquence légitime" (Lévy- Bruhl 1933, S. 504).

Eine ähnliche Einstellung finden wir auch bei dem kühlen und auf Einhaltung der Distanz zu seinem Forschungsobjekt bedachten Evans-Pritchard. So gesteht der britische Feldforscher zu, dass der Ethnologe auch Phänomenen, denen er kritisch gegenübersteht, wie Hexerei, Magie und Orakel, als in sich sinnvoll akzeptieren soll, wenigstens solange das Leben in der fremden Gruppe dies verlangt. Evans-Pritchard verkörpert den Prototyp des „gespaltenen" Ethnologen, desjenigen, der, je nach der spezifischen Situation, ein unterschiedliches Koordinatensystem anwendet: „In meiner eigenen Kultur, in der Gedankenwelt, in die ich hineingeboren wurde, in der ich aufwuchs und die mich geformt hat, habe ich die Vorstellungen der Zande über Hexerei abgelehnt und lehne sie immer noch ab. In ihrer Kultur, aus dem Vorstellungszusammenhang, in dem ich dort lebte, akzeptierte ich sie, in gewisser Hinsicht, glaubte ich an sie" (Evans-Pritchard 1988, S. 332). Doch scheint auch der sonst standhafte Evans-Pritchard sein Vertrauen in die Möglichkeit, zwischen unterschiedlichen Wirklichkeiten zu pendeln, und dabei derselbe zu bleiben, gelegentlich zu verlieren. Versucht man „gleichzeitig in zwei verschiedenen Welten des Denkens" zu leben, und in Kategorien, Begriffen und Werten zu denken, „die oft nur schwer in Einklang zu bringen sind", so wird man „zumindest zeitweise .... zu einem, der – beiden entfremdet – gleichzeitig am Rande zweier Gesellschaften steht" (ebd., S. 331).

Das Bewusstsein über die Notwendigkeit, den eigenen „natürlichen" Ethnozentrismus mittels Anschluss an das Sinnuniversum der Fremden in den Griff zu bekommen, geht allerdings meistens nicht über programmatische Formeln hinaus. So Evans-Pritchards Vorsatz: „Das erste, was gemacht werden muss, bevor man sich an die Feldforschung heranwagt,...(ist) eine rigorose Aneignung der allgemeinen Theorie, um zu wissen, wie und was beobachtet werden soll und was vor dem Hintergrund der Theorie von Bedeutung ist" (ebd., S. 327). Gewiss, theoretische Vorentscheidungen über den zu untersuchenden Gegenstand müssen nicht notwendigerweise zu Verfälschungen desselben führen. Sie haben jedoch diese Wirkung dort, wo der Informant ausschließlich als passive Informationsquelle „benutzt" wird. Evans-Pritchards Hinweis, die Theorie habe zu bestimmen, „wie und was beobachtet werden soll", zeugt nicht gerade von Offenheit gegenüber der Weise, in der Informanten ihre Situation definieren.

3. Die Metapher des „Herauskommens" oder: wie der Übersetzer zum „Verräter" wird

Die Aufgabe des Ethnologen besteht nicht nur darin, fremde Sinnwelten „von innen" zu erschließen, sondern auch den Ertrag seiner Forschung „nach außen", d.h. in der Regel an die Mitglieder der „scientific community", zu vermitteln. Evans-Pritchard teilt uns die Bedeutung dieser Aufgabe im Jargon eines alten Kriegsveteranen mit, der auf dem Schlachtfeld um einiges klüger geworden ist: „Ich habe viele - zu viele - Felderfahrungen gemacht, und vor schon langer Zeit habe ich entdeckt, dass die entscheidende Schlacht nicht im Feld, sondern beim darauffolgenden Ausarbeiten ausgefochten wird" (ebd., S. 330). Warum, um im Bilde zu bleiben, diese Schlacht so entscheidend ist, sagt uns Evans-Pritchard leider nicht. Hinter seiner Feldzugmetaphorik verbirgt sich eigentlich ein Problem, das von vielen als *das* Problem der Ethnologie schlechthin angesehen wird.[4] Es ließe sich so ausdrücken: Die Repräsentation

[4] „Das Problem, anderen zu beschreiben, wie die Mitglieder eines fernen Stammes denken, ist weitgehend eines der Übersetzung. Wie können wir die Klarheit, die das Denken der

der fremden Wirklichkeit ist weitgehend Übersetzungsangelegenheit, und Übersetzung ist ein Mediationsakt, der unter Umständen das, was zu repräsentieren gilt, verfälschen kann. Übersetzung könnte also, um die Metapher vorwegzunehmen, welche die im folgenden zu berücksichtigenden Autoren verwenden, „Verrat" an dieser Wirklichkeit üben.

Wie wir bereits sahen, ist für den Ethnologen das Problem des „Hineinkommens" in die fremde Wirklichkeit an folgende Bedingung gebunden: die progressive Eliminierung von Übersetzung, wenn wir unter „Übersetzung" die Praxis der Bedeutungserfassung durch Zurückführung des (sprachlich) Unbekannten auf (sprachlich) Bekanntes verstehen. Das „Herauskommen" aus dieser Wirklichkeit zum Zweck der Mitteilung der gewonnenen Erkenntnisse an Dritte verlangt hingegen vom Forscher die Aktivierung einer spezifischen Übersetzungskompetenz. Bei der Bewältigung dieser Aufgabe wird der Ethnologe zum *Vermittler*. Er muss nach und nach die Brücke, die er als Bedingung des „Hineinkommens" in die fremde Wirklichkeit schrittweise demontiert hatte, nun vorsichtig wieder aufbauen. Er muss gewährleisten, dass sich auch andere Menschen, Wissenschaftler und Laien, dieser Brücke bedienen können, damit sie jener Wirklichkeit teilhaftig werden können, die er entschlüsselt hat. Darin besteht nämlich sein spezifisches Können: in etlichen hundert Seiten mitzuteilen, was er in einigen Jahren Feldforschung gelernt hat.

Auch „der Weg zurück" stellt den Forscher vor Schwierigkeiten spezifischer Art. Malinowski, Lévy-Bruhl und Kluckhohn, die Ethnologen, die im folgenden zu Wort kommen sollen, verwenden alle drei das Bild des Übersetzers als Verräter, um der Tatsache Ausdruck zu verleihen, dass das, was der Forscher in Text verwandelt hat, nicht der Wirklichkeit entspricht, die er vorgefunden hat. Dieser Verrat an dem, was es zu übertragen galt, wird von den drei Autoren, wie wir sogleich sehen werden, auf unterschiedliche Ursachen zurückgeführt.

Malinowski hat über die Relation Sprache/Wirklichkeit viel nachgedacht (Malinowski 1965). Seine Theorie der Übersetzung in der Ethnologie muss in diesem Zusammenhang betrachtet werden. Sprache, darauf hat Malinowski mit Nachdruck aufmerksam gemacht, darf nicht als unabhängig von dem betrachtet werden, was er „the context of real utterance" nannte (ebenda: XIX). Eine

Primitiven in der Sprache, in der es sich formuliert, tatsächlich besitzt, in unserer eigenen Sprache so klar wie möglich wiedergeben? Für diese Art der Übersetzung sind die üblichen Wörterbücher mit ihren einfachen Äquivalenzen wenig nützlich" (Lienhardt 1967, S. 109).

wichtige Lehre, die er aus seiner Feldforschung gezogen zu haben glaubte, war nämlich die folgende: „The ethnographic approach thus demonstrates better than any other how deeply language is connected with culture. It also shows how to study language outside the framework of its cultural realities - the beliefs of the people, their social organisation, their legal ideas and economic activities - must remain entirely futile“ (ebd.).

Angesichts der Tatsache, dass Sprache und Kultur eine enge Einheit bilden, kann Malinowski behaupten, dass die Suche nach begrifflichen Äquivalenten in zwei unterschiedlichen Sprachen ein sinnloses Unterfangen ist. Weil Begriffe in einer bestimmten Kultur verwurzelt sind - in ihren natürlichen Ordnungen (settings), in ihren Institutionen, in ihren Werten und Handlungsnormen (ebd., S. 12) -, kann es Übersetzung im Sinne semantischer Korrespondenz nicht geben: „If we understand by 'translate' the finding of verbal equivalents in two different languages, this task is impossible, and the Italian adage *traduttore, traditore* holds good“ (ebd., S. 17).

Für Malinowski wird der Übersetzer dann zum Fälscher und somit zum Verräter, wenn dieser nicht erkennt, dass Übersetzung eine Tätigkeit ist, die weniger mit der Anpassung von verbalen Symbolen als mit der „Vereinheitlichung von kulturellen Kontexten“ zu tun hat. Was Malinowski konkret unter „Vereinheitlichung von kulturellen Kontexten“ versteht, illustriert er am Beispiel des melanesischen Wortes „Buyagu“, das ein unvorsichtiger Übersetzer mit „Garten“ wiedergeben würde. Malinowski schließt aus, dass es möglich ist, im Englischen eine direkte Entsprechung für das Wort „Buyagu“ zu finden. Auch eine Kombination von englischen Wörtern kommt hier nicht in Frage. Wie sollte man also verfahren? Bei der Lösung des Problems zeigt Malinowski vor allem dies: Wenn ein guter Ethnologe ein guter Übersetzer ist, so ist auch das Gegenteil wahr: Ein guter Übersetzer hat ein guter Ethnologe zu sein. Die Übersetzung eines bestimmten Begriffes schließt mit anderen Worten die Fähigkeit ein, den Kontext zu ermitteln, in denen dieser gebraucht wird. Die Erforschung dieser Kontexte ist folglich die primäre Aufgabe, die bewältigt werden muss, bevor man zu einer angemessenen Übersetzung des in Frage stehenden Wortes kommen kann. Bezogen auf das vorherige Beispiel hätte also der Ethnologe die Aufgabe, den allgemeinen „context of situation“ zu ermitteln, in dem das Wort „Buyagu“ gebraucht wird, dieser sollte also unter anderem die sozialen, legalen, wirtschaftlichen und technischen Bedingungen angeben, in denen dieses Wort vorkommt. Das ist aber nicht alles: Damit die semantische Dimension des Wortes ausgelotet werden kann, müssen ebenso verwandte und gegensätzliche

Ausdrücke berücksichtigt werden. Malinowski glaubt, mit dieser komplexen Strategie der Kontextualisierung zeigen zu können, wie es gelingt, einen „traditore"-Übersetzer in einen zuverlässigen Übersetzer zu verwandeln.

Wie wir aber bald sehen werden, erweist sich Malinowskis Strategie als ungeeignet, sobald man das Problem der Übersetzung unter einem neuen Gesichtspunkt betrachtet.

Wie wir aus seinen Tagebüchern erfahren konnten, wusste Malinowski mit seinen Informanten gelegentlich nichts anzufangen und manchmal schimpfte er furchtbar über sie (Malinowski 1985, S. 134, 141, 151). Dafür gilt er uns als ein arroganter Ethnologe. Es gibt keine Belege, dass sich Lévy-Bruhl über seine „Primitiven" abschätzig geäußert hätte, gleichwohl gilt er vielen ebenso als ein arroganter Forscher. Der Grund dafür ist bekannt: Selten hat ein Ethnologe so kategorisch über die Daseinsart anderer Kulturen geurteilt, wie es Lévy-Bruhl getan hat. Selten hat ein Forscher wie er ohne zu zögern, Grenzen zwischen Denkweisen, Weltanschauungen und unterschiedlichen Mentalitäten zu ziehen gewusst. Einige Beispiele mögen im folgenden diese dichotomische Argumentationsweise kurz illustrieren. Das Denken der Primitiven, so Lévy-Bruhl, könne nicht die Ebene der Abstraktion und des logischen Schließens erreichen. Während die Mentalität des westlichen Menschen konzeptueller Natur sei, entbehre die des Primitiven gänzlich dieser Eigenschaft (ders. 1933, S. 506). In ihrem Kern zeige sich die Denkweise des primitiven Menschen mystisch und prälogisch; sie setze nicht nur eine unterschiedliche Referenzbasis voraus, sondern sie gehe auch „andere Wege als unser Geist" (ebd., S. 516-117).

Das Bemerkenswerte an Lévy-Bruhl ist nun aber, dass seine Neigung Unterschiede zwischen Kulturen festzustellen, von dem Bedürfnis begleitet wird, einfältige Forscher davor zu warnen, voreilige Schlüsse über Probleme zu ziehen, die furchtbar kompliziert, ja gelegentlich sogar unlösbar sind. Es sei eben für einen Europäer extrem schwierig, wenn nicht gar unmöglich, sich in das Denken der Eingeborenen hineinzuversetzen. Auch die Beherrschung ihrer Sprache könne keine Garantie für das Gelingen eines solchen Versuches bieten (ebd., S. 506). Ein oberflächlicher Blick möge zwischen dem Eingeborenen und dem Europäer viele Ähnlichkeiten vornehmlich psychologischer und moralischer Natur feststellen; eine gründliche Betrach-tung dürfte jedoch in Erfahrung bringen, dass sie „beinahe unentzifferbare Enigmata" sind und dass beide Mentalitäten durch eine tiefe Kluft getrennt sind (ebd., S. 519). Die Ethnologen, so Lévy-Bruhl, haben diese Kluft nicht erkannt, denn wenn sie ihre Aufmerksamkeit auf Institutionen, Sitten und Glaubensvorstellungen der

Eingeborenen richteten, dachten sie, diese Realität mit Begriffen wiedergeben zu können, die ihnen aus der eigenen Kultur vertraut waren. Damit ist der Grund benannt, warum wie es bei Lévy-Bruhl heißt, *„Traduction équivalait à trahison."* (ebd., S. 506).

Es stellt sich hier die Aufgabe zu klären, warum bei Lévy-Bruhl die Übersetzung eine andere Art von Verrat darstellt als bei Malinowski. Dass Begriffe das Phänomen, das sie wiedergeben möchten, oft verzerren, hatte Malinowski vollkommen erkannt. „Begriffe wie ‚Staat', ‚Oberhoheit' und ‚Kirche' ", stellt dieser fest, „sind tatsächlich nur dann sinnvoll auf afrikanische Kulturen anzuwenden, wenn man sie neu definiert" (Malinowski 1986, S. 67). Die Notwendigkeit einer neuen Definition stellt sich in den genannten Fällen vor allem angesichts der Tatsache, dass die Zielsprache, semantisch gesehen, entweder zu „eng-" oder zu „breitmaschig" ist.[5] Diese Schwierigkeit glaubt Malinowski, wie wir sahen, durch die Rekonstruktion des „context of situation" überwinden zu können.

Lévy-Bruhl stellt uns dagegen vor ungleich schwerere Probleme als Malinowski. Für den französischen Ethnologen ist es keine bestimmte Semantik, sondern eine spezifische „Mentalität" und bestimmte „logische Atmosphäre", welche die Übersetzung zu einer verräterischen Angelegenheit macht. Was uns eben in die Irre leitet, ist unser Glaube (jener der Europäer), dass ihre (jene der Afrikaner) „opérations mentales" unseren ähneln (Lévy-Bruhl 1933, S. 517), so dass wir uns ihrer Kultur auf eine Weise nähern, die dieser nicht adäquat ist. Wir versuchen vergeblich mit konzeptuellen und logischen Mitteln ein Denken wiederzugeben, das in seinem Wesen mystisch und prälogisch ist.

Nun hegte Lévy-Bruhl, wie gesagt, keine Zweifel daran, dass es ihm gelungen sei, das zu erfüllen, was von einem Ethnologen, der diesen Namen verdient, erwartet wird. Wenn es nun darum geht, den Sinn von scheinbar widersinnigen Gottesurteilen, komplizierten Transaktionen oder Zurechnungsprozessen zu enträtseln, die aus westlicher Perspektive keine Logik erkennen lassen, so lautet Lévy-Bruhls Strategie folgendermaßen: in die Denk- und Fühlweise der Eingeborenen eindringen, zu den kollektiven Repräsentationen und Gefühlen zurückgehen, aus denen sich ihr Handeln herleitet, sodann das so Erschlossene in angemessenen Begriffen wiedergeben (ebd., S. 504).

[5] Aus der Perspektive der afrikanischen Kultur, implizieren „Europäische Begriffe wie ‚Kirche', ‚Staat', ‚Rechtssystem', ‚Volkswirtschaft' ein wenig zu viel" (ebd., S. 67).

Lassen wir hier das Problem beiseite, was es eigentlich heißt, in die Denk- und Fühlweise der Eingeborenen einzudringen, und richten wir kurz die Aufmerksamkeit auf das Problem der Übertragung. Angesichts der Gefahr der Projektion fremder Kategorien auf das Denken der Eingeborenen, wundert es nicht wenig, dass Lévy-Bruhl dieses Denken mit Kategorien wie „mystisch" oder „prälogisch" gut repräsentiert glaubt. Es gibt nämlich keinen Grund zur Annahme, diese Begriffe wären besser als andere geeignet, den „status mentis" der Eingeborenen wiederzugeben. Beide Begriffe sind nämlich durch die westliche Kulturtradition bereits semantisch besetzt. Das Wort „mystisch" ist nur auf der Folie der christlichen Tradition verständlich; der Begriff „prälogisch" andererseits gewinnt seine Bedeutung durch die Abgrenzung vom „logos", durch die Unterscheidung von dem also, was seit zweieinhalb Jahrtausenden ein Spezifikum des okzidentalen Denkens darstellt. Darüber hinaus suggeriert sein Präfix eine Dynamik mit klaren evolutionistischen Implikationen: Es ist eine Frage der Zeit, bis das, was prälogisch ist, „logisch" wird. Im Grunde liefert uns Lévy-Bruhls eigener Übersetzungsvorschlag ein gutes Beispiel dafür, wie der Übersetzer zum Verräter wird.

Man könnte nun die Frage stellen, ob eigentlich Lévy-Bruhl prädestiniert war, zum „Verräter" zu werden. Denn je stärker die Kluft zwischen Kulturen auf unterschiedliche Dispositionen zum logischen Denken bzw. auf unterschiedliche Mentalitäten zurückgeführt wird, um so schwieriger wird es dann, diese Kluft sprachlich zu überbrücken.

Aus der Einsicht, dass kulturelle Wirklichkeit und Sprache in einem engen Zusammenhang stehen, könnte man nun unterschiedliche Schlüsse ziehen. Einer davon ist, dass der *common sense* irrt, wenn er meint, so unterschiedlich Sprachen auch immer seien, sie dienten immer ein und demselben Zweck, nämlich eine für alle Menschen gleiche Wirklichkeit auszudrücken. Einer der folgenträchtigsten Schlüsse ist hingegen, dass unterschiedliche Sprachen - je unterschiedlicher ihre Struktur ist, desto mehr ist dies der Fall - notwendigerweise grundsätzlich unterschiedliche Welten hervorbringen, so dass Menschen, die unterschiedliche Sprachen sprechen, auch in unterschiedlichen, schwer vermittelbaren Wirklichkeiten leben. Kluckhohns Behauptung, wonach „the Italian proverb ‚traduttore traditore' (the translator is a betrayer) is all too correct" (Kluckhohn 1985, S. 154), beruht nicht auf dem ersten, sondern auf dem zweiten Schluss.

Kluckhohn, offensichtlich den Spuren Whorfs folgend (siehe insbesondere: Whorf 1963), definiert das Problem wie folgt: „From the anthropological point of view there are as many different worlds upon the earth as there are languages. Each language is an instrument which guides people in observing, in reacting, in expressing themselves in a special way" (Kluckhohn 1985, S. 160). Eine bestimmte Sprache legt eine bestimmte Interpretation der Welt nahe. Sie selektiert und setzt Akzente; sie trennt dort, wo andere Sprachen vereinen, und setzt zusammen, was andere Sprachen trennen. Nach dieser Auffassung ist also eine bestimmte Sprache eine Anleitung zur Wirklichkeitswahrnehmung: „The language says, as it were, ‚notice this', 'always consider this separate from that', ‚such and such things belong together...'. Every language has an effect upon what the people who use it see, what they feel, how they think, what they can talk about" (ebd., S. 166).

Offensichtlich befinden wir uns hier vor einem ähnlichen Dilemma, vor dem auch Lévy-Bruhl stand. Wie kann die tiefe Kluft überbrückt werden, die unterschiedliche Auffassungen von der Welt und vom Selbst trennt? Da der Forscher selbst ein „Gefangener" seiner Sprache ist, wie ist es dann möglich, einen Zugang zu anderen Wirklichkeiten zu finden, die sich hinsichtlich „basic categories", „fundamental sensitivities" und „view of the world" (ebd., S. 167) von unserer unterscheiden? Und schließlich, wenn es darüber hinaus dem Forscher gelingen sollte, aus dem eigenen „Sprachkäfig" auszubrechen, wie soll dann die fremde Wirklichkeit anderen Menschen zugänglich gemacht werden, die eine andere Sprache sprechen und folglich, nach Kluckhohn, eine unterschiedliche Wirklichkeitswahrnehmung haben? Gemessen an der Schwierigkeit des Problems erscheint die Lösung Kluckhohns recht einfach zu sein.

Der amerikanische Anthropologe schließt selbstverständlich eine „word-for-word" Übersetzung sowie die Suche nach idiomatischen Äquivalenten aus. Auch der „psychological type of translation", bei dem es darum geht, zu ermöglichen, dass die Worte denselben Effekt bei den Sprechern unterschiedlicher Sprachen bewirken, wird als undurchführbar abgelehnt. Kluckhohns Lösung des Übersetzungsproblems ist schlicht und einfach folgende: „At best, the rendering must be extremly free, with elaborate circumlocutions and explanations" (ebd., S. 156). Wie bei Lévy-Bruhl stellt sich auch in diesem Fall die Frage, ob dieser Lösungsvorschlag in bezug auf das gestellte Problem adäquat sei. Auch eine extrem freie Übersetzung, die Gebrauch von ausführlichen Beschreibungen und Erklärungen macht, bleibt schließlich auf jene sprachlichen Mittel angewiesen, die Kluckhohn gerne transzendieren möchte.

Malinowski, Lévy-Bruhl und Kluckhohn, das haben wir gesehen, gehen davon aus, dass Übersetzung von Kultur zu einem „Verrat" des zu

Übersetzenden führen kann. Alle drei definieren diese Gefahr auf unterschiedliche Weise und bieten zu ihrer Vermeidung unterschiedliche Strategien an. Insbesondere Lévy-Bruhl und Kluckhohn scheinen, indem beide die kulturelle Kluft, die es zu überwinden gilt, als „radikal" definieren, sich in eine Situation hineinzumanövrieren, aus der ein „Herauskommen" problematisch erscheint. Trotzdem, wie hoch sie auch immer die zu überwindende Hürde definieren, vertrauen sie letztlich auf die Möglichkeit, dass sie überwunden werden kann.

4. „Writing Culture" als Kritik und Herausforderung

Blickt man auf das Werk einiger zeitgenössischer Kritiker der traditionellen ethnologischen Praxis, so wird man gewahr, dass sich die Übersetzung von Kultur heute einer neuen Herausforderung gegenübergestellt sieht.[6] Bei diesen Kritikern haben wir es nicht so sehr wie bei den zuvor berücksichtigten „Klassikern" mit einer Problematisierung von naiven Auffassungen von Übersetzung, sondern gelegentlich mit einer radikalen Infragestellung der Idee der Übersetzbarkeit zu tun. Diese Ablehnung stützt sich auf Argumente ideologischen, ästhetischen, literarischen und epistemologischen Charakters. Dies wird klar, wenn wir die Aufmerksamkeit auf die Repräsentanten jener relativ heterogenen Gruppe von Ethnologen und Metaethnologen richten, die als Writing Culture- Bewegung bekannt ist[7].

Es sind vor allem Repräsentanten der „Writing Culture" gewesen, welche, einer Suggestion Geertz' folgend, die Frage der Textualisierung von Kultur mit Entschlossenheit ins Zentrum der Aufmerksamkeit gerückt haben. Einige dieser Autoren haben die Rolle des Ethnologen im Forschungsprozess mit der Absicht unterstrichen, den *Konstruktionscharakter* des ethnographischen Textes sichtbar zu machen (Clifford 1993; Tyler 1990). Andere, mehr an der

[6] Der eigentliche Fokus dieser Kritik liegt nicht so sehr auf der Problematik der Übersetzung, sondern auf jener der „Repräsentation" fremder Wirklichkeit. Es ist aber evident, dass die Kritik an den epistemologischen, ideologischen und ästhetischen Annahmen des repräsentationistischen Modells Hand in Hand mit der Kritik an der gängigen Übertragungspraxis geht. Die Frage nach Arten, Zwecken und Bedingungen der Repräsentation von Kultur ist mit anderen Worten hier eng mit der Frage verbunden, auf welchen Wegen, mit welchen Absichten und unter welchen Voraussetzungen fremde Wirklichkeit vom Forscher verstanden und dann für andere sinnadäquat übersetzt wird.

[7] Als eine Art Manifest der *Writing Culture*-Bewegung siehe: Clifford and Marcus (ed.): 1986. Einige der hier vertretenen Thesen wurden in Marcus / Cushman 1982 antizipiert.

Forschungspraxis orientierte Autoren haben hingegen den dialogischen Charakter des Forschungsprozesses betont (Rosaldo 1986). In beiden Fällen galt es, sich von einer ethnographischen Praxis zu distanzieren, die die „kreative" Rolle des Forschers bei der Textproduktion vernachlässigt und die erforschten Subjekte als stumme Akteure behandelt.[8]

Die Sensibilisierung für die Machtasymmetrie in der Begegnung mit dem Fremden sowie die Anerkennung der Maxime der Dialogizität bei der Konstitution ethnographischer Texte bilden nur einen Aspekt des Programms der Writing-Culture. Eine andere wichtige Seite dieses Programms ist die Kritik am Repräsentationismus. Man sollte an dieser Kritik wiederum zwei Aspekte unterscheiden: die epistemologische Skepsis einerseits und die Ablehnung der Idee der Übersetzbarkeit andererseits. Der erste Aspekt betrifft das Problem des Zugangs zur fremden Wirklichkeit, der zweite problematisiert die Vermittlung dieser Wirklichkeit. Es ist sinnvoll, diese zwei Aspekte auseinander zu halten, denn wie das Beispiel der „Klassiker" gezeigt hat, impliziert die Skepsis hinsichtlich der Übersetzung fremder Wirklichkeit nicht notwendigerweise auch eine Skepsis hinsichtlich der Möglichkeiten ihrer kognitiven Erfassung.

Nun sind sowohl die epistemologische als auch die Darstellungs-Skepsis keine genuin ethnologischen Besonderheiten. Man kann feststellen, dass hier die postmoderne Ethnologie an Diskurse anschließt, die in anderen Disziplinen geführt werden. Genau besehen liefert die zeitgenössische ethnologische Skepsis ein anschauliches Beispiel dafür, wie bestimmte fachfremde Diskurse rezipiert, verändert und an die eigenen Bedürfnisse adaptiert werden. Es steht beispielsweise außer Zweifel, dass das „dekonstruktionistische Programm" von Philosophen wie Rorty und Derrida einen Einfluss auf die Repräsentanten der „Writing Culture" ausgeübt hat. So erkennen wir in Tylers Intention, sich der ganzen „szientistischen Rhetorik" entledigen zu wollen, zu der er „Objekte", „Fakten", „Beschreibungen", „Verallgemeinerungen" und „Wahrheit" rechnet, deutliche Züge dieses Programms wieder. Eine ähnliche Beobachtung ließe sich auch in Bezug auf S. W. Forsters Ansicht anstellen, nach der „There is no referential foundation or substrate, but only symbolic forms scattered and

[8] In Hinblick auf die Problematik der Übersetzung stellt ein Teil der zeitgenössischen ethnographischen Kritik vor allem zwei Anforderungen: Zum einen muss Übersetzung fremder Wirklichkeit als relational-dialogischer Prozess konzipiert werden, zum anderen darf dabei die Tatsache nicht aus dem Blick geraten, dass auch eine nach kommunikativen Prinzipien konzipierte Übersetzung in einer Situation asymmetrischer Machtverhältnisse stattfinden kann (Dwyer 1977, Tedlock 1979, Asad 1993).

situated by the forces of rhetoric and the configuration of power" (Ashley (Hg.) 1990, S. 118).

Wie aber bereits gesagt, ist *Writing Culture* eine heterogene Gruppe, die ihre Unzufriedenheit mit der herkömmlichen Praxis der Ethnographie auf unterschiedliche Weise artikuliert. So macht beispielsweise Rabinow in Anlehnung an den Philosophen Hacking darauf aufmerksam, dass „rejecting epistemology does not mean rejecting truth, reason, or standard of judgment" (Rabinow 1986). Auch James Clifford zeigt sich im Einklang mit dem traditionellen wissenschaftlichen Kanon, wenn er behauptet, dass "to recognize the poetic dimension of ethnography, does not require that one gives up facts and accurate accounting for the supposed free play of poetry" (Clifford 1986, S. 26). Das Vertrauen in die Möglichkeit, Erkenntnisse hinsichtlich des untersuchten Objektes zu erzielen, unterscheidet also Radikalskeptiker wie Tyler von gemäßigten Skeptizisten wie Clifford. Mit anderen Worten, die Einsicht, dass Ethnographie keine Abbildungsfunktion verfolgt, führt nicht notwendigerweise zum radikalen Erkenntnisskeptizismus, sondern, wie Clifford anmerkt, „to more subtile, concrete ways of writing and reading, to new conceptions of culture as interactive and historical" (ebd.).

Auch Cliffords Problematisierung der ethnologischen *Darstellungs*praxis lässt sich übrigens am besten auf der Folie einer Auseinandersetzung verstehen, die ursprünglich nicht im ethnologischen „Haus" stattgefunden hat. Vor allem Metahistoriker haben darauf aufmerksam gemacht, dass die Textualisierung von Ereignissen und Prozessen bestimmten literarischen Vorgaben folgt. Es geht in der Geschichtsschreibung nicht so sehr um eine realistische Repräsentation von Ereignissen, sondern vielmehr um eine narrative Inszenierung dessen, was man die Vergangenheit nennt. Was für jede Erzählung gilt, so die Perspektive des Narrativismus, dies gilt auch für die Geschichtsschreibung als solche. Auch hier steht die Geschehensabfolge unter einem Ordnungsprinzip, das „Plot", das im Hinblick auf das Darzustellende sowohl selektierende als auch evaluierende Funktion hat. Metahistoriker wie Hayden White haben am Narrativismus die Verwendung von metaphorischen, metonymischen, synekdochischen und ironischen Darstellungsformen („Tropen") als intrinsische Merkmale jeder Textualisierung unterstrichen

(White 1986). Die Intention war dabei, die Grenze zwischen Literatur/Fiktion und Geschichte flexibler zu gestalten bzw. ganz aufzuheben.[9]

Auf die ethnologische Praxis übertragen, bedeutet dies, dass ethnographische Texte keine Wiedergabe einer bestimmten kulturellen Wirklichkeit sein können. Sie sind narrative Konstruktionen, die bestimmten rhetorischen Konventionen folgen. Clifford drückt diesen Gedanken folgendermaßen aus: „the maker... of ethnographic texts cannot avoid expressive tropes, figures, and allegories that select and impose meaning as they translate it. In this view...all constructed truths are made possible by powerful 'lies' of exclusion and rhetoric" (Clifford 1986, S. 7).

Für Clifford stellen also Selektion, Exklusion und Verzerrung unvermeidbare Implikationen des ethnographischen Schreibens dar.[10] Gelegentlich vermittelt er aber den Eindruck, Exklusion und Verzerrung stellten nicht nur ein Problem der Darstellung, sondern auch der Erfassung fremder Wirklichkeit dar; sie bewirkten nicht nur ein Übersetzungs-, sondern auch ein Erkenntnisproblem. „Rhetoric", so Clifford, „is less about how to speak well than about how to speak at all, and to act meaningfully, in the world of public cultural symbols" (ebd., S. 11). So gesehen gestaltet sich der Versuch, zu bestimmen, wann Rhetorik ein strategisches Mittel (Überredungskunst) ist, denkbar schwerwiegend.[11]

[9] Paul Ricoeur und andere haben hingegen dem Narrativismus hauptsächlich mit der Absicht thematisiert, in der historischen Darstellungsweise eine spezifische „historische Intentionalität" zu identifizieren (Ricoeur 1986).

[10] So Clifford: „Literary processes - metaphor, figuration, narrative - affect the ways cultural phenomena are registered, from the first jotted 'observations', to the completed book, to the ways these configurations 'make sense' in determined acts of reading" (Clifford 1986, S. 4).

[11] Aus der Annahme der Unvermeidlichkeit von Rhetorik und somit von Selektion und Exklusion folgt die Sinnlosigkeit von Versuchen, ethnologische Texte im Hinblick auf ihre rhetorischen Eigenschaften kritisch zu hinterfragen. Übernimmt man diese Perspektive, dann müsste man konsequenterweise fragen, welchen Sinn es hat, wenn Crapanzano und Clifford eine Dekonstruktion der rhetorischen Inszenierung von Geertz' „cockfight" unternehmen? Aus der Perspektive Geertz', der an der Möglichkeit der Unterscheidung rhetorische Inszenierung/authentische Rekonstruktion festhält, erscheint hingegen eine solche Frage sinnvoll. Siehe dafür Geertz' Auseinandersetzung mit den Klassikern der Ethnologie (Geertz 1988).

5. Übersetzung von Kultur zwischen Globalisierung und Lokalisierung

Ethnologen der ersten Generation wie Malinowki, Boas, Lévy-Bruhl, Evans-Pritchard und andere verstanden ihre Arbeit als Erschließung und Vermittlung *ganzer* Kultursysteme. Abgelegene Inseln des westlichen Pazifik, indianische Reservate des nordamerikanischen Kontinents, autarke Dörfer des äquatorialen Afrika und des tropischen Brasilien waren bekanntlich die Orte, die diese Ethnologen für ihre Langzeitstudien gewählt hatten. Es war relativ leicht, an diesen „abgeschlossenen" Orten Grenzen zu ziehen und Unterschiede zur Außenwelt festzustellen.

Auch in den Fällen, in denen sich ihre Aufmerksamkeit auf Einzelphänomene wie „Magie", „Hexerei", „Raum- und Zeitauffassung", „Sexualität", „Familie" richtete, galt ihnen letztlich die integrale Einheit Kultur als das eigentliche Erkenntnisziel. Durch die Erhellung dieser „Schlüsselbegriffe" glaubte man die Fäden zu identifizieren, die eine bestimmte Kultur zusammenhalten. Die richtige Übersetzung dieser Begriffe war die notwendige Voraussetzung, um Zugang zur Gesamtheit der Lebensformen einer bestimmten Gruppe zu finden. Vor dem Hintergrund dieses Verständnisses ethnologischer Arbeit mag daher der Rekurs auf Ausdrücke wie „Eindringen", „Eintauchen", „Erschließen" und „Übersetzung von Kultur" als angebracht erscheinen.

Die Überzeugung setzt sich mittlerweile durch, dass dieses Verständnis von Kultur als monadischer Einheit unhaltbar ist. Angenommen dieses Bild hätte in früheren Zeiten eine Berechtigung gehabt, so erscheint es heute vollkommen ungeeignet, eine Wirklichkeit zu beschreiben, die viel komplexer und verwickelter ist, als die Logik der sauberen Trennungen und der klar gezogenen Linien erscheinen lässt. So hat uns kürzlich Geertz daran erinnert, dass „das Bild einer Welt, die gesprenkelt ist mit verschiedenen Kulturen, übersät mit unverbundenen kleinen und größeren Einheiten des Denkens und Fühlens, gleichsam eine pointillistische Sicht ihrer geistigen und seelischen Zusammensetzung, um nichts weniger irreführend (ist) als die Vorstellung einer säuberlichen Einteilung der Welt nach dem regelmäßigen Muster einförmiger Nationalstaaten". Sobald wir diese Kulturen genauer betrachten, entschwindet das Homogene, Einheitliche und Einförmige. Wir sind konfrontiert „mit einem nur teilweise entwirrten Knäuel von Unterschieden und Ähnlichkeiten".[12]

Geertz' Zeitdiagnose nimmt Abschied von einem substantialistischen Begriff von Kultur und kultureller Identität. Vermeintlich natürliche Grenzen erweisen sich bei genauerem Hinsehen als das Resultat einer besonderen Beobachtungsperspektive. „Alles hängt von dem Rahmen ab, in dem verglichen wird, ändert sich mit dem Hintergrund, vor dem die Identität gesehen wird, und folgt dem Spiel der Interessen, das Identitäten einbindet und belebt" (ebd., S. 79).

Ob man diese Sätze als Beschreibung eines bestimmten *status quo* oder als methodologische Empfehlung für den Wissenschaftler liest, sie erscheinen auf den ersten Blick keineswegs neu. Gegen die Gefahr eines ontologisierenden Gebrauchs von Begriffen wie „Volk", „Nation", „Staat" hatte uns bereits der methodologische Individualismus eines Max Weber den Blick geschärft; daran, dass andererseits die Zeit der „großen Erzählungen" hinsichtlich „Tradition", „Kultur", „Identität" endgültig zu Ende ist, werden wir heute von den postmodernen Autoren erinnert.

Geertz' Versuch, traditionelle Begriffe der Sozialwissenschaften zu deontologisieren, darf aber nicht missverstanden werden. Dieser Versuch entspricht keineswegs der Absicht, Differenzen in einer scheinbar unterschiedslosen, einheitlichen, globalisierten Welt-"Kultur" zu verwischen. Kulturelle Differenzen, ob nun ideologisch oder wissenschaftlich erzeugt, bleiben eine durchaus tangible Realität. Es handelt sich jedoch um eine in ihrer vielschichtigen Zusammensetzung, spezifischen Dynamik und prognostizierbaren Entwicklung ungleich komplexere Realität.

Welche ist nun die Aufgabe des Ethnologen in einer „in Stücke zerfallenen Welt"?[13] Welche Rolle kommt ihm heute als Übersetzer und Vermittler von Kultur zu? In einer zersplitterten Welt, so Geertz, muss man sich eben an die Splitter halten. Was zu tun bleibt, ist, sich „in die Niederungen konkreter Fälle zu begeben" (ebd., S. 27).

In dieser Situation hört *Kultur*übersetzung auf, Übersetzung von *Kulturen* zu sein. Erstes Gebot für den Wissenschaftler ist hier, sich auf die Besonderheit

[12] „Es ist schwer, irgendeine Gemeinsamkeit der Anschauung, der Lebensform, der Verhaltensweise oder des Ausdrucks zu finden, die nicht selbst wieder in kleinere und ihrerseits verschachtelte zerfiele oder in größeren und umfassenderen Identitäten aufginge, die andere Identitäten überlagern" (Geertz 1996, S. 74)

[13] So der Titel von Geertz' Buch (Geertz 1996).

des Gegenstandes einzulassen und sich dort zu betätigen, wo „lokale" Problemlösungen es erfordern.

Doch Geertz' Bild einer zersplitterten Welt wäre folgendes entgegenzusetzen: Auch derjenige, der auf eine ganzheitliche Perspektive verzichtet und sich auf die Untersuchung „spezifischer Fälle" beschränkt, darf nicht vergessen, dass sich uns das Partikuläre nur durch eine angemessene Kontextualisierung erschließt. Eine hermeneutische bzw. symbolistische Perspektive darf nicht übergreifende Zusammenhänge aus den Augen verlieren. Geertz selbst hat eindrucksvolle Beispiele dafür geliefert. Er hat beispielsweise klargemacht, dass es wenig Sinn hätte, über das Recht in Marokko oder in Indonesien zu reden, ohne die spezifische Rechts*sensibilität* dieser Länder zu berücksichtigen. Der Versuch, diese besondere Sensibilität zu beschreiben und zu erklären, wäre aber auf eine übergreifende Kulturanalyse angewiesen (Geertz 1983a, S. 183). Man kann eben „nicht vernünftig über marokkanische Kultur (oder die des Mittleren Atlas oder die von Sefrou) reden und ebensowenig über die Kultur von Indonesien (oder die von Java oder Pare), ohne zunächst so schwer zu greifende, schwierig abzugrenzende und unmöglich zusammenzufassende Mega-Entitäten wie ‚das Mittelmeer', den ‚Nahen Osten', ‚Afrika', ‚Araber', ‚Frankreich' und den ‚Islam' heranzuziehen oder, im zweiten Fall, ‚Ozeanien', ‚Asien', ‚hinduistisch-buddhistische Religion', ‚Malaien', ‚die Holländer' und wiederum, aber mit einer etwas anderen Tendenz, ‚den Islam'. Ohne einen solchen Hintergrund gibt es keine Figur, und das, was man vor sich sieht, hat kaum mehr zu bedeuten als ein Feuer in der Ferne oder ein Schrei auf der Straße" (Geertz 1997, S. 61-62).

Die vorangehenden Betrachtungen machen klar, dass die Annahme von globalisierenden Trends nicht von einer Berücksichtigung des Besonderen dispensiert, und dass wiederum Tendenzen der Zersplitterung und der Partikularisierung am besten durch Kontextualisierung zu erfassen sind. Dem können wir folgendes hinzufügen: So wichtig es ist, bei der Interpretation von Kultur auf übergreifende Zusammenhänge und Mega-Entitäten zurückzugreifen, so unerlässlich erscheint es auch, der Suggestion zu widerstehen, die heute in manchen zeitgenössischen „Großerzählungen" über Kultur und Kulturkonflikt Ausdruck findet. Das Szenario des „clash of civilizations", das Samuel Huntington entworfen hat (Huntington 1993, S. 22-49), lebt beispielsweise von der suggestiven Kraft der typischen episch-dramatischen Erzählung. In Szene gesetzt werden dabei große, mächtige Figuren, die sich bei näherem Hinsehen als zerrissene und in sich überaus konflikthafte Akteure erweisen. Im Anschluss an dieses Szenario wird heute nach dem 11. September die

Aufforderung immer lauter, sich auf den „clash“ vorzubereiten und nicht viele Gedanken daran zu verschwenden, ihn abzuwenden. Der Ethnologe sollte hingegen das Vertrauen hinsichtlich seiner Fähigkeiten, zu verstehen und zu vermitteln, wiedergewinnen. Er sollte einsehen, dass jenseits der holistischen Perspektiven, die Differenzen negieren, und jenseits der Betrachtungsweisen, die kulturelle Unvermittelbarkeit betonen, noch Platz für eine nüchterne Arbeit der Übersetzung zwischen unterschiedlichen Wirklichkeiten besteht.

Literatur

Asad, T.: The Concept of Cultural Translation in British Social Anthropology, in: Clifford, J. / Marcus, G. E. (ed.): „Writing Culture. The Poetics and Politics of Ethnography. Berkeley / Los Angeles / London 1986, 141-164. (Deutsch in: Berg, E. / Fuchs, M. 1993)

Bachmann-Medik, D. (Hrsg.): Übersetzung als Repräsentation fremder Kulturen, Berlin 1997

Beattie, J.: Other Cultures. Aims, Methods, and Achievements, in: Social Anthropology, New York 1968

Berg, E. / *Fuchs*, M. (Hrsg.): Kultur, Soziale Praxis, Text. Die Krise der Ethno-graphischen Repräsentation, Frankfurt a. M. 1993

Cappai, G.: Kulturrelativismus und die Übersetzbarkeit des kulturell Fremden in der Sicht von Quine und Davidson. Eine Beobachtung aus sozialwissenschaftlicher Perspektive, in: Zeitschrift für Soziologie, Jg. 29 (2000), Heft 4, 253-274

Cappai, G.: Übersetzen in der Situation sozialer Fragmentierung, in: J. Renn / S. Shimada / J. Straub (Hrsg.): Übersetzung als Medium des Kulturverstehens und der sozialen Integration, Frankfurt a. M. 2002

Clifford, J.: Introduction: Partial Truths, in: Clifford J. / Marcus, G. E. (ed.): Writing Culture. The Poetics and Politics of Ethnography, Berkeley/ Los Angeles/ London 1986

Clifford, J. / *Marcus*, G. E. (ed.): Writing Culture. The Poetics and Politics of Ethnography, Berkeley / Los Angeles / London 1986

Clifford, J.: The Predicament of Culture, Harvard 1988

Evans-Pritchard, E E.: Witchcraft, Oracles and Magic among the Azande. Oxford 1976 (Deutsch: Hexerei, Orakel und Magie bei den Zande, Frankfurt a. M. 1988)

Foster, S. W.: Symbolism and the Problematics of Postmodern Representation, in: K. M. Ashley (Hg.): „Victor Turner and the Construction of Criticism. Between Literature and Anthropology,“ Blumingthon 1990

Geertz, C.: Local Knowledge. Further Essays in Interpretative Anthropology, New York 1983a

Geertz, C.: Works and Lives. The Anthropologist as Author, Stanford 1988 (Deutsch: Die Künstlichen Wilden. Anthropologen als Schriftsteller, München 1990)

Geertz, C.: Welt in Stücken, Wien 1996

Huntington, S.: The clash of Civilization?, in: „Foreign Affaires“ 72, 1993, 22-49

Kluckhohn, C.: Mirror for Man. The Relation of Anthropology to Modern Life, Tucson/Ariz. 1985

Lévy-Bruhl, L.: La mentalité primitive, Paris 1933

Lienhard, G.: Denkformen, in: Firth, Raymond (Hg.): „Institutionen in Primitiven Gesellschaften," Frankfurt a. M. 1967

Markus, G. E. / Cushman Dick: Ethnographies as Texts, in: „Annual Review of Anthropology" 11, 1982, 25-69.

Malinowski, B.: Zwischen Humanismus und Wissenschaft, in: „Schriften zur Anthropologie," Frankfurt a. M. 1986

Malinowski, B.: Argonauten des Westlichen Pazifik, Frankfurt a. M. 1984

Malinowski, B.: The Language of Magic and Gardening, Volume II, Bloomington 1965

Malinowski, B.: Ein Tagebuch im strikten Sinn des Wortes, in: ders.: Schriften 1-4, Frankfurt a. M. 1985

Malinowsk, B.: Anfänge einer afrikanischen Anthropologie, in: ders.: Schriften zur Anthropologie, Frankfurt a. M. 1986

Rabinow, P.: Representations Are Social Facts: Modernity and Post-Modernity in Anthropology, in: Clifford, J. / Marcus, Georg E. (ed.): Writing Culture. The Poetics and Politics of Ethnography, Berkeley / Los Angeles / London 1986, 234-261

Ricoeur, P.: Tempe et Récite Paris, Vol. 1, Paris 1983

Rorty, R.: Der Spiegel der Natur. Eine Kritik der Philosophie, Frankfurt a. M. 1981

Rosaldo, R.: From the Door of His Tent: The Fieldworker and the Inquisitor, in: Clifford, James / Marcus, Georg E. (ed.): Writing Culture. The Poetics and Politics of Ethnography, Berkeley/ Los Angeles/ London 1986, 77-97

Shimada, Sh.: Identitätskonstruktion und Übersetzung, in: Assman, A. / Friese H. (Hrsg.): Identitäten. Erinnerung, Geschichte, Identität 3, Frankfurt a. M. 1998

Tedlock, D.: Fragen zur dialogischen Anthropologie, in: Berg, E. / Fuchs, M., Frankfurt a. M. 1979, 269-287

Tyler, A. S.: Das Unaussprechliche, Ethnographie, Diskurs und Rhetorik in der postmodernen Welt, München 1990

v. *White*, H.: Auch Klio dichtet oder die Fiktion des Faktischen. Studien zur Tropologie des historischen Diskurses, Stuttgart 1986

Whorf, B.: Language, Thought and Reality, Cambridge 1963

Ute Schönpflug (Halle/Saale)

Ist Realität kulturabhängig? Eine entwicklungspsychologische Analyse

1. Psychische Realität

1.1. Realitätsbegriff

Der Begriff „Realität" in der alltagssprachlichen Bedeutung spricht an, was sich dem Bewusstsein aufdrängt, was auf permanente und geregelte Weise verharrt, und dadurch das, worauf man sich innerhalb definierter Grenzen verlassen kann. Realität ist autonom, unabhängig, äußerlich vom erkennenden Subjekt. In diesem Sinn steht Realität im Gegensatz zu Erscheinung.

Psychische Realität[1] wird im 19. Jahrhundert in unserem Fach zum Diskussionsgegenstand, also zu einer Zeit, in der sich die Psychologie aus der Philosophie zu verselbständigen beginnt. Dem Realitätsbegriff in der Psychologie nachzuspüren, führt mitten hinein in ein Netzwerk kniffliger Fragestellungen. Psychische Realität ist in der Psychologie hingegen vom erkennenden Subjekt nicht äußerlich und unabhängig, sondern sie ist dem erkennenden Subjekt innewohnend und eigen. Sie besteht einmal in seinen psychischen Funktionen und ihren besonderen Operationsweisen: also, dem Wahrnehmen, Denken, Erinnern, Fühlen, der Motivation / den Bedürfnissen, der Bewegung; dann aber besteht sie auch in durch diese Funktionen aufgebauten bewussten Repräsentationen: Wahrnehmungsbilder, Vorstellungen, Schemata, Skripte, Begriffe, Bewegungsprogramme. Aber auch die neuronalen Netzwerke, in deren Aktivierungsmuster sich Erfahrung unbewusst oder bewusstseinsfähig niederschlägt, gehören zu diesen Repräsentationen.

Die durch die Funktionen erzeugten Repräsentationen fügen sich zum „Weltbild" zusammen; sie steuern ihrerseits wiederum die Wahrnehmung und die Urteilsprozesse, aber auch die Emotionen, Motivation und Handlungen. Als ein Beispiel mögen Stereotype als undifferenzierte Schemata über andere Gruppen dienen. Sie steuern die Urteile über Mitglieder dieser Gruppen: ihre Verhaltensweisen, ihre Eigenschaften, ihren Wert. Dies ist bereits bei Kindern

---

[1] Die Begriffe „Psychische Realität" und „psychische Wirklichkeit" werden in der Entwicklungspsychologie synonym gebraucht.

im Alter von 9 Jahren zu beobachten. Eine Untersuchung von Bar-Tal (1996) berichtet, dass israelische Kinder Araber auf Fotografien dann negativ beurteilten, wenn sie äußerliche arabische Attribute wie Schnurrbart, Kopfbedeckung und Gewand zeigten. Bis zu diesem Alter sind also Stereotype als Teil der Repräsentationen der psychischen Realität bereits entwickelt. Der psychologische Zugang zur Entwicklung der psychischen Realität der Funktionen und ihrer Funktionsqualitäten ist also in der Regel über die Repräsentationen. Die Funktionsweisen werden gezielt beeinflusst und die Veränderungen werden an Hand der veränderten Repräsentationen abgelesen.

1.2. Bewusstheit psychischer Realität

Die Repräsentationen als Produkte der psychischen Funktionen sind bewusst oder bewusstseinsfähig. Aber bilden unsere Funktionen eigene bewusste oder bewusstseinsfähige Repräsentationen über ihre Funktionsweisen aus? Die Frage ist zu bejahen. Diese Repräsentationen sind unter der Bezeichnung „Metakognitionen" bekannt. Metakognitionen beinhalten Repräsentationen (Wissen) über die Funktionsweise kognitiver Funktionen, den eigenen und denjenigen anderer Personen. Metalinguistik heißt also Wissen über die Art, wie die eigene Sprachverarbeitung funktioniert. Dreijährige zweisprachige Kinder haben mit Sicherheit Metalinguistik ausgebildet: Sie wissen, dass es zwei Sprachen in ihrer Umgebung gibt, mit denen der gleiche Sachverhalt in jeweils unterschiedlichem Code ausgedrückt wird (Schönpflug 2001a). Sie wissen auch, wenn auch noch nicht vollständig, wann welche Sprache angemessen ist. Die Entwicklung des Metagedächtnisses beinhaltet das Wissen über die Funktionsweise des eigenen und fremden Gedächtnisses: Schneider (Schneider / Uhl 1990) fand heraus, dass Kinder im Vorschulalter ihrem Vergessen bewusst entgegenwirken durch den Einsatz von gedächtnisverbessernden Strategien, wie z.B. dem ständigen Wiederholen des zu Behaltenden.

1.3. Psychische Realität als genetisches Programm

Die erste Frage, die sich Entwicklungspsychologen stellen müssen, wenn sie in einen Entwicklungsbereich eindringen, beinhaltet die Frage nach genetischen Programmen: Ist die Art, wie wir die Realität in Form von Repräsentationen aufbauen oder die Art, wie die psychischen Funktionen dies tun, ein genetisches Programm, und wenn ja, ist es dann ein spezies-spezifisches, also dem menschlichen Organismus innewohnendes Programm? Wieviel Veränderungspotential hat ein genetisches Programm? Auf diese Frage kann man für die Mehrzahl der psychischen Funktionen und der daraus resultierenden Repräsentationen zur Zeit nur unangemessene Antworten geben. Zum Beispiel in einem Bereich, in dem zwei Jahrzehnte die Nativisten den Ton angaben, wird nun durch den zur Zeit vorherrschenden theoretischen Kontextualismus bestimmt: der Spracherwerb im Kindesalter.

Ein Beispiel aus der Spracherwerbsforschung von Tomasello und Brook (1999) vom Max-Planck-Institut für Anthropologie in Leipzig soll diesen Punkt erläutern. Sie führten mit dreijährigen Kindern ein Training im Gebrauch von Passivsätzen durch. Richtige Passivsätze tauchen im Sprachgebrauch von Kindern erst im Alter von 10-11 Jahren auf. Das frühe Training stellt eine Herausforderung an die Nativisten unter den Spracherwerbsforschern dar. Eine Erhöhung des Sprachgebrauchs von Passivformen nach dem Training zu einem wesentlich früheren Zeitpunkt als im natürlichen Spracherwerb ist ein gewichtiger Hinweis darauf, dass Umwelterfahrungen des Kindes die Entwicklung dieser Art der Sprachschemata beeinflussen. Das heißt natürlich auch, dass die für den Spracherwerb zuständigen kognitiven Funktionseinheiten, die Module, nicht nach einem genetischen Programm mit Zeitvorgaben arbeiten können. Alles, was nicht genetisch vorprogrammiert ist, weist hohe Plastizität (d.h. intraindividuelle Varianz) und Variabilität (d.h. interindividuelle Varianz) auf. Die Verbindung zu unserem Thema läge also in der Schlussfolgerung, der Aufbau dessen, was Realität psychologisch ausmacht, ist plastisch und variabel, weil nicht fest über die Lebensspanne durch Anlagen (genetische Programme) vorgegeben. Nach diesen Überlegungen wird nun die Aussage verständlich, dass psychische Realität kulturabhängig ist.

2. Kulturabhängige Entwicklung der Funktionen und Repräsentationen

2.1. Entwicklungsbegriff

Entwicklung ist Veränderung über die Zeit, aber nur altersgraduierte Veränderungen bilden den abgrenzbaren Gegenstand der Entwicklungs-psychologie. In seiner Entwicklungspsychologie über die Lebensspanne fasst Paul Baltes vom Max-Planck-Institut folgende Bestimmungsstücke von Entwicklung so zusammen: (1) Entwicklung geht über die *gesamte*

Lebensspanne; (2) Entwicklung ist *multidirektional*, sie kann unterschiedlich ausgerichtete Pfade einschlagen; (3) Entwicklung ist *plastisch*, d.h. Umwelterfahrung, Training, Intervention kann die Entwicklung eines Individuums formen; (4) Entwicklung verläuft interindividuell unterschiedlich, d.h. *variabel*; (5) mit zunehmendem Alter schwindet die biologische Funktionstüchtigkeit. Erfahrung, Wissen, soziale Unterstützung und Regulatoren sowie technische Hilfsmittel, von Baltes mit „Kultur" umschrieben, werden im Alter immer notwendiger, aber auch zunehmend unwirksamer für die Lebensbewältigung.

2. 2. Entwicklung der psychischen Realität – Entwicklung der Repräsentationen

2.2.1. Die strukturgenetische Theorie Jean Piagets

Wie bilden sich Repräsentationen in der Entwicklung heraus? Die konstruktivistische Theorie der kognitiven Entwicklung von Jean Piaget gibt Antworten auf diese Fragestellung. Sie sieht einen altersgraduierten Aufbau von Schema – Repräsentationen vor, die einerseits durch Assimilation von Informationen aus der Umwelt, andererseits aber auch durch Akkomodation der Schemata an die Informationen aus der Umwelt sich entwickeln. Die Entwicklung der schema-artigen Repräsentationen beinhaltet also nach Piaget die Entwicklung von Konstruktionen der Realität. Piagets Buch über „La construction du réel chez l'enfant" (1937) weist auf folgende entwicklungspsychologische Erkenntnisse hin:

Für das Kleinkind ist die psychische Realität, sein Weltbild, handlungsbezogen. Das Weltbild des Kindes ist bis etwa 5 Jahre egozentrisch. Das Kind kennt sich in dieser Phase selbst am wenigsten, es bleibt dennoch auf sich bezogen. Mit fortschreitender Erkenntnis der Objekt- und Personenwelt setzt es sein Selbst in Beziehung zur Realität, es „dezentriert". In dem Maße, wie das Kind sich entdeckt, stellt es sich in die Wirklichkeit hinein und konstituiert sie durch Handlungen. Mit anderen Worten: Egozentrismus bedeutet Fehlen von Bewusstsein seiner selbst und Fehlen von Objektivität, während die Besitzergreifung der Objekte Hand in Hand geht mit dem Sich-seiner-selbst-Bewusstwerden. Die subjektive Organisation der realen Welt stellt sich nun in dem Maße her, wie das Ich, das sich entdeckt, sich von sich selbst befreit und sich so als ein Ding unter Dingen, als ein Ereignis unter Ereignissen setzt. Der

Aufbau der Wirklichkeit erfolgt nach Piaget in sechs Stadien: i. Stadium der Reflextätigkeit (biologisch festgelegte Reaktions-muster); ii. Stadium der primären Zirkulärreaktion (Wahrnehmen – Greifen): In den beiden ersten Stadien ist ein Wiedererkennen möglich, aber verschwundene Gegenstände werden nicht vermisst; iii. Stadium der sekundären Zirkulärreaktion (Greifen erbringt neue Objektinformation, die durch Akkomodation auf die Objektwelt Veränderungen und erste Objektpermanenz mit sich bringen); iv. Stadium der Koordination der sekundären Verhaltensschemata und Anwendung auf neue Situationen: Es werden verschwundene Gegenstände vermisst, aber die Verlagerung von versteckten Gegenständen wird nicht voll realisiert; v. tertiäre Zirkulär-reaktion: ein Gegenstand ist voll erfasst als permanent und wird gesucht, aber an vertrauten Plätzen innerhalb des Wahrnehmungsfeldes (12-18 Monate); vi. Erfindung neuer Mittel durch geistige Kombination: Verlagerungen von als permanent erlebten Gegenständen werden realisiert auch außerhalb des eigenen Wahrnehmungsbereiches in der Vorstellung (16-18 Monate). Nach den gleichen Stufen wie den hier beschriebenen für den Aufbau der Objektwelt erfolgt der Aufbau des Raum- und des Zeitbegriffes und der Kausalität. Nach den sechs Stufen des sensumotorischen Erkennens und Konstruierens der Wirklichkeit erfolgt das konkret operationale und dann erst das formallogische Denken.

Piagets Theorie hat in den letzten beiden Jahrzehnten durch kulturvergleichende Untersuchungen Modifikationen erfahren, besonders was die Zeitpunkte anbelangt, in denen Übergänge zu höheren Stufen der kognitiven Entwicklung erfolgen sollen. Der Einfluss des kulturellen Kontextes setzt vor allem an den höheren kognitiven Entwicklungsphasen an; die kulturellen Unterschiede sind auf die adapative Funktionalität der Konstruktion von bestimmten Merkmalen der Realität zurückzuführen: So entwickeln nomadische, jagende Kulturen elaboriertere Raumvorstellungen, während agrarische Kulturen eher elaborierte Zahlensysteme entwickeln (Mishra 1997). Vor allem Kulturen mit Schulpflicht und solche ohne unterscheiden sich erheblich im formallogischen Denken, der letzten kognitiven Entwicklungsstufe, die in der späten Kindheit einsetzt.

2.2.2. Neue Ansätze: Intuitive Physik und Intuitive Psychologie (theory of mind)

Intuitive Physik. Kritischer für die Theorie Piagets aber sind neue Befunde zur intuitiven Physik, der Repräsentation von physikalischen Sachverhalten, die darauf hindeuten, dass im Ansatz physikalische Repräsentationen der folgenden Art bereits in Experimenten mit Säuglingen in der ersten Hälfte des ersten Lebensjahres nachweisbar sind:

- Objekte sind zusammenhängende Einheiten, deren Teile Kohäsion aufweisen (Meltzoff 1998); zwei Objekte werden von 3 Monate alten Säuglingen als getrennte Einheiten erlebt, wenn sie unterschiedliche Tiefenebenen einnehmen oder unabhängig voneinander sich bewegen. Unterschiedliche Farbe, Form und Oberflächenbeschaffenheit reichen nicht aus (Spelke / van de Walle 1993).
- Objekte sind „permanent", auch wenn ein Objekt aus dem Blickfeld verschwindet, ist es vorhanden (Baillargeon 1987).
- Kontinuität in der Existenz – ein Objekt, das von einem Platz auf den anderen sich bewegt, kann nicht denselben Ort einnehmen, wie ein anderes Objekt (Meltzoff 1998),
- Kontakt und Induktion von Bewegung: Ein Objekt muss Kontakt mit einem anderen herstellen, um es in Bewegung zu versetzen (Spelke 1994, Baillargeon 1999).

Diese und ähnliche Untersuchungen mit wenigen Monaten alten Säuglingen legen nahe, dass die Reifung des ZNS und nicht – wie die Piaget-Tradition dies wahrhaben will – eine lange Folge von erworbenen Handlungsschemata den Aufbau der Repräsentation in der ersten Hälfte des ersten Lebensjahres bestimme,

Intuitive Psychologie (Theorie des Geistes, Theory of Mind). Ein neuer Ansatz zum Aufbau von psychischer Realität bei Kindern nennt sich *Intuitive Psychologie.* Wichtige Veröffentlichungen in diesem Bereich sind auch unter der Bezeichnung „Theorie des Geistes" (englisch „theory of mind") zu finden. Hier wird auf das Wissen von den Funktionen der geistigen Welt anderer Personen und deren Repräsentationen im Bewusstsein verwiesen. Dazu zählt die beginnende Bewusstheit der Intentionalität und Zielgerichtheit der menschlichen Handlungen, aber auch das Verstehen von eigenen und fremden Wahrnehmungsperspektiven, Aufmerksamkeit, Wünschen, Emotionen, Überzeugungen, Denken, Wissen und Täuschungen.

Entwicklungspsychologen sind vor allem daran interessiert zu erfahren, wann und wie Kinder das Wissen um die verschiedenen Zustände des Geistes (eigen oder fremd) erwerben. Wissen z.B. Kinder, dass ihre eigenen Wahrnehmungen dann nicht im Wissen anderer repräsentiert sein können, wenn die anderen diese Wahrnehmungen nicht teilen konnten? Können Kinder erschließen, dass ein anderes Kind eine falsche Überzeugung haben muss, wenn ihm eine Erfahrungsbasis fehlt? Wissen Kinder, dass ein unerfüllter Wunsch in der Regel negative Gefühle auslöst und weitere Anstrengungen, um dennoch den Wunsch erfüllt zu bekommen? Leslie (1987) weist darauf hin, dass die einzige Funktion mentaler Repräsentationen nicht in der Reflektion der Realität bestehen kann. Wäre dies der Fall, dann wären falsche Überzeugungen ein nicht erklärbares Problem. Das Erkennen von „tatsächlichem", „hypothetischem", überholtem und gegenwärtigem Wissen sind Metarepräsentationen, auch das Erkennen falscher Überzeugungen oder vorgespielte Realität gehören dazu.

Erscheinung/Realität Unterscheidung. Flavell (1999) hebt hervor, dass Wahrnehmungen die Realität hier und jetzt beinhalten. Wahrnehmungstäuschungen belehren uns aber, dass unser Wahrnehmungssystem auch konstruktive Leistungen produziert, die sich in den Repräsentationen niederschlagen. Flavell untersuchte bei Kindern das Verständnis von Erscheinungsformen, die nicht der Realität entsprachen. Kindern wurde ein Schwamm gezeigt, der äußerlich wie ein Granitfelsen aussah. Befragt, um welchen Gegenstand es sich handele, antworteten sie „eine Art von Felsen". Der Versuchsleiter drückte den Schwamm und ließ die Kinder ebenfalls drücken. Das Kind erkannte den Gegenstand als Schwamm. Dem Kind wurden danach zwei Fragen gestellt: „Was ist das nun in Wirklichkeit? Ist es in Wirklichkeit ein Fels oder in Wirklichkeit ein Schwamm?" Dann folgte noch die Frage: „Wenn Du den Gegenstand jetzt mit Deinen Augen ansiehst, sieht es aus wie ein Felsen oder wie ein Schwamm?" Nur 25% der Dreijährigen gaben die richtige Antwort „Es sieht aus wie Fels, ist aber ein Schwamm"; unter den Vierjährigen waren es schon 85%. Die falsche Antwort war in der Regel naiv realistisch: „Es sieht aus wie ein Schwamm und ist auch ein Schwamm". Dreijährige fassen noch nicht, dass sich die Wahrnehmung täuschen kann, sie unterscheiden noch nicht Erscheinung und Realität. Ihre Realitätserkenntnis bestimmt die Verarbeitung der folgenden Nachrichten. Vierjährige verstehen, dass die Wahrnehmung einen Inhalt hat, der von der Referenz der Wahrnehmung zu unterscheiden ist.

Objektbeziehung (Aboutness). Mentale Zustände sind charakterisiert durch ihre Beziehung zu einem Objekt. Nach Brentano (1874/1955) handelt es sich um die „intentionale Nichtexistenz eines Objektes". Jede mentale Erscheinung bezieht sich auf irgendein Objekt (z.B. die Vorstellung auf ein Vorgestelltes, der Hass auf etwas oder jemanden). Unsere mentalen Zustände zielen auf etwas ab, deshalb sind sie intentional und das, worauf sie abzielen, ist lediglich repräsentiert, aber nicht real vorhanden. Kinder verstehen, dass es ernstgemeinte mentale Repräsentationen gibt, d.h. solche, deren Besitzer sie für Realität hält (Flavell 1999). Kinder, die einen Schwamm durch ein Vergrößerungsglas sehen, nachdem sie ihn vorher mit anderen Objekten in realer Größe manipulieren konnten, werden dann gefragt, wie der Schwamm beim Ansehen durch das Vergrößerungsglas ihnen erscheine: klein oder groß und dann, wie er in Wirklichkeit sei, klein oder groß. Dreijährige geben entweder die eine oder die andere Antwort auf beide Fragen, diskriminieren also nicht. Vierjährige und ältere tun dies jedoch meist richtig. Zum gleichen Zeitpunkt kommen sie auch gut mit den falschen Überzeugungsaufgaben zurecht. Im Alter von vier Jahren wächst das Verständnis für die unterschiedlich realen Repräsentationen. Es wächst das Verständnis auch dafür, dass ihr eigener Geist ein Konstrukteur und Verarbeiter ist (Pillow / Henrichon 1996), so z.B., dass Menschen mehrdeutige Ereignisse gemäß ihren Vorerfahrungen und den daraus resultierenden Erwartungen interpretieren.

Weiterhin fielen O'Neill (1996) und Taylor (1996) auf, dass Kinder auch im frühen Grundschulalter noch nicht erkennen, was Wissen ist und wie es erworben wird.

Sie können aber „so tun, als ob", besonders in Spielen und damit Realitätsebenen entkoppeln: Die reale Ebene in der realen Welt: die Spielebene (wir spielen) und die „So-tun-als-ob- Realität" im Spiel: „Du bist die Mutter und ich bin der Vater" im Rollenspiel, oder: Eine Banane ist das Telefon. Dieses letzte „So-tun-als-ob"-Spiel kann schon bei 18-24 Monate alten Kleinkindern beobachtet werden. Dies wird von Leslie (1994) mit *metarepräsentationale Kapazität* bezeichnet und liegt etwa zwei Jahre vor dem Erkennen falscher Überzeugungen. Kinder unter 5 Jahren haben Schwierigkeiten zu sagen, wann andere oder sie selbst denken. Sie geben jedoch allgemein die Auskunft, dass es eine innere Tätigkeit ist.

Falsche Überzeugungen. Perner (1991, S. 179) schildert das erste Experiment zur Erkenntnis falscher Überzeugungen sehr anschaulich: Im Versuch wird eine Geschichte erzählt, in der ein Kind Maxi nach dem Einkauf der Mutter auspackt. Die eingekaufte Schokolade steckt Maxi in einen grünen Schrank. Danach geht er zum Spielplatz. Inzwischen backt die Mutter einen

Schokoladenkuchen, nimmt die Schokolade aus dem grünen Schrank, bricht einen Riegel ab und steckt den Rest Schokolade in einen blauen Schrank. Die Mutter verlässt die Küche. Etwas später kommt Maxi hungrig nach Hause und möchte seine Schokolade essen. Wo sucht er nach der Schokolade? Die Antwort der kleinen Dreijährigen: im blauen Schrank. Hier liegt noch ein metarepräsentationales Defizit vor. Erst nach dem Alter von 3½ Jahren kommt hin und wieder die richtige Antwort: im grünen Schrank.

Ein weiterer klassischer Versuch besteht darin, einem Kind eine Dose mit einem Süßigkeitenbild außen zu zeigen. Das Kind wird gefragt, was in der Dose sei. Das fünfjährige Kind antwortet: Süßigkeiten. Die Dose wird aufgemacht, es sind Buntstifte drin. Gefragt, was es glaube, dass ein anderes Kind meine, was in der Dose sei, wird es sagen: Süßigkeiten. Ein dreijähriges Kind wird nach derselben Serie von Einblicken und Fragen antworten: Bleistifte. Auf weiteres Befragen wird das dreijährige Kind sogar sagen, es hätte anfänglich sogar gedacht, es seien Bleistifte darin. Die naheliegende Interpretation ist, dass dreijährige Kinder keine Vorstellung von mentalen Repräsentationen des Geistes haben. Sie erkennen nicht, dass Leute nicht denken und handeln in Übereinstimmung mit der Art, in der die Kinder die Welt innerlich repräsentieren. Sie verstehen nicht, dass falsche Überzeugungen anderer deren Realität sein müssen, weil sie nicht die gleichen Wahrnehmungsvoraussetzungen haben wie sie selbst (Perner 1991, S. 186f.).

Intrakulturelle Unterschiede. Flavell fand, dass Kinder mit Geschwistern früher Antworten gaben, die einem höheren Entwicklungsstand – besonders im Bereich *falsche Überzeugungen*, entsprachen. Taube Kinder, deren Eltern fließend die Zeichensprache konnten, schnitten besser ab als Kinder, deren Eltern die Zeichensprache nicht gut ausgebildet hatten. Sozial-kommunikative Sozialisation fördert also die Entdeckung von Realitätsunterschieden.

Lillard (1998) stellt die kulturellen Unterschiede bei Erwachsenen und Kindern in Modellen des Geistes zusammen: Die europäisch-amerikanische Theorie des Geistes und eine asiatische Version sind in den folgenden Graphiken (Abbildung 1 und 2) anschaulich dargestellt:

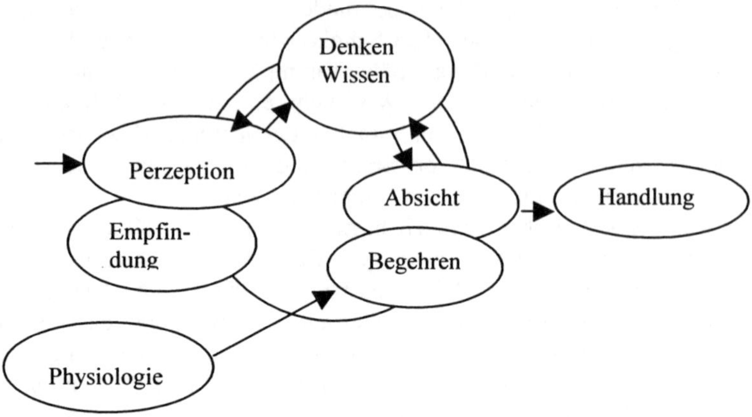

Abbildung 1. Die europäisch-amerikanische Theorie des Geistes nach Lillard (1998)

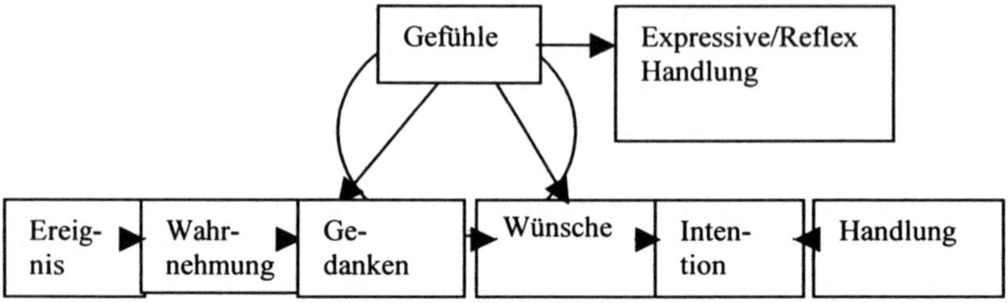

Abbildung 2. Das philipinische Modell des Geistes nach Lillard (1998)

Das Modell in Abbildung 1 ist Ergebnis einer Erhebungstechnik folgender Art: Es wurden Kindern ab 6 Jahren, Jugendlichen und Erwachsenen die folgenden Fragen gestellt: „Braucht man den Geist um ... (i) zu denken, (ii) sich zu erinnern, (iii) zu fühlen, (iv) für einfache motorische Handlungen und (v) für Schulanforderungen wie Schreiben etc. Das Modell in Abbildung 1 ist das Integral aus allen diesen Antworten von Kindern und Erwachsenen. Ältere Kinder (10-12 Jahre) gaben schon erwachsenenähnliche Antworten. Nach

Meinung der Befragten unterhält der Geist eine Reihe von Zuständen und Prozessen wie Emotionen, Denken, Wünsche und Eigenschaften. Eigenschaften sind keine Prozesse, sie beeinflussen sie aber. Biologisch-physiologische Grundlagen beeinflussen lediglich die Motivation (Absicht und Begehren).

Abweichend davon beschreiben die Antworten der Illongot (Philippinen) eine Theorie des Geistes nach der der Geist seinen Sitz im Herzen, nicht im Gehirn hat. Der Geist gleicht mehr einer Lebenskraft oder Seele, die den Körper während des Schlafes verlässt. Er fühlt aber auch, denkt, nimmt wahr und erinnert. Wichtig für diese ethnische Gruppe ist nicht, was in der einzelnen Seele vor sich geht, sondern, was sich zwischen Menschen abspielt. Dies ist Ausdruck einer kollektivistischen Kultur, in der Interdependenzen der Menschen den Rahmen für alle Lebensvollzüge abgeben.

3. Eigene Untersuchungen: Sprachabhängige Begriffsbildung

Untersuchungen (Schönpflug 1993; 2001a) zu sprachabhängigen kognitiven Modellen, insbesondere zur Begriffsbildung folgen diesen Überlegungen: Wenn ein Individuum zwei Sprachen erwirbt, wird es Wortbedeutungen erwerben, die in beiden Sprachen weitgehend übereinstimmen: z.B. Kind – child entspricht im Englischen und Deutschen dem gleichen Objekt. Es gibt aber einander entsprechende Wortbedeutungen, die in zwei Sprachen nicht weitgehend übereinstimmen, wie z.B. gleich - immediately. Ein zweisprachig aufwachsendes Kind wird die Wortbedeutungen der beiden Sprachen nicht gleich in ihren sprachspezifischen Bedeutungen (Erstsprach- oder Zweitsprachbegriff) voll erkennen und zunächst die überlappenden Bedeutungsanteile aufnehmen und einen „Zwischenbegriff" konstruieren.

Eine erste Untersuchung bezog zweisprachige Kinder (türkisch-deutsch und polnisch-spanisch; 8-14 Jahre alt, aus allen Schultypen) ein. Ihnen wurden Temporaladverbien zur Beurteilung vorgelegt: einmal in der Erstsprache, dann in der Zweitsprache oder umgekehrt. Zwischen beiden Befragungen lagen jeweils vier Wochen. Sie beurteilten auf einer Zeitskala, die Vergangenheit, Gegenwart und Zukunft in Zeiteinheiten einteilte, in welchem(n) Zeitraum(räumen) ihrem Verständnis nach sich bald, damals oder jetzt usw. abspielten. Vergleichsgruppen waren jeweils monolinguale Kinder aus den entsprechenden Ländern.

Die Ergebnisse waren eindeutig: Je älter die bilingualen Kinder und je länger sie in der Zweitsprachenumgebung waren (etwa bis 14 Jahre), umso mehr rückten die Zeitvorstellungen aus beiden Sprachen aufeinander zu und glichen sich gleichzeitig den Bedeutungen der Umgebungssprache, i.e. der Zweitsprache, an.

In Anlehnung an Eve Clark (1992) liegen folgende Überlegungen hierzu der theoretischen Interpretation zugrunde: Sprachabhängige bilinguale Begriffsbildung verläuft intraindividuell von der Kontrastbildung zur Angleichung der Begriffe aus beiden Sprachen. Gleichzeitig nimmt sie auch den Weg der Konventionalisierung: Begriffe werden geformt nach dem herrschenden Begriffsverständnis der Umgebungssprecher. Weiterhin konnte ich in einem kulturvergleichenden Längsschnitt Warschau-Berlin über vier Jahre zeigen, dass Handlungswissen kulturabhängig ist. Entwicklung erfolgt nach diesem Ansatz durch aktives Angehen von Entwicklungszielen durch Handlungsstrategien. Wir konnten zunächst feststellen, dass Jugendliche in Warschau weniger dringlichere Zielsetzungen in drei Entwicklungsbereichen aufwiesen als die Jugendlichen in Berlin. Weiterhin suchten sie die Entwicklungsziele stärker mit Elternhilfe und Elternrat zu bewältigen als die deutschen Jugendlichen: Dies ist besonders auffallend bei der Entwicklungsaufgabe, einen festen Freund/in, also eine heterosexualle Partnerschaft, aufzubauen – selbstverständlich nach dem Verständnis der 14-16 Jährigen!

Die polnischen Jugendlichen haben stark hierarchisierte Handlungsstrategien: Bauen auf die Unterstützung durch Eltern steht bei ihnen an zweiter Stelle der bevorzugten Handlungsstrategien und Unterstützung durch Gleichaltrige an letzter Stelle. Für deutsche Jugendliche ist Elternunterstützung die am wenigsten bevorzugte Strategie zu Erreichung eines Entwicklungszieles, alle anderen Möglichkeiten werden gleichermaßen stärker bevorzugt. Diese Art des „prozeduralen Wissens“ ist also ebenso kulturspezifisch wie das „deklarative Wissen“, das den Wortbedeutungen zugrunde liegt.

4. Kulturelle Transmission von psychischer Realität

Durch Transmission von einer Generation zur anderen wird die kulturell geschaffene Wirklichkeit weitergegeben, aber natürlich nur teilweise: Wären Kinder und Jugendliche nicht Agenten ihrer eigenen Entwicklung, würde die Gesellschaft sich wenig wandeln. Dieses Beharren ist in Gesellschaften der Fall, die heute noch auf der Stufe der Jäger und Sammler leben. Der starke Konformitätsdruck sorgt u.a. in diesen Gesellschaften für geringen kulturellen Wandel (Schönpflug, 2001b).

Eine eigene Untersuchung über die intergenerationale Transmission von Werthaltungen - und damit ein Ausschnitt der sozialen Realität - mit Hallenser Schülern und ihren Familien hat erste interessante Ergebnisse über die Transmission von Wertorientierungen erbracht: Werthaltungen werden selektiv von Eltern auf ihre Kinder weitergegeben. Manche Werthaltungen werden mehr vom Vater auf das Kind, andere mehr von der Mutter auf das Kind, wiederum andere von beiden gemeinsam weitergegeben. Für die Weitergabe des Vaters ist vor allem maßgebend, wie stark er von seinen eigenen Werteorientierungen überzeugt ist; für die Weitergabe der Mutter darüber hinaus gleichermaßen, welche Werthaltungen sie in ihrem gesellschaftlichen Umfeld wahrnimmt (Bilz 2001).

5. Schlussfolgerungen

Die Zusammenstellung der Überlegungen und Befunde aus der Entwicklungspsychologie zeigen, dass etwa um das Alter von vier Jahren herum entscheidende kognitive Funktionen erworben sind, die dem Kind ermöglichen, unterschiedliche Realitätsebenen zu differenzieren, Realität und falsche Überzeugungen voneinander zu trennen und vor allem soziale Realitäten durch unterschiedliche Perspektiveneinnahmen zu erkennen. Bis zum Alter von etwa zehn bis elf Jahren sind diese Leistungen bis hin zu komplexen Theorien des Geistes erwachsenenähnlich entwickelt. Dies zeugt von einer in Alltagspsychologien nicht anerkannten hohen kognitiven Kompetenz, die sich im Verlauf der frühen bis späten Kindheit entfaltet.

Literatur

Baillargeon, R.: Object permanence in 3.5 and 4.5-months old infants, in: Developmental Psychology 23 (1987), 655-664

Baillargeon, R.: Infant's understanding of the physical world, in: Sabourin, M. / Craik, F. / Hove (Hg.): Advances in Psychological Science, Vol. 2: Biological and Cognitive Aspects, UK 1999, 503-529

Bar-Tal, D.: Development of social categories and stereotypes in early childhood: The case of the Arab concept formation, stereotypes and attitudes by Jewish children in Israel, in: International Journal of Intercultural Relations 20 (1996), 341-370

Bilz, L.: Wertetransmission in Familien mit Kindern im Jugendalter. Der Einfluss des gesellschaftlichen Kontexts auf die Externalisierung und Internalisierung von Werthaltungen. Diplomarbeit Martin-Luther-Universität, Halle/Saale 2001 *von Brentano*, F.: Psychologie vom empirischen Standpunkt. Bd. 1, hg. v. O. Kraus, Hamburg 1874/1955

Clark, E. V.: Conventionality and contrast: Pragmatic principles with lexical consequences, in: Lehrer, A. / Kittay, E. F. (Hrsg.): Frames, fields, and contrasts: New essays in semantic and lexical organization 1992, 171-188

Conti, R.: Time flies: Investigating the connection between intrinsic motivation and the experience of time, in: Journal of Personality 69 (2001), 1-26

Flavell, J. H.: Cognitive development: Childrens's knowledge about the mind, in: Annual Review of Psychology 50 (1999), 21-45

Leslie, A. M.: Pretending and believing: Issues in the theory of Theory of Mind. (ToMM), in: Cognition 50 (1994), 211-238

Lillard, A. S.: Ethnopsychologists: Reply to Gauvain and Wellman, in: Psychological Bulletin 123 (1998), 43-46

Meltzoff, A. N.: Object representation, identity, and the paradox of early permanence. Steps toward a new framework, in: Infant Behavior and Develoment 21 (1998), 201-235

Mishra, R. C.. Cognition and cognitive development, in: Berry, J. W. / Dasen. P. R. / Saraswathi, T. S. (Hg.): Basic processes and human development, Bostin 1997, 143-175

O'Neill, D. K.: Two year olds' sensitivity to a parent's knowledge state when making requests, in: Child Development 67 (1996), 659-677

Perner, J.: Understanding the representational mind, London 1991

Perner, J. / *Ruffman*, T./ Leekam, S. R.: Theory of mind is contageous, you catch it from your sibs. Child Development, 65 (1994), 1228-38

Piaget, J.: La construction du réel chez l'enfant, Paris 1937

Pillow, B.H. / *Henrichon*, A. J., in: Child Development 67 (1996), 803-819

Schneider, W. / *Uhl*, C.: Metagedächtnis, Strategienutzung und Gedächtnisleistung. Vergleichende Analysen bei Kindern, juengeren Erwachsenen und alten Menschen, in: Zeitschrift für Entwicklungspsychologie und Pädagogische Psychologie 22 (1990), 22-41

Schönpflug, U. Sprache und Kultur, in: Wessel, K.-F. und Naumann, F. (Hrsg.): Kommunikation und Humanontogenese, Wiesbaden 1993, 370-383

Schönpflug, U.: Bilingualism, cognitive aspects of, in: Smelser, N. J. / Baltes, P. B. (Hrsg.): International Encyclopedia of the Social and Behavioral Sciences, Vol. 2, London 2001a.

Schönpflug, U. (Hrsg.): Perspectives on cultural transmission. Special Issue of Journal of Cross-Cultural Psychology 32 (2001b), 132-250

Spelke, E. S. / *van de Walle*, G.: Perceiving and reasoning about objects: insights from infants, in: Eilan, N. / Brewer, W. / McCarthy, R. (Hrsg.): Spatial representation, Oxford 1993, 132-161

Tomasello, M. / *Brooks*, P. J.: Early syntactic development: A construction grammar approach, in: Barrett, M. (Hrsg.): The development of language (1999), 161-190

Taylor, M. / *Esbensen*, B. M ./ *Bennett*, R. T.:. Children's understanding of knowledge acquisition: the tendency for children to report they have always known what they have just learned, in: Child Development 65 (1994), 581-604

Alfred Springer (Wien)

Die Wirklichkeit des Geschlechts

1. Einleitung: Sexualität und Wirklichkeit: Der normative Rahmen und seine Entwicklung

Dass die geschlechtliche Variable wesentlich Anteil hat an der Konstruktion der Wirklichkeit ist wohl nicht zu bezweifeln. Sie steuert als „Erbsünde" das affektive Leben in der judao-christlichen Kultur. In der biblischen These ist logische Erkenntnisfähigkeit an Erkenntnis und bewusste Reflexion des eigenen Geschlechts geknüpft. Geschlechtliches konstituiert in unserem sozialen Raum Rahmenbedingungen für biologische, psychische und soziale Phänomene und Prozesse. Dadurch, dass Sprache und Bezeichnung sexualisiert sind, ist Sexualität auch wesenhaft an der symbolischen Ordnung beteiligt.

Demgemäss gehört zur Realitätserfahrung einer Person auch, dass sie sich mit bestimmten geschlechtsbezogenen kulturellen Regeln in Kongruenz fühlt, wie sie etwa Garfinkel für den aktuellen Zustand in den westlichen Kulturnationen folgendermaßen definierte:

1. Es gibt zwei – und nur zwei Geschlechter (männlich und weiblich).
2. Das Geschlecht ist unveränderlich. (Wenn du männlich oder weiblich bist, dann warst du es immer und wirst es auch immer bleiben.)
3. Die Geschlechtsorgane bezeichnen essentiell das Geschlecht. (Der Mann besitzt einen Penis, die Frau eine Scheide.)
4. Ausnahmen von den beiden Geschlechtern sind nicht ernst zu nehmen. (Sie sind Scherze, pathologische Bildungen usw.)
5. Es gibt keine Übergänge zwischen den Geschlechtern außer im zeremoniellen Kontext (Fasching etc.).
6. Jeder Mensch muss nach seinem Geschlecht klassifiziert wird. (Es gibt keinen Fall, dem kein Geschlecht zugeordnet würde.)
7. Die Dichotomie männlich – weiblich ist naturgegeben. (Männer und Frauen existieren unabhängig von wissenschaftlichen oder anderen Kriterien dafür, ein Mann oder eine Frau zu sein.)
8. Die Zugehörigkeit zu einem Geschlecht ist naturgegeben. (Mann oder Frau sein hängt nicht davon ab, ob irgendjemand darüber entscheidet, was man ist.) (verkürzte Darstellung nach Garfinkel 1967).

Diese Aufstellung entspricht einem gewissen kulturellen Niveau. Vom Standpunkt des Sozialen Konstruktivismus umfasst das System, das von den Begriffen sex und Geschlecht (gender) bezeichnet wird, ein Set von Arrangements , durch die eine Gesellschaft biologische Sexualität in kulturell sanktionierte Systeme sexuellen Ausdrucks transformiert (Rubin 1975).

Thomas Laqueur hat 1990 eine faszinierende Überschau über die Entwicklung unseres Verständnisses der Geschlechtlichkeit geliefert. Das Niveau, auf dem wir uns heute befinden, entspricht jenem, das seit dem späten 18. Jahrhundert entwickelt wurde und gegen Ende des 19. Jahrhunderts seinen ersten Höhepunkt erreichte. Zugleich mit der Aufklärung und mit dem Fortschritt der medizinischen Wissenschaft löste ein neues naturwissenschaftliches Verständnis von Sexualität das ältere metaphysische Interpretationssystem, das auf den Systemen von Aristoteles und Galen aufgebaut hatte, ab. Verkürzt kann man sagen, dass dieses Verständnis das ältere Ein-Geschlecht-Modell abgelöst hat, biologisch dominiert ist und auf der Erkenntnis von zwei biologisch differenten Geschlechtern aufbaut. Das „richtige" Geschlecht wird seitdem von der Art und Gestalt der Geschlechtsorgane definiert. Biologische Sexualtheorien, juristische Bestimmungen des Individuums und Formen administrativer Kontrolle haben seit dem 18. Jahrhundert in den modernen Staaten nach und nach dazu geführt, die Idee einer Vermischung der beiden Geschlechter in einem einzigen Körper abzulehnen und damit die freie Entscheidung der zweifelhaften Individuen einzuschränken. Jedem nur ein Geschlecht, und nur ein einziges.

Die geschlechtliche Wirklichkeit ist jedoch kompliziert; sie umfasst mehrere Komponenten, die miteinander harmonieren – aber auch zueinander in Widerspruch treten können.

1.1. Die Komponenten der „geschlechtlichen Wirklichkeit"

– die Wirklichkeit des Körpergeschlechts
– die Wirklichkeit des „psychischen" Geschlechts
– die Wirklichkeit des sozialen Geschlechts

Die gesellschaftliche Zuschreibung des Geschlechts folgt der Gestalt der Geschlechtsorgane und den bestimmten sexualtypisierten Zuschreibungen bezüglich der psychologischen und sozialen Kategorien „Empfinden" und „Verhalten."

Besteht Kongruenz zwischen den drei Dimensionen, wird davon gesprochen, dass das Individuum eine normgerechte geschlechtliche Identität entwickelt habe. Inkongruenzen der Selbstdefinition, im beobachtbaren Verhalten und in psychosozialen Einstellungen werden pathologisiert.

Die Inkongruenzen lassen uns unaufgelöste Spannungen zwischen individuellen Triebansprüchen – einer Art inneren Realität der Geschlechtlichkeit – und den Normsetzungen der Außenwelt vermuten.

2. Das Zutagetreten der Inkongruenz im Symptom – Phänomenologie der pathologischen Ausformungen

Verfehlungen des Zieles der geschlechtlichen Identität werden pathologisiert. Personen, die sie erkennen lassen, werden der Klientel der Psychiatrie und benachbarter Disziplinen zugeordnet. Die Erscheinungsformen sind mannigfaltig und äußerst differenziert. Sie reichen von bestimmten Ausprägungen sexueller Dysfunktion über Verhaltens- und Empfindungsabweichungen im Sinne von Fetischismus oder Masochismus bis hin zu schweren und komplexen Störungen der Gesamtpersönlichkeit im Sinne des Transsexualismus. Im Falle des Transsexualismus besteht eine tragische Auswirkung der Verhaftung an die kulturelle Normalität bei Personen, die aus verschiedenen Gründen nicht in der Lage sind, die Konkordanz zwischen innerer Realität und äußeren Ansprüchen ohne weitestgehende Autonomie zu erzielen und dabei der Illusion erliegen, dass damit das innere Bedürfnis gestillt wird. Das Phänomen der Transsexualität war es, das seit den 60er Jahren des 20. Jahrhunderts die Aufmerksamkeit vermehrt auf die Probleme der „Wirklichkeit des Geschlechts“ und des komplizierten Zusammenhangs zwischen Geschlechtlichkeit und Realitätserfahrung gerichtet hat.

3. Der gebrochene Hintergrund der Konstruktion des wirklichen Geschlechts. Die Bedeutung der Psychoanalyse als theoretischer Bezugsrahmen

3.1. Die Psychoanalyse und das Konzept der Wirklichkeit

Freuds Psychoanalyse entstand im historischen Kontext dieser Entwicklung. Auch für Freud war folgerichtig „Anatomie Schicksal.“

Sie entwickelte sich in einer Epoche, die charakterisiert ist durch ein wachsendes Interesse an geschlechtlichen Inhalten und Bedeutungen. Man erkannte, dass das Geschlecht es ist, das die geheimsten Bestandteile des Individuums verbirgt; seine Fantasmen, die Wurzeln seines Ich, die Formen seiner Beziehung zur Wirklichkeit. „Am Grund des Geschlechts – die Wahrheit“ formulierte Foucault (1978).

Foucault meinte, die Wurzel der kulturellen Kraft der Psychoanalyse darin zu erkennen, dass sie uns „das wahre Geschlecht verspricht und gleichzeitig die ganze Wahrheit über uns selbst, die heimlich in diesem wahren Geschlecht wacht.“

In welchem Verhältnis stehen nun Psychoanalyse und die Lehre von der Wirklichkeit?

Der Realitätsbegriff ist in der Psychoanalyse gekoppelt an die Lehre von der individuellen psychosexuellen Entwicklung. Gleichzeitig mit der Selbstwerdung des Individuums entwickelt sich die Erfahrungsdimension und verschärft sich die Auseinandersetzung mit der Umwelt, die als „Realität“ gesetzt wird. Zunächst herrscht das Lustprinzip, das im Entwicklungsprozess des Ich stufenweise vom Realitätsprinzip modifiziert wird. Das Lustprinzip als herrschendes Prinzip im Reich unbewusster Vorgänge, in dem die Triebe psychische Repräsentanz annehmen, verlangt nach unmittelbarer, unaufgeschobener Befriedigung der Triebansprüche; es repräsentiert den Primärprozess. Das soziale Lebewesen kann diesem Trieb nicht verhaftet bleiben. Es kann sich in seiner Umwelt nur angepasst bewegen, wenn sich als modifizierende und vermittelnde Instanz das Ich als Bewusstseinsträger herausbildet, das als Vermittler zwischen den inneren, triebhaften Ansprüchen, den internalisierten Ge- und Verboten und den Ansprüchen der Realität fungiert. Das reife Ich besitzt Fähigkeiten und Strategien der Abwehr, die es ihm ermöglichen, den Ansprüchen der Umwelt als äußerer Realität zu entsprechen. In unserem Kontext von Bedeutung sind zwei dieser mannigfaltigen Ichfunktionen: die „Realitätsprüfung“ und das „Wirklichkeitsgefühl.“

Unter Realitätsprüfung verstehen wir dabei die Wahrnehmung der „inneren“ psychischen Realität und der Welt der Objekte in der äußeren Realität. Die Realitätsprüfung umfasst folgende Fähigkeiten:

a) die Unterscheidung innerer und äußerer Stimuli

b) die Genauigkeit der Wahrnehmung äußerer Vorgänge mit Bezug auf örtliche und zeitliche Orientierung

c) die Genauigkeit der Wahrnehmung äußerer Vorgänge, Selbsterkenntnis und das Gewahrwerden von Wahrnehmungsverzerrungen

Das Wirklichkeitsgefühl als Gefühl der Wirklichkeit der Welt und der Wirklichkeit von einem selbst umfasst:
a) die Fähigkeit, „äußere“ Vorgänge als wirklich und eingebettet in einen bekannten Zusammenhang zu erleben
b) die Fähigkeit, den Körper oder Körperteile in ihren Funktionen und das eigene Verhalten als vertraut, unauffällig und als sich selbst zugehörig zu empfinden
c) das Identitäts- und Selbstwertgefühl als Gradient dafür, inwieweit Individualität, Einzigartigkeit, stabiles Körperbild und Selbstwertgefühl entwickelt sind
d) die Fähigkeit zur scharfen Trennung von Selbst- und Objektrepräsentanzen
Eine weitere Ichfunktion, die für unser Thema von Interesse ist, ist die Fähigkeit zu Objektbeziehungen.

3.1.1. Die Rolle der Sexualität in der Konstruktion der Wirklichkeit

Diese Ich-Funktionen schließen als wichtige Komponente die Geschlechtlichkeit ein. Das Wirklichkeitsgefühl umfasst die sexuelle Identität, indem es das „Wirklichkeitsprinzip“ auf die Erfahrung vom Leib und seinen Funktionen richtet und das Problem des Körperbildes beinhaltet. Die Fähigkeit der Realitätsprüfung hingegen umfasst die Wahrnehmung und Klassifizierung erotischer Stimuli. Die Funktion der Objektbeziehung wiederum ermöglicht die Sozialisierung der sexuellen Funktion und damit, zusammen mit der Fähigkeit der Realitätsprüfung, die Konstruktion der biologischen und gesellschaftlichen sexuellen Wirklichkeit. Freud erkannte im Übergang vom Lust- zum Realitätsprinzip einen der wichtigsten Fortschritte in der Entwicklung des Ich. Allerdings vermerkt er in diesem Kontext auch, dass „die Sexualtriebe dieses Stück der Ich-Entwicklung spät und nur widerstrebend mitmachen“ und dass es Folgen für den Menschen hat, dass „seine Sexualität sich mit einem so lockeren Verhältnis zur Realität begnügt.“
Das Prinzip „Geschlecht“ ist demgemäss wirklichkeitsgestaltend. Es ist in der äußeren Realität wesentliche Komponente des sozialen Regelsystems, es

konstruiert die symbolische Ordnung der Dinge, indem sprachlich den Objekten ein Geschlecht zugeordnet wird.

Gleichzeitig bedingt es eine brüchige Erfahrung der Realität, da die innere Realität, die sich aus der psychosexuellen Entwicklung konstituiert, auf manche Weise im Widerspruch mit den gesellschaftlichen Regeln der Geschlechtlichkeit befindet. In bestimmten Fällen tritt diese Konfliktlage in verstörender Weise in die äußere Realität ein, in den meisten Fällen bleibt diese Spannung unerkannt, verliert jedoch ihre steuernde Wirkung nicht. Die Analyse betroffener Personen lässt annehmen, dass folgende Charakteristika der inneren geschlechtlichen Wirklichkeit den dynamischen Hintergrund dieser Spannungen bilden:

1. Eine Verhaftung an die Vorstellung der Eingeschlechtlichkeit
2. Der Wunsch, in beiden Geschlechtern zu leben
3. Die Ichspaltung als Abwehrvorgang (Fetischisierung)

3.1.2. Die Entwicklung dieser Charakteristika

3.1.2.1. Die Bedeutung der Position der frühen Passivität

In der frühen prägenitalen Entwicklung ist die Psychosexualität des Kindes undifferenziert. Man spricht von der Phase der ursprünglichen Bisexualität. Dieser Zustand spiegelt sich auch im kognitiven Entwicklungsniveau wieder. Bis ins vierte Lebensjahr können Kinder zwar nach bestimmten Merkmalen geschlechtliche Zuordnungen treffen, haben aber keinen Begriff davon, dass diese Zuordnungen unveränderliche Kategorien konstituieren und erkennen auch nicht die Funktionalität des Geschlechtes.

Die Ausdifferenzierung zu einem Geschlecht und die damit verbundene Erkenntnis über die eigene Zugehörigkeit zu einem der beiden Geschlechter, die wiederum die Kongruenz mit der gesellschaftlichen sexuellen Norm ermöglicht, bringt nicht nur einen Gewinn – eine sexuelle Identität, einen Platz im gesellschaftlichen sexuellen Raum – sondern auch Verlust. Die Position des Kleinkindes in seiner Beziehung zu beiden Geschlechtern, die naive, undifferenzierte – nicht sexuell konnotierte – Erfahrung von aktiven und passiven Strebungen muss aufgegeben werden. Aus dieser Situation ergibt sich der in der inneren Realität fortdauernde Wunsch, in der Kontinuität eines zweigeschlechtlichen Wesens zu leben.

3.1.2.2. Die „Primärszene“ und der frühe Ödipuskomplex

In der frühen ödipalen Phase sind die Triebbedürfnisse des Kindes polymorph-pervers. Orale, urethale, anale und genitale Erregungsabläufe existieren nebeneinander und bilden ein chaotisches, überlappendes Muster, einen Zustand von miteinander rivalisierenden Bedürfnissen, die von sich aus frustrierend sind und zusätzlich von der Außenwelt frustriert werden. Libidinöse Ansprüche vermischen sich mit destruktiven, und die letzteren werden noch zusätzlich stimuliert durch die Erfahrung von Frustration und Eifersucht. Empfindungen von Hilflosigkeit und Allmacht, die diese frühe Phase bestimmende Dominanz der Phantasie über die Realität führen zur Verwirrung zwischen Impulsen und Objekten. Was gefürchtet oder begehrt wird, wird als reales Geschehen behandelt, und Angst und Frustration werden als Verfolgung durch andere erlebt.

Diese Erfahrungswelt bezieht auch Spekulationen über den körperlichen Kontakt der Eltern zueinander ein. Das Kind erfasst dabei ein Stück Realität, es überträgt aber seine eigenen triebhaften Impulse auf die Intimität zwischen den Eltern. Seine Beobachtungen werden durch Projektionen verändert. Daraus ergibt sich eine bedeutsame Verzerrung der Realität, die sich in der Vorstellung von der Primärszene als einem äußerst gewalttätigen Akt manifestiert. Eine wesentliche Komponente dieser Vorstellungen über den elterlichen Sexualverkehr wird von Einverleibungsfantasien gestaltet. Für das Kind dringen die beiden Eltern ineinander ein. Diese Vorstellung ist äußerst angstbesetzt. Sie schließt Vernichtung des Elternobjekts und – im Wechselspiel von Projektion und Introjektion – damit auch den Untergang des Kindes ein. Außer dieser maximal mit Angst besetzten Vorstellung bestehen noch weitere libidinöse und erschreckende Fantasien, wovon uns in unserem Kontext eine besonders interessieren muss: die Sub-Fantasie von der Mutter, die den väterlichen Penis inkorporiert.

Die Fantasie von der wechselseitigen Inkorporation beinhaltet die Vorstellung, dass der Vater die Brust der Mutter und die Mutter den Penis des Vaters in sich aufnimmt. Die Mutter trägt dann den väterlichen Penis in ihrem Leib mit sich. Diese Fantasie von der Mutter mit einem inneren Penis spielt im Fantasieleben des Kindes eine große Rolle. Sie ist ein Vorläufer der Fantasie von der „phallischen Frau“, die in der phallischen Phase der psychosexuellen Entwicklung auftaucht und seit Freud als Abwehr von Kastrationsängsten interpretiert wird.

3.1.2.3. Der Ödipuskomplex

Innerhalb der ödipalen Situation bauen sich verschiedene Entwicklungswege auf, die zu einer besonderen Strukturierung der inneren Realität der Geschlechtlichkeit führen können.

Die übliche Folge der ödipalen Strebungen ist beim Knaben der Untergang des Ödipuskomplexes an der Kastrationsangst. Der Knabe erkennt, dass er als Rivale dem Vater nicht gewachsen ist; er lernt Triebverzicht bzw. Aufschub der Triebbefriedigung, identifiziert sich mit dem Vater und akzeptiert seine Vorstellungen. All diese Entwicklungen bedeuten einen Schub in der Ich-Reifung. In diesem Kontext entsteht das Über-Ich als innerer Repräsentant der äußeren Forderungen und Vorstellungen.

Insofern ist die ödipale Phase der wichtigste Faktor in der Entwicklung der Fähigkeit, die äußere Realität wahrzunehmen, sie mit den inneren Bedürfnissen und Ansprüchen in Bezug zu setzen und zu lebbaren Kompromissen zwischen innerem Bedürfnis und äußerem Anspruch zu gelangen.

Mit dieser Entwicklung des „Realitätssinnes" geht auch die Errichtung des genitalen Primats Hand in Hand. In diesem Prozess müssen prägenitale Ansprüche gebändigt werden und es muss zu einer Klärung verschiedener Konzepte kommen: z.B. müssen die verschiedenen Körperteile und Funktionen voneinander differenziert und die destruktiven Impulse gezähmt werden.

Aus dem chaotischen Muster der Triebbedürfnisse der frühen ödipalen Phase organisiert sich die heterosexuelle Objektwahl und der Wunsch nach liebevollen genitalen Beziehungen unter Einschluss des Wunsches, mit dem gegengeschlechtlichen Elternteil ein Kind zu haben, während sich Hass und Rivalität gegen den gleichgeschlechtlichen Elternteil auf die Genitalsphäre begrenzen.

Dieser günstige Verlauf weist allerdings zumeist Brüche auf: eine wesentliche Komponente ist zum Beispiel der „negative ödipale Konflikt." Wenn der Knabe sich, wie oben beschrieben, zur heterosexuellen Objektwahl entwickelt, fühlt er sich dennoch gleichzeitig als der Rivale der Mutter, da in ihm noch alte Einverleibungsvorstellungen wach sind, die sich sowohl auf die Mutter wie auch auf den Vater richten. Seine alte „Weiblichkeit" tritt in Konflikt mit der neu erwachten „Männlichkeit." Als Grundregel kann gelten, dass die Identifikation mit der Mutter als erstem Liebesobjekt beim Mädchen die heterosexuelle Komponente der ursprünglichen Bisexualität verstärkt, beim Knaben hingegen die homosexuelle.

Das erste Erwachen der gerichteten geschlechtsdifferenzierten Reaktion ist zum Scheitern verurteilt, wird von heftigen genitalen Ängsten, aber auch Vernichtungsängsten abgelöst (Phase der Kastrationsangst). Aus dieser Situation ergibt sich zwangsläufig eine Regression auf prägenitale Entwicklungsstufen, das heißt zurück in den undifferenzierten Zustand, weiter aber auch eventuell eine Verstärkung konträrgeschlechtlicher Einstellungen.

3.2. Die innere Realität beim Erwachsenen

Die innere Realität schließt auch noch im Seelenleben des Erwachsenen all jene Fantasmen und Verzerrungen in sich ein, die im Kontext des komplizierten Ablaufs der psychosexuellen Differenzierung entstanden sind. Dem Psychoanalytiker sind diese Zusammenhänge aus den Analysen Erwachsener vertraut.

Zur „Wirklichkeitserfahrung" des Psychoanalytikers in seiner Arbeit gehört, dass seine Position in der Übertragung „geschlechtsneutral" ist. Der Analytiker kann manchmal männlich, manchmal weiblich sein und ebenso das Gefühl entwickeln bzw. von seinem Klienten dahingehend konstruiert werden, dass er in seiner geschlechtlichen Zuordnung variabel oder geschlechtsfrei ist.

Seine Erfahrung von der gespaltenen Realität des Klienten der Psychoanalyse drückte Boris (aufbauend auf Bion) in folgender Weise aus: „Wenn wir von dem Patienten, der um 10 Uhr kommt, wissen, dass er ein verheirateter Mann in seinen 30ern ist, dann wissen wir zuviel; wie können wir dann das vier Jahre alte Mädchen erwarten, das gerade bei der Tür hereingekommen ist?" (Boris 1986)

Freuds grundsätzliche Leistung war es, zu beschreiben, wie das „dunkle Es", das nicht direkt mit der Außenwelt verkehrt und das unserer Kenntnis nur durch die Vermittlung einer anderen Instanz zugänglich wird, den Kern unseres Wesens ausmacht. Vorstellungen, die sich in diesem Reich etablieren, üben fortwährend Druck auf das Ich als die ordnende, realitätsbezogene Instanz aus.

Unter Umständen kann die Ich-Instanz diesem Druck nicht Widerstand leisten; die daraus resultierenden Krankheitszustände des Ich verraten sich vor allem durch Aufhebung oder Lockerung der Außenweltbeziehung – der Realitätsbewältigung. Bereits Freud beschrieb, dass sich in den Fällen von Psychose, Wahn, etc. eine psychische Spaltung ergibt, die sich darin abbildet, dass zwei psychische Einstellungen entstehen: eine, die auch weiterhin der

Realität Rechnung trägt, daneben aber eine weitere, die unter Triebeinfluss das Ich von der Realität ablöst. Wenn diese letztere nicht mehr sichtbar ist, bedeutet das nicht, dass sie verschwunden ist, eine Heilung eingetreten ist. Sie ist vielmehr ins Unbewusste zurückgetreten.

Seine diesbezüglichen Erkenntnisse führten Freud zu einer allgemeinen Schlussfolgerung: Was immer das Ich in seinem Abwehrstreben vornimmt, ob es ein Stück der wirklichen Außenwelt verleugnen oder einen Triebanspruch der Innenwelt abwehren will; niemals ist der Erfolg ein vollkommener, restloser; immer ergeben sich daraus zwei gegensätzliche Einstellungen, von denen auch die unterliegende, schwächere zu psychischen Weiterungen führt... (Dieses Phänomen der psychischen Spaltung, die auch zu einer Realitätsspaltung führt, muss in anderem Kontext genauer behandelt werden.)

Für die Thematik der „Wirklichkeit des Geschlechts“ ist in diesem Kontext die Beobachtung Freuds von Bedeutung, dass auch die Bildung eines Fetisch als psychische Struktur auf einer abwehrhaften Ich-Spaltung, welche die Realitätserfahrung und Realitätsinterpretation maßgeblich beeinträchtigt, beruht.

Fetischismus entsteht nach der Freudschen Formel als Reaktion auf die Wahrnehmung der Penislosigkeit des weiblichen Geschlechts. Der Fetisch kann der Verleugnung dieser Wahrnehmung dienen, indem er den „fehlenden weiblichen Phallus“ im Sinne einer Kompromissbildung mit Hilfe von Verschiebung ersetzt.

Fetischisten bringen in ihrem Benehmen zwei gegensätzliche Voraussetzungen zum Ausdruck. Einerseits verleugnen sie die Tatsache ihrer Wahrnehmung am weiblichen Genitale, andererseits akzeptieren sie den Penismangel des Weibes und ziehen daraus die richtigen Schlüsse. Diese beiden Einstellungen bestehen das ganze Leben hindurch, ohne sich gegenseitig zu beeinflussen. Und diesen Zustand kann man eine Ich-Spaltung nennen. Dieser Sachverhalt lässt auch verstehen, warum der Fetischismus häufig nur partiell ausgeprägt ist.

Psychodynamisch interpretiert repräsentieren sexuelle Perversionen das Überdauern frühkindlicher Wahrnehmungen und Interpretationen in das Leben des Erwachsenen und die Re-Inszenierung der entsprechenden Konfliktsituationen. Besonders der überdauernden Fantasie von der phallischen Mutter/Frau wird dabei ein zentraler Stellenwert für die Ätiologie von Perversionen zugeordnet (Bak 1968).

4. Die Brüche in der Normalität

Der dynamische Hintergrund, der vorhin aufgezeigt wurde, wirkt nicht nur in den pathologisierten Zuständen. Er ist auch im Unbewussten von Personen wirksam, an denen keinerlei auffällige pathologische Verhaltens- oder Empfindungsmodi in Erscheinung treten. Zwischen gesellschaftlicher Normalität und Abnormität bestehen im Seelischen fließende Übergänge.

Ein Normalbereich, in dem die Problemlage direkt, wenn auch in mehr oder weniger verschleierter Form in die äußere Realität eintritt, sind bestimmte ästhetische Produkte. Vor allem der Surrealismus, der es sich zur programmatischen Aufgabe gestellt hatte, die Inhalte, Ziele und Produktion des Unbewussten direkt in Erscheinung treten zu lassen, hat in diesem Kontext einen bemerkenswerten Werkkatalog hervorgebracht. Das ursprüngliche Programm schloss auch ein, die im Unbewussten lokalisierten erotischen Vorstellungen und Bedürfnisse in die Realität einzubringen. Schließlich gehörten neben Freud sowohl de Sade als auch die heilige Theresa von Avila zu den Leitgestalten der surrealistischen Theorie und Praxis. Diese Einstellung ermöglichte es Künstlern wie Salvador Dalí, Max Ernst, Man Ray, Andre Masson, Hans Bellmer und Pierre Molinier, ihre Obsessionen zu gestalten und Bilder und Objekte zu schaffen, die die innere Wirklichkeit des Sexus im psychoanalytischen Verständnis repräsentieren. Im literarischen Feld eröffneten James Joyce, Henry Miller, Georges Bataille auf sehr verschiedene Weise entsprechende Räume. Natürlich sind diese Künstler nicht die ersten, deren Werk der erotische Untergrund zu entnehmen ist. Der Unterschied zu Artefakten der Romantik oder der Decadence ist darin zu finden, dass in diesen der dynamische Hintergrund nicht direkt sichtbar wurde, sondern verschlüsselt in Erscheinung trat. (Camille Paglia spricht in ihrer Literaturanalyse von „Masken der Sexualität"), während im Surrealismus und verwandten Kunstrichtungen versucht wird, die Mechanismen der Abwehr selbst sichtbar zu machen bzw. bewusst mit sexueller Symbolik zu arbeiten. Dabei wird nicht der Weg der Entsublimierung beschritten; die Sublimierung demaskiert jedoch das Sublimierte selbst oder bezieht, wie im Aktionismus, in der direkten Darstellung das Publikum ein. In bestimmten Aktionen von Otto Mühl, Hermann Nitsch oder Bob Flanagan bestand die Sublimierung ausschließlich in der Kommunikation des verpönten sexuellen Inhalts im Sinne des „geteilten Tagtraumes" (Sachs 1924).

Anhand entsprechender Produkte surrealistischer Künstler wurde gerne der Begriff der „Neuen Wirklichkeiten“ beschworen. So schrieb z.B: Wieland Schmied 1967 in einem Katalogbeitrag zu Hans Bellmer:

> „Neben dem oft besprochenen Abstraktionsprozess in der modernen bildenden Kunst ... geht ein anderer Prozess einher, den in seiner Tragweite zu erkennen uns in diesem Jahrhundert aufgegeben scheint. Ich meine den Prozess der Dematerialisation, der zum Finden vielfältiger neuer Wirklichkeiten geführt hat und der von Männern wie Hans Bellmer, Max Ernst, Rene Magritte und Yves Tanguy vorangebracht wurde. Es geht in ihm um die De-materialisierung der erfahrenen Wirklichkeit – und para-doxerweise untrennbar damit verbunden – ihre Intensivierung und Potenzierung ... in Bildern wie denen von Hans Bellmer kommt es zu einer Koexistenz von Sichtbarem und Unsichtbarem, Reellem und Virtuellem, Wirklichem und Möglichem.“

Aber nicht nur in diesen Produkten erkennen wir die Spuren der inneren Realität des Sexus als überdauernde Fantasmen der (früh-)kindlichen Interpretation der Geschlechtsverhältnisse. Sie sind auch in anderen Artefakten, im Kino – vor allem im Horrorfilm – und in der Ästhetik der Werbung sichtbar.

Auf diese Weise tritt jenseits der Pathologisierung die Sprache und Bilderwelt der inneren Realität auch in der kulturimmanenten Produktion in die äußere Realität. Damit wird das Szenario der inneren Realität zum Bestandteil der äußeren Realität und trägt mit dazu bei, dass ubiquitäre psychosexuelle Entwicklungsprobleme präsent bleiben und dass die Erfahrung der „Wirklichkeit des Geschlechtlichen“ grundsätzlich eine abwehrhafte Ich-Spaltung einschließt, wodurch eine Schwachstelle in der Konstruktion und Konstanz des Realen konstituiert wird.

5. Neue Entwicklungen in der psychoanalytischen Theorie

An dieser Einschätzung der Bedeutung des Sexuellen hat sich seit Freud keine wesentliche Veränderung ergeben. Auch in so aktuellen Projekten wie der operationalisierten Diagnostik psychischer Störungen wird ein Zusammenhang zwischen dem Fehlen selbstreflexiver Fähigkeiten und dem Fehlen der sozialen und der sexuellen Identität als Ausdruck der

Desintegration der Persönlichkeit auf der Strukturachse geortet. In einem anderen diagnostischen Instrument, dem KAPP (Karolinska Psychodynamic Profile), wird ausdrücklich festgestellt, dass „Sexualität eine essentielle Komponente der Identität des Individuums repräsentiert“: „Die Art und Weise, in der das Individuum sein Geschlechtsleben gestaltet, ist von zentraler Bedeutung in seiner Beziehung zu den Anderen – sowohl mit dem eigenen wie dem anderen Geschlecht.“

Im Bereich der psychoanalytischen Theoriebildung allerdings haben sich neue Fragen ergeben. Freud hatte einst wesentlich zur Ablösung der älteren Interpretationen der Geschlechtlichkeit beigetragen, indem er die Unterschiede zwischen biologischem Geschlecht, Sexualität und „Gender“ zum Einsturz brachte, da er Heterosexualität und die Dichotomie der Geschlechter aus dem anatomischen Unterschied ableitete.

Seit aufgrund der psychoanalytischen und interdisziplinären Studien zur geschlechtlichen Identität der brüchige Bezug von Sex und Gender erhöhtes Interesse in Anspruch nimmt, hat sich eine Neuformulierung der Grundfrage der Psychoanalyse ergeben: „Wie differenzieren sich Männlich und Weiblich aus der Gleichheit?“ Sexuelle Differenz und Psychosexualität handeln von der Konstruktion der Differenz aus der Gleichheit.

6. Der aktuelle Diskurs – Postmoderne und Feminismus

Ich möchte zum Abschluss die neuen Entwicklungen aufzeigen, die sich in der psychoanalytischen Theoriebildung in unserem Themenbereich ergeben. Dabei ist zu vermerken, dass diese Entwicklung von Erkenntnissen auf dem Gebiet der Anthropologie, der Medizin- und Ideengeschichte und der Interpretation des sozialen Konstruktivismus beeinflusst ist, wobei die Theorieentwicklung im dekonstruktivistischen Feminismus eine große Rolle spielt. So werden Themen aufgegriffen und Fragen gestellt, die in der analytischen Literatur im allgemeinen nicht gestellt wurden: Zum Beispiel wird die Annahme der Dichotomie der Geschlechter hinterfragt. Hier gibt es allerdings Wegbereiter seit den 60er Jahren. Das Geschlechtsidentitäts-Paradigma Stollers war z.B. relativ komplex, indem es Sexualität und „Gender“ wieder voneinander trennte. Und Person und Ovesey stellten in ihren Studien zur Transsexualität ganz offen die Frage: „Man muss sich wirklich fragen, warum nur zwei Geschlechtsmöglichkeiten existieren sollen.“

Als beispielhaft für den aktuellen Stand des Diskurses in dieser Fragestellung und seine Auswirkungen auf die Interpretation der kulturimmanenten pathogenen Bedingungen seien einige Erkenntnisse aus der feministischen Theorie angeführt, die in den psychoanalytischen Diskurs eingingen. Rubin schrieb:

> „Die Vorstellung, dass Männer und Frauen zwei einander wechselseitig ausschließende Kategorien bilden, muss von anderswo kommen als einer „natürlichen" Kontrarität, die es nicht gibt. Weit davon entfernt, ein Ausdruck natürlicher Unterschiede zu sein, ist eine ausschließliche Geschlechtsidentität eine Unterdrückung natürlicher Übereinstimmungen. Geschlecht ist daher nicht nur eine Identifizierung mit einem Geschlecht, sondern schließt ein, dass die sexuelle Begierde (auf das andere Geschlecht) gerichtet sein muss... Daher muss man die Geschlechtlichkeit als eine sozial auferlegte Spaltung zwischen den Geschlechtern sehen, als ein Tabu, das die Unterschiede zwischen den Geschlechtern übertreibt... (Dieses Tabu) schafft sie als Männer und Frauen und es erschafft sie heterosexuell."

Dementsprechend wären die Dichotomisierung der Geschlechter und die Dominanz der Heterosexualität nicht lediglich als unvermeidliche Konsequenzen evolutionärer Notwendigkeiten aufzufassen, sondern als Ergebnis komplementärer psychokultureller Prozesse, die einander erfordern und in sich schließen.

„Gender identity" wäre dann auch nicht eine psychische (Abwehr-)Struktur, sondern ein gesellschaftlich bedingtes normatives Ideal. Als Ergebnis dieses kulturellen Prozesses würden gender-inkongruente Akte, Zustände, Impulse oder Stimmungen ebenso wie eine „Identitätsstruktur" in der Sexualität und gender nicht mit der biologischen Geschlechtlichkeit zusammenfallen, verboten und pathologisiert (Butler 1990).

In der psychoanalytischen Interpretation wird aus dieser Theorie abgeleitet, dass die Gender-Dichotomisierung, wie sie im Individuum im Verlauf seiner psychosexuellen Entwicklung abläuft, einen pathogenen Faktor repräsentiert, der zusätzlich zur Verdrängung wirksam wird. Der kulturelle Zwang zur Gender-Dichotomisierung soll demnach ein falsches Bewusstsein bewirken: „Gender"als psychische und kulturelle Bezeichnung eines Selbst, das sich von oppositionellen Tendenzen „reinigt", ist per definitionem ein universelles falsches Selbst-System, das getreu den Regeln des Zwei-Geschlechts-Systems geschaffen wurde.

Die Kreation dieses falschen Selbst-Systems bedarf im Individuum der Reaktivierung mehr oder weniger pathologischer Abwehr wie Verwerfung, Displacement, Spaltung, projektiver Identifikation oder einer symbolischen Umgestaltung durch Umbenennung. Der Prozess des Einmündens in die kulturellen Normen hinterlässt narzisstische Wunden und führt dazu, dass die abgespaltenen, nicht geschlechtskongruenten Selbst-Repräsentationen einen dynamischen Anteil des Unbewussten konfigurieren. Daraus wieder resultiert eine basale Unsicherheit, welche die Stabilität und Kongruenz des Geschlechtsgefühls kontinuierlich bedroht. Diese Privatisierung der Konstitution des gesellschaftlich herrschenden Geschlechtersystems verstellt dann den erkennenden Blick auf die Macht der gesellschaftlichen Bedingungen.

„Gender and sexuality must be seen as complex accomplishments which are inherently fragmentary and labile like all cultural structures" (Goldner 1991).

Insgesamt gehören dann auch diese Wunden zum Szenario der inneren Realität der geschlechtsbezogenen Problembereiche, welche die früher beschriebenen Aspekte ergänzen und dazu beitragen, dass wir uns in unserer Unsicherheit bezüglich des wirklichen Geschlechts und der Wirklichkeit der Geschlechtlichkeit in einem gebrochenen Verhältnis zur äußeren Realität befinden. Neue Tendenzen gehen dementsprechend dahin, in einer neuen Geschlechterordnung die sozialen und psychischen Aspekte der Geschlechtlichkeit wieder vom biologischen Geschlecht zu lösen. Auf dieser Basis wäre ein rationaler Umgang mit Problemen der Transsexualität und eine weitgehende Entdiskriminierung der Homosexualität möglich.

Andererseits sollte man im gelockerten Bezug der inneren Geschlechtlichkeit zur äußeren Realität nicht nur Probleme orten. Wir verdanken ihm auch durchaus positive Momente: Er bildet den dynamischen Hintergrund für kreativen Ausdruck und für die Fähigkeit, sich ästhetischen Produkten hinzugeben, wie die Untersuchung des Zusammenhangs zwischen Perversion und Kreativität erbringt[1] und ermöglicht einen Zustand, den wir alle wohl nicht missen wollen – die Verliebtheit.

[1] Zu erwähnen sind in diesem Kontext Janine Chasseguet-Smirgel und die Literaturwissenschaftlerin Sue Taylor, die 2000 eine Studie über Hans Bellmer vorgelegt hat, in der sie umfassend auf psychoanalytische Theorien rekurriert.

Literatur

Psychoanalytic Dialogues Jg.1, Nr.3, 1991: A Symposium on Gender

Bak, R.C.: The Phallic Woman: The Ubiquitous Fantasy in Perversions, in: Psychoanalytic Study Child, Vol 23 1968, 15-36

Boris, H.N.: Bion revisited, in: Contemporary Psychoanalytics 22 1986, 159-184

Bornstein, Kate: Gender Outlaw, New York 1994

Butler, Judith: Gender Trouble, New York 1994

Chasseguet-Smirgel, Janine: Creativity and Perversion, New York 1984

Dimen, Muriel: Deconstructing Difference: Gender, Splitting and Transitional Space, in: Psychoanalytic Dialogues 1991, 335-352

Foucault, M.: Herculine Babit dite Alexine B., Paris 1978 (dt.: Über Hermaphrodismus, Frankfurt a. M. 1998)

Freud, Siegmund: Aus der Geschichte einer infantilen Neurose, 1918, SE 17

Freud, Siegmund: Fetischismus (1927), SE 21

Freud, Siegmund: Die Ich-Spaltung im Abwehrvorgang (1940), SE 23

Goldner, V.: Towards a critical relational theory of gender, in: Psychoanalytic Dialogues 1991, 249-272

Laqueur, Thomas: Making Sex, Cambridge 1990

Mitchell, J.: Commentary on "Deconstructing difference," in: Psychoanalytic Dialogues 1991, 253-358

Rubin, G.: The traffic in women, in: Reiter, Rayna R. (Hrsg.): Towards an Anthropology of Women, New York 1975

Sachs, Hanns: Gemeinsame Tagträume, Wien (u.a.) 1924

Taylor, Sue: Hans Bellmer. The anatomy of anxiety, Massachusetts Institute of Technology 2000

Felix Tretter (Haar)

Rausch und Wirklichkeit

Vorbemerkungen

Die philosophische Frage nach der Möglichkeit, eine „Wirklichkeit“ auszumachen, beschäftigt nicht nur die Epistemologie seit Platon, sondern auch die gegenwärtige Hirnforschung bzw. die Kognitionswissenschaft. Die konstruktivistische Konzeption von Wirklichkeit, die gerade wegen neuerer Ergebnisse dieser Forschungsbereiche eine gute Stützung erfahren hat, erfordert Präzisierungen und gewisse Einschränkungen, die expliziert werden müssen. Die Betrachtung der Frage nach der Differenz von Wahn und Wirklichkeit kann dabei als ein Testfall für den Geltungsbereich des Konstruktivismus gelten. Dem zuordenbar ist die Frage nach der Differenz von Rausch und Wirklichkeit. Die Bedeutung dieser Frage ergibt sich im wesentlichen dadurch, dass der Rausch eine Form der Veränderung jener Wirklichkeitserfahrung ist, wie sie sich im Nüchternerleben darstellt. Diese rauschmittelinduzierte Veränderung des Erlebens kann sogar in den Wahn münden (z.B. Drogenpsychose). Die Analyse des Verhältnisses von Rausch und Wirklichkeit kann somit für die Epistemologie beinahe experimentelle Daten liefern, die zeigen, mit welcher Gesetzmäßigkeit und mit welchen Einschränkungen Rauschmitteleffekte reproduziert werden können und welche Mechanismen diesen Prozessen zugrunde gelegt werden können. Dieser Fragenkreis kann bis in die neurobiologische Erforschung des Bewusstseins und seiner Störungen verfolgt werden.

Aus der Sicht des klinischen Praktikers stellt sich aber die zentrale Frage zunächst so: Was ist das Charakteristische des Rausches und was macht den Rausch im Vergleich zum Nüchternleben so attraktiv, dass schließlich sogar Suchtentwicklungen möglich sind? Warum, so fragt sich auch, ist das süchtige Subjekt trotz Einsicht in die bereits aufgetretenen Folgeprobleme nicht in der Lage „gegenzusteuern“? Was macht diese „Eigendynamik“ aus?

Es wird hier versucht, auf einige dieser Fragen tiefer einzugehen, wobei noch darauf hingewiesen sein soll, dass „Rauschmittel" weniger dramatisch als „psychoaktive Substanzen" bzw. als „Drogen" bezeichnet werden können. Dieses terminologische Spektrum wird in der Folge immer wieder ohne spezifischere Sinnzuweisung genutzt.

Grundlegende Aspekte

Der Rausch wird seit alters her als eigenes abgegrenztes Zustandsbild beschrieben. Er wird grundlegend mit einem Gefühl der Bewegung (mittelhochdeutsch: „rusch"), mit Lust (z.B. Platon), mit Entgrenzung, mit dem Dionysischem, der Ekstase, dem Orgasmus, der Trance, mit einem Streben nach dem Transzendenten, mit dem Verlust der Sinnesordnung, mit Enthemmung, mit einem „ästhetischen Zustand" (vgl. Gerigk 1999) und auch mit der (mystischen) Selbstvergessenheit in Verbindung gebracht (vgl. Kiesel u. Kluwe 1999, Müller-Küppers 1999). Der Rausch ist gewissermaßen ein chemisch induzierter virtueller Bewegungszustand vom Hier in das Dort, eine Art Koordinatentransformation des Erlebens. Wiederholte positive Rauscherfahrung kann rasch eine Intention bzw. Motivation des erneuten Konsums des Rauschmittels erzeugen, die der Suche nach einer anderen Welt ebenso entsprechen kann, wie sie als Flucht aus dieser Welt begriffen werden kann. Künstler und Forscher sehen eher diese Seite der Suche, bei Rauschmittelkonsum in sozialen Randgruppen liegt objektiv betrachtet wohl das Fluchtmotiv näher, wodurch auch ein besonders guter Boden für eine Suchtentwicklung gegeben ist (vgl. Battegay 1978). Platon bereits sah die Möglichkeit, dass der Rausch (Mania) rasch in die Selbstauflösung umschlagen kann (vgl. Eming 1999).

Ohne hier detaillierter in die unterschiedlichen Rauschdefinitionen einzusteigen, wird in dieser Arbeit der Rausch als ein Zustand quantitativ und/oder qualitativ veränderten Bewusstseins verstanden, dem ein Moment der („rauschenden") Bewegtheit zugehörig ist. Bewusstsein wird dabei als das Erlebte, die psychische Realität, als Innenleben des Subjekts, als (transformiertes) Abbild der Außenwelt, als innere Repräsentanz des Äußeren usw. verstanden. Bewusstsein ist in diesem Sinne eng mit „Wachheit" verbunden, denn im gegenteiligen Zustand, dem (Tief-)Schlaf, wird die externe Wirklichkeit - außer im Extremfall starker externer Stimulation - im Regelfall nicht erlebt. Ein Rausch mit Betäubungsmitteln kann allerdings bei hohen Dosierungen auch zur Minderung oder gar zum Verlust der Wachheit führen (komatöser Zustand). Die subjektive Rauscherfahrung lässt sich bei geringen Berauschungsgraden als „Tönung" oder gewissermaßen als Einfärbung („Kolorierung") des Erlebens beschreiben (rosarote Brille). Dabei ist die Wahrnehmung der Umwelt noch präzise, aber emotional lustvoller. Verstärkte Assoziationen treten oft auf, vor allem bei Kokain, weswegen häufig eine gesteigerte Kreativität erlebt wird (vgl. Tretter 1983).Vielen Rauschmitteln, insbesondere LSD, wird von Künstlern ein kreativitäts-fördernder Effekt zugeschrieben, für den allerdings die empirische Basis relativ dünn ist (vgl. Tretter 1983, Tretter et al. 1989). Inhaltlich wird der Rausch im Erleben grundlegend mit Bewegung („Trip") oder mit Ruhe assoziiert. Kurz gesagt hat der Rausch die Eigenschaft, das Bewusstsein, die sinnliche Wahrnehmung, das Denken und die Affekte zu verändern, wobei die Fähigkeit der Kontrolle dieses Zustandes (und auch des Verhaltens) durch das Individuum zunehmend beeinträchtigt ist.

Aus gemäßigter konstruktivistischer Sicht betrachtet und vereinfacht gesagt, ändert sich im Rausch die „Landkarte" des Rauschmittelkonsumenten durch chemische Einwirkung. Unterschiedliche Substanzen verändern aber die mentale Landkarte in unterschiedlicher Weise. Am stärksten wird die mentale Ordnung zumeist durch LSD verändert, insofern Halluzinationen und Wahnvorstellungen aufkommen können. Es kann somit sogar eine mehrere Tage anhaltende Drogenpsychose auftreten, welche die eigentliche Begründung darstellt, das Thema Rausch im Kontext des Wahn-Wirklichkeits-Diskurses zu erörtern.

Im Rausch wird zunächst vor allem die psychosoziale Realität bzw. die Beziehungsrealität verändert wahrgenommen: Mit fremden Menschen wird nach wenigen Runden Bier plötzlich ganz eng umschlungen getanzt, man duzt sich und schwört sich bald ewige Freundschaft. Nicht selten gibt es wenig später dann eine Schlägerei zwischen den Beteiligten, so als würde sich das

Tier im Menschen mit zunehmender Alkoholisierung Geltung verschaffen wollen.

Begreift man das Bewusstsein im Vorgriff auf ein systemtheoretisches Verständnis als Feld (egal welcher „Entität"), dann lässt der Rausch „Kerne" der Erfahrung übermächtig werden. So wird die Erfahrungswelt „neu" organisiert, mit Foci positiver Erfahrung, die eine Eskalationstendenz zeigen, wenn es sich um weitere positive Rauscherlebnisse handelt. Es können aber auch „Erfahrungsinseln" mit negativen Erfahrungen verstärkt werden und Angstpsychosen auslöst werden. Diese unterschiedlichen Feldkonstellationen bleiben während einer Rauschepisode nicht konstant, sondern sie können stark variieren, was an sich bereits Ängste verstärken kann. Diese Fluktuation kann aber auch dem Rauschmittelkonsumenten den angenehmen Grundeindruck vermitteln, er sei auf einer Reise, bei der sich die Landschaft immer wieder ändert (z.B. LSD). Diese Besonderheiten der Rauscherfahrung zeigen die Bedeutung der Rauscherwartung als „Set" des Konsumenten, der beispielsweise ein „Sensation seeker" sein kann und die Umwelt im Rausch intensiv exploriert und dann „gute" Erfahrungen haben kann, während gemäß klinischer Beobachtungen eher ängstlich-zwanghaft strukturierte Personen bei unerwarteten Erlebnissen auch eine Angstpsychose bekommen können. Umfeldeinflüsse, das „Setting", sind somit ebenfalls relevant bei der Gestaltung des Rauscherlebens.

Es ist also so, dass die Rauschmittelwirkung nicht nur pharmakologisch bestimmt ist, sondern auch vom physischen bzw. psychischen Grundzustand („Set") des Konsumenten beeinflusst wird und darüber hinaus auch vom sozialen „Setting" der Konsumsituation: Es ist leicht nachvollziehbar, dass der Konsum von einem Liter Bier am Morgen, beim Aufstehen, anders erlebte Effekte hat wie dieselbe Menge, am Abend getrunken. Das mag aber auch chronobiologische Ursachen haben. Diese Menge Alkohol wirkt darüber hinaus auch bei einem fröhlichen Fest stimmungshebender, als wenn sie in einer depressiven Phase getrunken wird. Bei psychisch stark verändernd wirksamen Substanzen wie LSD oder Ecstasy kann durch das (beispielsweise psychotherapeutische) Setting ein „lehrreicher" Trip erfolgen, so wie es von einigen Psychotherapeuten propagiert wurde (vgl. Grof 1978, Leuner 1981). Tritt allerdings die Polizei auf, so ist ein Horror-Trip recht wahrscheinlich.

Was die Vielfalt der beobachteten und erlebten Realitäten und vor allem die Differenz zwischen Rausch und Nüchternerleben betrifft, zeigt sich dieser Umstand bereits beim banalen Alkoholrausch, bei dem im Zustand höchster Verzückung ein Sturz mit Beschädigungen der Kleidung vorkommen kann, die erst im Nüchternerleben des Folgetages hinreichend klar wahrgenommen werden. Gerade die Bilanz am Tag danach, wenn die Sturzfolgen des fröhlichen Zechers betrachtet werden, zeigt demselben unmissverständlich, dass etwas anderes abgelaufen sein muss, als er erlebt hat und dessen er sich nun erst allmählich erinnert („Filmriss"). Diese Situation kann man regelmäßig bei volltrunkenen Besuchern des Münchener Oktoberfestes erkennen, die man um 1 Uhr nachts am Hauptbahnhof auf dem Boden auf allen Vieren mit glücklich-verklärtem Blick durch umherliegendes Erbrochenes kriechen sehen kann. Sie sind ein besonders eindrucksvolles Beispiel für die Differenz einer inneren und einer äußeren Realität: Letztere kann der Trunkene erst am nächsten Tag bei zunehmender Ausnüchterung approximativ rekonstruieren.

Bei manchen Rauschmitteln, insbesondere bei Heroin und vor allem, wenn die Konsumenten bereits von den jeweiligen Rauscherfahrungen abhängig geworden sind, wird beim Konsum sogar die mögliche Todesfolge „billigend" in Kauf genommen.

Der Rausch ist also, abstrakt gesagt, eine signifikante (und dynamische) Veränderung der erlebten Beziehung der Person zu sich und ihrer Umwelt.

Typologie wichtiger Rauschmittel

In Hinblick auf die Einordnung der Wirkung von Rauschmitteln gibt es mehrere Probleme. So ist es wegen der vielfältigen und auch teilweise von der Dosis und Einwirkzeit abhängigen Wirkungen nicht möglich, das Wirkungsspektrum der Substanzen in ein einfaches Ordnungsschema einzufügen, das für alle Menschen zu allen Zeitpunkten gültig ist.

Ein aktuelles Beispiel ist die Einordnungsproblematik bei Ecstasy: Einerseits ist Ecstasy eine stimulierende Droge, sie hat auch ein beträchtliches halluzinogenes Potential (vgl. Gouzoulis-Mayfrank et al. 1996). Andererseits wird von den Konsumenten und auch von Psychotherapeuten, die Ecstasy innerhalb von Psychotherapien verwendeten, betont, dass die essentielle Rauschqualität der gesteigerte Kontakt zum Ich sei, weswegen die neue Kategorie „Entaktogene" kreiert wurde. Es ist allerdings schwer objektivierbar, dass der Kontakt zum Ich besser oder weniger gut hergestellt wird.

Auch LSD wird von verschiedenen Personen äußerst unterschiedlich erlebt. Vermutlich sind individuelle biochemische Voraussetzungen für die Reagibilität verantwortlich.

Außerdem kann rasches Verabreichen von psychoaktiven Substanzen auch zu anderen Effekten führen als die langsame Applikation.

Es besteht nun die einfachste Möglichkeit, die Effekte von psychoaktiven Substanzen nach zwei Gesichtspunkten einzuordnen, nämlich nach den Aspekten „Aktivierung" (Pole: Sedierung und Stimulation) und „psychodysleptisches (halluzinogenes bzw. psychotomimetisches) Potential" als zwei Hauptachsen der Wirkung (vgl. Abb. 1).

– sedierende Substanzen: Dazu sind vor allem Benzodiazepine, Barbiturate oder Heroin zu rechnen.

– stimulierende Substanzen: Hauptvertreter dieser Substanzen sind Amphetamine und ihre Derivate.

– psychodysleptisch wirkende Substanzen: Hauptdroge ist das LSD. Auch Cannabis und Ecstasy sind teilweise zu dieser Gruppe zu rechnen.

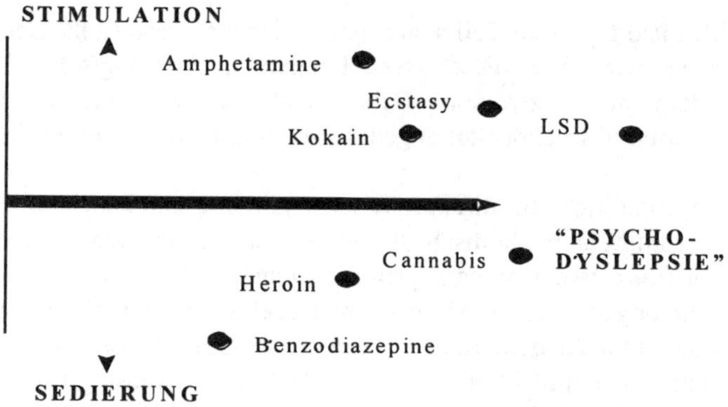

Abb. 1: Einfaches Ordnungsschema für psychoaktive Substanzen (nach Tretter 2000)

Rauschforschung

In Hinblick auf die eingangs dargelegten Aspekte steht die Rauschforschung methodisch gesehen in besonderer Weise vor dem Korrespondenzproblem, das „gelebte Leben" mit dem „erlebten Leben" und dem unter Rauschmitteleinwirkung (und danach) „erzählten Leben" in Beziehung zu bringen. Kulturelle Kontexte beeinflussen das Rauscherleben grundlegend (Völger et al. 1981).

Eine besondere methodische Bedeutung haben zunächst literarische Beschreibungen und Bewertungen von Rauschmitteln, wie sie seit der Antike zu finden sind. Eine Hochblüte der Rauschbeschreibungen, wie sie auch heute noch relevant sind, findet sich bei Autoren wie Baudelaire (z.B. Cannabis), Coleridge (Opium), Cocteau (Opium), Rimbaud (Cannabis), Benn (Kokain), Fallada (Morphin), Pittigrilli (Kokain), Burroughs (Heroin) u.a. (vgl. Tretter et al. 1989). Auch Jünger (1980) berichtete von seinen Rauscherfahrungen. Ähnlich eindrucksvoll sind die Beobachtungen des Kulturforschers Gelpke (1966).

Die Rauschbeschreibungen der Autoren sind häufig durch die bereits bestehende eigene Sucht geschönt, d.h. die Rauscherfahrungen werden unkritisch und idealisiert, ja zum Teil sogar verherrlichend, dargestellt. Genau genommen können wir aber diese Darstellungen methodologisch nicht widerlegen, sondern nur bezweifeln. Daher sind die literarischen bzw. introspektiv fundierten Rauschdarstellungen forschungstechnisch unbefriedigend.

Andererseits gestaltet sich die direkte wissenschaftliche Untersuchung der Effekte von Rauschmitteln methodisch als äußerst schwierig: Während des Rausches kann der Betroffene kaum adäquat über seine Erfahrungen berichten, da seine Wahrnehmung und seine Motorik im Regelfall beeinträchtigt sind. Aber auch unmittelbar nach dem Rausch besteht die Gefahr, dass auch die Gedächtnisfunktionen beeinträchtigt waren, so dass die Rekonstruktion des Erlebten nur fragmentarisch gelingt.

Eine direkte Messung der Rauschmitteleffekte kann zwar beispielsweise über das EEG durch Nachweis der Veränderung der Frequenz und Amplituden (i. d. R. niederamplitudiges und hochfrequentes EEG-Muster) erbracht werden. Am aktuellsten sind jedoch derzeit bildgebende Verfahren wie die Positronenemmissionstomographie (PET), oder die Single Photon Emission Computer Tomographie (SPECT) oder die funktionelle Magnetresonanztomographie (fNMR). Mit diesen Methoden kann die veränderte Aktivität in den verschiedenen Gehirnregionen unter Rauschmitteleinfluss untersucht werden (Hermle u. Spitzer 2000). Allerdings ist die neurobiologische Forschung in dieser Richtung noch nicht sehr weit gekommen, da man nur bekannte Gehirnregionen in ihrer Veränderung (und nur auf ein recht weites Zeitfenster von mehreren Sekunden bezogen) beschreiben kann: Es ist trivial, bei optischen Halluzinationen im okzipitalen Kortex eine Hyperaktivität zu beobachten, wenn man nicht weiß, was der Proband gesehen hat. Vielleicht wird dies auch einmal möglich sein, bis auf weiteres wird jedoch die verbale Beschreibung dessen, was die betreffende Person erlebt hat, noch informativer sein.

Alkoholforschung

Bereits Mönche im Mittelalter sollen gezeigt haben, dass man nach den Genuss von etwa 5 halben Litern Bier erst am übernächsten Tag wieder im Lösen von einfachen Rechenaufgaben das Niveau erreicht hat, das man kurz vor dem Trinkexzess gehabt hat. Aber nicht nur im Denken, sondern auch im Bereich der Wahrnehmung gibt es eindrucksvolle Ausfälle: Mit einer Alkoholisierung von etwa 0,5 ‰ zeigen Probanden im Perimetertest gegenüber neu auftretenden Lichtreizen in der Gesichtsfeldperipherie eine deutliche Schwellenerhöhung (Abb. 2), so dass das verfügbare Gesichtsfeld um einige Sehwinkelgrade eingeengt ist. Dieser Effekt verstärkt sich bei noch höherer Alkoholisierung, so dass man, was das Erkennen von neu auftretenden Reizen betrifft, geradezu von einem röhrenförmig verengten Gesichtsfeld bei Alkoholisierung ausgehen kann (vgl. TÜV 2000).

Auch im Fahrsimulator und bei weiteren Leistungstests zeigt sich die Beeinträchtigung wichtiger Funktionen für das Fahrvermögen bzw. der Fahrleistungen selbst (vgl. Krüger u. Vollrath 2000; s. Abb. 3). Bei solchen Untersuchungen waren die Fahrleistungen am stärksten beeinträchtigt (ca. 55%), es folgten die kontrollierten Bewegungen (ca. 45%), während automatische Bewegungen am wenigsten beeinträchtigt waren (ca. 30%; vgl. Krüger u. Vollrath 2000). Darüber hinaus führt eine zunehmende Alkoholisierung ab etwa 0,5‰ zu einem drastischen Anwachsen der Unfallbeteiligung (vgl. Krüger u. Vollrath 2000; s. Abb. 4).

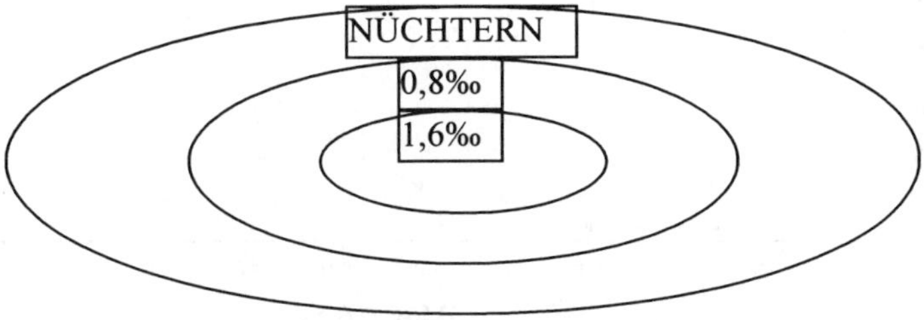

Abb. 2: Schematisierung der Gesichtsfeldverkleinerung unter Alkoholisierung (nach TÜV 2000)

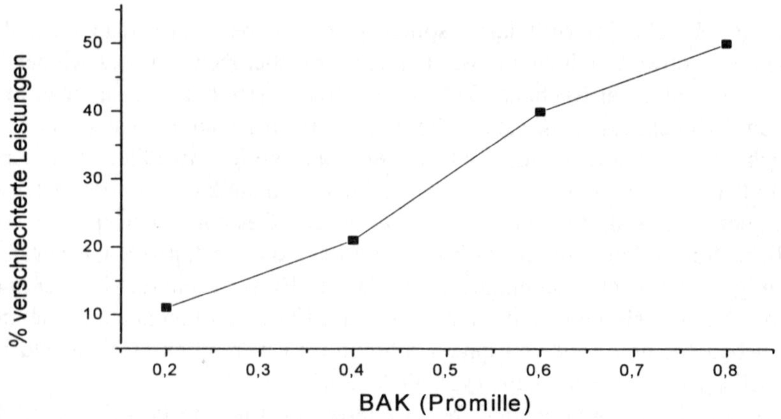

Abb. 3: Minderung der fahrleistungsbezogenen Testleistungen bei zunehmender Alkoholisierung (nach Krüger u. Vollrath 2000)

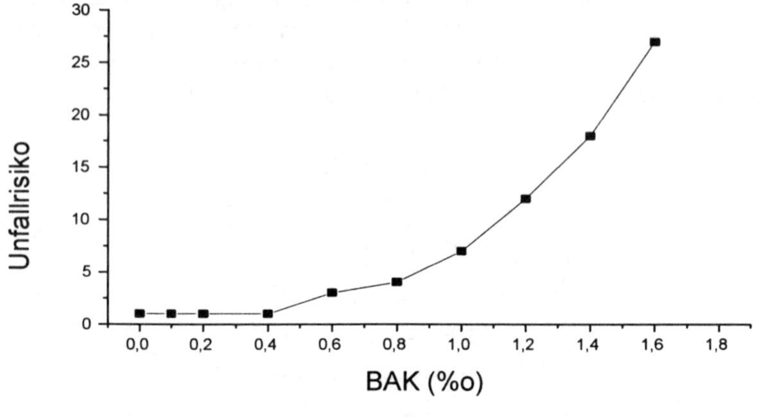

Abb. 4: Nichtlineare Zunahme des Unfallrisikos ab etwa 0,5 ‰ Alkoholisierung. (nach Krüger u. Vollrath 2000)

LSD-Forschung

Die stärksten Veränderungen psychischer Funktionen und Inhalte kommen bei LSD vor (vgl. Leary 1970). Es handelt sich dabei um qualitative Veränderungen des Bewusstseins, vor allem um Halluzinationen optischer und akustischer Art. Bereits den Berichten des Entdeckers der Substanz, Hofmann (1979), ist zu entnehmen, dass völlig unregelhafte Halluzinationen vorkommen. Dies Phänomen tritt meist bei etwa 100 µg auf, kann aber bereits auch bei Dosierungen um 50 µg vorkommen. Bei den meisten anderen Drogen sind für Rauscheffekte orale Dosierungen von 100 mg und mehr erforderlich. Die eindrucksvollen Bewusstseinsveränderungen unter LSD erwecken den Eindruck, dass diese Substanz die Kreativität fördern könnte. Aus diesem Grund wurden Kreativitäts-Experimente mit Künstlern, die unter LSD standen, durchgeführt (vgl. Hartmann 1974). Die Ergebnisse sind durchwegs ernüchternd: Die Künstler waren teilweise nicht mehr in der Lage, ihre Erfahrungen aufzuschreiben, die schriftlichen Dokumente zerfielen bald zu unleserlichen Graphen. Auch die Berichte nach dem „Trip" ließen häufig Erinnerungslücken erkennen. Die Bilder, die Maler zeichneten, zeigten schnell den Gestaltzerfall wie er bei schizophrenen Künstlern bekannt ist (vgl. Navatril 1973, Bennedetti u. Peciccia 1995). Das Gefühl, etwas Großartiges erlebt zu haben und tiefere Einsichten in die Welt gewonnen zu haben, ist wohl vorhanden, aber das beruht vermutlich eher auf dem rauschbedingten Verlust der Wahrnehmungsgewohnheiten, der überrascht, als dass wirkliche (innovative) Kreativität aufkommt.

Erschwerend bei Experimenten mit LSD kommt hinzu, dass eine beträchtliche Anzahl von Menschen regelrecht psychotisch wird, d.h. dass die halluzinogene Wirkung über einen Tag hinaus anhalten kann und außerdem mit der bizarren Erscheinungswelt dem Konsumenten Angst machen kann (Angstpsychose, „Horrortrip"). Es treten Wahnbilder auf, wobei häufig Erlebnisse, Jesus zu sein oder fliegen zu können, aufkommen können und die Konsumenten dann aus dem Fenster springen. Der Autor ist auch Zeuge eines Falls in Kalifornien, der glaubte, Jesus zu sein und versuchte, über das Meer zu laufen und dabei beinahe ums Leben kam. Die Wahnbilder, die bei LSD auftreten, betreffen sowohl Zustände eines Verfolgungswahns wie auch eines

Größenwahns. Beziehungsideen kommen vor. LSD ist somit mit wenigen Mikrogramm in der Lage, die Informationsverarbeitung und das Bewusstsein grundlegend sogar für einige Tage zu verändern, ein Befund übrigens, der lokalisationstheoretische Konzepte zum Gehirn-Geist-Problem deutlich relativiert oder aber gerade auf den Hirnstamm (Nucleus Raphe) als Ort eines Schalters, der Schaltkreise regelt, fokussiert.

Cannabis -Forschungen

Versuchspersonen, die unter verschiedenen Dosierungen von Cannabis standen, zeigten rasch eine zunehmende Beeinträchtigung der Leistungen (s. Abb. 5). Auch Untersuchungen am Fahrsimulator zeigen, dass die automatisierten Bewegungen unter niedrig dosiertem Cannabiseinfluss (ca. 10 ng/ml) deutlich beeinträchtigt sind (ca. 62% Beeinträchtigung), ebenso sind kontrollierte Bewegungen eingeschränkt (ca. 55%), während die Fahrweise nur zu etwa 33% beeinträchtigt ist (vgl. Bertghaus 1998, Krüger u. Vollrath 2000). Diese Differenz kann als Ausdruck eines noch verhältnismäßig klaren reflexiven Bewusstseins bei deutlicher Einschränkung des motorischen Handelns bei der Intoxikation der Probanden begriffen werden.

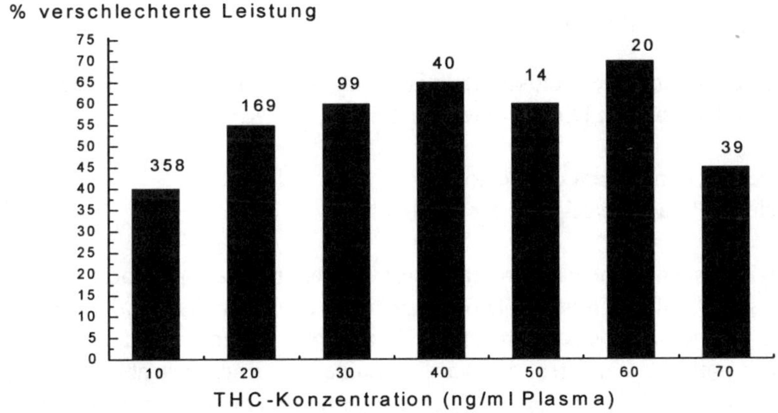

Abb. 5: Minderung von Testleistungen unter zunehmenden Cannabiseinfluss (nach Berghaus 1998). Die Zahlen über den Balken drücken die Anzahl der Probanden aus, der relativ niedrige Prozentsatz an Beeinträchtigung bei hohen Dosierungen liegt möglicherweise an einer Cannabis-gewöhnten Subgruppe der Probanden.

Ecstasy- und Amphetamin-Forschung

Auch mit Ecstasy wurden mehrere Studien durchgeführt, die zeigten, dass bis zu 14% der Probanden psychotische Schübe erfahren können (Gonzoulis-Mayfrank et al. 1996). Das bedeutet, dass beispielsweise das Gefühl der Derealisation auftrat. Auch aus klinischer Sicht ist bekannt, dass Ecstasy-User psychotische Zustandbilder erleben können, die tagelang – also über die pharmakologische „Präsenzzeit" im Körper hinausgreifend – anhalten können.

Auch in dieser Hinsicht entsteht der Eindruck, dass Drogen einen chemischen „Kippschalter" umstellen können, der sich erst langsam wieder zurückstellt, oder dass – ganzheitlich gesehen – das Gehirn sich zu einem stabilen Nichtgleichgewichtszustand (also fern vom „normalen" Gleichgewicht) eingeschwungen hat.

Psychologie des Rausches

Die Qualität positiver Rauscherlebnisse lässt sich aus phänomenologischer Sicht vor allem in zwei Dimensionen darstellen:

– die erlebte Grandiosität der Person
– die erlebte Paradieshaftigkeit der Welt

Die wissenschaftlichen Daten zu diesem Fragenkreis, zur „Phänomenologie des Rausches", sind allerdings äußerst „weich", denn am ehesten dürften, wie erwähnt, literarische Ausführungen zu Selbsterfahrungen mit Rauschmitteln informativ sein und dürften das Faszinierende des Rausches abbilden (vgl. Tretter et al. 1989). Der Zugang über Tierexperimente ist hier wohl äußerst eingeschränkt nutzbar.

Damit ist der Objektivitätsanspruch der Rausch- und auch der Suchtforschung limitiert (vgl. Selbsterfahrungsliteratur, wie z.B. Baudelaire, Coleridge etc.; siehe dazu z.B. Tretter et al. 1989).

Aus psychologischer Sicht kann man zusammenfassend als Charakteristikum für Räusche eine veränderte Beziehungserfahrung zur Außenwelt ausmachen, indem sich beispielsweise die Person großartig fühlt (Stimulantien) und damit die Welt als weniger bedrohlich erlebt. Oder es wird die Welt zunächst weniger bedrohlich erlebt (Sedativa), wodurch das Selbst wieder relativ großartiger (oder zumindest weniger ohnmächtig) erscheint.

Diese Interpretation lässt sich sehr gut auf dem allgemeinen Schema der Objekt-Beziehungs-Theorie der Psychoanalyse nach Kernberg (1979) oder – wie schon einmal ausführlich dargelegt – im Rahmen eines Konzeptes der „Ökologie der Person" begreifen (vgl. Tretter 1998). Die hier hervorgehobene Objekt-Beziehungs-Theorie von Kernberg sieht die Entwicklung der psychischen Struktur in etwa wie folgt (vgl. Kernberg 1979; vgl. Abb. 6):

1. Am Anfang der menschlichen Existenz gibt es eine undifferenzierte und dissoziierte Matrix an Erfahrungen, die jeweils bereits eine Lust- bzw. Unlustladung aufweisen.

2. Erst allmählich wird die Spaltung zwischen Erfahrungen, die „Gut" und „Böse" repräsentieren, in diesem Schema organisiert.

3. In einem nächsten Schritt erfolgt die Trennung des Objekts (z.B. Mutter) und des Subjekts im Rahmen dieses Abbildes.

Eine psychopathologisch vulnerable Struktur liegt vor, wenn diese Matrix der Erfahrungen eine für das jeweilige Lebensalter unzulängliche Trennung von Objekt und Subjekt zeigt - es besteht dann die Gefahr, in Stresssituationen in eine polarisierende und damit vereinfachende Gut/Schlecht-Verarbeitung zu verfallen, also zu „regredieren". Dabei kann sogar eine Psychose auftreten, in der die Welt undifferenziert als übermächtiger negativer Komplex erlebt wird (alles ist böse, verfolgt und bedroht die Person). Alternativ, aber auch häufig gekoppelt, kann ein Größenwahn vorkommen, in dem die Person sich beispielsweise als außerirdischer (oder irdischer) Weltregent erlebt.

Insofern Rauschmittel eine, die „gesunde" Struktur dieser Matrix „auflösende" Wirkung haben und somit ein archaischer Zustand hergestellt wird, kann eine drogeninduzierte Psychose entstehen. Darüber hinaus ist durch die akute „chemische Homöostase" dieser Struktur ein Anreiz gegeben, diesen archaischen Zustand wieder herzustellen, wodurch bald süchtiges Verhalten angebahnt werden kann.

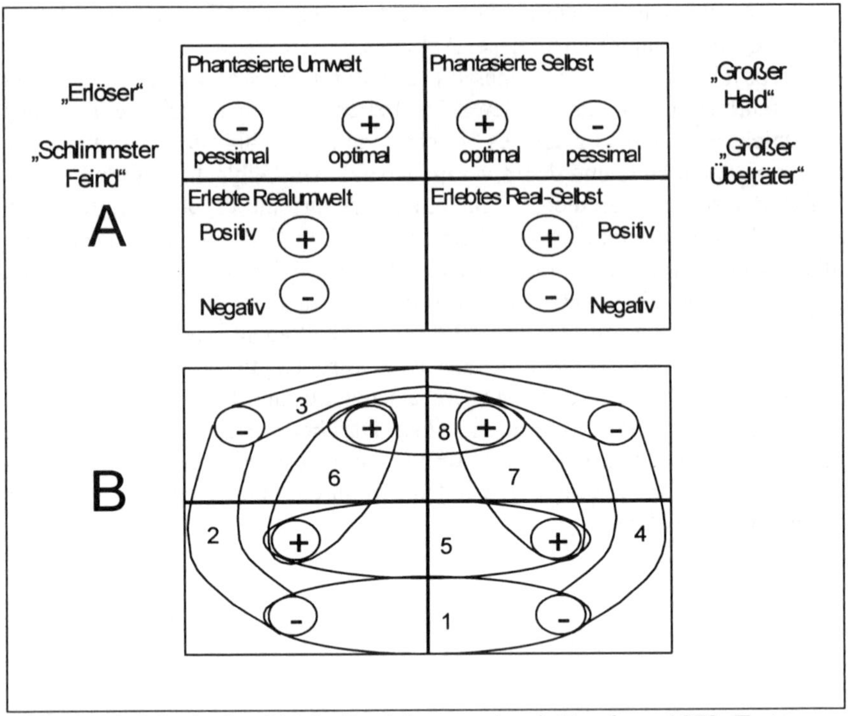

Abb. 6: Die Matrix der Objekt-Beziehungen (nach Kernberg 1979, Tretter 1993)

A: Die Person verfügt über eine innere Repräsentanz der Objekte und des Selbst. Eine (mehr oder weniger deutliche) Differenzierung in phantasierte Umwelt und phantasiertes Selbst liegt vor. Die Bereiche sind normalerweise beim Erwachsenen gut voneinander abgegrenzt, mit lustvollen und unlustvollen Komponenten. Im Verlaufe der Entwicklung der Person werden die einzelnen Komponenten zu einer geordneten Matrix organisiert.

B: Rauschmittelbedingte Zustände und auch endogene Psychosen lassen die Struktur der Matrix regressiv in ein niedrigeres Organisationsniveau abgleiten. Die Grenzen lösen sich auf. So können wieder paradiesische Verschmelzungserlebnisse mit der „guten“ Umwelt (z.B. Objekt Mutter) aufkommen. Auch tritt eine Verschmelzung von Phantasie und Wirklichkeit auf.

In anderer Sichtweise kann hier treffend von dem tiefgreifend, vielleicht nicht voll bewusst erlebten Verlust des Paradieses bzw. der Symbiose und dem Versuch der Wiederherstellung dieser Situation durch den Rauschmittelkonsum gesprochen werden.

Das Problem der Rauschmittel besteht nun darin, dass sie häufig bei einem beträchtlichen Prozentsatz von Konsumenten innerhalb von etwa 5-10 Jahren zu einer ausgeprägten Abhängigkeit (Sucht) führen. Dieses süchtige Verlangen beruht auf der (nicht unbedingt expliziten) positiven Bewertung dieses archaischen Erlebens.

Anzumerken ist an dieser Stelle, dass dieses Verschmelzungsbedürfnis als Korrelat einer allgemeinen Abhängigkeit der Person von der Umwelt auch zentraler Zielbereich der Suchttherapie ist, bei dem schrittweise versucht wird, die „bezogene Autonomie“ der Person herzustellen. Dabei werden Verschmelzungsbedürfnisse mit der Umwelt ebenso behandelt wie ein übermäßiges Distanzierungsverhalten, das auf (narzisstischen) Enttäuschungen beruht und in der Regel zu totalen Beziehungsabbrüchen führt. Ziel der Therapie ist es, beim Patienten die Balance zwischen Nähe und Distanz zu finden und Kompetenzen, dies zu regeln, aufzubauen.

Systemtheoretische Perspektiven

Die Dynamik und Komplexität der Erlebnisse im Rauschzustand ebenso wie der Umstand, dass das Streben nach der Wiederherstellung dieses Zustandes - also das süchtige Verlangen - aufkommt, sind Merkmale, die eine neue fachübergreifende Betrachtung solcher Phänomene sinnvoll erscheinen lassen. Es handelt sich dabei um den systemtheoretischen Forschungsansatz, wie er in der Psychiatrie und auch in der Suchtforschung bereits mehrfach gefordert wurde und zu einigen Ausarbeitungen geführt hat (vgl. Ciompi 1982, Schmitt 1986, Schiepek 1991, Schiepek 1991 u. 1999, Schiepek et al 1992, Tretter u. Küfner 1992, Tretter 1993, 2001). Er schließt sich direkt an die systemtheoretischen Konzepte der akademischen Psychologie an, wie sie von Bischof

(1985) und zuletzt von Dörner (1999) entwickelt wurden. Allerdings ist hierbei auch die Verbindung zur Psychoanalyse (Psychodynamik) herzustellen. Dieses Vorhaben ist allerdings äußerst problematisch und erscheint nur bei oberflächlicher Betrachtung befriedigend, denn die moderne Systemtheorie fordert auch in „weichen" Wissenschaften, wie es die Psychologie und die Psychiatrie sind, letztlich neben der Konzeptualisierung des Untersuchungsgegenstandes als komplexes, dynamisches System eine Mathematisierung der Konstrukte und Konzepte, was nur bei hinreichend quantifizierten Variablen über qualitative Modelle hinaus führt. Das kann hier nicht geleistet werden, weswegen nur eine Skizze eines Systemmodells dargestellt werden kann.

Gehen wir hier ganz konsequent davon aus, dass ein Schlüsselproblem des Menschen die ständige Klärung seines Verhältnisses zur Umwelt ist, dann ist die oben skizzierte „Erfahrungsmatrix" mit den Bereichen „Umwelt" und „Selbst" die Basis der Inhalte des Erlebens. Diese Klärung des Umweltverhältnisses der Person ist äußerst grundlegend, da bereits auf elementarer neuronaler Ebene und bei einfachen Organismen die Funktion der Differenzierung von organismusexternen und organismusinternen Ereignissen realisiert sein muss. Darauf hat vor allem einer der Begründer der Biokybernetik, Erich von Holst, mit seinem „Reafferenzprinzip" hingewiesen (v. Holst u. v. Mittelstaedt 1950): Bei Bewegungen von optischen Reizen über die Netzhaut muss der Organismus entscheiden, ob dies durch Fremdbewegung eines externen Objekts oder durch die Eigenbewegung (z.B. bei Augenbewegungen) bedingt ist. Ist letzteres der Fall, dann muss der retinale Eindruck unterdrückt werden. Man kann sich das verdeutlichen, indem man das Auge willkürlich rasch hin und her bewegt (Sakkaden) und anschließend mit den Finger seitlich auf den ruhig gehaltenen Augapfel klopft – in beiden Fällen bewegt sich das Bild auf der Netzhaut, nur im letztgenannten Fall entsteht der (falsche) Bewegungseindruck, dass die Welt sich ruckartig bewegt. Offensichtlich hemmt also eine motorische Aktion (Efferenz) den dabei einlaufenden Sinneseindruck (Afferenz). Man muss allerdings der Vollständigkeit halber hier erwähnen, dass dies weder die einzige Erklärungsmöglichkeit für das erwähnte Supressions-Phänomen ist, noch dass das konkrete neuronale Substrat des Reafferenzprinzips bereits „gefunden" ist.

Natürlich ist auch eine einfache Übertragung dieses Prinzips auf unsere Fragestellung nicht gut möglich. Es wird aber deutlich, dass sehr grundlegende Selbstorganisationsprozesse ständig im Gehirn ablaufen, die die „Verortung des Organismus in der Welt" bewerkstelligen und vermutlich eine ganz wesentliche Bedeutung haben. Sie dürften durch die Einwirkung von Rauschmitteln grundlegend verändert werden können, denn die Berauschten fühlen sich grundlegend anders „gelagert" in dieser Welt.

Neurobiologie

Wie könnte nun ein grundlegendes Schaltprinzip für die spezifische Qualität des Rauscherlebens (und ggf. für Psychosen) aussehen, das die Person-Umwelt-Beziehung verändert? Betrachtet man einige Ergebnisse der Neurophysiologie und Biokybernetik, dann stellt man fest, dass ein wesentliches Schaltprinzip von Neuronen die „laterale Inhibition" (Simultaninhibition, Synergisteninhibition) ist (vgl. Schmid u. Thews 1990). Das lässt sich besonders eindrucksvoll im Sehsystem finden. Das bedeutet, dass neuronale Strukturen, die örtlich nebeneinander liegende Punkte im gleichen Modus sensorisch abbilden (z.B. Licht-an-Neurone in der Netzhaut), sich gegenseitig hemmen (reziproke laterale Inhibition). Die Neurone feuern unter diesen Bedingungen anhaltend in einem mittleren Aktivitätsniveau (tonische Aktivität). Im Sehsystem ergibt die laterale Hemmung an unterschiedlich stark belichteten Netzhautorten den „Kontrasteffekt", der in der Verstärkung der Hell-Dunkel-Grenze besteht: Licht-an-Neurone, die den Dunkelbereich eines Objekts neuronal abbilden und daher an dieser Stelle sehr schwach aktiv sind, üben an der Dunkel-Hell-Grenze, die auf die Netzhaut projiziert ist, auch eine schwache Hemmung auf das nächstliegende Licht-an-Neuron aus. Dieses wird dadurch – im Vergleich zu anderen in der Nachbarschaft befindlichen Licht-an-Neuronen – schwächer gehemmt. Das betreffende Licht-an-Neuron kann somit besonders stark aktiv werden. Zugleich wird aber jeder Ort im Gesichtsfeld auch durch Licht-aus-Neurone neuronal abgebildet, sodass jedes Licht-an-Neuron, das einen bestimmten Netzhautort repräsentiert, sich im Wettstreit mit einem lokalen Licht-aus-Neuron befindet. Wird also örtlich das

Licht ausgeschaltet, dann werden sofort die Licht-aus-Neurone aktiv und zwar zunächst ganz intensiv, nach der Art einer Enthemmung (phasische Reaktion). Das lässt sich vor allem beim „Sukzessivkontrast" beim Ausschalten eines roten Lichtes, das auf weißen Grund projiziert wurde, demonstrieren, insofern man dann kurzzeitig die „Gegenfarbe" Grün auf dem eigentlich weißen Grund wahrnimmt (Antagonisteninhibition).

Dies ähnelt in der Motorik der Dämpfung von andernorts funktionell ähnlich wirkenden Muskeln, wie es beispielsweise Beinstrecker oder Beinbeuger sind: Auf der Ebene des Rückenmarks findet sich eine solche gegenseitige (= kontralaterale) „Synergistenhemmung", insofern etwa Streckermuskelneurone beider Körperseiten (z.B. Motoneurone für linken u. rechten Hüftstreckermuskel) die jeweils gegenüberliegende Seite hemmen. Einseitige Aktivierung der Bein-Strecker ermöglicht (und erzeugt zum Teil) dann über neuronale Verschaltungen auf der anderen Körperseite die Hemmung der Bein-Strecker und erleichtern somit dort indirekt die Aktivität der lokalen Antagonisten in Form der Neurone der dortigen Beinbeuger. Dieses Organisationsprinzip ist beispielsweise für die muskuläre Koordination beim Gehen wichtig. Andererseits hemmen die Strecker des Beines die gleichseitigen Beuger als Antagonisten. Das bedeutet, zusammenfassend und vereinfachend gesagt, dass gleicherorts tätige (funktionelle) Gegenspieler gehemmt werden, ebenso wie andernorts tätige Mitspieler gehemmt werden (vgl. Abb. 7). Dies ist, wie gesagt, beim Aktionsmodus des Gehens relevant. Es gibt allerdings Aktionsmodi des motorischen Systems, bei dem die beiden Seiten „ko-aktiviert" werden und somit diese inhibitorischen Verschaltungen inaktiviert werden müssen, wie etwa beim beidbeinigen Abspringen. Das soll nur als Hinweis dienen, dass hier grobe Vereinfachungen erfolgen.

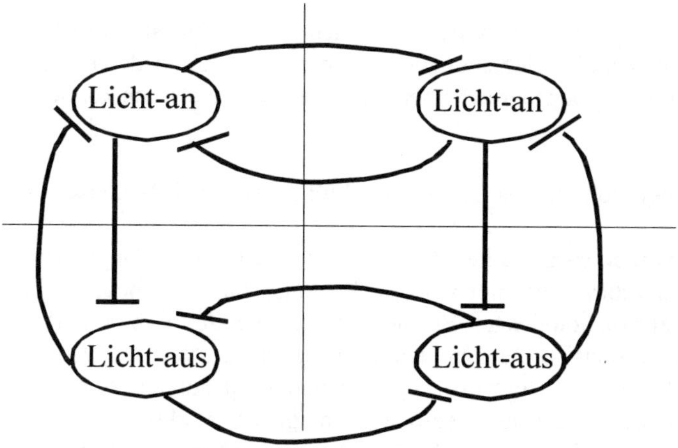

Abb. 7: Grundstruktur der neuronalen wechselseitigen Inhibition: (kontra)-laterale Inhibition „ispismodaler“ Aktionseinheiten (= z.B. Licht-an-Einheiten nebeneinander: Synergistenhemmung) und ipsilaterale Inhibition „hetero-modaler“ Aktionseinheiten (z.B. Licht-an vs. Licht-aus: Antagonisten-hemmung)

Mit diesen Hinweisen auf elementare Prinzipien der neuronalen Organisation von Funktionen kann auch angenommen werden, dass sich solche Prinzipien in ähnlicher Form auf „höheren“ Ebenen der neuronalen Organisation wieder finden lassen. Man kann sich nämlich das Gehirn als neuronale Matrix vorstellen, die auf externe bzw. interne Impulse hin eigenständig im Ein-aus-Modus organisierte Selbstverstärkungs- und Selbsthemmungsprozesse realisieren kann. Genetisch oder durch Erfahrung bedingte Strukturbesonderheiten führen dann eventuell zu bestimmten Trends der Reizverarbeitung, beispielsweise mit mangelnden Hemmungspotential, so dass angestoßene Prozesse mangels Hemmungsmechanismen („psychotisch“) eskalieren können.

Ohne hier in diese faszinierende Materie der Neurokybernetik genauer einzusteigen, wird daher an dieser Stelle in analogisierender Weise theoretisch angenommen, dass zwischen den Repräsentanzen der „Umwelt“ wie auch des

„Selbst" wechselseitig inhibitorische wie auch – zumindest indirekt – wechselseitig exzitatorische Beziehungen bestehen. Das soll bedeuten, dass sich die jeweiligen Erfahrungsbereiche hemmen wie auch verstärken können.

Ein dynamisches psychologisches Grundmodell für Rausch und Psychose

Im Sinne des vorher dargestellten Grundprinzips neuronaler Organisation kann man nun konkreter – aber nur auf die Hemmmechanismen beschränkt – annehmen, dass auf psychologischer Ebene eine Art „laterale Inhibition" (bzw. „intersektorale Inhibition") zwischen den Repräsentanzen von Umwelt und Selbst auf der Ebene des „Gut" (= Licht an) und auch auf der Ebene des „Schlecht/Böse" (=Licht aus) als jeweilige „Synergisten" vorkommt (laterale Synergistenhemmung; vgl. Abb. 8). Diese „Synergistenhemmung", so kann man extrapolieren, verhindert normalerweise ein Überschießen der Reaktion bei positiven (oder negativen) Erfahrungen mit sich selbst und ermöglicht eine Art selbstbezogener „Kontrasterfahrung" – man verrechnet das Ereignis so: „das habe ich geschafft, wenngleich auch gute Umweltbedingungen dazu führten". Eine hypothetische drogenbedingte Hemmung dieser „Synergistenhemmung", etwa durch Alkohol, erzeugt unrealistische Verschmelzungserlebnisse durch das wechselseitige Aufschaukeln, sowohl im Guten („Paradiesisches Alles-ist-gut-Erleben") wie auch im Schlechten („Alles ist schlecht!").

Darüber hinaus besteht hypothetisch auch eine Art „Antagonistenhemmung" (Gut versus Schlecht u. vice versa), und zwar jeweils innerhalb der Umwelt- bzw. Selbstrepräsentanz, gewissermaßen als „intrasektorale Inhibition". Diese Hemmung drückt sich phänomenal in der „Erleichterung" bei einer guten Erfahrung in den jeweiligen Erfahrungsbereichen aus, in denen zuvor schlechte Erfahrungen gemacht wurden, oder einfach bei Wegfall einer länger anhaltenden negativen Erfahrung. Es kann aber auch eine anhaltende Bedrückung aufkommen als Folge einer schlechten Erfahrung, die auf eine gute Erfahrung hin auftrat. Diese Dynamik wäre wie ein „Sukzessivkontrast" zu begreifen.

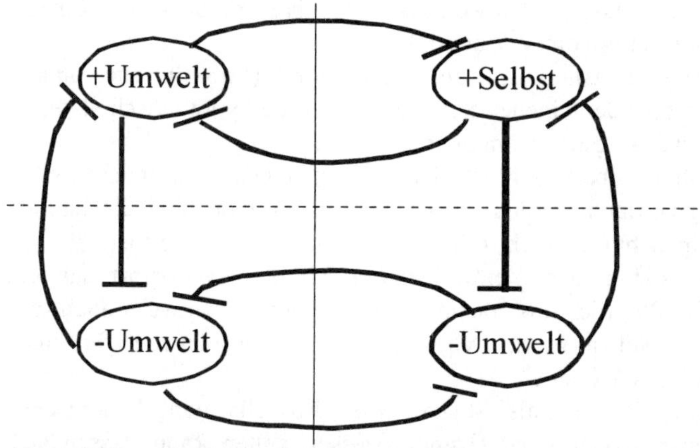

Abb. 8: Hypothetische Grundstruktur der Selbst- und Umweltrepräsentanz als selbstorganisierendes dynamisches System mit Synergistenhemmungen (a) und Antagonistenhemmungen (b). Die Pfeile indizieren Inputs in das System, also bewertete und zugeordnete Wahrnehmungen.

Die genauen Bedingungen, wann der eine Mechanismus aktiv wird oder ein anderer Operationsmodus auftritt, lassen sich nicht angeben. Erfahrungsbedingte Kopplungsparameter bestimmen dabei hypothetisch die typische Dynamik, die dann nach Eintreffen einer Information, die der Umwelt oder dem Selbst zugerechnet wird, aufkommt. Dazu einige plastische Beispiele (vgl. Abb. 8):

– Wird ein positiver Anteil des Selbstbildes durch eine positive Erfahrung aktiviert, so hemmt diese Aktivität die Reaktivität der negativen Anteile des Selbstbildes. Zugleich wird Positives des Umweltbildes über eine „laterale Hemmung“ gedämpft. Es entsteht somit ein nachhaltiges positives Selbstbild, das auch gegenüber der Umwelt überhöht sein kann („Ich bin halt ein toller Hecht.“).

– Wird ein negativer Anteil des Selbstbildes aktiviert, so werden die positiven Anteile des Selbstbildes gehemmt, aber auch die negativen Anteile des Umweltbildes, d.h. dass die Umwelt etwas positiver erlebt wird („Nur mir geht es schlecht, nur ich bin ein Versager.“).

– Wird ein positiver Anteil der Umwelt aktiviert (Lob für eine andere Person), dann kann dies den eigenen Selbstwert über die hypothetische laterale Inhibition in der Erfahrungsmatrix mindern.

– Tritt ein negatives Ereignis in der Umwelt auf (Jemanden anderen stößt etwas schlechtes zu), dann werden eigene negative Anteile über die laterale Hemmung abgeschwächt („Bin ich froh, dass das nicht mir passiert ist.“).

Tatsächlich gibt es aber auch laterale Synergie-Effekte, etwa derart, dass ein positives Ereignis für die (als positiv eingeschätzte) Umwelt auch zur „Positivierung“ des Selbst führt. Das ist aber nur ein Hinweis für einen weiteren Ausbau dieses Modells.

Wenngleich dies hier nur als Skizze eines Modells von dynamischen selbstorganisierenden psychischen Grundprozessen gelten kann, lassen sich weitere Folgerungen ziehen:

Im Rauschzustand, so kann man dann annehmen, sind diese Kopplungsparameter des neuronalen Korrelats der Erfahrungsmatrix chemisch bedingt verändert, und es kommt zu einer veränderten Verarbeitungsweise eintreffender Informationen. Das hat im Rausch im wesentlichen zur Folge, dass die positiven Komponenten des Selbst aktiviert (z B. Amphetamine) bzw. enthemmt (z.B. Alkohol) werden und/oder die negativen Komponenten des Selbst inhibiert werden (z.B. Benzodiazepine, Heroin).

Ebenso kann die Umweltrepräsentanz in ihren positiven Komponenten verstärkt bzw. enthemmt und/oder in ihren negativen Komponenten gehemmt werden.

Eine Alkoholisierung geht also beispielweise meist mit einer Selbstüberschätzung einher. Das bedeutet, dass der Alkohol die Parameter derart verstellt, dass die im Nüchternzustand auf das positive Selbst hemmend wirksamen negativen Komponenten der Selbstrepräsentanz gehemmt werden (doppelte Hemmung) und somit die positiven Komponenten der Selbstrepräsentanz enthemmt bzw. aktiviert werden (vgl. Abb. 8). Zugleich werden die negativen Erfahrungen mit der Umwelt gemindert und die positiven Komponenten leichter „erkannt“ (Rauscherleben: „Alles ist gut - sowohl ich wie auch die Umwelt“).

Beim „Horrortrip“ unter LSD sind die Verhältnisse umgekehrt, insofern die jeweiligen negativen Anteile verstärkt werden bzw. die positiven Anteile gedämpft werden. Es entsteht u.a. Todesangst, das dissoziierte Erleben spricht für eine besonders starke chemsich bedingte Störung dieser Matrix.

Man kann hier neurobiologisch orientiert weiter spekulieren, dass die verstärkte Hemmung negativer Erfahrungen durch den inhibitorischen Transmitter GABA (Gamma-Amino-Buttersäure) erfolgt. Ob negative Erfahrungen über den Transmitter Acetylcholin („schlecht“) kodiert werden und positive Erfahrungen über Dopamin („gut“) bleibt noch hypothetisch (vgl. Routenberg 1988, Ashton 1992, Heinz 2000).

Die Ähnlichkeit des Erlebens im schweren Rausch mit dem Erleben in der Psychose kann auch durch z.T. genetisch bedingte Defizite der neurochemischen Korrelate der Koppelungsparameter der Matrix zustande kommen. Tatsächlich ist aber die Neurochemie von schizophrenen Störungen nicht durch GABA-Defizite, sondern durch Dopamin-Überaktivität bedingt. Dies kann aber auch Ausdruck einer schwachen Hemmung des Dopaminsystems sein. Auch im Bereich der Neurobiologie ist also eine systemische Konzeption sehr hilfreich, um die Interaktionsdynamik der Systeme verstehen zu können.

Interessant wäre nun eine systemtheoretische Explikation dieses Systems in Form einer Computersimulation, die auf einem System von Differentialgleichungen beruht, die diese Prozesse in ihrer Dynamik abbilden (vgl. Schaub 1993, Scherer et al. 2001). Der Zweck solcher Bemühungen besteht alllerdings nur in der heuristischen Verdeutlichung der Selbstorganisationsprozesse und in der Präzisierung der theoretischen Annahmen zur „Psychodynamik“.

Wissenschaftstheoretisch betrachtet handelt es sich dabei also nicht um die Bildung eines „explanatorischen“ Modells, das Daten „erklärt“ (Erklärungsmodell), sondern eher um ein „exploratorisches“ Modell (Erkundungsmodell), das der Findung neuer Untersuchungsmethoden und der Generierung exakterer Hypothesen dient. Das muss man sich grundlegend bei solchen Theoriebildungen vor Augen halten.

Konsequenzen

Die bisherigen Darlegungen lassen erkennen, dass eine philosophische Auseinandersetzung mit dem Phänomen Rausch und Wirklichkeit von großer Bedeutung ist. Dabei geht es nicht nur um die Frage nach der Wahrheit und der Wirklichkeit, sondern auch um die Frage, wie wir den Rausch als subjektives Phänomen objektivieren können.

Die „Rauschforschung" ist nämlich vor allem im Hinblick auf die Prävention von großer Bedeutung, ein Aspekt, der sich durch die Ecstasy-Epidemie gut verstehen lässt. Dabei sind offensichtlich die „ökologischen" Bedingungen der Rauschmittelkonsumenten relevant (z. B. Peer group der Adoleszenten). Denn wenn der Rausch im wesentlichen die Verortung des Menschen in seiner Welt beeinflusst, dann wird der Rausch nur dann so eindrucksvoll, wenn das betreffende Individuum in seinem Nüchternerleben eine insuffiziente Person-Umwelt-Beziehung erfährt (übermächtige Welt/ ohnmächtiges Individuum).

Die „Rauschfähigkeit" des Menschen ist darüber hinaus ein anthropologisches Faktum mit existentieller Bedeutung, das tiefgreifendere Fragen – nämlich jene nach Phantasie und Kreativität, aber auch jene nach der Transzendenz – aufwirft (vgl. Zutt 1958).

Damit verknüpft ist schließlich die Frage nach den Konsequenzen einer „rauschfreien" Gesellschaft, in die wir zunehmend durch verstärkte Präventionsbemühungen gelangen. Werden wir andere Rauschformen (und damit auch Süchte) finden, oder wird eine kompensatorische Pathologie aufkommen, etwa in Form verstärkter Aggression oder dgl.? Auch stellen sich gesundheitspolitische Fragen: Was passiert, wenn wir das Rauschbedürfnis der Menschen weiterhin einschränken, weil wir die Verbreitung von Süchten mindern wollen? Welche Substitute haben wir für die Rauscherfahrung? Soll schließlich etwa die Arbeitswut als Rauschsurrogat dienen?

Für das tiefere funktionelle Verständnis des Rausches und seiner Funktionen scheint ein systemtheoretischer Ansatz, der vor allem die physisch-materielle Ebene dieses eigentlich als so geistig erlebten Zustands untersucht, hilfreich zu sein. Dabei muss die Selbstorganisationsdynamik affektiv-kognitiver Strukturen expliziter werden. Mit einem präziseren systemischen Verständnis dieser

Strukturen und Prozesse kann vermutlich die Therapie und auch die Prävention optimiert werden.

Literatur

Ashton, H. : Brain function and psychotropic drugs, New York 1992

Battegay, R.: Vom Hintergrund der Süchte, Bern 1978

Benedetti, G., *Peciccia*, M.: Das schizophrene Symbol in der Kunsttherapie, in: Tretter, F. / Bender, W.(Hrsg.): Kunsttherapie in der Psychiatrie, Köln 1995, 61-99

Berghaus, G.: Wirkungsspektren von Cannabis und Benzodiazepinen – Ergebnisse von Metaanalysen experimenteller Studien, in: Krüger, H. P. (Hrsg.): Fahren unter Alkohol in Deutschland, Stuttgart 1998, 87-108

Bischof, N.: Das Rätsel Ödipus, München 1985

Dörner, D.: Bauplan für eine Seele, Hamburg 1999

Ciompi, L.: Affektlogik, Stuttgart 1982

Eming, K.: Wahnsinniger Rausch - Platon über Manie und Eros, in: Kiesel, H. (Hrsg.): Rausch, Berlin 1999, 189- 235

Gelpke, R.: Vom Rausch in Orient und Okzident, Stuttgart 1966

Gerigk, H. J.: Ästhetische Erfahrung als Rauschzustand. Überlegungen mit Rücksicht auf literarische Texte in Orientierung an Kant und Nietzsche, in: Kiesel, H. (Hrsg.): Rausch, Berlin 1999, 237- 254

Gouzoulis-Mayfrank, E. / *Hermle*, L. / *Kovar*, K.A. / *Sass*, H.: Die Entaktogene: "Ecstasy"(MDMA). "Eve"(MDE) und andere Ring-substituierte Methamphetaminderivate. Eine neue Stoffklasse unter den illegalen Designer-Drogen? in: Nervenarzt 76 (1996), 369-380

Grof, S.: Topographie des Unbewußten - LSD im Dienste der tiefenpsychologischen Forschung, Stuttgart 1978

Hartmann, R. P.: Malerei aus dem Unbewussten, Köln 1974

Heinz, A.: Das dopaminerge Verstärkungssystem, Berlin 2000

Hermle, L, *Spitzer*, M.: „Modellpsychosen", Halluzinogen- und Stimulanzien-bedingte psychische Störungen, in: Förstl, H. (Hrsg): Klinische Neuro-Psychiatrie, Stuttgart 2000, 387-386

Hofman, A.: LSD - mein Sorgenkind, Stuttgart 1979

von Holst, E. / *von Mittelstaedt*, H.: Das Reafferenzprinzip, in: Naturwissenschaften 37 (1950), 464-476

Jünger, E.: Annäherungen, Berlin 1980

Kiesel, H. / *Kluwe*, S.: Jenseits von Eden, in: Kiesel, H. (Hrsg.): Rausch, Berlin 1999, 1- 25

Kernberg, O.: Object relations theory and clinical psychoanalysis, New York 1979

Krüger, H. P. / *Vollrath*, M.: Psychotrope Substanzen im Straßenverkehr – Auftreten , Risiken, Maßnahmen, in: Uchtenhagen, A. / Ziegelgaensberger, W. (Hrsg.): Suchtmedizin, München 2000, 483-493

Leary, T.: Politik der Exstase, Hamburg 1970

Leuner, H. C.: Halluzinogene, Bern 1981

Täschner, K. L.: Das Cannabisproblem, Köln 1986

London, J.: König Alkohol, München (o. J.)

Müller-Küppers, M.: Psychiatrie und Psychopathologie des Rausches, in: Kiesel, H. (Hrsg.): Rausch, Berlin 1999, 115–146

Navratil, L.: Schizophrenie und Kunst, München 1973

Routtenberg, A.: Das Belohungssystem des Gehirns. Spektrum der Wissenschaft: Gehirn und Nervensystem, Heidelberg 1988, 161-167

Schaub, H.: Computersimulationen als Forschungsinstrument in der Psychologie. In: Tretter, F./ Goldhorn, F. (Hrsg.): Computer in der Psychiatrie, Heidelberg 1993, 393-423

Scherer, J. / *Tretter*, F. / *Eberle*, E.: A basic mathematical model of the dopamine synapse. In: Trappl, R. (Hrsg.): Cybernetics and Sytems 2002 – Proceedings of the 16th European meeting on Cybernetics and Systems research. Austrian society for Cybernetic Studies, Vienna 2002, 335-339

Schiepek, G.: Systemtheorie der klinischen Psychologie, Braunschweig 1991

Schiepek, G.: Die Grundlagen der Systemischen Therapie, Göttingen 1999

Schiepek, G. / *Schoppek*, W. / *Tretter*, F.: Synergetics in psychiatry - simulation of evolutionary patterns of schizophrenia on the basis of nonlinear difference equations. In: Tschacher, W., Schiepek, G., Brunner, E. J. (Hrsg.): Self organization and clinical psychology, Berlin 1992, 163-194

Schmidt, R. F. / *Thews*, G. (Hrsg.): Physiologie des Menschen, Berlin 1990

Schmitt, W. (Hrsg.): Systemtheorie und Psychiatrie. Reihe Janssen-Symposien, Janssen, Neuss 1986

Tretter, F.: Filmgenie Fassbinder: Kreativität durch Drogen? In: Deutsches Ärzteblatt 22 (1983): 52-58 u. 23: 56-59

Tretter, F.: Skizze einer systemischen Psychopathologie, in: Tretter, F. / Goldhorn, F. (Hrsg.): Computer in der Psychiatrie, Heidelberg 1993, 355-393

Tretter, F.: Ökologie der Sucht, Göttingen 1998

Tretter, F.: Suchtmedizin, Stuttgart 2000

Tretter, F.: Systemisch-kybernetische Modellansätze der Psychologie der Sucht, in: Tretter, F. / Müller, A. (Hrsg.): Psychologische Therapie der Sucht, Göttingen 2001, 165-200

Tretter, F. / *Küfner*, H.: Netzwerke der Sucht. Psycho, Supplement 1/1992: 2-10

Tretter, F. / *Lehmann*, A. / *Aurin*, O. / *Merfert-Diete*, C. / *Schneider*, K.: Sucht und Literatur, Freiburg 1989

TÜV: Informationsbroschüre Alkohol. TÜV-Süddeutschland, München 2000

Völger, G. / *v. Welck*, K. / *Legnaro*, A. (Hrsg.): Rausch und Realität - Drogen im Kulturvergleich, Köln 1981

Zutt, J.: Zur Anthropologie der Sucht. In: Nervenarzt 10 (1958), 439-445

Jan C. Joerden (Frankfurt/Oder)

Vom Sirius zum Katzenkönig. Vom rechtlichen Umgang mit anderen Realitäten

Es geschieht nicht eben häufig, dass ein Strafsenat des Bundesgerichtshofs sich mit Fragen befassen muss, die wir üblicherweise dem Reich der Phantasie oder – weniger poetisch – dem Reich der Wahnvorstellungen zurechnen würden. Normalerweise geht es beim Bundesgerichtshof um das trockene Brot des Revisionsrechts im Hinblick auf so prosaische Materien wie Mord, Raub oder Erpressung. Wenn deshalb ein Jurist überhaupt die Möglichkeit hat, sein nüchternes Metier in einer interdisziplinären Diskussion über *Wahn und Wirklichkeit* zur Geltung zu bringen, so verdankt er dies Fällen wie den beiden, die ich hier präsentieren möchte, und vor allem natürlich den in diesen Fällen agierenden Personen, deren überbordende Phantasie den Stoff bilden, aus dem diese Fälle gemacht sind. Und es wird sich zeigen, wie schwierig es ist, diese phantastischen Vorstellungen der handelnden Personen in die eher dürre Gedankenwelt des Juristen zu transponieren. Einen gewissen Vorteil wird es dabei bedeuten, dass in beiden Fällen auch durchaus zweckrational agierende Personen beteiligt sind, die gleichsam die wahnbefangen Handelnden an Fäden in der Hand haben.

Doch nun zunächst zum – leicht gekürzten – Sachverhalt des ersten Falles, der in die Annalen des Bundesgerichtshofs unter der Bezeichnung „Siriusfall" eingegangen ist. (Entscheidungen des Bundesgerichtshofs in Strafsachen, Bd. 32, S. 38 ff.) Warum der Fall so heißt, wird sogleich deutlich werden.

> Im Jahre 1973 oder 1974 lernte der Angeklagte in einer Diskothek die 1951 geborene Zeugin T kennen, die „damals noch eine unselbständige und komplexbeladene junge Frau" war. Sie entwickelte zu dem vier Jahre älteren Angeklagten eine intensive Freundschaft, in der sexuelle Kontakte unwesentlich blieben. Gegenstand der Beziehung waren hauptsächlich Diskussionen über Psychologie und Philosophie, die bei Treffen im Abstand von einigen Monaten und bei häufigeren, manchmal mehrere Stunden dauernden Telefongesprächen geführt wurden. Im Laufe der Zeit wurde der Angeklagte zum Lehrer und Berater der Zeugin in allen

Lebensfragen. Er war immer für sie da. Sie vertraute und glaubte ihm blindlings.

Im Verlaufe ihrer zahlreichen philosophischen Gespräche ließ der Angeklagte die Zeugin wissen, er sei ein Bewohner des Sterns Sirius. Die Sirianer seien eine Rasse, die philosophisch auf einer weit höheren Stufe stehen als die Menschen. Er sei mit dem Auftrag auf die Erde gesandt worden, dafür zu sorgen, dass einige wertvolle Menschen, darunter die Zeugin, nach dem völligen Zerfall ihrer Körper mit ihrer Seele auf einem anderen Planeten oder dem Sirius weiterleben könnten. Damit sie das Ziel erreiche, bedürfe die Zeugin allerdings einer geistigen und philosophischen Weiterentwicklung... (Allerdings baue) ihr Bewusstsein eine starke Sperre gegen die geistige Weiterentwicklung auf... Der Grund dafür liege im Körper der Zeugin; die Blockade könne nur durch die Vernichtung des alten und die Beschaffung eines neuen Körpers beseitigt werden.

Als der Angeklagte bemerkte, dass die Zeugin von der Richtigkeit seiner Erklärungen noch immer völlig überzeugt war, fasste er den Plan, aus ihrem Vertrauen ... finanziellen Nutzen zu ziehen. Der Angeklagte spiegelte ihr vor, in einem roten Raum am Genfer See stehe für sie ein neuer Körper bereit, in dem sie sich als Künstlerin wiederfinden werde, wenn sie sich von ihrem alten Körper trenne. Auch in ihrem neuen Leben benötige sie jedoch Geld. Es lasse sich dadurch beschaffen, dass sie eine Lebensversicherung über 250.000 DM (bei Unfalltod 500.000 DM) abschließe, ihn unwiderruflich als Bezugsberechtigten bestimme und durch einen vorgetäuschten Unfall aus ihrem „jetzigen Leben" scheide. Nach Auszahlung werde er ihr die Versicherungssumme überbringen. Die Zeugin schloss einen Versicherungsvertrag entsprechend den Vorschlägen des Angeklagten ab. ... Dem Angeklagten händigte die Zeugin 4.000 DM in bar aus, weil sie, wie er sagte, nach dem Erwachen am Genfer See das Geld, das er ihr sofort überbringen werde, als „Startkapital" benötige. Die Auszahlung der Versicherungssumme könne sich verzögern. Ihr „jetziges Leben" sollte die Zeugin ... dadurch beenden, dass sie sich in eine Badewanne

> setzt und einen eingeschalteten Fön in das Badewasser fallen lasse. Auf Verlangen und nach den Anweisungen des Angeklagten versuchte die (inzwischen 28 Jahre alte) Zeugin diesen Plan am 1.1.1980 in ihrer Wohnung in W. zu realisieren, nachdem sie zuvor, einer Anregung des Angeklagten folgend, einige Dinge getan hatte, die darauf hindeuten sollten, dass sie ungewollt mitten aus dem Leben gerissen worden sei. Der tödliche Stromstoß blieb jedoch aus. Aus „technischen Gründen“ verspürte die Zeugin nur ein Kribbeln am Körper, als sie den Fön eintauchte. Der Angeklagte, der sich (zu dieser Zeit) in (einer anderen Stadt) aufhielt, war überrascht, als die Zeugin seinen Kontrollanruf entgegennahm. Etwa drei Stunden lang gab er ihr in etwa zehn Telefongesprächen Anweisungen zur Fortführung des Versuchs, aus dem Leben zu scheiden. Dann nahm er von weiteren Bemühungen Abstand, weil er sie für aussichtslos hielt.
>
> Die Zeugin handelte in völligem Vertrauen auf die Erklärungen des Angeklagten. Sie ließ den Fön in der Hoffnung ins Wasser fallen, sofort in einem neuen Körper zu erwachen. Der Gedanke an einen „Selbstmord im eigentlichen Sinn“, durch den „ihr Leben für immer beendet würde“, kam ihr dabei nicht. Sie lehnt eine Selbsttötung ab. Der Mensch habe dazu kein Recht. Dem Angeklagten war bewusst, dass das Verhalten der ihm hörigen Zeugin ganz von seinen Vorspiegelungen und Anweisungen bestimmt wurde.

Der Fall hat vom juristischen Standpunkt aus gesehen mehrere Facetten; so könnte man fragen, ob der Angeklagte sich nicht eventuell wegen eines Betrugsversuchs gegenüber der Lebensversicherungsgesellschaft schuldig gemacht hat und ob nicht die Zeugin sich hieran möglicherweise beteiligt hat. Das indes mag hier offen bleiben, zumal eine Strafbarkeit insoweit nach zutreffender Auffassung letztlich nicht gegeben ist.[1] Im Vordergrund soll vielmehr die Frage stehen, ob sich der Angeklagte wegen eines Mordversuchs schuldig gemacht hat. Der Bundesgerichtshof hat diese Frage im Ergebnis bejaht und den Angeklagten entsprechend verurteilt bzw. das erstinstanzliche

[1] Hinsichtlich eines Betrugsversuchs gegenüber der Versicherung fehlt es an einem unmittelbaren Ansetzen zur Tatbestandsverwirklichung im Sinne von § 22 StGB.

Urteil bestätigt. Dieses Ergebnis mag den Nichtjuristen überraschen, war der Siriusfall doch so gestaltet, dass der Angeklagte *selbst* die Zeugin in keiner Weise attackiert hatte. Denn anders als im Fall des klassischen Habgiermordes, bei dem der A den B niederschießt, um an dessen Geld zu kommen, hat der Angeklagte hier nur den – glücklicherweise vergeblichen – Versuch unternommen, die Zeugin dahingehend zu beraten, sich selbst zu entleiben. Nicht *er* hat den Fön in die Badewanne geworfen, sondern die Zeugin hat dies getan, wobei es in diesem Zusammenhang offenkundig keine Rolle spielt, wie oft sie das getan hat. Man würde deshalb zunächst einmal daran denken, den Angeklagten wegen Anstiftung bzw. Beihilfe zum Suizidversuch zu belangen.

Das juristische Problem besteht jedoch darin, dass Anstiftung und Beihilfe zum Suizid und auch zum Suizidversuch als solche – jedenfalls nach deutschem Recht[2] – nicht strafbar sind. Dies liegt daran, dass unser Strafgesetzbuch (StGB) den Suizidversuch nicht als eigene Straftat erfasst, die Strafbarkeit von Anstiftung und Beihilfe aber ihrerseits voraussetzt, dass eine Straftat gegeben ist, zu der angestiftet bzw. zu der Beihilfe geleistet wird (sog. Akzessorität der Teilnahme, vgl. §§ 26, 27 StGB). Obwohl es im juristischen Schrifttum Stimmen gibt[3], die angesichts dessen die Auffassung vertreten, auch der Suizidversuch unterfalle den allgemeinen Vorschriften über Totschlag bzw. Mord, hat sich diese Sichtweise zu Recht nicht durchgesetzt (vgl. Lackner/Kühl 2001: vor § 211 Rdn. 9f.). Zwar hat der Gesetzgeber in den Vorschriften des Strafgesetzbuches, die Mord und Totschlag betreffen (§§ 211, 212 StGB), – anders als etwa in den Vorschriften über die Körperverletzung, die nach dem Gesetzeswortlaut nur gegenüber „einer anderen Person" begangen werden können, – nicht explizit die Selbsttötung ausgeschlossen.[4] Der Sinnzusammenhang dieser Vorschriften, einschließlich der Höhe ihrer Strafandrohung, sowie die Entstehungsgeschichte der Normen machen indes klar, dass nur die *Fremd*tötung, nicht aber die *Selbst*tötung gemeint sein kann. (Vgl. Eser 2001, Vorbem. §§ 211ff., Rdn. 33 m.w.N.), einmal ganz abgesehen davon, dass ein Verbot der Selbsttötung möglicher-

[2] Anders z.B. im polnischen Strafgesetzbuch, das eine Strafbarkeit bei der Veranlassung zur Selbsttötung kennt: Art. 151 Kodeks Karny.

[3] Vgl. insbesondere Eberhard Schmidhäuser, Festschrift für Hans Welzel, 1974, S. 810ff. und auch in einer Besprechung des vorliegenden Falles, Juristenzeitung, 1984, S. 195f., dort allerdings nur in Parenthese andeutend (S. 195).

[4] So lautet § 211 StGB in der hier interessierenden Passage: „Mörder ist, wer...aus Habgier...einen Menschen tötet." Und § 212 StGB lautet insoweit: „Wer einen Menschen tötet, ohne Mörder zu sein, wird...bestraft."

weise unzulässig in Grundrechte bzw. sogar den Schutzbereich der Menschenwürdegarantie eingreifen würde (vgl. Bottke 1982, S. 55f.).

Damit war die Rechtslage auf den ersten Blick prekär. Denn auf eine Strafbarkeit wegen Anstiftung oder Beihilfe zum Suizid ließ sich eine Verurteilung des Angeklagten jedenfalls nicht stützen. Nun kennt das Gesetz jedoch eine Rechtsfigur, die als *mittelbare Täterschaft* bezeichnet wird (vgl. § 25 Abs. 1 Alt. 1 StGB). Diese beruht auf der Überlegung, dass unter bestimmten Voraussetzungen eine Person nicht nur dann Täter eines Delikts ist, wenn sie das Delikt eigenhändig verwirklicht, sondern auch dann, wenn sie sich zur Deliktsverwirklichung einer anderen Person gleichsam als eines „Werkzeuges" bedient. Dies ist immer dann – und nach zutreffender Ansicht auch nur dann – möglich, wenn der unmittelbar handelnden Person das von ihr verwirklichte Geschehen nicht selbst zugerechnet werden kann (vgl. Joerden 1988, S. 62 ff., 78 (Fn. 189)) So ist im Strafrecht etwa einer Person der von ihr bewirkte Tod eines anderen Menschen nicht als vorsätzlich herbeigeführt zuzurechnen, wenn diese Person bei ihrem Handeln nicht wusste, dass sie einen Menschen tötet (vgl. § 16 Abs. 1 Satz 1 StGB; eine Bestrafung wegen fahrlässiger Tat bleibt allerdings möglich, vgl. § 16 Abs.1 Satz 2 StGB); und es ist einer Person, die einen Menschen tötet, dieses Handeln z.B. dann nicht als schuldhaftes Handeln zuzurechnen, wenn diese Person wegen Jugendlichkeit oder Geisteskrankheit nicht in der Lage war, das Unrecht ihres Tuns einzusehen (vgl. §§ 19, 20 StGB).

Wer demnach seinen Nachbarn dadurch umbringt, dass er seinen fünfjährigen Sohn mit einer scharfgeladenen Waffe ausrüstet und ihm den Nachbarn als geeignetes Ziel empfiehlt, wird als Mörder (oder Totschläger) in mittelbarer Täterschaft bestraft, obwohl er selbst bei der Realisierung der Tötung keinen Finger krumm gemacht, sondern dies ganz dem Fünfjährigen überlassen hat. Und ebenso begeht einen Mord (bzw. Totschlag) in mittelbarer Täterschaft, wer einem Scherzbold statt der von diesem erwarteten Wasserpistole eine scharfe Waffe aushändigt mit dem Bemerken, der Scherzbold möge doch einmal den Nachbarn nass spritzen. Selbst dann, wenn der Scherzbold ein Erwachsener ist, dem aber das Wissen fehlt, dass er eine scharfe Waffe in der Hand hält, wird der Hintermann vom Strafgesetzbuch als der eigentliche (mittelbare) Täter der Mordtat angesehen.

Der hinter diesen eher positivistisch-technischen Feststellungen liegende Gedanke ist der einer gestuften Zuschreibung von Verantwortlichkeit (vgl. Joerden 1988, S. 62ff., 86f.). Täter ist dabei stets derjenige voll verantwortlich Handelnde, auf dessen Verhalten man beim Regress entlang der Ursachenkette, die zu einem strafrechtlich relevanten Ereignis, zum Beispiel zum Tod eines Menschen, geführt hat, als erstes stößt. Wer in der Ursachenkette dagegen hinter einem voll verantwortlich handelnden Täter agiert, ist allenfalls Anstifter oder Gehilfe. Wenn man dagegen bei einem solchen Regress zunächst auf einen nicht voll verantwortlich Handelnden stößt, ist der weitere Rückgriff auf einen voll verantwortlichen Täter nicht ausgeschlossen. Letzterer ist dann im oben genannten Sinne mittelbare Täter.

Was nun gilt, wenn sich der Täter einer beliebigen anderen Person als „Werkzeug" bedient, um das Opfer zu schädigen, das gilt auch dann, wenn es gerade das Opfer ist, das gleichsam gegen sich selbst als „Werkzeug" eingesetzt wird. Wer daher einen Geisteskranken dazu anleitet, sich zu einem hungrigen Löwen in den Käfig zu begeben, ist als Mörder bzw. Totschläger strafbar, auch wenn er selbst den Geisteskranken nicht einmal berührt hat. Und wer in jener altbekannten Szene einer Fotoaufnahme im Gebirge den mit dem Rücken vor dem Abgrund Stehenden bittet, er möge doch noch einen Meter zurücktreten, haftet als Mörder bzw. Totschläger in mittelbarer Täterschaft, sofern er den Absturz vorausgesehen, das Opfer dagegen leichtfertig auf seine Anweisungen vertraut hat, und dies, obwohl der Fotograf den Porträtierten nicht in den Abgrund gestürzt, sondern dieser selbst den entscheidenden Schritt getan hat. Maßgeblich allerdings ist in allen diesen Fällen – und das muss auch für eine Lösung des „Siriusfalles" festgehalten werden –, dass das Opfer bei seinem Handeln entweder z.B. wegen Jugendlichkeit oder Geisteskrankheit schuldunfähig war, oder dass es zwar schuldfähig war, aber im Grunde nicht wusste, was es tat.

Im „Siriusfall" nun hat sich das Gericht nicht davon überzeugen können, dass die 28-jährige Zeugin in einem strafrechtlich relevanten Sinne unzurechnungsfähig war.[5] Trotz ihrer offenkundigen Leichtgläubigkeit und ihrer Wahnvorstellung, nach Selbstentleibung mit Hilfe des Föns in einem anderen Körper in einem roten Raum am Genfer See wieder zu erwachen, ist das Gericht davon ausgegangen, dass die Zeugin keine psychischen Störungen aufwies, die den für einen Zurechnungsausschluss entscheidenden Grad erreichten. Man könnte diese Feststellung m.E. durchaus in Zweifel ziehen,

[5] Die insoweit einschlägige Vorschrift des § 20 StGB sieht einen Schuldausschluss nur dann vor, wenn die handelnde Person „bei Begehung der Tat wegen einer krankhaften seelischen Störung, wegen einer tiefgreifenden Bewusstseinsstörung oder wegen Schwachsinns oder einer anderen seelischen Abartigkeit unfähig ist, das Unrecht der Tat einzusehen oder nach dieser Einsicht zu handeln." Der Bundesgerichtshof hat diese Voraussetzungen bei der Zeugin nicht als gegeben angesehen

doch soll um der Argumentation willen hier mit dem Bundesgerichtshof davon ausgegangen werden, dass trotz der Wahnvorstellungen keine Zurechnungsunfähigkeit der Zeugin gegeben war. Wäre dies anders, so könnte allerdings eine Strafbarkeit des Angeklagten wegen Mordversuchs in mittelbarer Täterschaft ohne größere Schwierigkeit abgeleitet werden (vgl. oben).

Geht man mithin von Zurechnungsfähigkeit der Zeugin aus, so bleibt nur noch die Möglichkeit, mittelbare Täterschaft eines Mordversuchs durch den Angeklagten damit zu begründen, dass man ein relevantes Wissensdefizit bei der Zeugin feststellt, das der Angeklagte für seine Zwecke ausgenutzt hat. Hierfür reicht es indes nicht, die wahnhaften Vorstellungen der Zeugin über die Existenz eines roten Raumes am Genfer See oder über den Sirius heranzuziehen. Erforderlich ist vielmehr ein *relevantes* Nichtwissen[6] und das kann sich nur auf die Tatsache beziehen, dass sie ihr Leben verlieren würde. Denn der Verlust des Lebens des Opfers ist das relevante Ergebnis eines Tötungsdelikts. Damit fragt sich, ob die Zeugin wusste oder ob sie nicht wusste, dass sie bei Funktionieren ihrer Manipulation – mit dem Fön in der Badewanne – ihr Leben verlieren würde.

Jetzt sind wir bei der zentralen Frage in der Beurteilung des vorliegenden Falles angekommen. Denn, wenn man sagen muss, dass die Zeugin *wusste*, dass sie sich ums Leben bringen würde, wenn der Fön nicht so kläglich versagt hätte, dann scheitert die ganze Konstruktion einer mittelbaren Täterschaft des Angeklagten. Denn dann befand die Zeugin sich nicht in einem relevanten Irrtum und der Suizidversuch wäre allein ihre An-gelegenheit, zu der der Angeklagte allenfalls straflose Anstiftung oder Beihilfe geleistet hätte (vgl. oben). Wusste die Zeugin dagegen nicht, dass der Fön ihr Leben beendet hätte, dann hat der Angeklagte diesen Irrtum hervorgerufen und ausgenutzt und kann wegen Mordversuchs in mittelbarer Täterschaft zur Verantwortung gezogen werden. Da es sich insoweit um ein Versuchsdelikt handeln würde, kommt es zudem genau genommen auf die Vorstellungen des Angeklagten über das

[6] Die hier – sinngemäß – anzuwendende Vorschrift lautet: „Wer bei Begehung der Tat einen Umstand nicht kennt, *der zum gesetzlichen Tatbestand gehört*, handelt nicht vorsätzlich.“ (§ 16 Abs. 1 Satz 1 StGB; Hervorhebung vom Verf.). – Nur am Rande sei hier darauf hingewiesen, dass im Kontext der mittelbaren Täterschaft eines Tötungsdeliktes durch Benutzung eines schuldunfähigen Opfers gegen sich selbst regelmäßig nur eine *analoge* Heranziehung der Vorschrift in Betracht kommt, da das Opfer schon gar nicht tatbestandsmäßig handelt, wenn es sich selbst schädigt (zur insoweit abweichenden Auffassung, vgl. Eberhard Schmidhäuser, Festschrift für Hans Welzel, 1974, S. 810 ff. und auch Juristenzeitung, 1984, S. 195f.).

Wissens oder das Nichtwissen der Zeugin über ihr bevorstehendes Ende an. Glaubte der Angeklagte nun, dass die Zeugin ihr Leben würde beenden wollen, oder glaubte er, dass die Zeugin in einer relevanten Hinsicht meinte, in einem neuen Körper in jenem vermeintlichen roten Raum am Genfer See würde weiterleben können?

Einerseits war der Zeugin durchaus klar, dass sie sich selbst entleibt hätte, wenn der Fön seine Schuldigkeit getan hätte. Sie war sogar der Meinung, dass die *Lebens*versicherungsgesellschaft diese Auffassung teilen würde, da diese ja an den begünstigten Angeklagten die Versicherungssumme auszahlen sollte, die er ihr dann nach Genf bringen würde.[7] Andererseits jedoch glaubte sie in ihrem Wahn an ein körperliches Weiterleben in Genf, wenn auch in einem neuen Körper. Der Bundesgerichtshof hat dies – zudem gestützt auf die Hilfserwägung, dass die Zeugin nach eigenem Bekunden einen Selbstmord im eigentlichen Sinne ablehne – für ausreichend erachtet, um von einem relevanten Irrtum der Zeugin über ihr Weiterleben ausgehen und damit den Angeklagten wegen Mordversuchs in mittelbarer Täterschaft verurteilen zu können. Dafür spricht – und der Bundesgerichtshof hebt dies auch hervor –, dass die Zeugin nicht an ein wie auch immer ausgestaltetes Leben im Jenseits glaubte, sondern an eine gewissermaßen bürgerliche Existenz im Diesseits des Genfer Sees.

Aber wäre der Bundesgerichtshof wirklich auch bereit, die Konsequenzen aus dieser seiner These zu ziehen? Wie etwa wäre ein Fall zu beurteilen, in dem ein Mörder an so etwas wie Seelenwanderung glaubt und wähnt, sein Opfer würde zwar aus seinem jetzigen Körper entschwinden, danach aber in einem anderen Körper in Genf munter weiterleben?[8] Sollten wir dann freisprechen oder allenfalls wegen fahrlässiger Tötung verurteilen, weil der Tötungsvorsatz entfiele? Diese Konsequenz wäre absurd und würde auch vom Bundesgerichtshof in einem entsprechenden Fall sicherlich nicht gezogen werden. Die Vorstellung, die Seele werde sich von ihrem bisherigen Körper trennen, reicht vielmehr für die Annahme von Tötungsvorsatz aus, gleichgültig ob die Vorstellung hinzutritt, die Seele werde nun im Jenseits vagabundieren

[7] Allerdings stellte sie sich auch nicht vor, dass der Lebensversicherungsgesellschaft etwas von ihrer Weiterexistenz am Genfer See würde berichtet werden.

[8] Vgl. dieses Argument etwa auch bei Ulfrid Neumann, Juristische Schulung 1985, S. 677, 681. Man könnte auch den vorliegenden Fall so abwandeln, dass der Angeklagte selbst ebenfalls davon überzeugt war, die Verwendung des Föns durch die Zeugin würde dazu führen, dass sie in besagtem Raum in Genf in einem neuen Körper wieder erwachen würde. Sollte dann der Tötungsvorsatz entfallen?

oder sie werde sich im Diesseits in einem neuen Körper einfinden. Daraus aber folgt auch, dass die Zeugin durchaus *wusste*, dass sie sich in dem Sinne töten würde, den die Vorschriften des Strafrechts für eine Tötung voraussetzen.

Will man deshalb im „Siriusfall" eine mittelbare Täterschaft des Angeklagten begründen, kann man sich nicht auf einen Irrtum der Zeugin über die Tatsache beziehen, dass der Fön ihren Tod im Sinne des Strafrechts herbeigeführt hätte. Man müsste schon bereit sein, eine weitere Art von Irrtum als relevant für die Begründung von mittelbarer Täterschaft zu akzeptieren, und zwar den Irrtum über den mit der betreffenden Handlung verfolgten Zweck.[9] Hatte die Zeugin doch mit ihrem Tod in der Badewanne durchaus einen bestimmten Zweck verfolgt, den sie nicht erreichen konnte, und zwar, in Genf in einem neuen Körper wieder zu erwachen. Diesen Zweck hat sie verfehlt, und der Angeklagte wusste natürlich – im Unterschied zur Zeugin –, dass sie diesen Zweck notwendigerweise würde verfehlen müssen. Für andere Fälle wird die Berücksichtigung derartiger Zweckverfehlungen auch durchaus diskutiert, so etwa, wenn jemandem vorgespiegelt wird, er leide an einer Krankheit, die ihn sehr schmerzhaft zu Tode bringen werde, um ihn dadurch in den Suizid zu treiben, oder wenn dem Opfer vorgetäuscht wird, dass es sich für eine angeblich gute Sache opfere, während es dem Täuschenden nur darum geht, dass das Opfer freiwillig aus dem Leben scheidet. Es ist allerdings zu beachten, dass Fälle, in denen eine Relevanz des betreffenden Irrtums beim Opfer über den Zweck seines Tuns diskutiert wird, regelmäßig Fälle einer durch Täuschung vermittelten Notlage sind (besonders deutlich in dem soeben genannten Fall eines angeblich unheilbar Kranken), während im „Siriusfall" der Zweck der Selbstentleibung ja nicht im engeren Sinne die Befreiung aus einer (vermeintlichen) Notlage darstellt (vgl. weitere Beispiele hierzu bei Muñoz-Conde 1994, S. 547ff.). Es kommt hinzu, dass es in den Fällen, in denen ausnahmsweise auch ein Irrtum über den verfolgten Zweck für relevant gehalten wird, immer um grundsätzlich mögliche Zweckverfehlungen geht und nicht um wahnhafte Zwecksetzungen wie im „Siriusfall". Es spricht deshalb viel dafür, dass jedenfalls ein Irrtum, der – wie bei der Zeugin in diesem Fall – auf wahnhaften Vorstellungen beruht, nicht für die Begründung mittelbarer Täterschaft hinreicht. Das bedeutet, dass der Angeklagte im Hinblick auf den Mordversuch in mittelbarer Täterschaft entgegen der Auffassung des

[9] Gelegentlich werden solche Irrtümer auch als Motivirrtümer bezeichnet. Vgl. wiederum Neumann, a.a.O., S. 681. Zu Irrtümern über den verfolgten Zweck vgl. auch Joerden, Rechtstheorie 22 (1991), S. 165ff. Teilweise weitergehend Amelung/Eymann, Juristische Schulung 2001, S. 937ff.

Bundesgerichtshofes hätte freigesprochen werden müssen. Wem dieses Ergebnis missfällt, müsste sich für eine gesetzliche Fest-schreibung der Strafbarkeit von Anstiftung und Beihilfe zum Suizid einsetzen. Die augenblickliche Gesetzeslage indes gibt eine solche Strafbarkeit des Angeklagten m.E. nicht her.[10]

Der zweite hier vorzustellende Fall ist als „Katzenkönigfall" in die strafrechtliche Literatur eingegangen. Ihm lag folgender (vereinfachter) Sachverhalt[11] zugrunde:

> Nach den Feststellungen lebten die Angeklagten in einem von „Mystizismus, Scheinerkenntnis und Irrglauben" geprägten „neurotischen Beziehungsgeflecht" zusammen. Der Angeklagten (Barbara) H. gelang es (...) dem leicht beeinflussbaren Angeklagten R. zunächst die Bedrohung ihrer Person durch Zuhälter und Gangster mit Erfolg vorzugaukeln und ihn in eine Beschützerrolle zu drängen. Später brachte (sie) ihn durch schauspielerische Tricks, Vorspiegeln hypnotischer und hellseherischer Fähigkeiten und die Vornahme mystischer Kulthandlungen dazu, an die Existenz des „Katzenkönigs", der seit Jahrtausenden das Böse verkörpere und die Welt bedrohe, zu glauben; (der Angeklagte) R. – in seiner Kritikfähigkeit eingeschränkt, aber auch aus Liebe zu Barbara H. darum bemüht, ihr zu glauben – wähnte sich schließlich auserkoren, gemeinsam mit (Barbara) H. den Kampf gegen den „Katzenkönig" auf-zunehmen. Auf Geheiß musste er Mutproben bestehen, sich katholisch taufen lassen, Barbara H. ewige Treue schwören; so wurde er von ihr (...) zunächst als Werkzeug für den eigenen Spaß benutzt.
>
> Als die Angeklagte (Barbara) H. Mitte des Jahres 1986 von der Heirat ihres früheren Freundes Udo N. erfuhr, entschloss sie sich aus Hass und Eifersucht, dessen Frau (Annemarie N.)

---

[10] Die wohl herrschende Auffassung in der strafrechtlichen Literatur ist in diesem Punkt allerdings – mit dem Bundesgerichtshof – anderer Auffassung; vgl. dazu etwa die Hinweise bei Lackner/Kühl, a.a.O., Vor § 211 Rdn. 13 b.

[11] Vgl. Entscheidungen des Bundesgerichtshofs in Strafsachen, Band 35, S. 347ff. Aus Gründen der Übersichtlichkeit habe ich die zweite im Hintergrund handelnde Person, die mit Barbara H. zusammenwirkte, aus der Wiedergabe des Sachverhalts fortgelassen. In rechtlicher Hinsicht ergibt sich hieraus keine für die vorliegende Fragestellung relevante Veränderung.

> von (dem Angeklagten) R. – unter Ausnutzung seines Aberglaubens – töten zu lassen. (Sie) spiegelte (...) (daher) dem R. vor, wegen der vielen von ihm begangenen Fehler verlange der „Katzenkönig" ein Menschenopfer in der Gestalt der Frau (Annemarie) N.; falls er die Tat nicht binnen einer kurzen Frist vollende, müsse er sie verlassen, und die Menschheit oder Millionen von Menschen würden vom „Katzenkönig" vernichtet. (Der Angeklagte) R., der erkannte, dass das Mord sei, suchte auch unter Berufung auf das fünfte Gebot vergeblich nach einem Ausweg. (Barbara) H. (...) wies stets darauf hin, dass das Tötungsverbot für sie (beide) nicht gelte, „da es ein göttlicher Auftrag sei und sie die Menschheit zu retten hätten". Nachdem er Barbara H. „unter Berufung auf Jesus" hatte schwören müssen, einen Menschen zu töten, und die ihn darauf hingewiesen hatte, dass bei Bruch des Schwurs seine „unsterbliche Seele auf Ewigkeit verflucht" sei, war er schließlich zur Tat entschlossen. Ihn plagten Gewissensbisse, er wog jedoch die „Gefahr für Millionen Menschen ab", die er „durch das Opfern von Frau N." retten könne.
>
> Am späten Abend des 30. Juli 1986 suchte (der Angeklagte) R. Frau (Annemarie) N. in ihrem Blumenladen unter dem Vorwand auf, Rosen kaufen zu wollen. Entsprechend dem ihm von (...) Barbara H. gegebenen Rat stach R. mit einem ihm zu diesem Zweck (...) überlassenen Fahrtenmesser hinterrücks der ahnungs- und wehrlosen Frau (Annemarie) N. in den Hals, das Gesicht und den Körper, um sie zu töten. Als dritte Personen der sich nun verzweifelt wehrenden Frau zu Hilfe eilten, ließ (der Angeklagte) R. von weiterer Tatausführung ab, um entsprechend seinem „Auftrag" unerkannt fliehen zu können; dabei rechnete er mit dem Tod seines Opfers, der jedoch ausblieb.

Auch hier also ein relativ glücklicher Ausgang des Falles, da das Opfer Frau Annemarie N. nicht getötet wurde. Wie im „Siriusfall" sind es auch im „Katzenkönigfall" die Wahnvorstellungen des unmittelbar Handelnden, die die Tat entscheidend beeinflussen. Diesmal allerdings handelte der sich im Wahn befindende Angeklagte – übrigens zu allem Überfluss auch noch ein Polizeibeamter – nicht zu eigenen Lasten, sondern attackierte eine dritte

Person, und zwar besagte Annemarie. Gesteuert wurde er dabei – insoweit entsprechend dem „Siriusfall“ – von einer anderen Person, die das Wahnhafte seines Handelns durchschaute und darüber hinaus sogar ins Werk gesetzt hatte, nämlich Barbara H. Sie kommt deshalb als mittelbare Täterin des Mordversuchs an Annemarie in Betracht. Allerdings kann hier von vornherein keine Rede davon sein, dass es nur um das Leben der Annemarie gehen sollte. Der Angeklagte wollte sie ja auch gerade deshalb töten, um auf diese Weise die Welt vor der Rache des „Katzenkönigs“ zu bewahren.

Und trotzdem befand sich der Angeklagte in einem Irrtum, der zudem ein für die Zurechnung von Verantwortlichkeit grundsätzlich relevanter Irrtum ist. Denn der Angeklagte glaubte, durch seine Tat die Welt vor der Rache des „Katzenkönigs“ retten zu können. Dies könnte die irrige Annahme einer Notstandssituation darstellen, ein Irrtum, der im Strafrecht unter bestimmten weiteren Voraussetzungen die Zurechnung zur Schuld ausschließen kann (vgl. § 35 StGB). Nun können hier nicht alle intrikaten strafrechtlich relevanten Probleme behandelt werden, die insbesondere auch damit zusammenhängen, dass man dem Angeklagten ja durchaus vorwerfen kann, dass er seinerseits durch seine Leichtgläubigkeit überhaupt in den Irrtum verfallen konnte, ein „Katzenkönig“ müsse durch ein Menschenopfer besänftigt werden, um die Welt zu retten (vgl. § 35 II StGB (bei unvermeidbarem Irrtum)). Im vorliegenden Zusammenhang allein interessant ist die Frage, ob das Recht, das im Falle der unvermeidbar irrigen Annahme einer Notstandslage grundsätzlich von einem Ausschluss der Zurechnung zur Schuld ausgeht (vgl. § 35 II StGB (bei vermeidbarem Irrtum)), sich auch ganz absurde Annahmen des Täters wie im vorliegenden Fall gleichsam zu eigen machen muss. Oder muss hier nicht noch eine Art von Plausibilitätsprüfung dahingehend erfolgen, ob derartige Annahmen über eine Notstandssituation überhaupt denkbar erscheinen (vgl. Herzberg 1990, S. 16ff.). M.E. muss hier mutatis mutandis dasselbe gelten wie im zuvor erörterten „Siriusfall“. Wenn wir dort nicht jede wahnhafte Vorstellung als hinreichend für einen Zurechnungsausschluss (dort war es das Fehlen von Vorsatz bzw. Quasi-Vorsatz) ansehen, dann müssen wir auch hier im „Katzenkönigfall“ einen Zurechnungsausschluss dann verneinen, wenn er auf wahnhaften Fundamenten aufgebaut ist.

Das Recht nimmt im Kontext der Zurechnungsausschlüsse wegen bestimmter Wissenselemente nur diejenigen Vorstellungen eines Täters zur Kenntnis, die überhaupt Wirklichkeit sein könnten, wenn sie auch aktuell nicht der Wirklichkeit entsprechen. Nicht aber können wahnhafte Vorstellungen als zurechnungsrelevantes Wissen bzw. Nichtwissen berücksichtigt werden, die bei rationaler Betrachtung unter keinen Umständen Realität werden könnten. Der im Strafrecht allein systematisch angemessene Ort, Wahnvorstellungen eines Angeklagten zu berücksichtigen, bleibt daher die Vorschrift über die Schuldunfähigkeit (§ 20 StGB), also die Feststellung von Geisteskrankheit. Da der Bundesgerichtshof – auch insoweit parallel zu dem „Siriusfall" – im „Katzenkönigfall" nicht von Geisteskrankheit des unmittelbar handelnden Angeklagten R. ausgegangen ist, bleibt es daher bei dessen grundsätzlich voller strafrechtlicher Verantwortlichkeit. Dies aber hat zur weiteren Konsequenz, dass die im Hintergrund agierende Barbara H. im „Katzenkönigfall" nur in dem Modus von Anstiftung oder Beihilfe zu der Tat des Angeklagten haftbar gemacht werden kann, insofern wieder im Unterschied zu der Auffassung des Bundesgerichtshofs, der mittelbare Versuchstäterschaft der Barbara H. angenommen hat. Anders als im „Siriusfall" führt die Annahme von Anstiftung bzw. Beihilfe zu der Tat des Angeklagten im „Katzenkönigfall" allerdings durchaus zur Strafbarkeit der Barbara. Denn hier ist eine strafbare Haupttat des Angeklagten gegeben, weil dieser sich ja mit seinem Handeln nicht – wie die junge Frau im „Siriusfall" – gegen sich selbst wendet, sondern gegen die Rechtsgüter einer anderen Person, und zwar die der Annemarie N.

Von diesen Unterschieden der beiden Fälle abgesehen, die indes auf einer bestimmten gesetzgeberischen Entscheidung, die Teilnahme am Suizid straflos zu lassen, beruhen und nicht auf systematischen Differenzen, bleibt daher für den „Siriusfall" und den „Katzenkönigfall" festzuhalten, dass wahnhafte Vorstellungen der Akteure, sofern sie nicht als Indizien für einen Zurechnungsausschluss wegen Geisteskrankheit herangezogen werden, grund-sätzlich nicht geeignet sind, zurechnungsrelevantes Wissen oder zurechnungs-relevante Wissensdefizite zu begründen. Vielmehr bleiben solche wahnhaften Vorstellungen über die Wirklichkeit, die nach mensch-lichem Ermessen keinesfalls Wirklichkeit werden könnten, als unmaßgeblich außerhalb der relevanten Basis eines Zurechnungsurteils. Im Hinblick auf beide Fälle ist daher der Weg, den der Bundesgerichtshof unter Anwendung der Rechtsfigur mittelbarer Täterschaft beschritten hat, im Ergebnis abzulehnen. In Betracht kamen für die im Hintergrund agierenden Personen nur die Kategorien der Anstiftung bzw. Beihilfe mit der Konsequenz, dass angesichts der gesetzgeberischen Entscheidung, die Teilnahme am Suizid straflos zu lassen, im „Siriusfall" hinsichtlich des Tötungsdelikts ein Freispruch hätte erfolgen müssen, während im „Katzenkönigfall" wegen Anstiftung und Beihilfe zum Mordversuch hätte bestraft werden können.

Literatur

Amelung, K. / *Eymann,* F.: Die Einwilligung des Verletzten im Strafrecht, in: Juristische Schulung 41, 2001, 937-946

Bottke, W.: Suizid und Strafrecht, München 1982

Eser, A. in: *Schönke,* A. / *Schröder,* H.: Strafgesetzbuch, Kommentar, 26. Aufl., München 2001

Herzberg, R. D.: Abergläubische Gefahrenabwendung und mittelbare Täterschaft durch Ausnutzung eines Verbotsirrtums – BGHSt. 35, 347 – , in: Jura 1990, 16-26

Joerden, J. C.: Einwilligung und ihre Wirksamkeit bei doppeltem Zweckbezug. Zugleich ein Beitrag zum Problem der Strafbarkeit heimlicher HIV-Tests, in: Rechtstheorie 22, 1991, 165-197

Joerden, J. C.: Strukturen des strafrechtlichen Verantwortlichkeitsbegriffs: Relationen und ihre Verkettungen, Berlin 1988

Lackner, K / *Kühl,* K.: StGB, Strafgesetzbuch mit Erläuterungen, 24. Aufl., München 2001

Muñoz-Conde, F.: Die Verleitung zum Suizid durch Täuschung, in: Zeitschrift für die gesamte Strafrechtswissenschaft (ZStW) 106, 1994, 547-564

Neumann, U.: Abgrenzung von Teilnahme am Selbstmord und Tötung in mittelbarer Täterschaft, in: Juristische Schulung 1985, 677-683

Schmidhäuser, Eberhard: Selbstmord und Beteiligung am Selbstmord in strafrechtlicher Sicht, in: Stratenwerth, G. / Kaufmann, A. / Geilen, G. u.a. (Hg.), Festschrift für Hans Welzel, Berlin / New York 1974, 801-822

Thomas Göller (Karlsruhe)

Sind Kulturen und kulturelle Realitätssichten inkommensurabel?

In Politik, Philosophie und generell in den Kulturwissenschaften kursieren gegenwärtig unterschiedliche Ansichten von dem, was mit der Redeweise der „Inkommensurabilität" von Kulturen bzw. Lebensformen und mit den von ihnen entworfenen oder bedingten Realitätssichten gemeint sein soll. Scheinbar besteht jedoch der kleinste gemeinsame Nenner darin, dass es sich nicht bloß um verschiedene, sondern letztlich um *unvereinbare* Weisen handelt, in denen wir Menschen unser Handeln und Wahrnehmen zu koordinieren und unser Weltverständnis zu artikulieren versuchen. Dabei sollen die Unterschiede, die zwischen einzelnen Kulturen bestehen, so signifikant und so fundamental sein, dass ein angemessenes wechselseitiges Verstehen letztlich *nicht* möglich ist. Das gilt angeblich für die mit bestimmten kulturellen Praktiken implizierten Gesellschaftsformen ebenso wie für elementare religiöse, ethisch-moralische oder rechtliche Überzeugungen. Auf der anderen Seite sollen davon aber auch die erkenntnistheoretischen bzw. epistemologischen Grundlagen unseres Erkennens und Verstehens selbst betroffen sein. Denn sie erlaubten es nicht, dass wir andere, fremde Kulturen in ihren Eigenheiten verstehen können. Grob gesagt lässt sich also zwischen *praktisch-politischen* und *epistemologischen* Varianten der These von der Inkommensurabilität menschlicher Kulturen unterscheiden.

Was die *praktisch-politische* Variante betrifft, so ist in der jüngsten Zeit vor allem Samuel Huntington zu nennen, der mit seiner viel diskutierten These vom Zusammenprall oder gar vom „Kampf" der Kulturen („clash of civilisations") bereits im Jahre 1993 für große Aufregung nicht nur in den Politikwissenschaften, sondern auch in der internationalen Politik sorgte (Huntington 1993, S. 22-49). Denn Huntington prophezeite, zukünftige zentrale Konflikte würden nicht mehr – wie noch in Zeiten des Kalten Krieges – durch eine politisch-ideologische Front markiert, sondern nunmehr entlang einer *kulturellen* Bruchzone verlaufen. Bei seiner kulturalistischen Interpretation realpolitischer Machtverhältnisse subsumiert Huntington unter „Civilisations" allerdings recht heterogene kulturelle Erscheinungen. Ohne, wie es allein schon aus kulturhistorischen Gründen eigentlich notwendig wäre, genauer zu differenzieren, etikettiert er politische, religiöse und allgemein weltanschauliche Ansichten als „westlich“, „konfuzianisch“, „japanisch“, „islamisch“, „hinduistisch“, „slawisch-orthodox“, „lateinamerikanisch“ und als „afrikanisch“ (Huntington 1993, S. 25).

Huntington meint nämlich, dass der von ihm konstatierte „clash“ der Zivilisationen primär aus ihren kulturellen Differenzen oder gar Unvereinbarkeiten resultierten. Bekanntlich zieht er daraus eine prekäre Konsequenz für die internationale Politik. Die „westlichen“ Staaten – wozu er pauschal die USA, Deutschland, Großbritannien, Frankreich und Japan rechnet – müssten, um sich und ihre kulturelle Eigenart sowie ihre politische Unabhängigkeit behaupten und erhalten zu können, eine Allianz gegen den „Rest der Welt“ bilden. So wissenschaftlich unhaltbar und politisch bedenklich die Thesen Huntingtons im Einzelnen auch sind, sie haben gerade durch die aktuellsten Geschehnisse in der Gegenwart erneuten Auftrieb und teilweise verstärkte Zustimmung erfahren.[1]

Die *zweite* Variante der Inkommensurabilitätsthese, die ich anführte, ist *philosophisch-erkenntnistheoretisch* motiviert. Im Kern besagt sie, dass unsere Auffassungen und Vorstellungen von dem, was wir als „Realität“ bezeichnen, unhintergehbar an eine bestimmte Sprache, Lebensform oder Kultur gebunden sind. „Realität“ ist also von der jeweiligen Sprache oder den jeweiligen Sprachspielen abhängig. Aus diesem Grunde ist dieser These zufolge *jede*

[1]Dass Huntingtons Thesen erneut in der internationalen Tagespolitik diskutiert werden, zeigen die Terrorangriffe auf die Vereinigten Staaten von Amerika vom 11. September 2001. Vgl. dazu z.B. *Die Zeit*, Nr. 38, 13.9.2001, dort urteilt Theo Sommer: „Es könnte sein, dass unsere Urenkel sagen werden: Am 11. September 2001 begann der Dritte Weltkrieg, jener ‚Kampf der Kulturen', den der Harvard-Politologe Samuel Huntington vor Jahren schon zum Merkmal des 21. Jahrhunderts aufrief“ (S. 3). Und in dem Wochenmagazin *Der Spiegel*, 38/2001 (15.9.2001), vertritt Henryk M. Broder die Auffassung, dass – entgegen der Meinung vieler europäischer Intellektueller – der „Kampf der Kulturen“ doch statt finde (S. 168). Kritischer dagegen bemerkt Petra Steinberger in der *Süddeutschen Zeitung* (Nr. 213, 15./16.9.2001), dass diese Interpretationen vom jeweiligen historischen und kulturellen Umfeld abhängig seien, weshalb „Kulturen“ nicht zu gleichsam essentialistischen Einheiten hypostasiert werden dürften, wie es Huntington tut (vgl. S. 14). Und der mit dem alternativen Friedensnobelpreis ausgezeichnete norwegische Friedensforscher Johan Galtung urteilt kritisch: „Der Titel von Huntingtons Buch über den Zusammenstoß der Kulturen ist ein Etikettenschwindel. Er schreibt über den clash der Regionen. Es gibt überhaupt keine zivilisatorische Analyse darin. Hätte er diese geleistet, hätte er auch die amerikanische Zivilisation untersuchen müssen. Dort gibt es einen christlichen Fundamentalismus. Präsident Bush hat von ‚Kreuzzügen' geredet. Es gibt also Sendungsbewusstsein auf beiden Seiten. Der globale Konflikt ist ein Klassenkonflikt zwischen armen und reichen Ländern, armen und reichen Menschen. Es ist kein Konflikt zwischen Zivilisationen“ (*Spiegel Online*, 19. September 2001).

menschliche Realitätssicht *kontextbezogen* und *kontextabhängig*, und zwar – das ist entscheidend – in der Weise, dass die jeweiligen kulturell und sprachlich bedingten Realitätsauffassungen *nicht* vergleichbar bzw. *nicht* von einer Kultur auf eine andere Kultur übertragbar sind. Das heißt, jede Realitätssicht ist dieser Auffassung zufolge singulär, einzigartig und letztlich eben „inkommensurabel". Infolgedessen ist es nahezu unmöglich, den jeweils anderen Standpunkt einzunehmen – sei es den einer anderen Kultur, Lebensform oder den eines anderen Sprachspieles.

Ich werde mich im Folgenden so gut wie ausschließlich dieser *epistemologisch* ausgerichteten Inkommensurabilitätsthese zuwenden und fragen, was von ihr zu halten ist. Kann sie zutreffen? Ist sie überhaupt so gemeint? Zuvor skizziere ich ganz kurz drei *philosophische* Positionen, die – so oder so – solche Thesen vertreten und die in der Gegenwart besonders einflussreich sind. Es sind dies die Positionen von Ludwig Wittgenstein (vgl. 1.), Peter Winch (vgl. 2.) und Richard Rorty (vgl. 3.). Dabei wird sich zeigen, dass man bei diesen Autoren in einem nur *eingeschränkten* Sinne von „inkommensurabilistischen" Positionen sprechen kann. Worauf sie eigentlich abzielen ist etwas anderes: sie versuchen zu leugnen, dass es Behauptungen gibt, deren Gültigkeit vom kulturellen Kontext *unabhängig* ist bzw. nicht von ihm determiniert wird. Ich werde deshalb zum Schluss die Frage diskutieren, ob es sich bei diesen *kontextualistischen* Ansichten tatsächlich um haltbare Positionen handelt (vgl. 4.).

1. *Ludwig Wittgenstein* hat die These von der Sprachspielgebundenheit aller Lebensformen und Kulturen für die Gegenwart besonders wirkungsmächtig exponiert. Deutlich wird das vor allem in seinen *„Bemerkungen zu James Frazers ‚The Golden Bough'"*(Wittgenstein 1975). Denn die Kommentare zu dem Werk des schottischen Kulturanthropologen, die Wittgenstein im Jahre 1931 beginnt und dann in den darauf folgenden Jahren immer wieder ergänzt,[2] befassen sich explizit mit der Möglichkeit des Verstehens fremdkultureller Praktiken und magisch-mythischer Riten (vgl. Göller 2001a). Wittgenstein bezieht sich überwiegend kritisch auf das monumentale Werk von James George Frazer (1854-1941), denn in ihm sollen die Sitten fremder Völker

[2] Wittgenstein hat sich, folgt man den Angaben von Rush Rees, sehr wahrscheinlich im Jahre 1930 mit der einbändigen Ausgabe des Frazerschen Werkes befasst. In dem im Jahre 1931 fertiggestellten Typoskript seiner Manuskriptbücher nimmt Wittgensteins Kritik an Frazer etwa zehn Seiten ein. Eine zweite Gruppe von Bemerkungen schrieb Wittgenstein erst Jahre später, nicht jedoch vor 1936, wahrscheinlich erst nach 1948 (vgl. Wittgenstein 1975, S. 37f.).

erklärt und einer rationalen Kritik unterzogen werden. Genau hier setzt Wittgenstein mit seinen Einwänden an.

Da religiöse Riten und kulturelle Gebräuche Wittgenstein zufolge lebensweltlich vollzogen werden, entziehen sie sich gewissermaßen einem wissenschaftlich-rationalen, erklärenden Zugang. Denn bei diesen Riten und Praktiken handelt es sich primär um gelebte Formen, die deshalb nicht mit einer „Meinung" oder gar einer „Theorie" verwechselt werden dürften. Aus diesem Grunde sei es unerheblich, zu fragen, ob sie wahr oder falsch sind. „Ich glaube" – so formuliert Wittgenstein seine Kritik – „das Charakteristische des primitiven Menschen ist es, dass er nicht aus *Meinungen* handelt (dagegen Frazer)" (Wittgenstein 1975, S. 47). „Vielmehr ist das Charakteristische der rituellen Handlung gar keine Ansicht, Meinung, ob sie nun richtig oder falsch ist, obgleich eine Meinung – ein Glaube – selbst auch rituell sein kann, zum Ritus gehört" (Wittgenstein 1975, S. 44). Das besagt, die Akteure sind für Wittgenstein derart in eine bestimmte Lebensform oder Kultur verwoben und ihr verhaftet, dass sich für sie die Frage nach der Wahrheit eines kulturellen Brauches oder eines religiösen Ritus eigentlich *nicht* stellt. Der Kontext der eigenen Kultur und Lebensform lässt sich demzufolge nur sehr schwer – wenn überhaupt – überschreiten. Ein „Irrtum" kann erst dann konstatiert werden und magisch-mythisches Denken lässt sich erst dann als „falsch" bezeichnen, wenn es „wissenschaftlich ausgelegt wird" (Wittgenstein 1975, S. 41). Das heißt also, wenn diese Denkform anhand von Kriterien beurteilt wird, die *außerhalb* des zu beurteilenden Kontextes liegen. Immanent gesehen und auf eine bestimmte Lebensform oder Kultur in ihrer Ganzheit bezogen ist es Wittgenstein zufolge nicht sinnvoll, die Frage nach ihrer Wahrheit zu stellen. Aus diesem Grund ist es – wie Wittgenstein meint – ein Kardinalfehler, wenn Frazer Kategorien des eigenen Denkens unbefragt auf andere Lebensformen überträgt. Geradezu entsetzt ruft er aus: „Welche Enge des seelischen Lebens bei Frazer! Daher: Welche Unmöglichkeit, ein anderes Leben zu begreifen als das englische seiner Zeit!" (Wittgenstein 1975, S. 42). Und an anderer Stelle urteilt Wittgenstein gar: „*Seine* Erklärungen der primitiven Gebräuche sind viel roher, als der Sinn dieser Gebräuche selber".[3]

Denn Wittgenstein meint, Frazer würde zweierlei unterstellen: *Einmal,* dass man *extern* – also vom Standpunkt einer anderen Kultur aus – die Gültigkeit

[3] Wittgenstein 1975, S. 45. Den oben zitierten Passagen gehen folgende Äußerungen voraus: „Frazer ist vielmehr savage, als die meisten seiner savages, denn diese werden nicht so weit vom Verständnis einer geistigen Angelegenheit entfernt sein, wie ein Engländer des 20sten Jahrhunderts."

magisch-mythischer Praktiken thematisieren könnte. Und *zum anderen* scheint Frazer für Wittgenstein zu insinuieren, dass von den Anhängern einer kulturellen Praxis selbst – also *immanent* – die Gültigkeit ihrer eigenen Lebensform überprüft wird. *Beides* ist für Wittgenstein problematisch. Denn vor allem der letzte Punkt – die Kritik oder Überprüfung der eigenen Kultur bzw. Lebensform – würde voraussetzen, dass man *zugleich* ein distanziertes Verhältnis zur ihr und zu den in ihr gelebten Riten hat. Mit anderen Worten: Die *Praxis* wäre zugleich *Theorie* oder, da sie kritisch beurteilt wird, sie wäre zumindest mit theoretischen Momenten durchsetzt.

Aus diesem Grunde meint Wittgenstein, es sei wenig erfolgversprechend, wollte man jemanden von der „Falschheit" eines religiösen Ritus oder einer kulturellen Praktik überzeugen, ihn gar davon abhalten oder abbringen. Ein solches Vorgehen kann nicht erfolgreich sein, da die Wahrheitsfrage eine Frage ist, die im Vergleich zum dem in den Lebens-formen Vollzogenen sozusagen immer nur eine nachgeordnete ist und sein kann. Insbesondere bei magischen und mythischen Lebensformen handelt es sich also, folgt man Wittgenstein, um solche Formen, die einer analytisch-diskursiven oder wissenschaftlichen Unterscheidung von „Theorie" und „Praxis" vorausliegen. Aus diesem Grunde macht es laut Wittgenstein auch wenig Sinn, mit Hilfe eines externen Theoriekonzeptes eine Lebensform oder kulturelle Praxis kritisieren zu wollen. Sie lässt sich auf diese Weise *nicht* verstehen oder „rational" erklären, dazu sind die Ebenen der Erklärung und des zu Erklärenden zu unterschiedlich. Halten wir also fest: Wittgenstein zufolge sind zumindest magisch-mythische und wissenschaftlich-analytische Denk- bzw. Lebensformen *inkommensurabel*, und zwar deshalb, weil es nicht möglich ist, sie *unabhängig* vom Kontext einer anderen Lebensform oder Kultur verstehen oder begreifen zu können.

2. *Peter Winch,* der an Wittgenstein anknüpft und dessen Position differenziert und modifiziert, bestimmt die Sachlage etwas anders. Zwar unterscheidet man sich auch Winch zufolge nicht für oder gegen eine Lebensform, für oder gegen eine kulturelle Praxis. Es handelt sich auch nicht um einen primär rational geprägten und vollzogenen Entscheidungsprozess, sondern man wird „in seine Kultur" „hineingeboren" (Winch 1987, S. 76)[4]. Es geht bei der Enkulturation vor allem um das Adaptieren von Denkmustern, die

[4] Vgl.ausführlicher zu Winchs Position: Göller 2000, S. 137-152; Göller 1999

uns von der jeweiligen Kultur und Sprache vorgegeben werden und in die wir uns einleben (müssen).

Die *zentrale* These, die Winch in diesem Zusammenhang vertritt, geht gewissermaßen von einem (freilich nur erkenntnistheoretisch gemeinten) *Primat* der Sprache *vor* der Realität aus. Genauer gesagt, Winch ist der Ansicht, dass nicht eine vorab feststehende „Wirklichkeit" von sprachlichen Ausdrücken „Sinn" gibt, sondern das wahre Verhältnis ist für ihn ein umgekehrtes. Das, was als „wirklich" bezeichnet wird und was als „wirklich" beurteilt werden kann, ist unhintergehbar an die Funktion einer bestimmten Sprache und damit an eine bestimmte Kultur gebunden. „Wirklichkeit ist" – so führt Winch aus – „nicht etwas, das der Sprache Sinn gibt. Was wirklich und was unwirklich ist, zeigt sich *in* dem Sinn, den die Sprache hat. Außerdem gehören sowohl die Unterscheidung zwischen Wirklichem und Nichtwirklichem als auch der Begriff der Übereinstimmung mit der Wirklichkeit zu unserer Sprache" (Winch 1987, S. 78). Das bedeutet: aufgrund der engen Verwobenheit von Sprache bzw. Sprachspielen und Wirklichkeit ist es *nicht* möglich, sozusagen aus einem Sprachspiel herauszutreten und „die" Wirklichkeit sprachspiel-*un*abhängig zu betrachten. Oder andersherum gesagt: *Jedes Sprachspiel* hat *wirklichkeitskonstitutive Funktion.*

Das impliziert für Winch, es ist *nicht* möglich, andere Sprachspiele *unabhängig* vom eigenen Sprachspiel zu erfassen und zu beurteilen. Es gibt sozusagen keinen archimedischen Punkt oder ein Meta-Sprachspiel, von dem aus sich entscheiden ließe, welches der jeweils lebensweltlich vollzogenen Sprachspiele nun ‚richtig' oder zumindest ‚richtiger' sei. Das gilt insbesondere für das Verhältnis von wissenschaftlichen zu magisch-mythischen Sprachspielen.[5]

Winch tritt dabei entschieden der These entgegen, die Wissenschaften bzw. die Naturwissenschaften hätten einen exklusiv objektiven oder auch nur einen objektiv*eren* Realitätsbezug als andere Sprachspiele. Winch argumentiert nämlich, weder die Kriterien der logischen Kohärenz noch die der empirischen Überprüfbarkeit „wissenschaftlicher" Aussagen seien hinreichende Kriterien für die von ihnen beanspruchte Objektivität. Denn wenn man unter „Logik" die Forschungslogik des Neoempirismus versteht, so lassen sich Versuche, magisch-mythische Aussagen empirisch zu falsifizieren, in allen relevanten

[5] Winch bezieht sich bei seinen Thesen bekanntlich kritisch auf die empirisch-ethnologischen Untersuchungen Evans-Pritchards zu dem afrikanischen Volk der Zande.

Fällen mit Ad-hoc-Hypothesen kompensieren. In diesem Punkt ist Winch mit Wittgenstein einer Meinung (vgl. Göller 2001a, S. 266f.).

Um die Position für meine Ausgangsfrage auf den Punkt zu bringen: Winch spricht *nicht* eigentlich von der „Inkommensurabilität" der Kulturen oder Lebensformen. Was er anzweifelt, ist, dass es einen von einer Kultur oder Lebensform *unabhängigen* Rationalitäts- oder Objektivitätsmaßstab geben kann. Winch zufolge gibt es letztlich *kein Kriterium,* mit dessen Hilfe die Objektivität (oder Rationalität) der einen oder anderen Realitätsauffassung – sei sie magisch-mythisch oder wissenschaftlich-theoretisch – beurteilt werden könnte, da alle Sprachspiele letztlich *kontextabhängig* sind.

3. *Richard Rorty* hat sich in der Inkommensurabilitätsdebatte ebenfalls zu Wort gemeldet (Rorty 1995, S. 11-37; sowie Rorty 1994). Er wird in diesem – aber auch in anderen Zusammenhängen – nicht müde zu betonen, dass menschliche Erkenntnis *keine* Kopie und *kein* Abbild „der" Wirklichkeit sein kann (vgl. Göller 2000, S. 153-175). Realverhältnisse können nicht durch mentale Repräsentationen, die diese gleichsam nur verdoppeln, immanent im menschlichen Bewusstsein widergespiegelt werden.[6] Rorty zieht daraus die Konsequenz, „Erkenntnis" sei weder abbildtheoretisch noch solipsistisch zu erklären, sondern immer in hohem Maße an die Sprache (= an eine bestimmte Einzelsprache) gebunden. „Erkenntnis" ist – wenn die Redeweise von ihr überhaupt einen Sinn haben soll – ausschließlich eine Funktion der Sprache.

Zudem ist Rorty der Ansicht, die mögliche „Richtigkeit" sprachlicher Sätze sei weitgehend *abhängig* vom jeweiligen Kontext – sei es der einer bestimmten Gesellschaft, einer Kultur oder einer Lebensform. *Unabhängig* von einem solchen Kontext kann es *keine* Richtigkeit sprachlicher Sätze geben. Oder andersherum gesagt: „Richtigkeit" ist für Rorty ausschließlich eine Funktion des (kulturellen usw.) Kontextes. Deshalb kann bei Fragen, welche die Richtigkeit unseres Denkens, Handelns und Zusammenlebens betreffen, bestenfalls eine transitorische pragmatische Akzeptanz erzielt werden. Und diese fragile Akzeptanz kann ohnehin nur gewisse Einstellungen von Angehörigen einer bestimmten Lebensform betreffen. Rorty meint also, die

[6] Es ist Rorty ohne weiteres zuzustimmen, wenn er abbildtheoretische Konzeptionen in der Epistemologie kritisiert und als unhaltbar zurückweist. Allerdings meint Rorty, dass dies auch für die Gegenwart und in dieser vor allem für erkenntnistheoretische Konzeptionen gelte, die in der Nachfolge Kants stünden. Das ist ein gründlicher Irrtum. Denn anders als es Rorty wahrhaben möchte, ist die Kritik an der alten ontologischen Abbildtheorie bekanntlich gerade einer der Impulse, der den Kantischen Kritizismus initiierte (vgl. Göller 2000b: bes. S. 163ff.).

Ausdrucksweisen von der „Richtigkeit" oder auch von der „Akzeptanz" wären nicht nur auf eine bestimmte Gesellschaft, Kultur oder Lebensform bezogen, sondern sie würden davon weitestgehend (wenn nicht gar völlig) determiniert.

Rorty vertritt also ebenfalls weniger eine Inkommensurabilitätsthese, sondern weit mehr die These von der *Kontextabhängigkeit* unseres Denkens, Handelns, Sprechens und Verstehens – diese allerdings in einem recht radikalen Sinne. Denn was Rorty zufolge zählt, ist nur der rhetorische Effekt und die persuasive Wirkung, die man damit vor einem Publikum oder vor einer Gruppe erzielt. „Wenn es einem gelingt," – so Rorty – „sich mit den anderen Mitgliedern eines kompetenten Publikums auf ein Vorgehen zu einigen, dann ist es überflüssig, sich Gedanken über seine Beziehung zur Realität oder zu irgendetwas namens ‚Wahrheit' zu machen" (Rorty 1995, S. 982f.).

Rortys neopragmatischer Ansatz läuft also letzten Endes auf die Propagierung einer jeweils eigenkulturellen Wir-Gruppe hinaus, in welcher sich bestenfalls ein Gruppenkonsens herstellen und für eine gewisse Zeit aufrecht erhalten lässt. Dieser pragmatische Konsens beinhaltet angeblich keinen Wahrheitsanspruch mehr, sondern er soll lediglich Ausdruck gemeinsam geteilter Überzeugungen sein. Und wenn der Anspruch auf „Wahrheit" aufgegeben wird, dann bedeutet das für Rorty außerdem, dass auf so etwas wie eine „Übereinstimmung" von Meinungen oder Aussagen mit „der Wirklichkeit" verzichtet wird. Auf den Punkt gebracht läuft Rortys Anliegen also auf das Erzielen eines bloß pragmatischen, wahrheits-*in*differenten Konsenses von eingeschränkter, d.h. kultur- und lebens-formspezifischer Reichweit hinaus. Und damit ist klar, dass Rorty nicht nur die Gültigkeit kontext*un*abhäniger Aussagen bestreitet, sondern noch darüber hinausgehend die mögliche Gültigkeit jeglicher Aussagen in Abrede zu stellen versucht.

4. Bevor ich die Frage diskutiere, ob die von mir skizzierten Positionen haltbar sind, möchte ich noch einmal die wesentlichsten Aspekte in *drei* Punkten zusammenfassen: *Erstens,* eine jede Kultur, Lebensform oder Sprache konstituiert eine *je eigene* Realitätssicht, die nur für sie charakteristisch ist und die ihr ein unverwechselbares Gepräge verleiht. *Zweitens,* eine jede Realitätssicht ist singulär und einzigartig, wobei es (fast) unmöglich ist, den jeweils anderen Standpunkt einzunehmen – sei es den einer anderen Kultur, Denk- bzw. Lebensform oder den eines anderen Sprachspieles. Es ist deshalb auch *nicht* möglich, Aussagen zu formulieren, deren Gültigkeit über den Kontext, indem sie formuliert werden, hinausgehen. Dies hätte – *drittens* – die Konsequenz: Das, was man als „Realität" bezeichnen kann, schließt nicht nur –

um einen Ausdruck unseres Tagungsthemas zu verwenden – verschiedene „multiple Realitäten“ in sich. Darüber hinaus ist es auch unentscheidbar, welche dieser multiplen Realitäten oder Realitätsschichten „objektiver“, „zutreffender“ oder „adäquater“ wäre. Anders gesagt, *alle* Realitätsauffassungen wären *gleich berechtigt* und *gleich gültig;* oder, um es in Anlehnung an Winch zu formulieren: ein unabhängiger Maßstab bzw. ein *Kriterium,* mit dem über die Objektivität der einen oder der anderen Realitätssicht entschieden werden könnte, ließe sich *nicht* formulieren. Was würde das für unser übergeordnetes Tagungsthema besagen? Würde dies auch implizieren, dass man nicht zwischen „Wahn“ und „Wirklichkeit“ unterschieden könnte? Denn auch beide – wenn man so will – „Realitäts-sichten“ müssten, das liegt in der Konsequenz einer solchen Auffassung, ebenfalls als *gleich gültig* und *gleich berechtigt* gelten. Die Folge wäre also ein radikaler und uneingeschränkter *Relativismus.* Wie ist das zu beurteilen?

Um mit dem letzten Punkt zuerst zu beginnen: Ich denke, dass weder Wittgenstein, Winch noch Rorty so weit mit ihren Thesen gehen und wirklich einen so radikalen Relativismus vertreten wollen. Ich meine auch nicht, dass sie „Wahn“ und „Wirklichkeit“ – wie man sie im Einzelnen auch beschreiben mag – als gleichberechtigt anerkennen würden. Alle von mir angeführten Autoren beziehen sich ja, bei allen Unterschieden im Detail, nicht auf individuelle Handlungsweisen, sondern auf *kollektive* Lebens- und Denkformen. Und dazu gehört, dass bestimmte Regeln gelten und eingehalten werden. Normativität – und gerade auch wirklichkeitskonstitutive Normativität – wird durch *Regeln* hergestellt und durch Regeln bzw. durch das Befolgen von Regeln gesichert.[7]

Hingegen ließe sich einwenden, dass die Demarkationslinie zwischen „Wahn“ und „Wirklichkeit“ sich *nicht* in einem absoluten Sinne ziehen lässt. Sie verläuft *relativ* zu einer bestimmten Kultur oder Lebensform und ist aus diesem Grunde weder klar und eindeutig noch für alle Kulturen gleich. Diese Einschätzung entspricht durchaus der Empirie, sie steht in Einklang mit gesichertem kulturwissenschaftlichem Wissen. Das also, was als „rational“ oder „irrational“ gilt, wird in einer bestimmten Kultur und Lebensform lediglich *unterschiedlich* interpretiert und definiert. Es ist scheinbar also *nicht* möglich, *unabhängig* von kulturellen oder lebensweltlichen Faktoren eine Grenzlinie zwischen „Wahn“ und „Wirklichkeit“ zu ziehen. Es sind – das

[7] Wie die Überlegungen Wittgensteins zur sogenannten „Privatsprache“ deutlich gemacht haben sollten, zielt der Ausdruck „Regel“ letztlich auf einen überindividuellen Sachverhalt.

betont vor allem Winch – offensichtlich tatsächlich *unterschiedliche Maßstäbe* der *Rationalität* im Spiel. Doch trifft das zu?

Wichtig und richtig scheint mir an der Debatte zunächst zu sein, dass durch sie die *wirklichkeitskonstitutive* Leistung von Kulturen und – um einen Terminus ins Spiel zu bringen, den ich benutze, – von „kulturellen Medien" und damit auch der Sprache betont wird.[8] Außerdem sensibilisiert die Debatte nicht nur für kulturelle und lebensweltliche Unterschiede, sondern sie müsste konsequenterweise auch für die *Anerkennung* kultureller Pluralität votieren.[9] Ob das tatsächlich zutrifft und ob diese Konsequenz auch wirklich gesehen wird, scheint jedoch dahingestellt zu sein. Zweifel sind sicherlich für Rorty und Huntington – um letzteren in diesem Zusammenhang nochmals kurz zu erwähnen – angebracht. Bei Rorty lassen sich, um es einmal milde zu sagen, aufgrund der Propagierung einer eigenkulturellen Wir-Gruppe und aufgrund der Orientierung an einem bloß pragmatisch-persuasiven Konsens keinesfalls kulturimperialistische oder kulturchauvinistische Tendenzen ausschließen (Göller 2000, S. 174f.). Was Huntington angeht, so vertritt er sogar explizit eine Konfrontationsthese, wenn er den „Westen" auffordert, gegen den „Rest der Welt" Front zu machen und sich gegen ihn zu behaupten (Huntington 1993, S. 39f.).

Andererseits halte ich die sowohl von Wittgenstein, Winch und Rorty – bloß implizit oder gar explizit – vertretene Auffassung für richtig, wonach es *keinen* sozusagen „transzendenten" Punkt gibt, der es uns Menschen ermöglichen könnte, *unabhängig* von Zeichen und Symbolen, von Sprachen und sprachlichen Ausdrücken, Realität zu erkennen. Das besagt also zum einen, Realitätssichten sind immer *abhängig* von Zeichen und Symbolsystemen. Es ist *nicht* möglich, „die" Wirklichkeit ‚an sich' ohne die Vermittlungsleistungen von kulturellen Medien zu erkennen. „Wirklichkeit" existiert also nicht als „factum brutum", auf das wir einen gleichsam zeichen- und symbolfreien Zugriff hätten, sondern sie ist das Ergebnis komplizierter und komplexer Interpretations- bzw. Erkenntnisleistungen.

Damit ist jedoch zum anderen noch keineswegs gesagt, dass es aus diesem Grund *keine* Rationalitäts- und Objektivitätsmaßstäbe geben könnte. Und darüber hinaus ist damit ebenfalls noch *nicht* gesagt, Kulturen bzw.

---

[8] Vgl. zum Begriff des kulturellen Mediums und zur Rolle der Sprache: Göller 2000, bes. III., Kap. 1.3, 1.4., 1.5, S. 272-355.

[9] Dass die kulturelle Pluralität an bestimmte *praktische* Voraussetzungen gebunden ist, habe ich verschiedentlich betont. Vgl. meine Studie „Menschenrechte als Bedingungen kultureller Pluralität", in: Göller 2001b, S. 146-178.

Lebensformen seien inkommensurabel oder Aussagen kontextunabhängiger Gültigkeit wären nicht möglich. Wie gesagt, das alles ist unausgemacht und folgt auch nicht aus der Tatsache, dass es für uns Menschen *keine* „interpretationsfreie" Wirklichkeitswahrnehmung oder Welterkenntnis geben kann.

Was die These der Inkommensurabilität von Kulturen betrifft, so hat sich für ihre prominentesten Repräsentanten meinen Ausführungen zufolge ergeben, dass weder Wittgenstein, noch Winch, noch Rorty sie in einem engeren Sinne vertreten. Das ist auch gut so. Denn gegen die Auffassung von der Inkommensurabilität sprechen gewichtige empirische Argumente wie die Praxis interkultureller Kommunikation und des internationalen Austausches belegen. Die Möglichkeit, Sprachen *übersetzen* zu können, impliziert, dass Kulturen und Lebensformen keine abgeschotteten, in sich geschlossene monolithische Blöcke sind. Gerade die interlinguale Translation, das Erlernen und Beherrschen einer Fremdsprache – einschließlich ihrer pragmatischen Dimensionen – macht deutlich: Wir benutzen Sprachen nicht nur instrumentell, sondern wir können an den von ihnen entworfenen Weltsichten teilhaben. Menschliche Sprachen sind also flexible Gebilde, die sogar insoweit strukturanalog sind, dass Sprecher sie ineinander übertragen und an ihren Sinndimensionen partizipieren können (vgl. Göller 2000, bes. III, Kap. 1.4.).

Doch auch Wittgenstein, Winch und Rorty scheinen diese Punkte eigentlich *nicht* in Abrede stellen zu wollen. Betrachtet man ihre Positionen etwas genauer, dann fällt auf, dass die Durchführung der angeblich inkommensurabilistischen Thesen weit hinter ihrer vermuteten Radikalität zurückbleibt.

Das betrifft zum ersten Wittgenstein. Er reklamiert für sich die Richtigkeit seiner Ansichten, gerade auch etwas über andere, fremde Kulturen aussagen bzw. auf metatheoretischer Ebene kulturanthropologische Ansätze kritisieren zu können – und sei es der sicherlich bedenkliche Ansatz Frazers. Was Wittgenstein dagegen *nicht* thematisiert, ist die Frage nach den Ermöglichungsbedingungen seiner eigenen Ansicht. Denn sonst müsste er ermitteln, *wie* er überhaupt zu seinen Urteilen über Frazer kommen kann und was dabei an Bedingungen vorausgesetzt werden muss, wenn sie (empirisch) fundierte Urteile sollen sein können. Wittgenstein könnte sich diesen Fragen auch nicht mit dem Hinweis entziehen, er habe Frazers Ausführungen „nur" kritisieren wollen – ganz ungeachtet der Tatsache, ob es sich bei ihnen um empirisch richtige Behauptungen handelt. Denn dann würde Wittgenstein das Problem nur auf eine andere Ebene verlagern, aber nicht lösen. Er müsste sich dann fragen lassen, was in diesem Falle die Kriterien seiner Kritik sind und wie man überhaupt zu „richtigen“ Aussagen kommen kann. Dass es ihm darum geht, sagt Wittgenstein explizit am Anfang seiner *„Bemerkungen“*. Denn man müsste, um zur „Wahrheit“ zu kommen, die „Quelle des Irrtums“ aufdecken, indem man den „*Weg* vom Irrtum zur Wahrheit“ weist (Wittgenstein 1975, S. 38).

Oder aber Wittgenstein müsste leugnen, dass es überhaupt sinnvoll ist, fremde Riten beschreiben oder erklären zu versuchen. Doch wäre das tatsächlich Wittgensteins Intention, dann hätte seine Kritik lediglich destruktiven Charakter, die eigentlich das in Abrede stellt, worüber sie sich Klarheit zu verschaffen versucht: ob und inwiefern es möglich ist, andere Kulturen und Lebensform in ihrer Eigenheit überhaupt verstehen zu können. Das würde aber darauf hinaus laufen, die Kontextunabhängigkeit von Aussagen generell zu bestreiten.

Was Winch angeht, so ist seine These *nicht* so radikal, dass sie implizieren würde, andere Kulturen und Lebensformen seien schlechthin inkommensurabel oder (gänzlich) unverstehbar. Winch selbst räumt ein, bei Kulturen und Lebensformen würde es sich gerade *nicht* um sich wechselseitig ausschließende Regelsysteme handeln.[10] Er meint nur, ein sprachspiel-*un*abhängiges Rationalitäts- und Objektivitätskriterium könnte es *nicht* geben. Aus diesem Grunde ist das, was man im Allgemeinen als „objektiv“ erachtet, in Wahrheit lediglich relativ. Das heißt, eine angeblich „objektive“ Behauptung besitzt Gültigkeit nur mit Bezug auf ein bestimmtes Bezugssystem und ist in seiner Gültigkeit stets von ihm abhängig – sei dieses Bezugssystem nun eine Sprache, Kultur oder Lebensform.

Ähnlich argumentiert schließlich und endlich auch Rorty, wenn er meint, Rechtfertigungen, die über eine Kultur oder Lebensform hinausgingen, seien *nicht* möglich. Ohne mich wiederholen zu wollen, lässt sich als *Ergebnis* also festhalten: *Alle* von mir angeführten Autoren vertreten Thesen, die man nur in einem eingeschränkten und ungenauen Sinne als „inkommensurabilistisch“ bezeichnen kann. Was Wittgenstein, Winch und Rorty eigentlich bestreiten, ist die *kontextunabhängige Gültigkeit* von Aussagen. Demzufolge meinen sie, eine jede kontext*un*abhängige Geltungsbegründung von Aussagen sei von vornherein zum Scheitern verurteilt. Daraus leiten sie – wenn auch jeweils in etwas von einander abweichender Art – die Folgerung ab, dass es *unterschiedliche* Maßstäbe der Rationalität bzw. der Objektivität gibt. Eine

[10] Winch 1987, S. 111. Er macht sich hierbei eine Ansicht Wittgensteins bzw. von Rush Rees zu eigen.

universale, d.h. allgemein gültige Basis für das Formulieren, Kritisieren bzw. Negieren von Aussagen und Behauptungen mit Erkenntnisanspruch ist ihnen zufolge *nicht* möglich. Was ist davon zu halten?

Mir scheint, dass sie zumindest in einem wichtigen Punkt *nicht* zutreffen. Zum einen nehmen die – wie ich sie nun treffender nennen möchte – *Kontextualisten* Wittgenstein, Winch und Rorty an, ihre Aussagen seien empirisch gültig für eine jeweils in Frage stehende Kultur oder Lebensform. Doch nicht nur das. Sie machen diese Aussagen zugleich zur Basis für darüber hinaus gehende Behauptungen, indem sie aus diesen empirischen Aussagen wiederum Aussagen – allerdings einer höheren Allgemeinheitsstufe – ableiten. Es werden also mehr oder minder *generelle* Aussagen – Aussagen höherstufiger Allgemeinheit – formuliert, die ebenfalls Gültigkeit für eine bestimmte Kultur und/oder Lebensform für sich beanspruchen. Doch zu kritisieren ist dabei zum einen, dass weder angegeben wird, *wie* diese Transformation der Aussagen niedriger Allgemeinheitsstufe zu einer höheren Allgemeinheitsstufe möglich sein soll, noch, *was* eine solche Transformation an *methodischen* Operationen voraussetzt. Und das ist nicht gerade wenig. Denn dazu gehören jene sehr spezielle Prozesse, in denen Wissen erstellt, miteinander in Beziehung gesetzt, verglichen und dann aus dem so Ermittelten Konklusionen gezogen werden. Zudem handelt es sich – um es einmal etwas zugespitzt, wenn auch nicht unzutreffend auszudrücken – um einen *Metadiskurs,* bei dem verschiedene Lebensformen und Kulturen verglichen, zu einander in Beziehung gesetzt und demzufolge auch *kritisiert* werden. Doch was sind die Bedingungen einer solchen – so oder so artikulierten – *Kritik,* weisen diese nicht auf einen nicht-relativierbaren Kern hin?

Denn um eine (kultur- oder lebensformspezifische) Äußerung oder Behauptung überhaupt *kritisieren* zu können, muss man deren Anspruch auf Geltung ernst nehmen, beurteilen und desgleichen den der Behauptung, mit der die Kritik formuliert wird, als *gültig* ansetzen. Ohne solche Setzungen könnte man weder etwas behaupten noch bestreiten. Zugleich thematisiert man in solchen Fälle die Geltung einer Aussage, nämlich der Aussage, die man kritisiert. Das mag wenig spektakulär klingen, es ist jedoch in diesem Zusammenhang der entscheidende Punkt, da man in einer solchen *Geltungsprüfung* unweigerlich den eigenen Kontext überschreitet. Denn was zur Prüfung ansteht, ist die Gültigkeit einer Aussage, die zwar im eigenen Kontext formuliert wird, deren Gültigkeit man aber mit Bezug auf einen anderen Kontext behauptet. Anders ließe sich eine Geltungsprüfung nicht durchführen. In beiden Fällen ist die Anspruchsbestimmtheit einer –

irgendeiner These oder Aussage – ausschlaggebend; der Anspruch auf Gültigkeit lässt sich gerade *nicht* reduzieren. Man kann nämlich eine Aussage nur dann bestreiten, wenn man die eigene Behauptung, mit der man etwas bestreitet, als richtig annimmt. Das heißt also: Ein *Geltungsanspruch* ist – allein als Anspruch genommen – *unbedingt. Bedingt* ist immer nur seine *konkrete Erfüllung* oder *Einlösung.* Mit einer jeden Aussage wird also unweigerlich ein Geltungsanspruch erhoben, weshalb eine Aussage prinzipiell unter die Alternative „wahr" oder „falsch" fällt. Mit der Konsequenz: Sie kann wahr sein, sie muss aber nicht wahr sein. Sie kann ebenso falsch sein. Das scheint trivial zu sein. Doch der Schein trügt. Denn wichtig ist dabei vor allem, dass in *beiden* Fällen der *Geltungsanspruch* einer Aussage bestehen bleibt. Auch eine falsche Aussage gilt; auch sie behauptet etwas, wenn auch etwas Falsches. Und genau in diesem Sinne lässt sich sagen, dass der Geltungsanspruch einer Aussage *unbedingt* ist. Oder aber, um mit Bedacht einen anderen Ausdruck hierfür zu verwenden: der Geltungsanspruch einer Aussage ist aufgrund seiner Anspruchsbestimmtheit kontext*un*abhängig.

Von diesem Ergebnis, wie bescheiden es sich zunächst auch ausnehmen mag, ist nur noch ein kleiner Schritt weiterzugehen. Ich begnüge mich dabei jedoch ganz bewusst mit ganz knappen Andeutungen, um nicht das zu wiederholen, was ich an anderer Stelle detaillierter und erschöpfender ausgeführt habe (vgl. Göller 2000, bes. S. 379-411 und Göller 2001b, bes. die Studie „Zur Logik des Kulturverstehens", S. 104-145):

Wenn eine Aussage die *kontextunabhängige* Struktur ist, die bei *jeder* Argumentation *und* Kritik, bei jedem Bejahen und bei jedem Bestreiten *unabdingbar* im Spiele ist, dann sind die Fragen nach kontext*un*abhängigen Rationalitäts- und/oder Objektivitätsmaßstäben und – damit zusammenhängend – nach der möglicherweise „adäquaten" Erfassung ‚der' Wirklichkeit nur dann zu beantworten, wenn diese nicht relativierbare Struktur selbst zum zentralen Untersuchungsgegenstand gemacht wird. Denn sie ist resistent gegen jede Relativierung, da sie selbst Voraussetzung und Bedingung jeder relativierenden Aussage ist (vgl. bes. Göller 2001b, *Zur Logik des Kulturverstehen*, S. 123-134). Das heißt, die Frage nach der Möglichkeit unterschiedlicher Realitäten, der Existenz „multipler Realitäten" und dem Verhältnis von „Wirklichkeit" und „Wahn" lässt sich nur dann beantworten, wenn *vorgängig* geklärt wird, was die konstitutiven Bedingungen dieser Aussagestruktur sind (vgl. Göller 2001b, S. 104-145 sowie Göller 2000, S. 379-411). Deshalb scheiden – wie immer die Antwort hierauf im Einzelnen ausfallen mag – von vornherein all solche Konzeptionen aus, welche

Geltungsbedingungen mit einem faktischen Konsens oder mit der pragmatischen Akzeptanz einer bestimmten kulturellen Gruppe konfundieren.[11] Denn wenn es sich bei der Aussagestruktur aufgrund des durch sie artikulierten Geltungsanspruches um einen Anspruch handelt, der kontext-*un*abhängig ist, dann können nur solche Bedingungen und Strukturelemente in Frage kommen, welche die kontext*un*abhängige Geltung von Aussagen und Aussagenzusammenhängen ermöglichen – trotz aller Abhängigkeit von einem Kontext und trotz aller Bezogenheit auf einen Kontext.

Literatur

Göller, Thomas: (Post)analytischer Kontextualismus, universalpragmatische Kritik und die Möglichkeit des Kulturverstehens. In: Mittelstraß, Jürgen (Hg.) „Die Zukunft des Wissens“, XVIII. Deutscher Kongress für Philosophie, Konstanz 1999, 179-186

Göller, Thomas: Kulturverstehen. Grundprobleme einer epistemologischen Theorie der Kulturalität und kulturellen Erkenntnis, Würzburg 2000

Göller, Thomas: „Entwickelten die Flöhe einen Ritus, er würde sich auf den Hund beziehen“ – Wittgenstein über das Verstehen und die Inkommensurabilität fremder Denk- und Lebensformen, in: Haller, Rudolf / Puhl, Klaus (Hg.): Wittgenstein und die Zukunft der Philosophie. Eine Neubewertung nach 50 Jahren. Beiträge des 24. Internationalen Wittgenstein Symposiums. Bd. IX (1), Kirchberg am Wechsel 2001a, 263-274

Göller, Thomas: Sprache, Literatur, kultureller Kontext. Studien zur Kulturwissenschaft und Literaturästhetik., Würzburg 2001b.

Huntington, Samuel P.: The Clash of Civilisations?, in: Foreign Affairs, Vol. 72, No. 3 (Summer 1993), 22-49.

Rorty, Richard: Solidarität oder Objektivität? Drei philosophische Essays, Stuttgart 1995

Rorty, Richard: Sind Aussagen universelle Geltungsansprüche?, in: Deutsche Zeitschrift für Philosophie 42 (1994), Nr. 6, 975-988

Winch, Peter: Was heißt „eine primitive Gesellschaft verstehen“? In: Kippenberg, Hans G./ Brigitte Luchesi (Hg.): Magie. Die sozialwissenschaftliche Kontroverse über das Verstehen fremden Denkens, Frankfurt a. M. 1987, 73-119.

Wittgenstein, Ludwig: Bemerkungen zu Frazers „The Golden Bough“, in: Wiggershaus, Rolf (Hg.): Sprachanalyse und Soziologie. Die sozialwissenschaftliche Relevanz von Wittgensteins Sprachphilosophie, Frankfurt a. M. 1975, 37-57

[11] Das betrifft nicht nur Wittgenstein, Winch und Rorty, sondern – allerdings in einem anderen Sinne – auch den universalpragmatischen Ansatz von Habermas (vgl. Göller 2000, S. 176-200).

Erdmuthe Fikentscher / Tom Alexander Konzag (Halle/Saale)

„Wahn – ein reduktiv absolutes Wahrnehmungsmodell multipler Realitäten? Kritische Reflexionen zur subjektiven Wirklichkeit im makrosozialen Strukturwandel in Deutschland aus psychotherapeutischer Sicht“

Was fasziniert uns eigentlich heute noch, besser gesagt, was kann uns wirklich tiefer bewegen in einer sich welt- und weitläufig, d.h. oft beliebig gebenden, schnell ändernden Zeit, wo Professionalität zum Synonym für Schnelligkeit erklärt wird, die aber zugleich von *„technokratischer Vereisung“* geprägt ist?

Sind es hoch brisante, aktuell andrängende Themen wie Genom- und Embryonenforschung, Präimplantationsdiagnostik sowie die Bedrohung durch Terrorismus und Fanatismus oder eine Besinnung auf dahinterstehende Grundfragen unseres Seins? – Aber: Welche sind es? Wer definiert sie heute? Nehmen sich Forscher in dieser Lebenswelt genügend Raum für Entdeckerfreude zur Wirklichkeitswahrnehmung im Spannungsfeld multipler Realitäten? Kann sich eine Verständigung über eingrenzende Wissenschaftsdisziplinen hinweg hier in den wenigen Tagen, ja Stunden entwickeln?

Das und mehr bewegte mich in der vorbereitenden Auseinandersetzung mit unserem Konferenzthema „Wahn und Wirklichkeit – multiple Realitäten“. Etymologisch bezeichnet die indogermanische Sprachwurzel „Wan“ des heutigen Begriffes „Wahn“ eine Erwartung, Vermutung, Meinung bzw. einen Verdacht (Scharfetter 1976, S. 168-169). Im gegenwärtigen Verständnis dient das Wort *Wahn* als Oberbegriff für ein weites Spektrum von Bedeutungszuschreibungen. Diese Bedeutungen reichen von der Beschreibung des Wahns als einem medizinischen Phänomen, unter welchem betroffene Patienten und ihre Umwelt leiden, bis zu kreativen Wahrnehmungsstilen, z.B. in Form der paranoisch-kritischen Methode von Salvador Dalí mit welcher sich u.a. die Ausstellung *Hypermental – 50 Jahre wahnhafte Wirklichkeiten* im Kunsthaus Zürich jüngst beschäftigte (Sedenberg 2000). Eine weitere häufige Bedeutung bezieht sich auf eine soziokulturelle Ebene, wobei hier das kollektive Auftreten unterschiedlichster Phänomene – in der Regel abwertend – charakterisiert wird, z.B. Fitness-Wahn, PS-Wahn, Rassen-Wahn etc.

Der gemeinsame Kerngehalt dieser sehr unterschiedlichen Bedeutungszuschreibungen ist die Definition von Wahn als eine hochselektive bzw. reduktiv absolute Wahrnehmung von Teilaspekten multipler Realitäten.

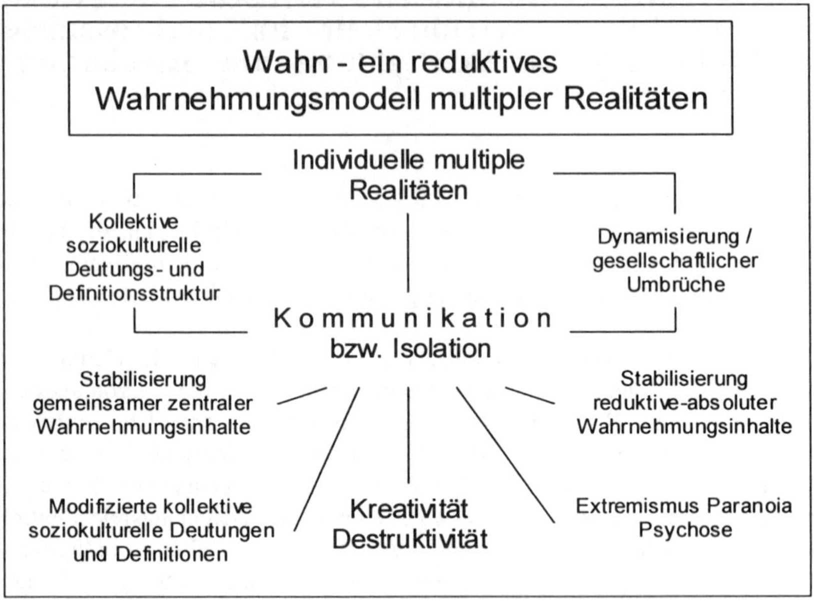

Wodurch werden nun Wahrnehmungsprozesse gekennzeichnet? Die sinnliche Erfassung äußerer Objekte erfolgt zunächst durch die Codierung von Elementareigenschaften des Wahrgenommenen wie Form, Farbe, Größe, Bewegung etc. durch unterschiedliche sensorische und neuronale Netze im Gehirn. In einem zweiten Schritt werden diese Codierungen durch übergeordnete neuronale Netzwerke zu einem komplexen Wahrnehmungsinhalt zusammengesetzt (Roth 1994). In diesem auch subjektiv-selektiven Prozess werden viele Eigenschaften der Objekte nicht berücksichtigt. Zusätzliche Informationen – z.B. durch emotionale Erfahrung gespeicherte Gedächtnisinhalte – werden u.a. über das Limbische System hinzugefügt. Die Hirnfunktionen konstruieren und fokussieren damit eine subjektive Wahrnehmung. Primär dient diese Wahrnehmung der Orientierung, welche wiederum eine Voraussetzung für ein auf Überleben ausgerichtetes Verhalten darstellt. Diese subjektiven Wahrnehmungen werden in der psychosozialen Kommunikation mit anderen stabilisiert oder destabilisiert (Müller 2000).

Wahrnehmung und Kommunikation stehen dabei in einem engen, sich gegenseitig beeinflussenden Wechselverhältnis (Watzlawick 1976).

Die Wahrnehmung der Wirklichkeit ist in der psychotherapeutischen Behandlungssituation ein vielschichtiger Prozess. Es erfolgt dabei eine Auseinandersetzung in einem Spektrum von gemeinsam wahrgenommener Wirklichkeit bis zu höchst selektiven individuellen und damit differenten Wahrnehmungen der Patienten und der Therapeuten.

Auf der biologisch-medizinischen Ebene führen reduktiv absolute Wahrnehmungsmuster in der Regel zu Störungen der psychosozialen Orientierung und der sozialen Beziehungen, z.B. lässt sich in der Begegnung zwischen Patient und Arzt keine gemeinsame Realitätsschnittmenge mehr kommunizieren, wenn die Überstiegsfähigkeit des Patienten aus seiner reduktiv-absoluten Realität des psychotischen Wahns zur Realität des ihn umgebenden sozialen Systems nicht mehr möglich ist.

Häufig berichten solche Patienten über eine grundsätzlich veränderte Wahrnehmung der Welt. Sie erleben sich nicht mehr auf die ganzheitliche Wahrnehmung der äußeren Objekte bezogen, sondern beziehen die äußere Objektwelt durchgehend auf sich selbst. Alles hat einen geheimen, auf sie selbst bezogenen Sinn. Die psychosoziale Orientierung und Strukturierungsfähigkeit gehen verloren. Wie sich Psychosen insbesondere in der Verflechtung mit den virtuellen Welten des World Wide Web auswirken können, ist in den letzten Jahren in zwei sehr bemerkenswerten Filmen – einem amerikanischen, „Matrix“, und einem deutschen, „23 – Nichts ist so, wie es scheint“, – sehr eindrücklich dargestellt worden.

Bei einer weiteren Patientengruppe – den Patienten mit Paranoia – ist die Überstiegsfähigkeit teilweise erhalten. Die Wahrnehmung wird jedoch durch eine paranoide Idee akzentuiert. Die Ursachen liegen hier weniger im biologisch-medizinischen Bereich als vielmehr auf der intrapsychischen Ebene und werden durch biographische Entwicklungen geprägt. Im Kontakt mit anderen Menschen ist eine Kommunikation einer gemeinsamen Realitätsschnittmenge selektiv möglich, dennoch weichen diese Patienten in ihrem Erleben und Verhalten sehr häufig massiv von den vorherrschenden psychosozialen Erwartungen und Rollenzuschreibungen ab.

Ein etwa vor 20 Jahren erlebtes Patientenschicksal kann dies verdeutlichen: Im Bereitschaftsdienst wurde mir an einem Sonntag Anfang der 80er Jahre mit dringlicher medizinischer Hilfe und polizeilichem Begleitschutz ein Ehepaar zur Beurteilung und eventuellen Behandlung zugeführt, das auf dem halleschen Marktplatz versucht hatte, seine radikalen Ideen der konkreten

Weltverbesserung des Sozialismus zu verkünden und vorbeieilende Bürger zu agitieren. Dabei wurde von einem Polizisten das Verhalten des Mannes als teilweise sehr bedrängend für sich entziehende Personen dargestellt. Der polizeiliche Zugriff erfolgte sehr schnell – wie überhaupt in der DDR bei auffälligem Verhalten, besonders mit vermutetem politischen Hintergrund.

Bei dem ärztlichen Gespräch konnte ich nicht erkennen, wer die wahnhaften Weltverbesserungsideen zuerst entwickelt hatte und wer dadurch induziert worden war. Beide Ehepartner ergänzten sich in der Darstellung ihrer paranoid anmutenden, sehr ausgebauten wahnhaften Vorstellungen. Die Behandlung in unserer Klinik erfolgte nur sehr kurz, das Ehepaar verlangte bald wieder seine Entlassung.

Als nächstes hörte ich von beiden über die Universitätsklinik Charité in Berlin. Dort waren sie wenige Wochen später stationär aufgenommen worden, weil sich beide vor das Gebäude des Politbüros der SED gelegt hatten, um Erich Honecker ihre Ideen vortragen zu können und sie keinen gangbareren Weg des Zugangs zum obersten Partei- und Staatsmann fanden.

Später hörte ich, dass sich das Paar getrennt hatte, der Mann nach Thüringen fuhr und dort dann Selbstmord begangen haben soll. Die Frau – offensichtlich nun losgelöst vom psychotischen Partner – wandte sich in ihrer Heimat in Mecklenburg-Vorpommern Umweltgruppen zu und versuchte dort, trotz staatlicher Kontrolle und Behinderung verschiedene konkrete Projekte umzusetzen.

Eindrücklich ist mir bis heute in Erinnerung, wie gut ich mit beiden Ehepartnern über die grundsätzlichen Ideen mich austauschen konnte, die Sperre trat bei den Vorstellungen zur Realisierung ein. Schon damals wirkte der Mann unbeeinflussbar in seinen Vorstellungen.

Die psychodynamisch orientierte Psychotherapie geht davon aus, dass Inhalte des eigenen Unbewussten bei vielen Patienten in die selektive bewusste Wahrnehmung einbrechen und zu bildhaften Phantasien umgewandelt werden (Jung 1966). Diese Inhalte stellen oft verdrängte biographische Erfahrungen und Konflikte dar, welche zu Psychotraumatisierungen geführt haben. Verdrängung ist in diesem Zusammenhang eine Wahrnehmungsreduktion, welche die Patienten einerseits an einer umfassenderen Wahrnehmung hindert, andererseits sie vor einer Reiz- und Impulsüberflutung schützt.

Der in der psychiatrischen und psychotherapeutischen Literatur sehr bekannte *Fall Schreber* sei zur Verdeutlichung hier erwähnt.

Daniel Paul Schreber (1842–1911), ein Sohn des berühmten Arztes und Erziehers Daniel Gottlob Moritz Schreber (1808–1861), erkrankte an mehrfachen Schüben einer Schizophrenie jeweils unter besonderen Anforderungssituationen in seinem ansonsten sehr erfolgreichen Leben als Jurist (mit 42 Jahren war er Landgerichtsdirektor in Chemnitz, dann in Leipzig, 1893 wurde er zum Senatspräsidenten am Oberlandesgericht Dresden ernannt). Die kritische Forschung ergab, dass der Vater - heute noch bekannt durch die Schrebergarten-Bewegung - seine pädiatrischen und pädagogischen Ideen mit seltsamer Mischung aus Vernünftigem und Unversöhnlichem, absurd Rigidem sehr vehement vertrat und seine Kinder folgenden Erziehungsgrundsätzen ausgesetzt hatte: „Unterdrücke im Kind alles, halte von ihm fern alles, was es sich nicht aneignen soll; leite es aber beharrlich hin auf alles, was es sich angewöhnen soll. Indem wir das Kind an das Gute und Rechte gewöhnen, bereiten wir es vor, späterhin das Gute und Rechte mit Bewusstsein und aus freiem Willen zu tun“. Hier wird die Brechung des kindlichen Willens propagiert, aus der liebenden Unterdrückung wurde im Kind selbstzerstörerischer Hass entwickelt. Schreber Junior hielt Teile seines psychotischen Wahnerlebens in dem Buch „Denkwürdigkeiten eines Nervenkranken“ fest und hat damit als klinischer Fall in der Geschichte der Psychoanalyse die wissenschaftliche Arbeit immer wieder herausgefordert und angeregt (Schreber 1972).

Ich verdanke den Hinweis auf diesen Fall Marga Kreckel, die sich als erfahrene Psychologin in ihrem Buch „Macht der Väter – Krankheit der Söhne“ mit solchen Erziehungs- und Machtkonflikten zwischen Vätern und Söhnen sehr tiefgründig auseinander gesetzt hat.

Insbesondere die Diskrepanz zwischen Schein und Wirklichkeit brachte das heranwachsende Kind in extreme innere Konflikte: „Es darf nicht sehen und erkennen, was es eigentlich weiß; innere und äußere Zerrissenheit sind zermürbende Folge“ (Kreckel 1997). Der Vater nahm eine Verfälschung der Realität um bestimmter Ziele willen vor, das Kind musste seine Wahrnehmung der Realität verbergen, durfte nicht in auseinandersetzende Konkurrenz zum Vater treten, um nicht stärkeren Repressalien ausgesetzt zu sein. In der Kindheit war Schreber angepasst, im vorgerückten Mannesalter kam es dann unter besonderen Belastungen von starkem Konkurrenz- und Leistungsdruck zur Dekompensation.

Weitere Konstellationen könnten hier angefügt werden, so zum Beispiel: Ein ehrgeiziger junger Mann möchte Großes leisten, bringt aber Großes nicht zustande. Vor seinem Selbstgefühl darf sein eigenes Unvermögen nicht die Ursache seines Missgeschickes sein: Er schützt sich vor Minderwertigkeitsgefühlen, indem er den bösen Intrigen anderer die Schuld am Schicksal zuschreibt. Oder: Das Mädchen, das wegen seiner Kontaktschwierigkeiten keinen Freund hat, träumt davon, dass Männer von viel „höherem Stand“ als die Burschen, die es verschmähen, es liebten, aber dass böse Leute am Werke seien, welche die Liebenden nicht zusammenkommen ließen.

Denkt man sich nach solchen vereinfachten Vorstellungen in die Wahnbildung ein, so stößt man plötzlich auf ein Hindernis der Erklärbarkeit: Wie wandelt sich das Tagträumen von der eigenen Wertigkeit und der Schuld anderer am Schicksal in eine feste Wahnidee? Diesen Übergang kann man sich nur mit der Vorstellung eines Schwellenwertes – eines „Point of no return“ – verständlich machen. Verliert man sich immer mehr in autistische, selbstgefällige Vorstellungen, so gelangt man an eine Schwelle, den „Point of no return“, wo die Konfrontation der eigenen Lage mit der Wirklichkeit derart erschütternd und schmerzhaft wird, dass man sie aufgibt und in der irrealen Vorstellungswelt befangen bleibt. Der Begriff des „Point of no return“ ist für das Verstehen psychotischer Entwicklungen von großer Bedeutung (Bleuler/Bleuler 1983).

Die aus dieser Konstellation resultierenden Wahrnehmungsdifferenzen mit der psychosozialen Umwelt können Ausgangspunkt selbst- und fremdschädigenden Verhaltens sein, aber auch zu einer Quelle schöpferischer Kreativität werden.

Auf der gesellschaftspolitischen Ebene führen kollektive reduktive Wahrnehmungs- und Erlebensweisen der multiplen Realität zu totalitär-paranoiden Tendenzen gesellschaftlicher Gruppen. Inwieweit die gesellschaftliche Entwicklung davon beeinflusst wird, hängt von den jeweiligen Machtkonstellationen in der Gesellschaft ab. Eine große Rolle spielt dabei die öffentliche Deutungsmacht, die bestimmt, welcher Aspekt der vielfältigen gesellschaftlichen Realität von zentraler Bedeutung ist und welche Aspekte eine marginale Bedeutung haben. Besteht trotz totalitär-wahnartiger Tendenzen von Teilgruppen noch eine ausreichende gemeinsame Schnittmenge an Realitätswahrnehmung in der Gesellschaft, kann es zu einer modifizierten Integration ursprünglich totalitärer politischer Inhalte in die gesellschaftliche Entwicklung kommen. Dieser Prozess kann die Wahrnehmung vernachlässigter Entwicklungsaspekte schärfen und die gesellschaftliche Kommunikation fördern.

Dagegen können sich beim Vorliegen anderer machtpolitischer Konditionen Diktaturen etablieren, welche wahnartige Züge tragen. Die Realitäten der Gesellschaft werden dann reduktiv absolut wahrgenommen. Die Kommunikation in Diktaturen wird parallel dazu rigide kanalisiert und gegen multiple Realitätswahrnehmungen abgeschottet.

Über den Größen- und Rassen-Wahn des Nationalsozialismus ist in diesem Zusammenhang viel publiziert worden, weniger untersucht sind wahnartige Aspekte der DDR-Ideologie bzw. -Gesellschaft. Die Verabsolutierung einer kollektiven „Einheitsrealitätssicht" führte dabei zu einer paranoid getönten repressiven Atmosphäre, welche einen fortschreitenden gesellschaftlichen Verfall begünstigte, der wiederum in immer groteskerem Gegensatz zur offiziellen Propaganda stand. Die Verpönung von nonkonformer individueller Realitätswahrnehmung verhinderte die Wahrnehmung der multiplen Realität gesellschaftlicher Entwicklungsprozesse auf der politischen, wirtschaftlichen und kulturellen Ebene. Als zwischen der Bevölkerung und den DDR-Eliten keine gemeinsame Schnittmenge an Realitätswahrnehmungen mehr bestand und sich machtpolitische Konstellationen wandelten, erfolgte ein rascher Zusammenbruch.

Die Deutungsmacht der gesellschaftlichen Realität wurde danach von neuen Eliten übernommen. Es erfolgte ein schneller Transformationsprozess, welcher mit europäischen und globalen makrosozialen Wandlungsprozessen verflochten ist. Das einzelne Individuum erlebt sich in seiner individuellen Realität dabei sehr häufig dieser gesellschaftlich definierten Realität ohnmächtig ausgeliefert. Einen Teil unserer Patienten erinnert diese Situation an biographische Erfahrungen von Ohnmacht und Ablehnung, dadurch begünstigt, kommt es bei Ihnen zu psychischen Krisen und Störungen. Möglicherweise entspricht diese individuelle Situation vieler Patienten auch der gesellschaftlichen Problematik einer zunehmenden Polarisierung in aktive Leistungsträger und passive Sozialleistungsempfänger, welche zum Teil kaum noch überlappte Realitätswahrnehmungen kommunizieren können.

Als Psychotherapeuten beobachten wir immer häufiger bei vielen unserer Patienten ein weiteres Phänomen. Es handelt sich um eine Spaltung innerhalb der Persönlichkeit in eine hoch trainierte, rationale Sphäre mit vielen Fähigkeiten und Fertigkeiten, welche eine sehr produktive Leistung ermöglicht und in eine infantil bzw. pubertär gebliebene emotionale Sphäre. Das führt bei vielen Patienten zu einem mangelnden Vermögen, interpersonelle Konflikte zu lösen bzw. interpersonelle Beziehungen befriedigend zu gestalten. Die innerlich gespaltenen Realitätswahrnehmungen dieser Patienten können intrapsychisch nicht mehr überbrückt werden. Daraus resultiert ein Gefühl der Selbstentfremdung – Depersonalisation genannt – sowie ein Gefühl der Entfremdung von der Außenwelt – Derealisation genannt (v. Minden 1988).

Auf der gesellschaftlichen Ebene entspricht diese Problematik dem Gegensatz zwischen einer hoch effizienten Leistungsgesellschaft versus einer infantil-pubertären Spaßgesellschaft. In diesem Spannungsfeld nimmt die Kapazität zur Aufrechterhaltung familiärer bzw. adäquater Strukturen, welche u.a. die Voraussetzung zum Aufziehen von Kindern darstellt, immer mehr ab. Angesichts des immer dramatischer werdenden Rückganges der Bevölkerungszahl sowie des Zerfalls solcher Strukturen und dem heraufdämmernden Zusammenbruch der Sozialsysteme ist durchaus zu fragen, ob der aktuelle Clash of realities auf individueller und gesellschaftlicher Ebene nicht in absehbarer Zukunft zu einem demographischen Verschwinden der deutschen Bevölkerung führen wird?

Einen weiteren problematischen Aspekt der aktuellen gesellschaftlichen Entwicklung sehen wir in der sehr großen Deutungsmacht der Medien, welche durch selektive emotionale Darstellungen ein absolutes Realitätsbild vortäuschen und dadurch eine große manipulative Potenz im allgemeinen Wahrnehmungs- und Urteilsprozess haben. Es ist wahrscheinlich, dass mediale Darstellungen wahnartige Phänomene begünstigen, wenn nicht sogar auslösen können. Ein aktueller Beleg für diese These ist u.a. das epidemische Auftreten von Essstörungen bei jungen Frauen vor dem Hintergrund eines medial flächendeckend kolportierten androgynen Frauenideals.

In der psychotherapeutischen Praxis sind reduktive absolute Realitätswahrnehmungen in der Regel mit massivem Entfremdungserleben vom eigenen Selbst und im Kontakt mit anderen Menschen verbunden. Hier ergibt sich eine Verbindung zu einem auch philosophisch aufzufassenden Entfremdungsbegriff.

Im psychotherapeutischen Prozess ist das Bemühen des Therapeuten u.a. darauf gerichtet, durch eine Förderung der Kommunikationsfähigkeit des Patienten die Konstruktion einer gemeinsamen kreativen Realität i.S. Watzlawicks (1976) zu ermöglichen. Durch diese gemeinsam kreativ konstruierte Realität wird ein Abbau von Entfremdung bzw. reduktiv absoluten Wahrnehmungen des Patienten angestrebt. Diese kommunikative gemeinsame Zuschreibung von Wirklichkeit in einem interaktionellen Prozess ist dabei als ein essentielles Wesensmerkmal von Psychotherapie überhaupt zu betrachten.

Auf der gesellschaftlichen Ebene führte der Zusammenbruch des totalitären Systems in Ostdeutschland und die folgenden Transformationsprozesse zu einem massiven Zusammenprall sehr unterschiedlicher Realitätswahrnehmungen. Insbesondere die ostdeutsche Bevölkerung machte intensive neue Realitätserfahrungen, welche mit einem quasi therapeutischen Integrationsprozess partiell vergleichbar sind (Fikentscher / Konzag 2000). Unterschiedliche Realitätswahrnehmungen sind weiter existent, jedoch haben sich auch sehr viele Schnittmengen gemeinsamer Realitäten gebildet. Vor diesem Hintergrund konnten wir in unserem Fachgebiet die positive Erfahrung machen, dass trotz anderslautender Prognosen es zu keinem Anstieg der Zahl psychischer Erkrankungen in Ostdeutschland gekommen ist (Fikentscher / Konzag et. al. 1999).

Im Zusammenhang mit der Bewältigung sowohl von individuellen Krisen durch eine Psychotherapie als auch von makrosozialen Umbrüchen in der Gesellschaft ist das Prinzip *Hoffnung* von Ernst Bloch eine wichtige Orientierung bzw. ein bedeutsamer philosophischer Rahmen. Bloch unterscheidet dabei Hoffnung als Affekt, welcher dem Gefühl der Furcht entgegengesetzt wird, Hoffnung als kognitiven Akt der Erkenntnis und Hoffnung als Phantasie. Er schreibt dazu: „Das Leben aller Menschen ist von Tagträumen durchzogen, darin ist ein Teil lediglich Schale und entnervende Flucht ..., aber ein anderer Teil reizt auf ... Dieser Teil hat das Hoffen im Kern und ist lehrbar“ (Bloch 1979).

Das Prinzip *Hoffnung* fördert die Motivation, sich mit dem permanenten Zusammenprall der Realitäten auf der individuellen und gesellschaftlichen Ebene auseinanderzusetzen. Als eine wesentliche Aufgabe von Wissenschaftlern im gesellschaftlichen Kontext sehen wir es an, pauschalen Behauptungen eines absoluten Realitätsmodells differenzierend entgegenzutreten und stattdessen die Konstruktion einer gemeinsamen Schnittmenge der bestehenden multiplen Realitäten kommunikativ zu fördern und sie der Allgemeinheit verständlich zur Verfügung zu stellen. Im Schema wird die Kommunikation versus Isolation als zentrales Spannungsfeld dargestellt. Die Fähigkeit zur Kommunikation mit kritischer Reflexion ist eine entscheidende Voraussetzung, damit sich in dem Clash of realities das kreative Potential der multiplen Realitäten integrativ statt destruktiv entfalten und der Wahn in einen – immer neu zu definierenden – Sinn umgesetzt werden kann.

Wahn und Sinn sind subjektive Teilrealitäten des Menschenlebens; und das ist – wie schon Simone de Beauvoir (1966) formulierte – „eine seltsame Angelegenheit, von einem Augenblick zum anderen sonnenklar und im ganzen undurchsichtig, etwas, das ich mir selbst zurechtmache und das mir aufgezwungen wird, dessen Substanz mir die Welt gibt und nimmt, zermahlen durch die Ereignisse, zerstückelt, zerhackt und dennoch ein einheitliches Ganzes. Schwerwiegend und flüchtig; ein Widerspruch, der die Missverständnisse begünstig“.

Unser Anspruch ist, diese abzubauen im Ringen gegen totalitäre Bewegungen und Ansprüche auf alleinigen Besitz von Wahrheit.

Literatur

Bleuler, E. / *Bleuler*, M.: Lehrbuch der Psychiatrie, Heidelberg 1983

Bloch, E: Das Prinzip Hoffnung, Frankfurt a. M. 1979

de Beauvoir; S.: Der Lauf der Dinge, Reinbek bei Hamburg 1966

Fikentscher, E. / *Konzag*, T. A. : Persönlichkeitsmerkmale und Familientypologie ost- und westdeutscher Psychotherapiepatienten, in: Kerz-Rühling, I. / Plänkers T. (Hrsg.): Sozialistische Diktatur und psychische Folgen, Frankfurt a. M. 2000, S.119-140

Jung, C.G: Über die Psychologie des Unbewussten, Zürich 1966

Konzag, T.A. / *Fikentscher*, E. / *Kruse*, J. / *Bandemer-Greulich*, U. / *Schmitts*, N. / *Tress*, W.: Symptomatik und Lebensereignisse bei ost- und westdeutschen Psychotherapiepatienten, in: Zeitschrift für Psychosomatische Medizin und Psychotherapie 45 (1999), S. 157-169

Kreckel, M.: Macht der Väter – Krankheit der Söhne, Frankfurt 1997

Müller, A.: Wahrnehmung und Medien. Vortrag im Seminar Kultureller Wandel und Medientechnologie 2000. Johann-Wolfgang-Goethe-Universität Frankfurt a. M. 2000, http://www.angelfire.com/de/waldmensch/wahrnehmung.html

Roth, G.: Das Gehirn und seine Wirklichkeit – Kognitive Neurobiologie und ihre philosophischen Konsequenzen, Frankfurt a. M. 1994

Scharfetter, C.: Allgemeine Psychopathologie, Stuttgart 1976

Schreber, D.P.: Bürgerliche Wahnwelt um Neunzehnhundert. Denkwürdigkeiten eines Nervenkranken, Wiesbaden 1972

Sedenberg, S.: Niemand ist normal, in: Spiegel vom 20.11.2000, Hamburg

Watzlawick, P.: Wie wirklich ist die Wirklichkeit? Wahn, Täuschung, Verstehen. München 1976

v. *Minden*, G.: Der Bruchstück Mensch, München 1988

Christoph Mundt (Heidelberg)

Gelebte Gegenwelt – Erleiden und Gestalten im Wahn

Die Maske

Die Maske ist Lieb, ach wenn sie mir nur blieb
Die Maske ist rund die Maske Ist rund, Die
Maske ist rot. Die Maske ist echt
Die Maske ist sehr schön. Die Maske dient zum
auf-
setzen. Die Maske sie ist auch dicht

Die Maske dient für einen Ball Die Maske Blieb ihm.

Aus: Alexanders Poetische Texte, Navratil (1977)

Die Oper Enrico von Manfred Trojahn, komponiert nach dem Theaterstück Heinrich IV von Luigi Pirandello, schildert die Wiederbegegnung einer italienischen Gruppe von Aristokraten im 19. Jh., 20 Jahre nach einem denkwürdigen berittenen Maskenball. Die Hauptperson Enrico, der später Wahnkranke, hatte an dem Maskenball teilgenommen, zusammen mit der Marquesa Mathilda, die er verehrt, sowie deren heimlichem Geliebten Belcredi. Die Teilnehmer hatten historische Kostüme getragen. Die Marquesa ist als Mathilda von Tuscien gekleidet, deren Stammsitz die Burg von Canossa ist. Aus diesem Grund hat Enrico die Verkleidung als Heinrich IV gewählt, um auf Canossa ihr nahe sein zu können. Er stürzt bei dem Ritt und glaubt nach dem Erwachen aus der Ohnmacht, tatsächlich Heinrich IV zu sein.

Die Oper setzt 20 Jahre nach diesem berittenen Maskenball ein. Enrico lebt seither mit Puppen, welche die damaligen Kostüme tragen, unter einigen Dienern in seinem Wahn. Ein Arzt besucht ihn mit Mathilda und Belcredi, die sich mit den historischen Gewändern in die Wahnwelt von Enrico begeben. Enrico identifiziert Belcredi, der als cluniazensischer Mönch erscheint, er sieht in ihm Petrus Damiani. Pirandello legt ihm Worte in den Mund, die sich auf das Maskenhafte aller Sozialrollen beziehen. So bittet Enrico den Papst, ihn vom Blendwerk seiner Rolle zu erlösen. Seine wirkliche Strafe sei, dass er sich von seinem Abbild nicht losreißen könne. Er sei ein Büßer, bis er sein eigentliches Leben, von dem er bislang ausgeschlossen sei, leben werde.

In einer zweiten Begegnung will der Arzt Enrico durch eine Konfrontation mit dem Maskenball vor 20 Jahren in einen Schockzustand versetzen, der ihn von seinem Wahn heilen soll. Zu diesem Zweck wird sein ihm sehr ähnlich sehender Neffe in Enricos damalige Verkleidung gesteckt und die Tochter von Mathilda in deren Kostüm. Enrico, der in der ersten Begegnung mit Mathilda sich mit ihren und seinen eigenen Altersanzeichen auseinander gesetzt hatte, wird bei dieser zweiten Begegnung von der Jugend der Tochter Mathildas so ergriffen, dass er sie in Erinnerung an die jugendliche Mathilda umarmt, bis sich Belcredi dazwischenwirft. Enrico verletzt ihn schwer. Das Stück endet mit der Aussage, dass Enrico seinen Wahn gespielt habe. Nach der Attacke auf Belcredi aber, von dem offen bleibt, ob er seinen Verletzungen erliegen wird, müsse er seinen Wahn lebenslang festhalten.

Trojahns Oper gestaltet den Wechsel zwischen Wahn und Wirklichkeit künstlerisch aus, aber alles was er zeigt, wäre auch durch klinische Fallvignetten belegbar. Er stellt ein Stück Wunscherfüllung im Wahn dar, die Nähe zur Geliebten und seine mächtige Position als Kaiser; aber auch die erlittene Demütigung durch den erfolgreichen Belcredi in Form der mit dem Canossa-Gang verbundenen Unterwerfung, die Buße Heinrichs IV und ein zunehmendes Sich-Gekettetfühlen an den Wahn, von dem die Rückkehr in die reale Welt am Ende nicht mehr gelingen kann ohne Gesichtsverlust und Sanktionen der Gesellschaft. So lebt Enrico im Wahn Wirklichkeit und Wunscherfüllung gleichermaßen, sein Leid und dessen Überhöhung zur Großartigkeit und zeitweiligen Aufhebung – wie im Schicksal des historischen Heinrich IV. Schließlich weitet das Stück den Blick auf Spurenelemente des Wahns im normalen Sozialleben in Form der Schichtungen von sozialen Rollen und persönlicher Identität. Der Maskenball wird zum eigentlich normalen Treiben der Gesellschaft. Die Wahnkranken übertreiben es gewissermaßen und werden Opfer dieses Treibens, weil sie sich von der Maske nicht mehr losreißen können.

Betrachten wir Trojahns und Pirandellos Stück als Fall-Vignette, so zeigt sich, dass Wahngewissheit, eines der drei klassischen Wahnkriterien, die Karl Jaspers (1913) formuliert hat, auch in akuten Zuständen, in denen die Patienten von den mit dem Wahnerleben verbundenen Affekten überwältigt erscheinen, nicht unabdingbar und ausschließlich gegeben ist. Man kann den Eindruck gewinnen, dass es dem Patienten darum ging, eine Gegenwelt zur common sense Realität herzustellen und aufrecht zu erhalten, die innere Gegenwelt zur äußeren intersubjektiven Welt. Das paradoxe Eingehen des Arztes auf die innere Welt des Wahnkranken sollte durch einen Schock zur Heilung führen;

die Verhaltenstherapie würde mit ihrer Methode des Sokratischen Dialogs, der als downward-arrow-Methode (Kingdon et al. 1994; Sensky T. et al., 2000) den Erfordernissen der Wahn-Psychotherapie adaptiert wurde, von Erzeugung einer kognitiven Dissonanz sprechen. Auch das was in der Psychopathologie als doppelte Buchführung Wahnkranker bezeichnet wird, findet sich bei Enrico, das Bewahren des Gegensatzes von common sense Realität und Wahnwelt innerhalb des Patienten selbst. Es stellt sich die Frage, inwieweit das gegen soziale und kognitive Widerstände beharrende, sozusagen störrische Festhalten am Wahn als gelebter Gegenwelt ohne die Kenntnis der common sense Realität auskommen kann; wie soll ich anders das Gegen der Gegenwelt definieren?

Die Frage lautet also: Macht Wahn Sinn?

Die sogenannte Heidelberger Psychopathologenschule hat eine Sinnverbundenheit zumindest der Entstehung des Wahns, nicht unbedingt seines Inhaltes, mit der lebensgeschichtlich gewordenen Persönlichkeit und ihrer aktuellen Situation abgelehnt. Es wurde das Dasein des Wahns vom Sosein des Wahns unterschieden. Sein Sosein, d.h. der Inhalt, sei im Sinne der Jaspers'schen Unterscheidung von Verstehen und Erklären verstehbar, sein Dasein nur erklärbar. Die markantesten Vertreter der Heidelberger Schule, Kraepelin, Jaspers und Kurt Schneider, (Avenarius 1979, Janzarik, 1978, Mundt 1992) sprachen von einem „Zerreißen der Sinnzusammenhänge" im Wahn. Anders die Tübinger Psychopathologenschule, die mit Gaupp und Kretschmer vor dem Ersten Weltkrieg und dann in den 20er Jahren nicht nur die Prägung der Wahninhalte, sondern auch das Entstehen des Wahns aus einem Zusammenspiel zwischen lebensgeschichtlicher Entwicklung, Persönlichkeit und sozialem Bezugsfeld sich entwickeln sah (Förster et al., 1999). Der Fall des Hauptschullehrers Wagner, der nach sodomitischen Praktiken aus einem scham- und schuldgetönten Verfolgungs- und Beeinträchtigungswahn heraus vier Menschen getötet hatte, lieferte die klinische Evidenz für die Argumente der Tübinger Schule, die mit Kretschmer (1950) dann das Konzept des sensitiven Beziehungswahns entwickelte als Modell des Zusammenspiels der drei Faktoren Persönlichkeit – soziales Feld – Situation. Es ist eine Ironie der Geschichte, dass die Aufarbeitung des damals asservierten Gehirns von Wagner in den 1990er Jahren eine Bestätigung moderner neurobiologischer Annahmen zur Wahn-Genese brachte: Wagners Gehirn zeigte eine Invagination und Verschmächtigung in der linken

Hippocampus-Formation, einer Region, deren morphologische Fehlbildung oder Dysfunktion heute als ätiologisch bedeutsam für die Entwicklung des paranoiden Subtypus der Schizophrenie gilt.

Auch innerhalb der Heidelberger Psychopathologie gab es ab den 50er Jahren mit der durch Walter von Baeyer eingeführten anthropologischen Phänomenologie eine Gegenrichtung zur deskriptiven Phänomenologie Kraeplins, Jaspers' und Kurt Schneiders, die das medizinische Krankheitsmodell vertreten hatten. Hatte Kurt Schneider 1950 noch von der Wahnwahrnehmung als „einer der absoluten Grenzlinien in der Psychiatrie zwischen Normvarianten und Krankheit" gesprochen, so machte die anthropologische Phänomenologie eine Aussage über Wahnbildungen, die das Thema Gegenwelt berührt: Sie unterschied den „Offenbarungswahn" vom „konfirmatorischen" Wahn.

Prototyp für den Offenbarungswahn ist der aus dem Zusammenbruch der Kohärenz des Subjekterlebens in der Wahnstimmung des Schizophrenen erwachsene Wahn, der die Sinnkontinuität des Erlebens als Voraussetzung von Subjekterleben überhaupt erst wieder herstellt – eine Art Reparationsmechanismus also. Der Offenbarungswahn wird erlitten; Prototyp für den konfirmatorischen Wahn ist hingegen der Querulantenwahn des Michael Kohlhaas, der sich an einem Auslöseereignis festmacht und danach langsam expandiert und systematisiert, von ihm wird von den Phänomenologen gesagt, er sei nicht erlitten, sondern werde erarbeitet, ja errungen. Auf jeden Fall stellt er eine durch den „Kampfparanoiker" vertretene Gegenthese zur commonsense-Realität dar.

Die Pathogenese der erlittenen Abwandlung zum wahnhaften Selbst- und Weltbezug hat Sigmund (1998) noch einmal aus gestaltpsychologischer Sicht erläutert. Er sieht den Kern der erlittenen Degradation der Wirklichkeitskonstituierung zum Wahn im Übermächtig-Werden von Wesensmerkmalen in der Wahrnehmung. Wesensmerkmale stellen die Basis von Wahrnehmungsprozessen dar. Diese unmittelbar mit emotionaler Kraft und subjektivem Evidenzerleben sich aufdrängenden Wesensmerkmale, etwa der Ausdruck von Freude oder Angst in einem Gesicht oder die bedrohliche Gestalt hinter dem Baum, wenn man allein im Wald unterwegs ist, wird normalerweise durch Abgleichung mit dem Erfahrungswissen innerhalb von Millisekunden durch inneren Perspektivenwechsel überprüft und gegebenenfalls korrigiert. Conrad (1958) hat aus gestaltpsychologischer Perspektive die unmittelbare, intuitive Erfassung der Wesensmerkmale als protopathischen Wahrnehmungsvorgang bezeichnet, seine Überprüfung, die gleichzeitig mit einer Ausfaltung und Differenzierung der Wahrnehmung verbunden ist, als epikritische Durchgliederung der Gestalt. Der Gestaltschluss markiert die Entscheidung der Sinnzumessung, „so muss es sein!“, als Beendigung der Vieldeutigkeit eines Perzepts.

Aus den Studien von Spitzer (Spitzer et al. 1995, 1997) an semantischen neuronalen Netzwerken wissen wir, dass das Gehirn den assoziativen Fokus zwischen eng begrenzten oder stark ausgeweiteten Möglichkeiten der Bedeutungszumessung für eine Wahrnehmung variieren kann. Diese Variationsmöglichkeit bringt Überlebensvorteile, da in einer Gefahrensituation, in der eine fight-flight Entscheidung ansteht, in kürzester Zeit auf ein möglichst hochbewährtes Verhaltensrepertoire zurückgegriffen werden muss, der Focus für mögliche Sinnzuschreibungen muss also eng sein; während in einer placiden Orientierungs- und Lernsituation der assoziationsreiche weite Fokus mit Durchprobieren vieler verschiedener Sinnzusammenhänge Vorteile für den Lern- oder Entscheidungsprozess bringt. Im Fall des semantischen neuronalen Netzwerkes konnte gezeigt werden, dass durch eine komplexe Gleichgewichtbildung zwischen aktivierenden und hemmenden Einflüssen gewissermaßen die Öffnung der Blende bestimmt wird. Dieser dopamingesteuerte Regelmechanismus ist bei Schizophrenen gestört.

Sigmunds Hinweis darauf, dass der Wähnende beim Offenbarungswahn von den Wesensmerkmalen kognitiv überwältigt wird, gibt einen Hinweis auf die Bedeutung der Affektivität. Die Psychopathologie hat bei Schizophrenen im Vorfeld des Aufbrechens eines solchen Offenbarungswahns von gehobener Bodenaffektivität gesprochen, wobei gemeint ist, dass die affektive Dynamik des Seelenlebens insgesamt gesteigert ist bevor sie sich zu einer Qualität wie etwa Angst im Verfolgungswahn oder ekstatischer Freude im religiösen Wahn spezifizieren kann.

Janzarik (1988) hat mit seinem psychopathologischen Modell der strukturdynamischen Kohärenz die Hypothese aufgestellt, dass Wahn und auch Halluzinationen durch affektive Überfrachtung eines wichtigen Erlebensinhaltes, also etwa der scham- und schuldbesetzten Liebe zu einer Frau wie bei Enrico, zustande kommen. Dies geschehe dadurch, dass sich bei einer instabilen Persönlichkeitsstruktur ein solcher affektiv aufgeladener thematischer Inhalt loslöse aus dem Verbund mentaler Funktionen und gewissermaßen frei laufe. Kognitionspsychologisch gehe dem voraus ein Wandel vom protensiven Wahrnehmungsmodus, der intentional geprägt ist, d.h. durch ein Wechselspiel von empfangendem Wahrnehmen und suchendem Strukturieren des Informationsflusses, zum impressiven Wahrnehmungsmodus, bei dem die sich aufdrängenden Wesensmerkmale im Vordergrund stehen, so wie wenn wir träumend in den Himmel sehen und in Wolken Gestalten erkennen.

Die neuere experimentelle Psychopathologie hat bestätigt, dass entsprechend zu den sensorischen Wahrnehmungsqualitäten im impressiven Wahrnehmensmodus auch Wahnerinnerungen stärkeren subjektiven Evidenzcharakter haben, sinnennäher und körpernäher erscheinen als unverfängliche Erinnerungen von außerhalb der Wahnthematik (Philipps / David, 1997, 2000).

Ein Forschungsparadigma, das das Verhältnis von erlittener Fehlwahrnehmung und intentionaler Gestaltung des Wahns beleuchtet, ist das der wahnhaften Personenverkennung. Schizophrene Patienten zeigen Störungen der visuellen Informationsverarbeitung: So gelingt z.B. das Erkennen von Gesichtern bei gemorphten Übergängen von unbekannten zu bekannten Gesichtern später als bei Gesunden. Auch die Größenkonstanz bei der Wahrnehmung von identischen Objekten in unterschiedlichen perspektivischen Raumtiefen gelingt weniger gut als bei Gesunden. Meyer-Osterkamp, Cohen (1973) und Maher (1974) haben daraus die Hypothese entwickelt, dass bei wahnhaften Personenverkennungen Schizophrener eine korrekte Verarbeitung sensorisch verzerrter und fehlerhafter Perzepte zugrunde liege, gewissermaßen eine Neuauflage des einst in Verruf geratenen Konzepts des Erklärungswahns. Spricht die sinnenhaftere und körpernähere Wahrnehmungsqualität von Wahnerinnerungen noch für das Überwältigtwerden des Subjektes durch impressive Entzügelung, so ist bei der wahnhaften Personenverkennung eine aktive Mitgestaltung des sinn-suchenden Subjekts, das mit einem möglicher-weise fehlerhaften Perzept arbeiten muss, unverkennbar: Schizophrene Patienten neigen bei der wahnhaften Personenverkennung dazu, vertraute Personen als täuschend ähnlich verkleidete Fremde zu identifizieren, während affektiv erkrankte, insbesondere manische Patienten, dazu neigen, fremde Personen als Vertraute, Altbekannte zu identifizieren (Fuchs 2000). Fuchs hat in einer Phänomenologie des Leib- und Raumerlebens zeigen können, dass die Raumkonstituierung und die gesamte Lebensgestaltung auch im Hinblick auf den sozialen Raum in der Altersdepression einen einverleibenden, einsaugenden; in der Altersparanoia einen abschottenden, abweisenden, ausstoßenden „walling-off"-Charakter hat.

Es gibt eine Fülle weiterer klinischer und experimental-psychopathologischer Befunde, die anzeigen, dass entweder sensorische und kognitive Defizienzen bei wahnhaften Schizophrenen nur dann auftreten, wenn Erlebnisinhalte ins Spiel kommen, die das Wahnthema, also das Selbst der

Patienten, betreffen oder aber, dass überhaupt das Agieren des suchenden Subjekts zur Feinabstimmung der Interpretation seiner Wahrnehmungen vorurteilshaft selektiv und sprunghaft ist (vgl. Mundt, 2000).

Ein gutes metapsychopathologisches Konstrukt für die Pendelbewegungen zwischen Wahrnehmen und aktiver Informationssuche zur Klärung, Absicherung oder Korrektur tentativer Sinnzuschreibungen stellt das Gestaltkreismodell von Victor von Weizsäcker (1940) dar. Es kann beispielhaft erläutert werden anhand der Häufung paranoider Psychosen und Halluzinosen bei Tauben und Taubstummen. Auch bei Altersparanoia findet sich mit 40% ein erhöhter Anteil an Schwerhörigkeit für das Frequenzband der menschlichen Sprache gegenüber einer gleichaltrigen repräsentativen Bevölkerungsstichprobe. Hier ist also das sensorische Segment, bei Taubstummen mit der Sprache auch ein Teil der aktiven Suchbewegung beeinträchtigt, auch wenn Lippenlesen und Gebärdensprache als Kompensation zur Verfügung stehen.

V. v. Weizsäcker hat mit seiner Gestaltkreistheorie die Hypothese aufgestellt, dass dem Erkenntnisvorgang eine Einheit von Wahrnehmen und Bewegen zugrunde liege. Er hat dies auf der neurophysiologischen Ebene nachgewiesen, angefangen von den Einstellungsbewegungen des Augenbulbus bis hin zu Tastvorgängen, die die Erkennung von Gegenständen und die Antizipation prozedural erlernter Abläufe erst ermöglichen.

Die Grundprinzipien, die v. Weizsäcker für dieses Modell erarbeitet hat, lassen sich zwanglos auf mentale und psychosoziale Vorgänge bei der Wahnbildung übertragen. So hat Janzarik (1978) mit dem Kontaktmangel-Paranoid von prämorbid geselligen und auf gesellschaftlichen Kontakt seelisch angewiesenen Menschen durch unverschuldete soziale Isolation ein solches Freisetzen aktiver Umkonstruktion von Wirklichkeit durch Schwächung der Korrekturbewegungen beschrieben. Bei diesen Persönlichkeiten traten oft Wahnbildungen auf, die ein Eindringen Fremder in die eigene Wohnung oder in den eigenen Körper zum Inhalt hatten.

Auch die Forschung über ein „self-monitoring“ des Ablaufs einer intendierten Bewegung gemäß der Intention kann mit dem Gestaltkreismodell interpretiert werden. Frith (1993, 1996) hat in seiner forward-modelling-Theorie des Wahns die Hypothese aufgestellt, dass das Gehirn den Vollzug einer Intention an ihrem Vorentwurf bemisst und bei Abweichungen unterstellt, dass eine äußere Verursachung dazwischen getreten sei. In diesem Fall wird das Ergebnis nicht der eigenen Intention attribuiert, sondern einer äußeren Ursache. Diese Theorie wurde durch ein Experiment überprüft, bei dem die von einem Sprecher zu hörende eigene Stimme so verfremdet wurde, dass sie phonetisch nicht mehr als die eigene zu erkennen war. Obwohl die gesprochenen Worte natürlich exakt der Sprecherintention entsprachen, berichteten die schizophrenen Probanden mit solchermaßen verfremdetem Selbstmonitoring in höherem Maß als die Kontrollgruppe eine Anmutung, dass die Worte von jemand anderem gesprochen worden seien; ein Vorgang nicht bewusst, sondern entfremdet intendierter Wirklichkeitskonstituierung.

Mit der visual-scan-path-Methode (Roberts et al., 1998) wurde bei schizophrenen Patienten untersucht, in welcher Weise sie mit ihrer Blickfokussierung die Teile eines Gesichtes abtasten, dessen Identität und mimischer Affektausdruck bestimmt werden sollten. Dabei konnte das Suchverhalten anhand des Blickfokus analysiert werden im Hinblick auf die Zeitdauer, die der Blick bei signifikanten Gesichtszügen verweilte, gegenüber einem Verweilen an Stellen des Gesichts, die keinen Beitrag zur Affekterkennung oder Identifikation der Person leisten konnten. Es zeigte sich, dass schizophrene Patienten deutlich weniger effiziente Suchstrategien verfolgten als Kontrollprobanden, allerdings waren die Schizophrenen mit dem paranoiden Subtypus effizienter als die, die anderen Subtypen zugeordnet waren.

Dies spricht für eine alte klinische Erfahrung, die systematisch bereits Ende der 50er Jahre untersucht worden ist, dass nämlich strukturierte schizophrene Psychosen, zu denen die paranoiden Subtypen gehören, kognitiv besser sind, als die amorphen Subtypen, zu denen Hebephrenien, der disorganisierte Subtyp, die schizophrenia symplex und der undifferenzierte Subtyp gehören.

Der für den Kliniker nicht unerwartete Befund, dass paranoide Schizophrene kognitiv stärker und exakter sind als die Nichtparanoiden, gibt ein starkes Argument ab für die Existenz eines subjekt-aktiven (nicht notwendigerweise intentionalen, schon gar nicht bewussten) Anteils bei der Wahnentstehung, -ausarbeitung und -aufrechterhaltung. Auch die Zeitabläufe sprechen dafür. Die experimentellen Aufgaben und ihre Lösungen, die der Analyse der visuellen Informationsverarbeitung bei wahnhaften Personen-verkennungen zugrunde liegen, spielen sich im Millisekunden- bis Sekundenbereich ab, während Wahnbildungen sich über eine Kaskade von Bedeutungslockerungen, Bedeutungsverschiebungen, Zentrierung der Wahr-nehmung, ein Gleitend-Werden der Sinnzuschreibungen hin zur oftmals als befreiend erlebten wahnhaften Neuordnung von Sinnzuschreibungen entwickeln, gefolgt von einer über Wochen, Monate bis Jahre dauernden Ausarbeitung und Systematisierung mit innerer Kohärenzbildung des Wahns durch Assimilation aktueller und vergangener Erlebnisse oder aber auch Abkapselung und Beiseitelegung eines Wahns unter Freihaltung des aktuell gelebten Lebens. Die experimentelle Psychopathologie ist unter dem Einfluss der anglo-amerikanischen Wissenschaftstradition sehr stark auf das Herausarbeiten einer instrumentellen Störung konzentriert gewesen unter Vernachlässigung der emotionalen Aspekte von Entfremdungs- und nachfolgend Dissoziationsprozessen, die eben selektiv sind, gewissermaßen eine intrapsychische Service-Funktion haben und nicht ausschließlich eine instrumentelle Störung des mentalen Basisapparates darstellen.

Das Element des aktiven Widerstrebens gegen die common-sense-Realität wurde auch von de Bonis (1994) nachgewiesen, die mit der repertory-grid-Methode die emotionale Nähe zu den Personen des sozialen Umfeldes, in dem ein Patient steht, quantitativ und qualitativ definieren kann. Sie konnte zeigen, dass die Patienten die realen Beziehungen zu den ihnen nahe stehenden Personen realistisch erfassen und gleichwohl einen Wahn mit einem ganz anderen Gefüge des emotionalen sozialen Raums dagegen stellen und gegen Widerstand argumentativ aufrecht erhalten.

In einem hochkomplexen sozialpsychologischen Experiment hat D. Reiss (1968) schon in den 70er Jahren zeigen können, dass junge Schizophrene eine selbst gefundene korrekte Problemlösung zugunsten einer falschen Problemlösung der Mutter aufgaben. Klinisch entspricht diesem Befund das Phänomen des symbiontischen Wahns – folie à deux – in dem der Induzierte mit Übernahme des Wahns vom Induzenten den Erhalt der Dyade höher stellt als die Aufrechterhaltung der common-sense-Realität mit dem sozialen Anderen. Auch dieses Phänomen ist ein Hinweis auf die Existenz eines konstruktiven, intentional gestalteten Elements im konfirmatorischen Wahn. Im symbiontischen Wahn muss die dyadische Wirklichkeit zumindest vom „Induzierten" komplementär zum „Induzenten" aktiv konstruiert, der common sense Realität gegenüber gestellt und dem sozialen Anderen gegenüber vertreten werden. Darin mag auch eine Erhellung der intrapsychischen Funktion des individuellen Wahns aufscheinen: Erhalt der Einheit und Kohärenz zuungunsten der sozial geteilten Wirklichkeit.

Für das Verständnis einer solchen gelebten Gegenwirklichkeit – die im übrigen bereits von Bleuler mit seinem Autismusbegriff 1911 als eines der wesentlichen Charakteristika schizophrener Erkrankungen angesehen wurde – ist das Element der Imagination von Belang. Schmidt-Degenhard (1992) hat mit seiner Analyse oneiroider Zustände bei beatmungspflichtigen Paraplegikern zeigen können, dass der Wegfall nahezu aller neuronaler Afferenzen vom Halsbereich abwärts zu einer Freisetzung überrealistischer, lebhafter szenischer Erlebnisse führt, die gleichermaßen halluzinatorischen wie wahnhaften Charakter tragen. Die Kranken arbeiten ihre körperliche Versehrtheit in meist archaisch anmutenden imaginierten Horrorszenarien durch. Diese Krankheitszustände entsprechen im übrigen den Deafferentierungs- bzw. Deprivationsexperimenten, mit denen vor allem halluzinatorische, aber auch wahnhafte Zustände erzeugbar sind, und eben auch einer Unterbrechung des Gestaltkreises.

Schmidt-Degenhard hat als wichtigste Schlussfolgerung seiner Beobachtung die Hypothese entwickelt, dass Imagination eines der Grundelemente mentaler Funktionen für die Herstellung von Welt sei. Imagination werde benötigt, um eine seelische Innenwelt zu schaffen, aber auch gewissermaßen die Knetmasse, aus der die Repräsentanz der Außenwelt entsteht, der Inter-Subjektive Raum; eine Knetmasse, die durch die Sensorik und das Spiel des Gestaltkreises ihre Form gewinnt. Die Pathologie des Wegfalls der Sensorik lege die Wirklichkeits-konstituierende Kraft der Imagination frei.

Janzarik hat in seinem strukturdynamischen Kohärenzmodell die Imagination gleichgesetzt mit dem Prinzip der Autopraxis. Autopraxis meint, dass der mentale Apparat ohne unser willentliches Zutun Einfälle, Gedanken, Wahrnehmungsgestalten in großer Dichte zur Überprüfung ihrer Stimmigkeit mit den eingehenden sensorischen Informationen anbietet. Sie können nicht aufgerufen, sondern nur nach Maßgabe ihrer Unwichtigkeit desaktualisiert werden (z.B. der gute Einfall, das Heureka-Erlebnis). Kommt es zu einem Nachlassen sensorisch einlaufender Informationen, an denen ihr Wert durch Passung bemessen werden kann, nehmen sie überhand und dringen gewissermaßen in die Wirklichkeitskonstituierung unangemessen vor. Dieses klinisch entwickelte strukturdynamische Konstrukt der Autopraxis fügt sich sehr gut zu den neueren experimentalpsychologischen Untersuchungen und dem evolutionsbiologischen Wissen von Lernprinzipien biologischer Systeme. Das Immunsystem wird in diesem Zusammenhang immer als Beispiel angeführt: Die Erzeugung größtmöglicher Varianz von Proteinen, die als potentielle Antikörper einem Antigen zur Passung angeboten werden, sichert sozusagen Realismus. Erst der zweite Schritt der Verfeinerung zur Ökonomisierung der Bevorratung von Antikörpern bei Herstellung möglichst vielfältiger Immunität bringt eine Vor-Auswahl des Systems ins Spiel, den Roh-Antikörper sozusagen. Die neuropsychologische Netzwerkforschung hat mit den Hebb'schen Oszillationen einen vergleichbaren Mechanismus beschrieben, durch den eine unendliche Vielfalt kurzlebiger, äußerst volatiler

Assoziationen den exekutiven Kontrollfunktionen des Frontalhirns zur Gestaltbildung angeboten werden (vgl. dazu Johnston, 1999).

Zusammenfassung:

Die im Wahn gelebte **Gegenwelt** kann *Pointierung*, Übersteigerung *einer wahren Gegebenheit* sein, die dann ihre Proportionalität verliert. Das kann im Mobbing-Wahn eine reale unterschwellige Antipathie sein. Die Gegenwelt des Wahns kann aber auch das Dilemma des entfremdeten wahren Selbst hinter der intersubjektiven Fassade zeigen. Das kann, folgt man der Interpretation von Kraus (1994), etwa im technischen Wahn Schizophrener die symbolisierte Entfremdung durch die emotionslose, unerbittlich herrschende Versachlichung sein. Dann wird die Gegenwelt im Sinne der Konkretismus-Interpretation der Wahnaussage zu einer Äußerung über den mentalen Zustand des Selbst, zu einem Hilferuf.

Das Wort **gelebte** Gegenwelt spricht die Frage des *intentionalen Gehaltes der Wahnkonstituierung* an. Gibt es eine gewisse intentionale und kognitive Gestaltung des Hineingleitens in den Wahn oder wird mit zunehmenden Freiheitsgraden die Definition als Wahn überhaupt fragwürdig und hebt sich schließlich auf wie in der Oper Enrico?

Beim Offenbarungswahn werden diese Freiheitsgrade minimal sein. In diesem Sinne bedeutet gelebte Gegenwelt eine Gegenwelt, die der Wähnende nicht macht, sondern ist. Aber es gibt offensichtlich ein Kontinuum von mehr oder weniger Intendiertheit und Verfügbarkeit. Dieses Kontinuum reicht vom akuten schizophrenen Offenbarungswahn, in den der Patient aus der Wahnstimmung gewissermaßen hineingeschleudert wird, über den affektiven Wahn, der sich unter dem Druck des spezifischen Affektes langsam aufbaut und mit dem Abflauen der affektiven Auslenkung wieder in sich zusammen bricht, über den sensitiven Beziehungswahn, der wie der affektive Wahn relativ wenig Entfremdung mit sich führt, in dem er nur relativ geringe Varianten an der wirklichen psychosozialen Lebenskonstellation des Patienten anbringt; über den symbiontischen Wahn, der – „halb zog sie ihn, halb sank er hin“ – ein gewissermaßen bequemes Sich-Abgleitenlassen in dyadische Homogeneität zuungunsten der Auseinandersetzung mit dem sozialen Anderen darstellt, bis hin zum konfirmatorischen Querulantenwahn, der mit größter Energie eine als korrektiv intendierte Gegenposition durchhält, und dann häufig doch einmal durch eine Resonanz an maßgeblicher Stelle zur Beruhigung gelangt.

Nimmt man dieses Kontinuum als Metapher für die Resonanzen zwischen Individuum und Gesellschaft, so weist es jenseits von psychischer Morbidität und der Problematik des Normbegriffs auf die dem Menschen mitgegebene Aufgabe hin, Imagination und intersubjektive Wirklichkeit in einem immer wieder schmerzlichen Prozess zueinander zu führen. Der Schmerz wird durch Entfremdung erzeugt, durch die Notwendigkeit eines Wechselspiels von Selbstaufgabe und Neukonstituierung des Selbst. Es spielt sich auf allen Ebenen zwischenmenschlichen Lebens ab, auch in der Wissenschaft über die Karl Popper gesagt hat, dass selbst die Erkenntnisse der modernen Naturwissenschaften „kühnes Raten“ seien, also Imagination, deren objektiver Charakter ausschließlich durch die kritische Tradition zustande komme, während Freud gewissermaßen aus entgegengesetzter Perspektive den Wahn als eine Karikatur wissenschaftlicher Erklärungssysteme gesehen hat.

Literatur

Avenarius, R.: Emil Kraepelin, seine Persönlichkeit und seine Konzeption, in: Janzarik, W. (Hrg.): Psychopathologie als Grundlagenwissenschaft, Stuttgart 1979, 62 –73

Bleuler, E.: Dementia praecox oder Gruppe der Schizophrenien, Leipzig / Wien 1911.

Bonis, M. de: Person identification and self-concept in the delusional misidentification syndrome. A case study, in: Psychopathology 27 (1994), 48 – 57

Conrad, K.: Die beginnende Schizophrenie. Versuch einer Gestaltanalyse des Wahns, Stuttgart 1958.

Foerster, K. / *Leonhardt*, M. / *Buchkremer*, G.: Wahn und Massenmord. Perspektiven und Dokumente zum Fall Wagner, Nürtingen/Frickenhausen 1999

Frith, C. D. / *Corcoran*, R.: Exploring ‘theory in mind’ in people with schizophrenia, in: Psychol. Med. 26 (1996), 512 - 530

Frith, C. D. The cognitive neuropsychology of schizophrenia, Hove 1993

Fuchs, T.: Leib, Raum, Person. Entwurf einer phänomenologischen Anthropologie, Stuttgart 2000

Fuchs, T.: Psychopathologie von Leib und Raum. Phänomenologisch-empirische Untersuchung zu depressiven und paranoiden Erkrankungen, Darmstadt 2000

Fuchs, T.: Wahnsyndrome bei sensorischer Beeinträchtigung – Überblick und Modellvorstellungen, in: Fortschr. Neurol. Psychiat. 61 (1993), 257 – 266

Fuchs, T.: Die Welt als Innenraum. Kafkas “Bau” als Paradigma paranoider Räumlichkeit, in: Nervenarzt 65 (1994), 470 – 477

Janzarik, W.: 100 Jahre Heidelberger Psychiatrie, in: Heidelberger Jahrbücher XX, 93-113, Heidelberg 1978.

Janzarik, W.: Strukturdynamische Grundlagen der Psychiatrie, Stuttgart 1988

Jaspers, K.: Allgemeine Psychopathologie, Heidelberg 1973 ([1]1913)

Kingdon, D. / *Turkington*, D. / *John*, C.: Cognitive behaviour therapy of schizophrenia. The amenability of delusions and hallucinations to reasoning, in: British Journal of Psychiatry 164 (1994), 581- 587

Johnston, V. S.: Why we feel. The Science of Human Emotions, Massachusetts 1999

Kraus, A.: Phenomenology of the technical delusion in schizophrenics, in: J. Phenomenol. Psychol. 25/1 (1994), 51 – 69

Kretschmer, E.: Der sensitive Beziehungswahn. Ein Beitrag zur Paranoia-Frage und zur psychiatrischen Charakterlehre, Berlin / Göttingen, Heidelberg 1950

Maher, B. A.: Delusional thinking and perceptional disorder, in: Journal of Individual Psychology 30 (1974), 98 – 113

Meyer-Osterkamp, S. / *Cohen*, M.: Zur Größenkonstanz bei Schizophrenen. Eine experimentalpsychologische Untersuchung, Berlin / Heidelberg 1973

Mundt, Ch: Der Beitrag der aktuellen psychopathologischen Forschung zur Psychotherapie des Wahns, in: Faller H., Weiß H. (Hrg): Angst, Zwang und Wahn. Pathologie, Genese und Therapie, Würzburg 2000, 134 – 143

Mundt, Ch.: The history of psychiatry in Heidelberg, in: Spitzer, M. / Uehlein, F. / Schwartz, M. A. / Mundt, Ch. (Eds.) Phenomenology, Language and Schizophrenia. New York, Berlin, Heidelberg: Springer 1992, 16–34

Mundt, Ch.: Review of Victor Johnston: Why we feel. American Journal of Psychiatry, 157/7 (2000), 1185-1186

Navratil, L. (Hrg.): Alexanders poetische Texte, p 48, München 1977

Phillips, M. L. / *David*, A. S.: Visual scan paths are abnormal in deluded schizophrenics, in: Neuropsychologia 35 (1) (1997), 99–105

Phillips, M. L. / *David*, A. S.: Cognitive impairments as causes of positive symptoms in schizophrenia, in: Sharma, T., Harvey, P. (Eds.): Cognition in schizophrenia. Impairments, importance and treatment strategies, Oxford 2000, 210–228

Reiss, D.: Individual thinking and familiy interaction III. An experimental study of categorisation performance in schizophrenics. J. Nerv. Ment. Dis. 146 (1968), 384–403

Schmidt-Degenhardt, M.: Die oneiroide Erlebnisform. Zur Problemgeschichte und Psychopathologie des Erlebens fiktiver Wirklichkeiten, Berlin / Heidelberg / New York 1992

Schneider, K.: Klinische Psychopathologie, Stuttgart 1976

Sensky, T./ *Turkington*, D./ *Kingdon*, D./ *Scott*, J.L./ *Scott*, J./ *Siddle*, R./ *O'Carroll*, M./ *Barnes*, T.R.E.: A randomized controlled trial of cognitive-behavioral therapy for persistent symptoms in schizophrenia resistant to medication in: Arch. Gen. Psychiatry 57 (2000), 165–172

Sigmund, D.: Wahn und Intuition, in: Nervenarzt 69 (1998), 390–400

Spitzer, M. / *Böhler*, P. / *Kischka*, U. / *Weisbrod*, M.: A neural network model of phantom limbs in: Biol. Cybern. 72 (1995), 197–206

Spitzer, M. / *Winkler*, S. / *Mayer* S. / *Weisbrod*, M: Ereigniskorrelierte Potentiale bei semantischen Sprachverarbeitungsprozessen schizophrener Patienten in: Nervenarzt 68 (1997), 212 – 225

Weizsäcker, V. v.: Der Gestaltkreis. Theorie der Einheit von Wahrnehmen und Bewegen, Leipzig 1940

Joachim Renzikowski (Halle/Saale)

Wahnkausalität und Wahndelikt – zur Strafbarkeit des untauglichen Versuchs

> Ja mach nur einen Plan
> Sei nur ein großes Licht!
> Und mach dann noch `nen zweiten Plan
> Gehn tun sei beide nicht.
> (*Bertolt Brecht*, Lied von der Unzulänglichkeit menschlichen Strebens, Dreigroschenoper)

1. Einleitung

Wer einen Nichtjuristen einmal so richtig in die Irre führen will, der schildere ihm folgenden Beispielsfall: Annabell, ein reichlich unbedarftes Mädchen vom Lande, glaubt, dass sie von dem flotten Touristen Theo aus der Großstadt durch einen Zungenkuss geschwängert wurde. Um die befürchtete Schmach zu vermeiden, versucht sie, die vermeintliche Leibesfrucht abzutreiben, indem sie literweise eisgekühlten Himbeersaft trinkt. Ein derartiger Fall wurde vor genau 100 Jahren vom Reichsgericht entschieden (RGSt 34, S. 217 ff.), wobei die näheren Umstände in den Entscheidungsgründen nicht genannt werden. An eine Strafbarkeit wegen versuchter Abtreibung wird ein Laie nicht im Traume denken. Die entsprechende Beurteilung des Falles durch das Reichsgericht wird ihn einmal mehr in seinem Vorurteil bestätigen, dass es sich bei der Juristerei um eine seltsame Betätigung handelt, die mit dem gesunden Menschenverstand aber auch rein gar nichts zu tun hat.

Vom Boden der damals herrschenden subjektiven Versuchstheorie, derzufolge der Versuch durch die Betätigung einer rechtsfeindlichen Gesinnung gekennzeichnet ist (RGSt 1, 439, 441 ff.; 8, S. 198, 203 f.; 34, S. 219), erscheint die Entscheidung freilich folgerichtig. Fraglich ist dagegen, wie sich eine solche subjektive Theorie mit dem damals vertretenen klassischen Verbrechensbegriff in Deckung bringen lässt, der alles Objektive dem Unrecht, alles Subjektive hingegen der Schuld zuordnet (von Liszt, S. 115ff., 142, 157f.). Schuld ohne Unrecht – wie soll das möglich sein, wenn das Unrecht der

Bezugsgegenstand der Schuld ist? Nun leuchtet es unmittelbar ein, dass wir die Ausrede: „Es ist doch gar nichts passiert" nicht gelten lassen, wenn der Erfolg nur durch Zufall ausgeblieben ist. Was aber, wenn der Tatplan von Anfang an zum Scheitern verurteilt war wie in folgendem Sachverhalt, der vom Bundesgerichtshof im Jahr 1995 entschieden wurde: Die Ehefrau E, ihres Mannes überdrüssig, versuchte sich seiner dadurch zu entledigen, dass sie seine abendliche Schmalzstulle mit Fliegengift nachwürzte. Jedoch spuckte das Opfer schon den ersten Bissen wegen des ekelhaften Geschmacks sofort wieder aus. Obwohl E die Sprühdose nur zweimal kurz betätigt hatte, obwohl die aufgebrachte Dosis nicht einmal gesundheitsschädlich war, und obwohl eine tödliche Menge das vollständige Entleeren von mindestens zwanzig Sprühdosen verlangt hätte, wurde Mordversuch bejaht (BGHSt 41, 94ff.). Die Rechtsprechung bewegt sich also auch heute noch auf der Linie des Reichsgerichts.

Ein Blick in das Gesetz belehrt uns jedoch, dass eine Strafbarkeit der Täterin in beiden Beispielen sehr wohl in Betracht gezogen werden muss. So begeht nach § 22 StGB einen Versuch, „wer nach seiner Vorstellung von der Tat zur Verwirklichung des Tatbestands unmittelbar ansetzt". Darunter fällt auch der sog. „untaugliche Versuch", also der Versuch am untauglichen Objekt (Beispiel: Abtreibungsversuch an der nicht vorhandenen Leibesfrucht) und der Versuch mit untauglichen Mitteln (Beispiel: Vergiftungsversuch mit zu geringer Dosis). Das Gesetz eröffnet nämlich in § 23 Abs. 3 StGB die Möglichkeit einer besonderen Strafmilderung, wenn der Täter aus grobem Unverstand verkennt, dass sein Handeln überhaupt nicht geeignet ist, den gewünschten Erfolg herbeizuführen. Das ist nichts anderes als eine Definition des untauglichen Versuchs. Allerdings impliziert die Rechts-folgenbestimmung des § 23 Abs. 3 StBG, dass es sich bei dem sog. „grob unverständigen Versuch" sehr wohl um eine rechtswidrige und schuldhafte Tat handelt.

Dabei wirft § 23 Abs. 3 StBG eine Fülle von Abgrenzungsfragen auf, die geeignet sind, auch beim Rechtskundigen Verwirrung zu stiften. Folgende Kategorien müssen voneinander unterschieden werden: der taugliche Versuch, der untaugliche Versuch und innerhalb dieser Gruppe der „schlichte" untaugliche Versuch vom grob unverständigen Versuch, der abergläubische Versuch und schließlich das Wahndelikt.

Mit den folgenden Überlegungen soll versucht werden, die verwirrende Begrifflichkeit mit Hilfe der analytischen Philosophie in eine konsistente Struktur zu bringen. Als Ertrag winkt nicht nur eine größere Klarheit in der verwickelten Dogmatik des Versuchs. Vielmehr rührt die Bestrafung des untauglichen Versuchs an den Kern der strafrechtlichen Unrechtslehre überhaupt, bleibt doch zu klären, worin strafwürdiges Unrecht besteht, wenn bei einer Handlung der Erfolg ausgeblieben ist und von vornherein auch gar nicht eintreten konnte – mit anderen Worten: es geht um das Minimum, den reinen Handlungsunwert (s. Bloy, S. 76f.).

2. Prolegomena

In der analytischen Handlungstheorie wird Handeln als die Anwendung von Regeln durch ein Subjekt definiert (Hruschka, S. 11ff.). Wenn wir handeln, verfolgen wir Ziele. Um diese Ziele zu erreichen, wenden wir Regeln an. Wer einen Kuchen backen will, schaut in ein Kochbuch. Wer mit seinem neuen Computer arbeiten will, zieht die Betriebsanleitung zu Rate. Daraus erhellt sich, um was für Regeln es sich handelt. Die Regeln, nach denen wir unser Verhalten klugerweise steuern, sind nichts anderes als Erfahrungsregeln – zu Erfahrung geronnene Kausalität. Sie reflektieren die Welt, so wie wir sie sehen.

Ebenso, wie es Anleitungen zum Kuchenbacken gibt, gibt es Anleitungen zur Begehung eines Verbrechens. Der Mörder wird sich etwa vor seiner Tat versichern, dass die Pistole geladen ist, er wird sehr sorgsam zielen und dann den Abzug betätigen. Im Recht bezeichnet man ein derartiges Verhalten als Verletzung einer Sorgfaltspflicht (s. Lenckner in: Schönke / Schröder, Vorbem §§ 13 ff. Rdn. 92; Roxin, AT, § 24 Rdn. 12), woraus deutlich wird, dass es um Regeln geht. Allerdings werden aus den Erfahrungsregeln, die entsprechend dem neuesten Stand von Wissenschaft und Technik die gesetzmäßigen Kausalzusammenhänge formulieren, nur diejenigen ausgewählt, die ein unerlaubtes Risiko beschreiben. Die Sätze, nach denen im Recht Körperbewegungen und Erfolge verknüpft werden, sind also – normative – Konstrukte, ebenso wie die Handlungen normative Konstrukte sind.

Jede Anwendung von Regeln besteht aus drei Elementen: dem Urteilsgegenstand, dem Urteilsmaßstab und dem Vergleich zwischen Gegenstand und Maßstab. In Bezug auf die Frage, ob eine bestimmte Handlung vorgenommen wurde, sind also drei Irrtümer möglich (näher dazu Joerden, S. 307 ff.). Jemand kann sich über den Urteilsgegenstand irren, etwa wenn er den Vanillezucker mit Salz verwechselt. Dieser Fall soll als Sachverhaltsirrtum bezeichnet werden. Jemand kann sich aber auch über die Regel irren, etwa wenn er annimmt, dass die doppelte Backzeit erforderlich ist

– oder wenn er Himbeersaft für ein geeignetes Abtreibungsmittel hält. Das ist ein Regelirrtum. Drittens kann jemand den Sachverhalt sowie die darauf anzuwendende Regel kennen, aber es unterläuft ihm ein Fehler bei der Anwendung der Regel auf den Sachverhalt. Wie in der Methodenlehre wollen wir hier von einem Subsumtionsirrtum sprechen. Fraglich ist nun, ob solche Irrtümer rechtlich bedeutsam sind und welche Konsequenzen an sie geknüpft werden.

3. Der Strafgrund des untauglichen Versuchs

Erklärungsbedürftig ist zunächst, weshalb der Fehlvorstellung des Täters überhaupt eine besondere Bedeutung zukommen soll. Spielt etwa jemand mit einer vermeintlich ungeladenen Pistole herum und tötet dadurch einen Menschen, so wird ihm zwar ein vorsatzausschließender Tatbestandsirrtum zugebilligt. Gleichwohl setzt sich gegenüber seiner Einschätzung, nur eine harmlose Handlung vorgenommen zu haben, die objektive Sichtweise durch, denn er wird wegen fahrlässiger Tötung verurteilt. Muss sich dann aber beim untauglichen Versuch die objektive Ungefährlichkeit gegenüber der subjektiven Vorstellung einer gefährlichen Handlung durchsetzen mit der Folge, dass der untaugliche Versuch nicht bestraft werden darf?

Der Streit über die Strafbarkeit des untauglichen Versuchs bewegt sich zwischen zwei Polen. Auf der einen Seite fordern kritische Stimmen seit jeher die Straflosigkeit des untauglichen Versuchs. Unrecht sei durch die Verletzung der Rechtsbeziehung zu einer anderen Rechtsperson gekennzeichnet. Wo aber nach objektiver Prognose die Möglichkeit einer Verletzung ausgeschlossen sei, könne kein (Versuchs-)Unrecht vorliegen. Der untaugliche Versuch bedrohe somit nicht die Rechtsbeziehung zu einer anderen Person, sondern stelle sich als Ungehorsam gegenüber der Rechtsordnung dar. Die Treue zum Recht könne indes kein Interesse darstellen, welches von eben dieser Rechtsordnung als schützenswert ausgezeichnet werde (s. Köhler, S. 456 ff.; Zaczyk, S. 253 ff.).

Den Gegenpol markiert die subjektive Versuchstheorie. So formuliert etwa Armin Kaufmann (S. 403): „Allein der Sinn, den der Täter im Tatvorsatz seiner Tat gegeben hat, [bestimmt] das Wertungssubstrat des Normwidrigkeitsurteils." Begnügt man sich zur Begründung der Strafbarkeit des Versuchs mit dem Hinweis, schließlich habe der Verbrecher seinen rechtsfeindlichen Willen in die Tat umgesetzt, so lässt sich zwar unproblematisch die Strafbarkeit des untauglichen Versuchs begründen (vgl. RGSt 1, S. 441f.; 17, 158 ff.) – aber um welchen Preis. Wenn sich das Unrecht allein zwischen Norm und Individuum abspielt, gelangt man in letzter Konsequenz zu einem Gesinnungsstrafrecht. Der böse Wille als solcher ist aber weder strafwürdiges Unrecht noch überhaupt ein Ereignis von sozialer Bedeutung (Hirsch, S. 722). Vielmehr muss er sich – so Jakobs (S. 279 ff.) – in einem Verhalten ausgedrückt haben, dessen kommunikativer Sinn die Missachtung der Norm durch den Täter ist. Damit werden zwar noch keine Kriterien dafür angegeben, wann das der Fall ist. Die Terminologie von Jakobs, die an die Sprechakttheorie der Handlung (Austin, Searle) erinnert, verdeutlicht aber, dass es nicht der Täter allein ist, der Strafbarkeit herstellt. Kommunikation setzt immer mindestens zwei Kommunikationspartner sowie eine gemeinsame Sprache voraus, ohne die Verständigung nicht möglich ist.

Zwischen einer rein subjektiven und einer rein objektiven Position bewegt sich die herkömmliche Auffassung, die „Eindruckstheorie". Sie erblickt den Strafgrund des Versuchs in der Erschütterung des Vertrauens der Allgemeinheit in die Geltung der Rechtsordnung. Durch einen untauglichen Versuch werde zwar das konkret angegriffene Rechtsgutsobjekt nicht gefährdet, wohl aber das ideelle Rechtsgut (Radtke, S. 880 f.; Eser in: Schönke/Schröder, Vorbem § 22 Rdn. 22). Schon diese Aufspaltung wirkt sehr gekünstelt. Wenn der untaugliche Mordanschlag das Leben des auserkorenen Opfers nicht gefährdet, ist unklar, worin die Gefährdung eines ideellen Rechtsguts „Leben" erblickt werden soll. Entweder stellt sich eine Handlung als Tötungshandlung dar oder nicht. Eine Unterscheidung zwischen Rechtsgut als Wert und Rechtsgutsobjekt als Gegenstand, auf den sich dieser Wert bezieht, ist zwar möglich, führt aber für die Frage nach dem Strafgrund des untauglichen Versuchs nicht weiter. Vor allem ist aber gegen die Eindruckstheorie einzuwenden, dass sie in einem Zirkel endet. Die tatsächliche Erschütterung des Vertrauens der Allgemeinheit in die Geltung einer Norm ist für einen strafbaren Versuch so wenig erforderlich wie für eine vollendete Tat. Jeder einzelne Ladendiebstahl, jede einzelne Schwarzfahrt sind strafbare Delikte, selbst wenn die meisten Taten nicht entdeckt werden (Herzberg, S. 265 f.). Wer einem Freund von seinem missglückten Giftanschlag auf die Ehefrau berichtet, mag durch die Erzählung Entsetzen hervorrufen. Durch den unentdeckten Versuch hat er es jedenfalls nicht getan – weshalb man sich nach dem Sophisten *Antiphon* auch nur solange an die Gesetze zu halten habe, wie Zeugen zugegen sind (s. Diels/Kranz, S. 346 f.). Stellt man aber auf die Erschütterung ab, die der Rechtsbruch theoretisch auslösen kann, so liegt der

Strafgrund des Versuches darin, dass jemand einen strafbaren Versuch begangen hat (Herzberg, S. 267). Dieser Zirkel beruht auf einem Kategorienfehler. Generalpräventive Erwägungen, wie sie die Eindruckstheorie anstellt, können prinzipiell nicht über das Vorliegen von Unrecht entscheiden. Vielmehr muss erst der Normverstoß feststehen, bevor dann anhand weiterer Überlegungen über seine Sanktionsbedürftigkeit befunden wird.

Indes liegt der diskussionswürdige Kern der Eindruckstheorie darin, dass die Intention des Täters einer externen Kontrolle unterzogen werden muss. Das Problem besteht darin, Kriterien für diese externe Kontrolle zu entwickeln. Es liegt nahe, die Perspektive des dem Rechtsgüterschutz verpflichteten Gesetzgebers einzunehmen. Da der Gesetzgeber nicht umfassend alle Gefährdungen verbieten kann, weil sonst das soziale Leben im Keim erstickt würde, bleibt ihm nichts anderes übrig, als die Konkretisierung der Verhaltensnorm den Rechtsunterworfenen selbst zu übertragen. Zwangsläufig ist es der Einzelne selbst, der aufgrund seiner Kenntnis der Handlungsumstände darüber entscheiden muss, ob von seinem Verhalten eine Gefahr für ein anderes Rechtsgut ausgeht. Somit stellt die Täter-vorstellung zunächst das maßgebliche Indiz für die wirkliche Gefahr der Tatbestandserfüllung dar (Herzberg, S. 265). Dieser Aspekt wird von der objektiven Versuchstheorie zu wenig beachtet.

Der Strafgrund des Versuchs unterscheidet sich also nicht von dem Strafgrund des vollendeten Delikts. In beiden Fällen geht es um den Schutz von Rechtsgütern, der der Willkür des Täters überantwortet wird. Wenn er von der Gefährlichkeit seines Verhaltens ausgeht und trotzdem handelt, ist es aus der ex ante-Perspektive der Verhaltensnormen Zufall, falls trotzdem nichts passiert. Es ist aber dann nicht berechtigt, die Tätervorstellung als ausschlaggebendes Indiz für die Gefahr zu nehmen, wenn die Gründe, die der Täter für seine Erwartung hat, objektiv nicht zu berücksichtigen sind (s. auch Herzberg, S. 266). „Zur Tat ansetzen" in § 22 heißt also: zu einer Handlung ansetzen, die nach objektivem Urteil eine Tat ist (vgl. Jakobs, AT, 25/23).

4. Sachverhaltsirrtum und untauglicher Versuch

Wann das der Fall ist, soll die Untersuchung der drei zuvor herausdestillierten Irrtumskonstellationen zeigen. Zunächst zum Sachverhaltsirrtum. Einen untauglichen Versuch am untauglichen Objekt begeht, wer in

Tötungsvorsatz auf ein vermeintlich schlafendes Opfer schießt, welches kurz zuvor an einem Herzinfarkt verstorben ist (vgl. RGSt 1, S. 451f.). Hier wird man an der Strafwürdigkeit des Täters kaum zweifeln können, erscheint es doch geradezu konktraproduktiv, sich vor der Tat zuerst zu vergewissern, ob das Opfer noch lebt. Im Gegensatz dazu sprechen im Abtreibungsfall keine Gründe für die Annahme der Täterin, schwanger zu sein. Die Ungefährlichkeit ihres Verhaltens ist für jedermann offensichtlich. Es handelt sich somit um einen untauglichen Versuch aus grobem Unverstand, üblicherweise definiert als abwegige Vorstellung von gemeinhin bekannten Ursachenzusammenhängen (BGHSt 41, S. 95; Seier / Gaude, S. 459). Zwar bezieht sich die Definition nur auf den Irrtum über die Kausalität und grenzt andere Fehlvorstellungen aus, selbst wenn sie wie im Abtreibungsbeispiel evident sind (Eser in: Schönke/Schröder, § 23 Rdn. 17; Heinrich, S. 396). Ein einleuchtender Grund hierfür ist jedoch nicht ersichtlich (Bloy, S. 103f.; s. auch Radtke, S. 882).

Der Fehler liegt freilich im Gesetz. Der Gesetzgeber sah sich veranlasst, mit § 23 Abs. 3 die Bestrafung auch des „völlig untauglichen, ja sogar törichten oder abergläubischen" Versuchs zu eröffnen, da auch „in ihm ein erheblicher verbrecherischer Wille zutage treten [kann], der befürchten lässt, dass er sich nach dem Fehlschlag auf andere, taugliche Weise durchzusetzen sucht" (BT-Drucks. IV/650, 145). Offensichtlich wird hier die Maxime Wilhelm Buschs verfolgt: „Prügel machen frisch und kregel und erweisen sich probat ganz besonders vor der Tat." Für ein Tatstrafrecht ist dieser Standpunkt inakzeptabel. Unrecht und Schuld eines Verhaltens ergeben sich ausschließlich aus den Umständen des Tatzeitpunktes, nicht aber aus einer Wiederholungsgefahr, die nicht zur Tat gehört, die beurteilt werden soll.

Ebenfalls auf einem Sachverhaltsirrtum kann der untaugliche Versuch mit einem untauglichen Mittel beruhen. Beispiel: Der Täter greift im Vorratsschrank aus Versehen zu dem destillierten Wasser statt zu der daneben stehenden Salzsäure. Allerdings richtet der Täter bei der Verwechslung der Salzsäure mit destilliertem Wasser sein Handeln nicht an einer Phantasiewelt aus, sondern er hat innerhalb des gültigen Orientierungsrahmens punktuell den Überblick verloren. Eine derartige Fehlleistung ist – auch wenn sie offensichtlich ist – nicht grob unverständig, weil niemand behaupten darf, ihm könne derartiges nicht passieren (Bloy, S. 104f.).

5. Regelirrtum und untauglicher Versuch

Nun zum Regelirrtum. Der Versuch mit einem untauglichen Mittel kann auch auf einem Regelirrtum beruhen, wenn die Täterin wie im Abtreibungsbeispiel von einem nicht existierenden Naturgesetz ausgeht. Hier ist fraglich, wie sich ein strafbarer untauglicher Versuch von dem sog. „abergläubischen" oder „irrealen" Versuch unterscheidet. Obwohl Fälle des Totbetens oder der Beschwörung überirdischer Kräfte unter den Wortlaut des § 23 Abs. 3 fallen, beharrt die nahezu einhellige Ansicht darauf, dass es sich hierbei nicht um einen strafbaren Versuch im Sinne des Gesetzes handelt. Die herkömmliche Begründung rekurriert auf die Eindruckstheorie, der ihre eigentliche Bedeutung gerade für den abergläubischen Versuch beigemessen wird. Durch den betätigten rechtsfeindlichen Willen werde das Vertrauen der Allgemeinheit in die Geltung der Rechtsordnung nicht erschüttert. Vielmehr erwecke ein derartiges Verhalten Kopfschütteln oder Mitleid mit dem „Täter" (Heinrich, S. 397; Seier/Gaude, S. 457; s. auch RGSt 33, 321 vom Boden der subjektiven Versuchstheorie). Dass die Eindruckstheorie aber keine tragfähige Basis hat, wurde bereits gezeigt.

Wer den abergläubischen Versuch nicht als tatbestandsmäßigen Versuch ansieht, muss Merkmale angeben, die ihn vom tatbestandsmäßigen untauglichen Versuch unterscheiden. Zwar kann man auf die Quasi-Anstifterrolle desjenigen verweisen, der übernatürliche Mächte beschwört (Seier/Gaude, S. 460), aber das dürfte nicht sehr weit führen, wissen wir doch aus den Märchen unserer Kindheit: Zaubersprüche wirken unfehlbar, wenn sie wörtlich aufgesagt werden, aber bei der geringsten Abweichung bleibt die Wirkung aus. Ebenfalls wenig hilfreich ist eine Differenzierung danach, ob der Handelnde von einer geringeren Wirkungsmächtigkeit seines Handelns ausgeht als bei einem Einsatz natürlicher Mittel, ob er sich also den Erfolgseintritt nur „wünscht" (BT-Drucks. IV/650, S. 145; Schmidhäuser, S. 15/44). Zweifelsohne ist ein bloßer Wunsch noch kein tatbestandsmäßiger Vorsatz. Aber wer der Ansicht ist, seinen Feind dadurch töten zu können, dass er Nadeln in eine Puppe sticht, wird dieser Praxis eher eine größere Wirkung beimessen – hätte er sie sonst gewählt?

Subtiler ist die Unterscheidung zwischen dem Vertrauen auf übersinnliche, nicht mehr der Welt des realen Seins angehörende und damit menschlicher Einwirkung entzogene Kräfte einerseits und bloßer, wenn auch grob unverständiger Verkennung von Seinsgesetzen andererseits (Eser in: Schönke/Schröder, § 23 Rdn. 13a). Diese Abgrenzung lässt sich jedoch nicht durchführen. Da jeder Regelirrtum in der Abweichung der Vorstellung des Täters von der allein maßgeblichen Vorstellung des Richters über eine Regel besteht, empfiehlt es sich, das Verhältnis zwischen Täterregel und Richterregel beim abergläubischen und beim untauglichen Versuch zu klären. Wenn der Täter sich etwa einbildet, eine andere Person könne dadurch getötet werden, dass man eine Stoffpuppe mit Nadeln durchbohrt, so wendet er eine Erfahrungsregel an, die der Richter nicht anerkennt, d.h. „objektiv" gibt es diese Regel nicht. Wenn im Abtreibungsbeispiel die „Täterin" Himbeersaft für ein taugliches Abtreibungsmittel hält, so wendet sie ebenfalls eine Erfahrungsregel an, die der Richter nicht anerkennt, d.h. auch diese Regel gibt es objektiv nicht. Bei einem grob unverständigen Versuch liegt also keine abwegige Vorstellung von gemeinhin bekannten Ursachenzusammenhängen vor, wie es der Bundesgerichtshof einmal ausgedrückt hat (BGHSt 41, 96). Vielmehr ist das Kausalgesetz, von dem der Täter ausgeht, gemeinhin unbekannt. Das bedeutet also, dass sich der grob unverständige und der abergläubische Versuch nicht unterscheiden (ebenso Stratenwerth, § 11 Rdn. 61). In beiden Fällen bildet sich der Täter die objektiv nicht existierende Erfahrungsregel nur ein. Man könnte insofern von Wahnkausalität sprechen.

Es gibt indes eine Konstellation, in der der Täter eine abwegige Vorstellung von gemeinhin bekannten Ursachenzusammenhängen hat. Dazu folgendes Beispiel: Der paranoide T glaubt, dass er von seinem Nachbarn N verfolgt und mit Strahlen gequält wird. Da N sich unverwundbar machen kann, gibt es nach T's Vorstellung nur ein einziges Mittel, um N zu töten: durch einen Schuss mit einer vergoldeten Patrone, die um Mitternacht in Weihwasser getaucht wurde. T erschießt N. In diesem Beispiel stimmen Täter- und Richterregel in ihrem Ergebnis überein. Sie unterscheiden sich lediglich in ihrer Begründung. Da die Täterregel eine Teilmenge der Richterregel beschreibt, hat T die Richterregel bei seinem Handeln sogar hinreichend nachvollzogen (vgl. Joerden, S. 318). T hat sich also wegen eines vorsätzlichen Tötungsdelikts zu verantworten. Es ist ohnehin nicht zu verlangen, dass die Kausalzusammenhänge in allen Einzelheiten gekannt werden, denn sonst könnten sich nur Naturwissenschaftler strafbar machen.

Läuft aber die hier entwickelte Auffassung nicht auf einen Wertungswiderspruch hinaus? Wenn jemand etwa 20 mg eines Giftes statt der erforderlichen 22 mg verwendet, in der irrigen Annahme, diese Menge reiche aus, um das Opfer zu töten, so soll er straflos sein, weil er seinem Verhalten eine Erfahrungsregel zugrunde gelegt hat, die es objektiv nicht gibt. Nimmt jemand aber 20 mg in der irrigen Annahme, er verwende tatsächlich die ausreichende Dosis von 22 mg, so soll er wegen eines Tötungsversuches strafbar sein, denn er hat sich nicht über das Kausalgesetz, sondern nur über den Sachverhalt geirrt (so der Einwand von Heinrich, S. 395).

Aus zwei Gründen liegt jedoch kein Wertungswiderspruch vor: Zwar muss der Gesetzgeber grundsätzlich an die Tätervorstellung als Indiz für die Gefährlichkeit der Handlung anknüpfen. Für die Kausalgesetze gilt das jedoch nicht, denn sie sind entweder zum Zeitpunkt der Tat bekannt oder für die Beurteilung des Verhaltens des Täters irrelevant. Außerdem bezieht sich der Vorsatz auf den objektiven Tatbestand. Der objektive Tatbestand des § 212 setzt eine Tötungshandlung voraus, d.h. eine Körperbewegung, die gesetzmäßige Bedingung für den Tod eines anderen Menschen ist. Stellt sich der Täter jedoch eine Bedingung vor, die bei objektiver Betrachtung die Erfolgszurechnung *nicht* rechtfertigen würde, die mithin keine unerlaubte Gefahr gerade im Hinblick auf das angegriffene Rechtsgut begründet, so fehlt es an dem erforderlichen Tötungsvorsatz (Struensee, S. 30 f., 37 f.; Hirsch, S. 718 f.; vgl. auch Bloy, S. 86 ff. und Herzberg, S. 269, die die im Text angesprochene Konsequenz jedoch nicht ziehen). Das lässt sich an folgendem Beispiel erläutern: A will B vergiften und geht irrtümlich davon aus, dass 10 g des Giftes genügen. B stirbt an dem Giftanschlag, weil C ihm ebenfalls 10 g des Giftes in den Kaffee gemischt hat. Jedoch wussten A und C nichts voneinander. Obwohl A und C beide eine Ursache für den Tod des B gesetzt haben, wird ihnen der Tod nach der einhelligen Ansicht nicht zugerechnet. Denn für sich betrachtet haben sie jeweils keine Gefahr für das Leben des B begründet. Vielmehr realisiert sich im Erfolg ein weiteres Risiko, mit dem A und C nicht zu rechnen brauchten (s. Lenckner in: Schönke/Schröder, Vorbem §§ 13 ff. Rdn. 83). Das aber heißt nichts anderes, als daß A und C objektiv betrachtet keine Tötungshandlungen vorgenommen haben. Käme es auf die Unterscheidung an, ob ein Mittel grundsätzlich zur Tötung geeignet ist, weil es giftig ist und der Erfolg lediglich von der verwendeten Menge abhängt, oder ob ein Mittel harmlos und daher von vornherein ungeeignet ist (s. BGHSt 41, S. 96), so wäre das Ergebnis unverständlich. Denn A und C hätten grundsätzlich Tötungshandlungen vorgenommen. Also könnte ihnen der Erfolg auch zugerechnet werden. Es gibt folglich keinen relevanten Unterschied zwischen dem grob unverständigen und dem irrealen Versuch. Beide sind gleichermaßen kein Unrecht.

Sachverhalts- und Regelirrtümer sind also unterschiedlich zu behandeln. Beim Sachverhaltsirrtum irrt der Täter über einen Umstand, der eliminiert werden kann, d.h. man kann sich eine mögliche andere Situation vorstellen.

Dass der Erfolg ausgeblieben ist, erscheint aus der Perspektive des Gesetzgebers als Zufall. Ein Regelirrtum kann dagegen nicht eliminiert werden, da eine mögliche andere Welt nicht vorgestellt werden kann. Hier ist das Ausbleiben des Erfolgs kein Zufall. Normtheoretisch gewendet: Der Normverstoß muss für den Normadressaten entscheidbar sein. Die Kausalität als solche steht aber nicht zur Disposition. Wir leben nun einmal in dieser Welt und können uns keine andere aussuchen. Kausalität ist aber perspektivisch. Entsprechende Fehlvorstellungen können keinen tatbe-standsmäßigen Vorsatz begründen.

Kehren wir zurück zur Ausgangsfrage nach dem Handlungsunwert des Versuchs: Wann kann von einem Verhaltensnormverstoß gesprochen werden? Wenn die Ungefährlichkeit eines Verhaltens offensichtlich ist wie beim grob unverständigen Versuch, stellt es sich nach objektiv-vernünftigem Urteil nicht als ein Normverstoß dar. Es ist insofern sozial irrelevant (s. Bloy, S. 101). Dann aber entfällt seine Strafbedürftigkeit nicht erst wegen der fehlenden Notwendigkeit, das Normvertrauen der Allgemeinheit zu stabilisieren (so aber Bloy, S. 109 f.). Die Geltung der Norm braucht vielmehr deshalb nicht bekräftigt zu werden, weil sie der Täter mit seinem Verhalten schon gar nicht infrage gestellt hat, m.a.W. es fehlt an strafwürdigem Unrecht.

6. Subsumtionsirrtum und Wahndelikt

Bisher noch nicht behandelt wurde die dritte Konstellation, die in der fehlerhaften Subsumtion eines bekannten Sachverhalts unter eine bekannte Regel besteht. Es wird sich zeigen, dass es sich tatsächlich nicht um einen Irrtum eigener Art handelt, sondern dass die entsprechenden Fälle teilweise dem Sachverhalts-, teilweise dem Regelirrtum zuzuschlagen sind. Das soll an den Beispielen des Irrtums über das handelnde Subjekt und des Irrtums über das normative Tatbestandsmerkmal „Fremdheit einer Sache" erläutert werden.

Zuerst zum Versuch des untauglichen Subjekts. Zahlreiche Delikte können nicht durch jedermann begangen werden, sondern verlangen eine besondere Qualifikation des Täters, etwa die Amtsdelikte. Dazu ein Beispiel: Der frisch ernannte Richter R lässt sich bei seinem ersten Fall vom Kläger eine hohe Geldsumme versprechen, falls er der Klage stattgibt. Wenige Tage später stellt sich jedoch heraus, dass die Ernennung zum Richter wegen eines schweren Formfehlers nichtig war. Eine Strafbarkeit des R wegen versuchter Vorteilsannahme wird häufig mit dem Argument abgelehnt, wer sich die

Sonderqualifikation lediglich einbilde, könne die Sonderpflicht, deren Adressat er ja nicht sei, nicht verletzen (Jakobs, AT, S. 25/43; Stratenwerth, § 11 Rdn. 65). Aber diese Argumentation würde konsequenterweise auch dazu führen, den untauglichen Versuch überhaupt straflos zu stellen, denn durch den Schuss auf eine Leiche kann man ebenso gewiss niemanden töten (Eser in: Schönke/Schröder, § 22 Rdn. 76; Herzberg, S. 270 ff.). Im Beispiel hatte R jedoch gute Gründe, von seiner Bestellung zum Richter auszugehen, zumal sich die Unwirksamkeit erst ex post herausgestellt hat. Bei genauem Hinsehen hat R auch nicht falsch subsumiert, sondern den Sachverhalt nicht gekannt, der Voraussetzung für eine wirksame Ernennung ist. Keinem Sachverhalts-, sondern einem Regelirrtum ist dagegen die Putzfrau P erlegen, die sich irrtümlicherweise für eine Amtsträgerin hält und beim vormittäglichen Kaffeeklatsch ihrer Freundin den Inhalt vertraulicher Akten verrät. Es ist völlig unstrittig, dass sich P nicht wegen einer versuchten Verletzung des Dienstgeheimnisses strafbar gemacht hat. Der Sachverhalt war P bekannt. Sie hat lediglich die falschen Schlüsse daraus gezogen. Da ein Subsumtionsirrtum immer darauf beruht, dass die Extension eines in der Norm verwendeten Merkmals verkannt wird, handelt es sich tatsächlich um einen Irrtum über die Norm (s. Burkhardt, S. 686) und somit um ein Wahndelikt.

Im Hinblick auf die Kenntnis normativer Tatbestandsmerkmale wird häufig davon gesprochen, dass das Gesetz eine „Parallelwertung in der Laiensphäre" verlange. Der einzelne müsse nicht rechtskundig sein, aber die normative Bedeutung eines bestimmten Sachverhalts wertend nachvollziehen (Roxin, AT, § 12 Rdn. 90). Tatsächlich aber ist hier nicht – im Gegensatz zu den sog. „deskriptiven" Merkmalen – ein besonderer Wertungsakt erforderlich. Vielmehr geht es auch hier allein um die Kenntnis, und zwar von „institutionellen Tatsachen" (Searle), d.h. der Täter muss die Merkmale eines Sachverhalts kennen, an die das Recht seine Wertung knüpft (Stratenwerth, § 8 Rdn. 72). Dann aber gibt es im Hinblick auf normative Tatbestandsmerkmale ebenfalls nur die Kategorien Sachverhaltsirrtum und Regelirrtum: Einem Sachverhaltsirrtum unterliegt etwa, wer seinen eigenen Mantel irrtümlich für einen fremden hält und sich an der vermeintlich fremden Geldbörse vergreift: versuchter Diebstahl. Wer dagegen zu Unrecht annimmt, das Eigentum an einer Sache schon allein aufgrund des abgeschlossenen Kaufvertrages verloren zu haben, begeht keine versuchte Unterschlagung, wenn er dieselbe Sache an einen zweiten Interessenten weiterveräußert. Denn die „institutionellen Tatsachen" waren ihm bekannt. Er hat lediglich die falschen Schlüsse daraus gezogen, weil er die Regeln des BGB über den Eigentumsübergang nicht kannte (Burkhardt

1981, S. 687 f.; Jakobs, AT, S. 25/42). Aber so wenig man sich eine andere Welt aussuchen kann, so wenig kann man sich eine andere Rechtsordnung aussuchen. All das ist freilich in der Strafrechtsdiskussion sehr umstritten (siehe dazu Eser in: Schönke / Schröder, § 23 Rdn., S. 84ff.; Roxin, JZ 1996).

7. Zusammenfassung

Der Handlungsunwert als Minimum der Vorsatzdelikte verlangt die *begründete* Annahme der Tatbestandsverwirklichung. Diese Voraussetzung fehlt beim Irrtum über die Tauglichkeit des Tatobjekts aus grobem Unverstand. Vergegenwärtigt man sich noch einmal das Beispiel des Abtreibungsversuchs an einer vermeintlichen Leibesfrucht, dann deutet sich ein Kriterium für groben Unverstand an: wenn der Sachverhaltsirrtum auf einem Regelirrtum beruht – durch Küsse kann man nicht schwanger werden (ebenso Bloy 2001, S. 104). Sofern ein Irrtum auf einem bloßen Wahrnehmungsfehler beruht – wie bei der Verwechslung von Salzsäure mit Wasser –, handelt es sich nicht um einen grob unverständigen Versuch, da niemand vor einer solchen Verwechslung sicher sein kann. Schließlich erweisen sich die Fälle der Wahnkausalität als Unterfälle der Wahndelikte, nämlich als irrige Überdehnung des Anwendungsbereichs einer Strafrechtsnorm. Als Verstoß gegen eine Verhaltensnorm lassen sich diese Fälle lediglich eingebildeter Kausalität nicht mehr begreifen. Also keine Strafbarkeit der Täterinnen im Abtreibungs- und im Fliegengift-Fall – obwohl das Gesetz es so will. Sollte sich hier etwa der Gesetzgeber geirrt haben?

Literatur:

Austin, J. L.: How to do things with words, Cambridge 1962

Bloy, R.: Unrechtsgehalt und Strafbarkeit des grob unverständigen Versuchs, in: ZStW 113 (2001), 76 ff.

Burkhardt, B.: Rechtsirrtum und Wahndelikt, in: JZ 1981, 681 ff.

Diels, H. / *Kranz,* W.: Die Fragmente der Vorsokratiker, 2. Bd., Berlin 6. Aufl. 1952

Heinrich, B.: Die Abgrenzung von untauglichem, grob unverständigem und abergläubischem Versuch, Jura 1998, 393 ff.

Herzberg, R. D.: Zur Strafbarkeit des untauglichen Versuchs, GA 2001, 257 ff.

Hirsch, H. J.: Untauglicher Versuch und Tatstrafrecht, in: Schüneman, Bernd u.a. (Hg.): Festschrift für Claus Roxin zum 70. Geburtstag, Berlin [u. a.] 2001, 711 ff.

Hruschka, J.: Strukturen der Zurechnung, Berlin [u. a.] 1976

Jakobs, G.: Tätervorstellung und objektive Zurechnung, in: Dornseifer, Gerhard u.a. (Hg.): Gedächtnisschrift für Armin Kaufmann, Köln [u. a.] 1989, 271 ff.

ders.: Strafrecht. Allgemeiner Teil, 2. Aufl. 1991

Joerden, J. C.: Wesentliche und unwesentliche Abweichungen zurechnungsrelevanter Urteile des Täters von denen des Richters,in: Jahrbuch für Recht und Ethik 2, Berlin 1994, S. 307 ff.

Kaufmann, A.: Zum Stande der Lehre vom personalen Unrecht, in: Stratenwerth, Günter u.a.: Festschrift für Hans Welzel, Berlin [u. a.] 1974, 393 ff.

Köhler, M.: Strafrecht. Allgemeiner Teil, Berlin [u. a.] 1997

von Liszt, F.: Lehrbuch des Deutschen Strafrechts, Berlin [u. a.] 16./17. Aufl. 1908

Radtke, H.: An der Grenze des strafbaren untauglichen Versuchs – BGH, NJW 1995, 2176, in: JuS 1996, S. 878 ff.

Roxin, C.: Die Abgrenzung von untauglichem Versuch und Wahndelikt, in: JZ 1996, S. 981 ff.

ders.: Strafrecht. Allgemeiner Teil. Band 1. Grundlagen, der Aufbau der Verbrechenslehre, München 3. Aufl. 1997

Schmidhäuser, E.: Strafrecht. Allgemeiner Teil, Tübingen 2. Aufl. 1975

Schönke, A. / *Schröder,* H.: Strafgesetzbuch, Kommentar, bearbeitet von Theodor Lenckner, Albin Eser, Peter Cramer, Walter Stree, Günter Heine, Walter Perron und Detlev Sternberg-Lieben, München 2001

Searle, J. R.: Speech Acts, Cambridge 1969

Seier, J. / *Gaude,* D.: Untaugliche, grob unverständige und abergläubische Versuche, in: JuS 1999, 456 ff.

Stratenwerth, G.: Strafrecht. Allgemeiner Teil I, Köln [u. a.] 4. Aufl. 2000

Struensee, E.: Verursachungsvorsatz und Wahnkausalität, in: ZStW 102 (1990), S. 21 ff.

Zaczyk, R.: Das Unrecht der versuchten Tat, Berlin 1989

Shingo Shimada (Halle/Saale)

Multiple Wirklichkeiten? Überlegungen aus kulturvergleichender Perspektive

1. Einleitung

Wenn Angehörige unterschiedlicher Lebensformen und Kulturen aufeinander treffen, kann es vorkommen, dass eine Irritation auf der einen oder anderen Seite auftritt. Nach meiner Beobachtung ist dies der Fall, wenn bei einem Gespräch deutsch-japanischer Bekannter die japanische Seite ganz selbstverständlich von der Existenz von Geistern und deren Einwirkung auf die Wirklichkeit spricht. Die Irritation tritt auf der deutschen Seite deshalb auf, weil diese Aussage von Menschen geäußert wird, die in ihrer Denkweise ansonsten kaum Differenzen zu der eigenen aufzuweisen scheinen. Es ist irritierend, weil an der Oberfläche der zunächst angenommenen weitgehenden Übereinstimmung der Wirklichkeitsauffassungen plötzlich ein Riss auftritt, der nicht ohne weiteres erklärbar ist. Es wird erst in diesem Moment offensichtlich, dass hier zwei unterschiedliche Weltsichten aufeinander treffen.

Als weiteres Beispiel für eine Irritation bei dem Aufeinandertreffen unterschiedlicher Wirklichkeitsauffassungen kann ein Zeitungsartikel vom 29. Mai 2001 dienen: „Janet Jackson, Pop-Sängerin, war nach eigenen Aussagen >in einem früheren Leben die Tochter des Kaisers von China<." (Frankfurter Rundschau) Ich denke, dass dieser Interviewausschnitt deshalb für veröffentlichungswürdig erachtet wurde, weil die Wirklichkeitsauffassung von Frau Jackson von der allgemein verbreiteten Vorstellung abweicht. Hier liegt also eine intrakulturell-individuelle Abweichung vor, und diesem Umstand entsprechend ist diese Aussage unterschiedlich interpretierbar: Vielleicht glaubt sie tatsächlich daran oder sie setzt diese Aussage bewusst zu Werbezwecken ein. Und gerade für diese Zwecke ist eine gewisse Irritation zweckmäßig.

Diese Interpretationsmöglichkeiten machen wiederum deutlich, dass im westlichen Alltagsverständnis von einer mehr oder weniger eindimensionalen Wirklichkeit ausgegangen wird, die in sich kohärent ist. Nach dieser Auffassung sind Leben und Tod aller Menschen einmalig, was als Grundlage der modernen Individuumsauffassung angesehen werden kann. Die Zeit ist irreversibel, und eine Aussage über die eigene Vergangenheit vor der Geburt wird als abwegig verworfen.[1]

Das Irritierende der anderen Wirklichkeitsauffassung liegt sicherlich darin, dass man die eigene Sicht der Welt mit der „Wirklichkeit" allgemein gleichsetzt.[2] Die Annahme, dass der Kommunikationspartner dieselbe Wirklichkeitsauffassung vertritt wie man selbst, was als eine wichtige Grundlage des Vertrauens in die Kommunikationssituation angesehen werden kann, wird durch eine abwegig erscheinende Aussage gebrochen.

2. Die Eindimensionalität der modernen Wirklichkeitsauffassung

Die heute dominante eindimensionale Wirklichkeitsauffassung beruht auf dem Modernisierungsprozess der Wissensformationen in der europäischen Geschichte, den Michel Foucault in seinem Werk „Wahnsinn und Gesellschaft" ausgearbeitet hat (Foucault 1969). Darin wird bekanntlich der Modernisierungsprozess als ein Verdrängungsprozess des Wahnsinns durch die neuzeitliche Vernunft interpretiert. Dies ist zugleich die Geschichte des Prozesses, durch den jegliche Form von pluralistischen oder multiplen Wirklichkeitsauffassungen verdrängt wurde. Gleich ob wir diesen Prozess Rationalisierung, Säkularisierung oder Disziplinierung nennen, es entstand durch ihn das dominante Wirklichkeitsbild der „Moderne", das im Westen für lange Zeit als universal gültig angesehen wurde. Nach dieser Ansicht, gleich ob liberal-modernisierungstheoretischer oder marxistischer Provenienz, führte der historische Prozess zwangsläufig zu einer einheitlichen Wirklichkeit, die im Prinzip alle Menschen erfassen sollte. Auch wissenschaftliche Fächer wie die Soziologie beteiligten sich an der Konstruktion dieses universalistischen Wirklichkeitsbildes und scheinen wiederum durch ihre Forschung den rationalistisch-eindimensionalen Charakter unserer sozialen Wirklichkeit zu

[1] Dass in den fiktionalen Darstellungen der Medien in Literatur, Fernsehen und Filmen alternative Möglichkeiten angeboten werden, widerspricht der obigen Interpretation keineswegs. Denn diese Darstellungen werden durch deutliche Markierungen als Fiktionen von den alltäglichen Wirklichkeiten unterschieden.

[2] Tzvetan Todorov hat diese Haltung des universalistischen Ethnozentrismus am Beispiel Columbus bei der „Entdeckung" der Indianer treffend beschrieben: „Man leugnet die Existenz einer wirklich anderen menschlichen Substanz, die eben nicht lediglich ein unvollkommenes Stadium der eigenen wäre. Diese elementaren Ausdrucksformen der Erfahrung mit dem Anderssein beruhen beide auf dem Egozentrismus, auf der Gleichsetzung der eigenen Werte mit den Werten allgemein, des eigenen *Ichs* mit dem Universum; auf der Überzeugung, dass die Welt eins sei." (Todorov 1985, S. 56)

bestätigen (vgl. dazu Matthes 1985; Tenbruck 1984). Für die vorliegenden Ausführungen genügt es an dieser Stelle darauf hinzuweisen, dass die soziologische und die alltägliche Wirklichkeitsauffassung als Produkte eines langwierigen sozial- und kulturgeschichtlichen Prozesses in vieler Hinsicht übereinstimmen.

Joachim Matthes weist darauf hin, dass das soziologische Denken als eine Form der „Beschwörung" interpretierbar ist, durch die alles Fremde, Unverständliche und eben Unheimliche in die eigene Wirklichkeitsauffassung integriert wird (Matthes 1985, S. 49). So gesehen erfüllte das soziologische Denken geradezu die Funktion der kulturellen Grenzziehung, durch die das Selbstverständnis der westlich-modernen Wirklichkeitsauffassung aufrechterhalten werden konnte.[3] Und dies ist als Hintergrund für die Irritation bei der Begegnung mit anderen Wirklichkeitsauffassungen zu sehen.

3. Zur multiplen Wirklichkeitsauffassung in Japan

Aber wie ist nun die andere Seite darzustellen, bei der die Existenz der Geister als selbstverständlich vorausgesetzt wird?

Um Missverständnisse zu vermeiden ist es hierbei wichtig festzuhalten, dass ich diese andere Wirklichkeitsauffassung nicht schlicht mit der japanischen „Tradition" und „Kultur" erklären möchte. Häufig wird in einer solchen kulturvergleichenden Darstellung die andere Wirklichkeitsauffassung als vollkommen anders oder gar in einem dichotomischen Gegensatzverhältnis gedacht, was wiederum erhebliche Verzerrungen mit sich bringt. Daher ist vorweg festzuhalten, dass in Japan eine ebenso moderne Auffassung vom „Wahnsinn" wie in den europäischen Gesellschaften existiert. Die Foucaultsche Perspektive der Disziplinierung ist auf den japanischen Modernisierungsprozess durchaus übertragbar, jedoch muss dieser Prozess als eine Rezeptionsgeschichte der westlichen Konzepte, Theorien und Institu-tionen seit der zweiten Hälfte des 19. Jahrhunderts interpretiert werden. So arbeitet der japanische Literaturwissenschaftler Shiba Ichirô[4] heraus, wie das Konzept der Geisteskrankheit durch das „Gesetz zur Kontrolle der Geisteskranken (Seishinbyôsha kangohô)" (1900) allmählich in die japanische Gesellschaft

[3] Ich habe an anderer Stelle die soziologischen Schlüsselbegriffe unter diesem Aspekt untersucht (Shimada 2000).

[4] Die Namen der japanischen Autoren werden nach der in Japan üblichen Schreibweise geschrieben: der Familienname vor dem Vornamen.

eingeführt wurde (Shiba 1997). Er zeichnet hier den Prozess nach, wie bestimmte Gruppen von Menschen anhand eines aus dem europäischen Kontext übernommenen Konzeptes der Geisteskrankheit erst erfasst und dann zu Objekten der staatlichen Kontrolle gemacht wurden. Durch diese Rezeptionsgeschichte bestehen ähnlich gelagerte Probleme der psychisch Kranken, wie sie in diesem Band auch thematisiert werden.[5]

Für unser Thema ist interessant, dass im Modernisierungsprozess Japans Aspekte sichtbar werden, die mit der Foucaultschen Perspektive nicht erfassbar sind, die also auf die Präsenz einer multiplen Wirklichkeitsauffassung dort hinweisen. Und diese Aspekte werden vor allem in der Behandlung elementarer Themen wie „Tod und Geburt" besonders deutlich sichtbar. Denn wie eingangs angedeutet ist in der heutigen japanischen Gesellschaft die Vorstellung anzutreffen, dass eine Welt der Toten und Geister neben oder hinter unserer Wirklichkeit existiert und dass diese Welt auf unsere Wirklichkeit ständig einwirkt. Die Verstorbenen behalten ihre Handlungs- und Einflussmöglichkeiten auf diese Welt, und Menschen können sie wiederum durch Opfergaben und Rituale beeinflussen. Und es ist in dieser Denkweise nicht unüblich, bestimmte gesundheitliche Leiden (auch psychische) auf das Leiden der Verstorbenen in der Welt der Toten zurückzuführen (vgl. Fujita 1990). Die Gefahr bei der Behandlung dieser religiösen Phänomene liegt sicherlich darin, dass man sie allzu leicht mit der Kultur und Tradition gleichsetzt. Ich vertrete hier aber die These, dass die Existenz dieser mehr oder weniger „volksreligiösen" Vorstellung in der gegenwärtigen japanischen Gesellschaft ohne die politische Geschichte der japanischen Modernisierung nicht richtig verstanden werden kann.

In der zweiten Hälfte des 19. Jahrhunderts wurde durch die Begegnung mit der westlichen Zivilisation die Frage nach der eindeutigen Differenz zwischen dem Eigenen und dem Fremden virulent, da auch eine existentielle Notwendigkeit der Selbstbehauptung in der imperialistischen Weltordnung bestand (näher dazu Shimada 2000). Für die politische Selbstbehauptung im weltpolitischen Kontext war das Zurückgreifen auf die eigene Tradition unzureichend, da dadurch kein moderner Nationalstaat hätte legitimiert werden können, was ja als die Bedingung für die Selbstbehauptung galt. Daher bestand die überlebensnotwendige Aufgabe in dieser Situation darin, die Konzepte und Theorien aus dem Westen zu übernehmen, infolgedessen die meisten Disziplinen der Humanwissenschaften auch in Japan begründet wurden. In

[5] Dennoch gibt es in Japan offensichtlich kulturspezifische Fälle, die mit den westlichen Kategorien schwer erfassbar sind.

diesem Rahmen spielte die Wissenschaft des Japanischen (*Nihon minzoku gaku* = die japanische Volkskunde) eine wichtige Rolle, die sich am Anfang des 20. Jahrhunderts in Anlehnung an die deutsche Volkskunde etablierte. Im Unterschied zu anderen Humanwissenschaften war dieser Wissenschaftszweig von seinem Beginn an mit der Frage konfrontiert, wie die eigenkulturellen Phänomene des „Japanischen" wissenschaftlich erfasst werden können. Während Disziplinen wie die Soziologie oder die Philosophie ihr Selbstverständnis weitestgehend durch die Übersetzungen der wichtigsten Werke aus den europäischen Sprachen ins Japanische bilden konnten, musste die japanische Volkskunde ihre Legitimität in der eigenen Kultur suchen.[6] Daher stützte sich diese Wissenschaft auf die Vorläufer, die sich als „Nationale Wissenschaft (*kokugaku*)" bezeichnet hatten.

Diese Sachlage verweist auf das allgemeine Problem der kulturellen Identitätskonstruktion der nicht-westlichen Gesellschaften im Modernisierungsprozess.[7] Auf der einen Seite sahen sich diese Gesellschaften gezwungen, die Sprache der europäischen Vernunft anzunehmen, um die eigene nationale Souveränität artikulieren zu können,[8] auf der anderen Seite drohte mit dieser Übernahme die Gefahr des eigenkulturellen Traditionsverlustes, weil der Eindruck entstand, dass die eigene Gesellschaft der westlichen Gesellschaft durch diese Übernahme vollkommen angeglichen würde. In dieser Situation verlangt das universale Konzept der „Nation" geradezu eine partikularistisch-eigenkulturelle Begründung, durch die erst die betreffende Nation die für ihre Legitimation notwendige Besonderheit im Vergleich zu allen anderen Nationen erhalten kann. Das spezifische Problem der nicht-westlichen Gesellschaften liegt darin, dass sie ihre Besonderheit in Abgrenzung zur dominanten westlichen Rationalität (er)finden mussten. In diesem Kontext suchte die Wissenschaft des Japanischen das Andere der westlichen Rationalität und fand es in der eigenkulturellen Religiosität, vor allem im Umgang mit den Verstorbenen, der auch politisch zur Legitimation des japanischen Nationalismus bis 1945 instrumentalisiert wurde. Und bei der Artikulation des Eigenen in der Religiosität konnte sie auf die Vorläufer der „Nationalen Wissenschaft" zurückgreifen.

---

[6] Zur Geschichte der Soziologie in Japan (vgl. Shimada / Srubar 2002)

[7] Veena Das arbeitet diese Problematik für den Fall Indien anschaulich heraus (Das 1993).

[8] Dabei wird auch das Konzept der politischen Souveränität erst im Begegnungsprozess aus dem europäischen Kontext übernommen (vgl. Shimada 2002).

Diese Wissenschaft war im Laufe des 18. Jahrhunderts entstanden, als man die Eigenkulturalität gegenüber dem chinesischen Einfluss „entdeckte".[9] So suchten die japanischen Gelehrten in den alten Schriften aus dem achten Jahrhundert die Grundlage des „Japanischen" im Gegensatz zur „chinesischen Wissenschaft (*kangaku*)", die sich vornehmlich mit konfuzianischen und neokonfuzianischen Schriften beschäftigte (näher dazu Richter 1994, S. 159ff). Einer dieser Gelehrten bietet einige Erklärungsansätze für die Frage nach der japanischen Wirklichkeitsauffassung.

Hirata Atsutane (1776-1843) versuchte, den Shintoismus als die Grundlage des „Japanischen" in Anlehnung an die christliche Lehre zu systematisieren. So sind in seinen Werken sowohl der Einfluss der chinesischen Bibelübersetzung durch Matteo Ricci, als auch die christliche Kosmologie deutlich zu finden (Hirata 1976-81; vgl. Katô 1980, S. 230ff.). Er beschäftigte sich intensiv mit der Frage nach der Welt der Toten hinter oder neben der „diesseitigen" Wirklichkeit[10] und hinterließ die Aufzeichnung einer Wiedergeburtsgeschichte: Es handelt sich um die Erzählung eines achtjährigen Jungen, vermutlich aus dem Jahr 1822, der behauptete, dass er vor seiner Geburt der Sohn einer anderen Familie im Nachbardorf gewesen sei.[11] Der Junge wurde zu dem oben genannten Gelehrten gebracht, und seine Erzählung war so detailliert und enthielt Einzelbeschreibungen, die den Übergang vom letzten zum jetzigen Leben so plastisch darstellten, dass die Behauptung der Wiedergeburt allgemein als glaubwürdig angenommen wurde. Diese Erzählung enthielt also drei Wirklichkeiten, die Wirklichkeit des ersten Lebens, die Wirklichkeit des Übergangs (die Welt der Toten) und die gegenwärtige Wirklichkeit. Obwohl dieser Junge im gegenwärtigen Leben noch nie im Nachbardorf gewesen war, konnte er das Haus und seine Umgebung genau beschreiben, und die Beschreibung seines ersten Lebens stimmte mit den Erfahrungen der vorherigen Eltern überein und enthielt Details, die ein Außenstehender nicht wissen konnte.

---

[9] Es ist hier deshalb von einer „Entdeckung" die Rede, weil die Thematisierung der Eigenkulturalität zuvor kaum zu finden ist.

[10] Auch hier ist der christliche Einfluss spürbar, indem er die Welt in eine diesseitige und eine jenseitige unterteilt und den Himmel für die guten Menschen vorsieht. Jedoch ist diese Unterteilung der Welt wiederum von der traditionellen Vorstellung überlagert, so dass das Verhältnis zwischen dem „Diesseits" und dem „Jenseits" nicht wie im Christentum völlig getrennt gedacht wird.

[11] Ich entnehme diese Darstellung aus dem Werk des japanischen Religionswissenschaftlers Kamata Tôji (1990).

An diesem Ereignis und seiner Aufzeichnung wird deutlich, dass diese Wirklichkeitsauffassung gesamtgesellschaftlich gesehen keineswegs als abwegig betrachtet, sondern durchaus als eine „realistische" Wiedergabe ernst genommen wurde, d.h. dass aus den Aufzeichnungen hervorgeht, dass dieses Ereignis und der Bericht darüber zwar ungewöhnlich waren, doch vor dem damals dominant vorherrschenden Sinnhorizont akzeptiert wurden. Darüber hinaus bildeten diese Aufzeichnungen ein zentrales Thema der „wissenschaftlichen" Beschäftigung Hiratas.[12] Insofern lässt sich aus diesen Aufzeichnungen der damalige Sinnhorizont schemenhaft rekonstruieren, in dem eine doppelte bzw. multiple Wirklichkeitsauffassung nicht im Wider-spruch zur Realität stand. Hirata ideologisierte diese Wirklichkeitsauffassung, indem er eine Kosmologie entwarf, in deren Mittelpunkt die Sakralität Japans konzipiert wurde. Sie war sicherlich der deutliche Ausdruck eines japanischen Ethnozentrismus. Doch ist es hierbei wichtig zu beachten, dass diese Vorstellung in der Absicht entworfen wurde, sich von allen als „fremd" erachteten Wissensformationen abzugrenzen. Auffällig ist bei diesem Abgrenzungsversuch, dass bestimmte Elemente der anderen Denkformen in die als eigen konzipierte Kosmologie übernommen werden, ohne dass sie als solche erscheinen. So lassen sich in den Werken Hiratas durchweg buddhistische, christliche und konfuzianische Elemente auffinden, mit Hilfe derer er seine Kosmologie aufbaute, um sie gerade von diesen „fremdkulturellen" Einflüsse abzugrenzen.

Bei diesem Rekonstruktionsversuch ist der Zeitpunkt des Geschehens in der ersten Hälfte des 19. Jahrhunderts von Bedeutung: Die Existenz der westlichen Zivilisation als imperialistischer Macht ist keineswegs unbekannt, und wenn hier von einer nationalen Wissenschaft (*kokugaku*) die Rede ist, grenzt sie sich sowohl von der chinesischen als auch von der europäischen Wissenschaft ab.[13]

Vor diesem Hintergrund ist Hirata zeitlich gesehen eine Übergangserscheinung: Grenzten seine Vorgänger wie Motoori Norinaga (1730-1801) und Kamono Mabuchi (1697-1769) ihre nationale Wissenschaft allein von der chinesischen ab, verlagerte sich der Fokus der Abgrenzung zu seiner Zeit von der chinesischen zu der europäischen Zivilisation. So entstand eine Traditionslinie der Wissensformation, die sich von Beginn an von der

[12] Zu diesem Zeitpunkt besteht kein Begriff der „Wissenschaftlichkeit" im heutigen Sinne. Es handelt sich eher um ein Gelehrtentum.

[13] Die chinesische Wissenschaft (*kangaku*) war faktisch die Beschäftigung mit den neokonfuzianischen Schriften, und die europäische Wissenschaft (*rangaku* – wörtlich übersetzt die holländische Wissenschaft) beschäftigte sich mit den wissenschaftlichen Erkenntnissen aus Europa.

„westlichen Rationalität" abgrenzte. Diese Traditionslinie im Sinne der nationalen Wissenschaft musste sich zunehmend gegenüber der Dominanz der westlichen Rationalität behaupten und entwarf das Selbst auf der anderen Seite der neuzeitlich-europäischen Vernunft.

So führte diese Wissensformation politisch gesehen in der ersten Hälfte des 20. Jahrhunderts zu einer nationalen Ideologie, in deren Kern bewusst „irrationale" Elemente als Teile der Eigenkulturalität eingebaut wurden (vgl. Shimada 2000, S. 137-159).

Es wird vor dem dargestellten Hintergrund wohl sichtbar, welche wichtige Rolle eine wissenschaftliche Disziplin wie die japanische Volkskunde bei der politisch motivierten Erfindung der eigenen „Tradition" spielte. Bei ihrer Suche nach dem „Japanischen", das vornehmlich in den ländlichen Gegenden vermutet wurde, wirkte das dichotomische Denken konstitutiv.[14] Denn das „Japanische" war als etwas vorgestellt worden, das weder von der chinesischen noch von der westlichen Zivilisation beeinflusst wurde, also im Sinne des „Ursprünglichen". Doch die Grundlage dieses Denkens war der Vergleich, dessen Ausgangspunkt in der Existenz der fremden Zivilisationen lag (vgl. zum Kulturvergleich als Praxis Shimada 2001). Dabei war es in der ersten Hälfte des 20. Jahrhunderts in erster Linie die neuzeitlich-westliche Rationalität, von der ausgehend man das *Andere* in der eigenen Kultur suchte.

Dies bedeutet, dass die irrationale Seite der eigenen Kultur durch diese Konstellation der Wissensformationen nicht als Überbleibsel im Modernisierungsprozess verdrängt, sondern in die Konzeptualisierung der eigenen kulturellen Identität fest eingebaut wurde. Der entscheidende Punkt ist, dass dadurch die Grundlage zum Erhalt der multiplen Wirklichkeitsauffassung gelegt wurde. Denn die auf diese Weise konstruierte Tradition der Eigenkulturalität enthielt Elemente, die gegenüber der Dominanz der neuzeitlichen Rationalität und der mit ihr eng verbundenen eindimensionalen Wirklichkeitsauffassung widerstandsfähig blieben.

4. Ausblicke

Aus den bisher ausgeführten Überlegungen können für das Thema des vorliegenden Bandes folgende Konsequenzen gezogen werden.

[14] So führte einer der Begründer der japanischen Volkskunde, Yanagita Kunio (1875-1962), von 1934 bis 1937 eine umfassende empirische Untersuchung in Bergdörfern durch (vgl. Akasaka 1991, S. 218ff).

Es ist zu vermuten, dass in der japanischen Kultur das Verhältnis zwischen Wahnsinn und Vernunft trotz der dargestellten Parallelität des Verdrängungsprozesses zu europäischen Gesellschaften anders gelagert sein muss. Bisher wurden vor allem die kulturbedingten Symptome herausgearbeitet, die im westlichen Kontext wohl nicht zu beobachten sind. So spricht der japanische Psychiater, Kimura Bin, von einer spezifisch nur in Japan auftretenden psychischen Erkrankung: „Die Bezeichnung taijinkyôfu (Sozialphobien) selbst ist eine der wenigen eigenständigen Wortprägungen japanischer Hand, für die es ursprünglich kein entsprechendes Wort in den europäischen Sprachen gab" (Kimura 1995, S. 135). Und die Erkrankung läge darin, „dass dem Patienten jede eigene, von innen her kommende Wertschätzung seiner selbst unmöglich ist und er gänzlich zum Gegenstand einer von außen kommenden, negativen Einschätzung durch die anderen Menschen wird" (ebd., S. 137). Kimura führt die Ursache dieser Erkrankung auf die spezifisch japanische Form der zwischenmenschlichen Beziehungen zurück. Aufgrund dieser Betrachtung ist zu vermuten, dass es nicht nur kulturspezifische Symptome gibt, sondern dass auch beim Umgang mit den psychisch Kranken kulturspezifische Elemente zu finden sind.

Die oben ausgeführten Überlegungen führen auch dazu, die Grundlagen der kulturvergleichenden Forschung zu überdenken. Denn es ist zu vermuten, dass eine universalistische Denkweise für Fragen der Inter- und Transkulturalität sowie für die Problematiken der interkulturellen Kommunikation eher ein Hindernis als eine Hilfe darstellt. Ein universal-theoretisch konzipierter Ethnozentrismus, der wohl charakteristisch für das modern-westliche Denken ist, kann die Bereitschaft für die ernsthafte Auseinandersetzung mit der multiplen Wirklichkeitsauffassung kaum anbieten. Die Notwendigkeit besteht in der heutigen weltpolitischen Situation wohl darin, theoretische Überlegungen zur interkulturellen Verständigung zu entwickeln, ohne in die Fallen des Ethnozentrismus zu geraten. Dafür könnten die Kulturen Ansätze anbieten, die in ihrer Wissensformation die Annahme einer pluralistischen Wirklichkeitsauffassung tragen.

Schließlich zeigen die obigen Ausführungen, wie eine Sinndominanz (die westlich-neuzeitliche Rationalität) mit ihrem Universalitätsanspruch Sinnprovinzen hervorruft, die sich von dieser Dominanz gerade durch eine dichotome Konzeptualisierung distanzieren und sich von ihr abgrenzen. Dieser Prozess scheint mir deshalb wichtig zu sein, weil gerade im heute zu beobachtenden Prozess der Globalisierung ständige Abgrenzungsverläufe sichtbar werden. Eine solche Analyse könnte helfen, das Auftreten kulturfundamentalistischer Abgrenzungsprozesse besser zu verstehen.

Literatur

Akasaka, N.: Yama no seishinshi. Yanagita Kunio no hassei (Die Geistegeschichte der Berge. Die Entstehung von Yanagita Kunio), Tokyo 1991

Das, V.. „Der anthropologische Diskurs über Indien. Die Vernunft und ihr Anderes“ in: Berg, Eberhard/Fuchs, Martin (Hrsg.) Kultur, soziale Praxis, Text. Die Krise der ethnographischen Repräsentation, Frankfurt a. M. 1993, 402-425.

Foucault, M.: Wahnsinn und Gesellschaft. Eine Geschichte des Wahns im Zeitalter der Vernunft, Frankfurt a. M. 1969

Fujita, S.: Ogamiya san. Reinô kitôshji no sekai (Die Betenden. Die Welt der Geistvermittler), Tokyo 1990

Hirata, A.: Shinshû Hirata Atsutane Zenschû (Gesammelte Werke Hirata Atsutanes, neu herausgegeben), Tokyo 1976-81

Kamata, T.: Basho no kioku. Nihon toiu shintai (Das Gedächtnis des Ortes. Der Körper namens Japan), Tokyo 1990

Katô, S.: Nihon bungakushi josetsu, ge (Einleitung in die japanische Literaturgeschichte Bd. 2), Tokyo 1980

Kimura, B.: Zwischen Mensch und Mensch. Strukturen japanischer Subjektivität, Darmstadt 1995.

Matthes, J.: Die Soziologen und ihre Wirklichkeit. Anmerkungen zum Wirklichkeitsverhältnis der Soziologie, in: Bonß, Wolfgang/Hartmann, Heinz (Hrsg.) Entzauberte Wissenschaft, „Soziale Welt“ Sonderband 3, Göttingen 1985, 49-64.

Richter, S.: Ent – Zweiung. Wissenschaftliches Denken in Japan zwischen Tradition und Moderne, Berlin 1994

Shiba, I.: >Kyôki< wo meguru gensetzu - >Seishin byôsha kangohô< no jidai (Der Diskurs um den Wahnsinn – das Zeitalter des Gesetzes zur Kontrolle der psychisch Kranken), in: Komori, Yôichi u.a. (Hrsg.): Media, hyôshô, Ideorogî. Meiji 30 nendai no bunka kenkyû (Medien, Repräsentation, Ideologie. Kulturstudien zu den 30er Jahren der Meiji-Ära), Tokyo 1997, 98-126.

Shimda, S.: Die Erfindung Japans. Kulturelle Wechselwirkung und politische Identitätskonstruktion, Frankfurt/New York 2000.

Shimada, S.: Wissenssoziologie der kulturellen Wechselwirkungen. Eine Skizze zur Methodologie einer interkulturell angelegten qualitativen Sozialforschung, in: Zeitschrift für qualitative Bildungs-, Beratungs- und Sozialforschung (2001), 37-48.

Shimada, S.: Demokratie im Widerstreit – am Beispiel der japanischen Nachkriegs-gesellschaft, in: Handlung, Kultur, Interpretation 1 (2002), 118-133

Shimada, S./ *Srubar*, I.: Sociology in Japan. Past and Present, Leverkusen 2003

Tenbruck, F. H.: Die unbewältigten Sozialwissenschaften, oder: Abschaffung des Menschen, Graz u.a 1984

Todorov, T.: Die Eroberung Amerikas. Das Problem des Anderen, Frankfurt a. M. 1985

Alexander Aichele (Halle/Saale)

Die Wirklichkeit des Wahnes. Nietzsches Begriff von „Welt"

„Die Wirklichkeit des Wahnes" – dieser Titel ist offensichtlich wenigstens doppeldeutig: Man kann ihn demnach einerseits so verstehen, als mache er eine Aussage über den Wahn; nämlich die, dass es etwas in der Wirklichkeit gebe, was mit Recht mit dem Wort „Wahn" bezeichnet werde. Man kann ihn aber auch so verstehen, dass dasjenige, was mit dem Wort „Wahn" bezeichnet wird, eine eigene Wirklichkeit hat, und das heißt, eine eigene Wirklichkeit hervorbringt, die sich von dem unterscheidet, was üblicherweise gemeint ist, wenn man von „Der Wirklichkeit" spricht, oder jedenfalls irgendwie von irgendwelcher anderer Wirklichkeit sich unterscheidet. Die Eigenart der Überlegung, die im folgenden zu erörtern sein wird, liegt nun darin, dass sie beide Bedeutungen verknüpft und so zu einer erkenntniskritischen Bewertung und einer entsprechenden neuen Interpretation dessen gelangt, was wir „Welt" nennen. Das Resultat dieser Überlegungen ließe sich vorab, noch ohne die auf den ersten Blick störende äquivoke Verwendung von „Wirklichkeit" und „Welt" aufzulösen, in aller Grobheit wie folgt formulieren: Die „Welt", über die ein jeder Mensch verfügt, ist ein Erzeugnis seines Wahnes, und sonach ist „Wahn" die einzige Wirklichkeit, die überhaupt zu Verfügung steht und über die sich reden lässt.

Dieser, unseren modernen Ohren womöglich eher trivial oder gar überholt klingende Satz nennt eines der grundlegenden Ergebnisse derjenigen Erwägungen, die Friedrich Nietzsche bei seiner Beschäftigung mit Problemen der theoretischen Philosophie von Anfang an beschäftigten. Dass sie nicht nur in der Philosophie, sondern auch und vor allem in anderen Bereichen von Kunst und Wissenschaft außerordentlich gewirkt haben, bedarf fast keiner eigenen Erwähnung. Vielleicht besteht gerade deswegen bisweilen die Tendenz, Nietzsches Bedenken und Argumente bei grundlegenden philosophischen Fragen als historisch oder – schlimmer noch – als „selbstverständlich", nach Nietzsche ein „skandalös gebildete(s) Modewort"[1] – zu vergessen oder zu übersehen. Die Frage nach dem Verhältnis von Wahn,

[1] *Ueber die Zukunft unserer Bildungsanstalten,* in: Nietzsche 1988 [= KSA] 1988, Bd. I, S. 646; alle im folgenden in Zitaten kursiv wiedergegebenen Passagen sind im Original gesperrt gedruckt.

Wirklichkeit und Welt ist, sofern sie – wie hier – gestellt werden soll, zweifellos eine grundsätzliche philosophische Frage, und Nietzsches diesbezügliche Überlegungen scheinen so beschaffen, dass, jedenfalls in einer der Sache angemessenen Diskussion, nicht mehr kommentarlos hinter sie zurückgefallen werden sollte.

Diese Vorschläge und Bedenken Nietzsches anhand einiger Aphorismen aus der *Fröhlichen Wissenschaft* ein Stück weit zu erörtern, wird die Aufgabe der folgenden Darlegungen sein. Dabei werde ich in vier Schritten vorgehen. Zunächst ist auf Nietzsches Bestimmung der Funktion des Wahnes als Bedingung menschlichen Lebens einzugehen, insofern die Gewinnung von einigermaßen stabilen Gegenständen und einer ebensolchen Welt im allgemeinen als eine derartige Bedingung zu gelten hat. Sodann ist die Weise darzustellen, auf welche diese Bedingung bereitgestellt wird und die Nietzsche „Kunst“ nennt. Daran anschließend ist die immanente Multiplizität, die die Wirklichkeit bei Nietzsche besitzt, zu verdeutlichen und unter Rückgriff auf den Willen zur Macht der Gedanke zu explizieren, weswegen Nietzsches Theorie keine relativistischen Konsequenzen haben kann. Abschließend soll in aller Kürze auf den nicht nur heuristischen Wert von Nietzsches Theorie für eine Diskussion hingewiesen werden, der es um eine Klärung der Möglichkeit multipler Realitäten geht, bzw. auf ihre Eignung als Prüfstein für Versuche zur Zurückweisung einer solchen Möglichkeit.

1. Nietzsches „letzte Wahrheit“

Der letzte Aphorismus des zweiten Buches der *Fröhlichen Wissenschaft* ist mit dem Titel „Unsere letzte Dankbarkeit gegen die Kunst“ überschrieben. Er beginnt wie folgt:

> „Hätten wir nicht die Künste gut geheissen und diese Art von Cultus des Unwahren erfunden: so wäre die Einsicht in die allgemeine Unwahrheit und Verlogenheit, die uns jetzt durch die Wissenschaft gegeben wird – die Einsicht in den Wahn und Irrthum als in eine Bedingung des erkennenden und empfindenden Daseins –, gar nicht auszuhalten. Die *Redlichkeit* würde den Ekel und den Selbstmord im Gefolge haben. Nun aber hat unsere Redlichkeit eine Gegenmacht, die uns solchen Consequenzen ausweichen hilft: die Kunst, als den *guten* Willen zum Scheine. Wir verwehren es unserm Auge nicht immer, auszurunden, zu Ende zu dichten: und dann ist es nicht mehr die ewige

Unvollkommenheit, die wir über den Fluss des Werdens tragen – dann meinen wir, eine *Göttin* zu tragen und sind stolz und kindlich in dieser Dienstleistung.“ *(Fröhliche Wissenschaft,* Aph. 107, KSA III, S. 464)

Was hier zunächst auffällt, ist das ungewöhnliche Verhältnis, in welches Nietzsche Kunst und Wissenschaft bringt. Keineswegs als einfaches Paar von Gegensätzen eingeführt, erscheinen sie auf den ersten Blick als komplementäre Zugänge oder besser: Umgänge mit dem „Dasein“. Dabei fällt der Kunst die Aufgabe zu, den Menschen vor praktisch-nihilistischen „Consequenzen“ der „Redlichkeit“ der Wissenschaft „ausweichen“ zu lassen, während diese tradierte Annahmen über die vermeintliche Wohlgegründetheit des spezifisch menschlichen Daseinsvollzuges auf objektive Erkenntnisse über das Wesen des Daseins destruiert und ihrerseits selbst Anspruch darauf erhebt, die objektive Wahrheit über die tatsächlichen Vorgänge in der Wirklichkeit zu erfassen. Kunst und Wissenschaft wären demnach so aufeinander bezogen, dass diese jene zu ihrer Selbsterhaltung in der Weise des Schutzes vor Selbstdestruktion nötig hätte, während jene diese als Rechtfertigungsgrund ihrer selbst benötigte. Indes liegen die Dinge so einfach hier nicht. Zwischen beiden Tätigkeiten klafft keine „logische Lücke“ (Abel 1986, S. 13). Vielmehr handelt es sich eher um ein asymmetrisches Einschließungsverhältnis dergestalt, dass zwar eine jede Wissenschaft eine Kunst ist, aber nicht jede Kunst eine Wissenschaft.

Dieses komplexere Verhältnis gründet in beider Bezogenheit auf den Wahn. Um es, soweit für unsere Fragestellung nötig, aufzuhellen, ist zunächst nach dem Grund zu fragen, aus welchem die von Nietzsche genannte „Einsicht“ der Wissenschaft praktisch-nihilistische Folgen zeitigen könnte. Nietzsche schätzte die Wissenschaft im Sinne datensammelnder, hypothetisch und experimentell verfahrender Naturwissenschaft außerordentlich und war diesbezüglich durchaus auf dem Kenntnisstand seiner Zeit. Seine Hochschätzung entzündet sich dabei insbesondere an deren methodischen Anforderungen wie Strenge, Präzision und Eindeutigkeit und vor allem der Enthaltsamkeit im Blick auf die Beanspruchung oder gar Zurechtmachung ihrer Ergebnisse im Dienste außerwissenschaftlicher – insbesondere mo-ralischer, religiöser oder irgend metaphysischer – Weltsicht (vgl. *Fröhliche Wissenschaft,* Aph. 293, KSA III, S. 533f.). Zugleich würde gerade diese „Redlichkeit“ im Streben nach Erkenntnis, der ‚Wille zur Wahrheit‘ in den Nihilismus führen. Gewinnt die Wissenschaft nämlich, wie dies Nietzsche ihr zuschreibt, „die Einsicht in die allgemeine Unwahrheit und Verlogenheit, [...] die Einsicht in den Wahn und Irrthum als in eine Bedingung des erkennenden und empfindenden Daseins“, indem sie sich der Folgerung, dass den Grundbegriffen des Erkennens nichts in der Wirklichkeit entspricht, nicht entziehen kann, muss sie zugleich sowohl Einsicht in ihre innere Widersprüchlichkeit als auch in die Sinnlosigkeit ihrer letzten Einsicht gewinnen (vgl. die Beispiele im Aph. 335, *Fröhliche Wissenschaft*, KSA III, S. 560ff.).

Diese liegt, wie Nietzsche in einer Vorfassung des zitierten Aphorismus schreibt, in der „letzte(n) Wahrheit vom Fluss der Dinge", der Einsicht in den „absoluten Fluss" des Werdens (Nachlass Frühjahr-Herbst 1881, 11[162], KSA IX, S. 504), deren Annahme bei zunehmender Verfeinerung des Messungs- und Beobachtungsinstrumentariums wie auch der Reflexion auf die Verfahrensweisen der Wissenschaft selbst unausweichlich scheint. Die Selbstwidersprüchlichkeit bestünde dann darin, dass die Begriffe und ihre logischen Verbindungsregeln, „worin und womit der Mensch der Wahrheit [...] arbeitet und baut, [...] wenn nicht aus Wolkenkukuksheim, so doch jedenfalls nicht aus dem Wesen der Dinge [stamm(en)]" *(Ueber Wahrheit und Lüge im aussermoralischen Sinne,* KSA I, S. 879). Dieses inadäquate Material ist aber auch nicht, wie sich gleich zeigen wird, durch ein anderes, adäquates zu ersetzen, so dass der Anspruch des wissenschaftlichen Erkennens auf die Auffindung der einen objektiven Wahrheit in jedem Fall hinfällig werden muss.

Die Sinnlosigkeit jener ‚letzten Wahrheit' lässt sich anhand der Doppeldeutigkeit ihres Attributes, „letzte", verdeutlichen: Sie ist zum einen die letzte Wahrheit, auf die das Erkennen in der Weise der Wissenschaft kommen kann, in dem Sinne, dass es hinter oder über ihr nichts mehr zu entdecken gibt; sie bildet also insofern die äußerste Grenze jeden Erkennens und Forschens. Zum anderen ist sie auch insofern die ‚letzte Wahrheit', als mit der Einsicht in sie auch der überkommene Begriff von Wahrheit im Sinne der Korrespondenztheorie aufzugeben ist – das heißt, gröblich gesagt, die Annahme, dass ein Satz dann wahr ist, wenn ihm ein Gegenstand bzw. ein Sachverhalt in der Wirklichkeit entspricht. Denn jene fundamentale Wahrheit über das Werden lässt sich gar nicht aussagen, das heißt, in die Form einer Proposition bringen – sofern auf notwendigerweise inadäquate Begriffe Verzicht geleistet werden soll. Denn zulässig wären zum Ausdruck des reinen Werdecharakters des Werdens allenfalls noch tautologische Wendungen wie „Werden wird."[2], die freilich gar keine Beziehungen mehr zwischen Seiendem

[2] Dies ignoriert, in der Nachfolge und stellvertretend für eine ontologisch-metaphysische Richtung der Nietzsche-Interpretation, wie sie vor allem auf Martin

benennen, herstellen oder begründen und also keine Handhabe mehr gegen die identitätszerstörende Wirkung der letzten Wahrheit zulassen. Es ist leicht zu sehen, dass diese ‚letzte' Wahrheit nichts ist, worauf sich im objektiven Sinne menschliches Denken und Handeln gründen ließe; sie ist in der Tat „rein und folgenlos“ (*Ueber Wahrheit und Luege*, KSA I, S. 879), weil sie nicht positiv in Gebrauch genommen werden kann. Insofern ist die letzte Wahrheit sinnlos.

Gerade in der mit ihr erzwungenen Abweisung objektiven Wahrheitsanspruches aber liegt, wie noch aufzuweisen sein wird, ihr Wert.

2. Wahn und Kunst

Das Mittel gegen die genannten nihilistischen Konsequenzen stellt nach Nietzsche die Kunst dar. Er bezeichnet sie in dem bereits herangezogenen Entwurf des zitierten Aphorismus als „die Pflege des Wahnes – unser Cultus“ (Nachlass Frühjahr-Herbst 1881, 11[162], S. 504). Nicht der Wahn selbst als dasjenige, das von der Wissenschaft offengelegt wird, sondern insgenauere dessen „Pflege“ ist der Gegenstand des menschlichen „Cultus“, d.h. einer besonderen affirmativen Einstellung zu ihm, die Nietzsche weiterhin als „lieben und fördern“ beschreibt (ebd.). Gegenstand und Inhalt von Verehrung und Glaube[3] der Menschen ist demnach nicht nur Erhaltung, sondern Mehrung und Ausgestaltung des durch die Wissenschaft als Lebensgrund aufgedeckten Wahnes, der zugleich, irgendwie modifiziert durch seinen Cultus, die Kunst, noch das Fundament der Wissenschaft bildet (vgl. *Fröhliche Wissenschaft*, Aph. 347, KSA III, S. 581). Worin besteht nun aber dieser Wahn, wenn man ihn gemäß seiner ganz üblichen Wortbedeutung als unkorrigierbare Überzeugung von oder über etwas aufzufassen hat?

Nietzsches diesbezügliche Überlegungen zeugen von einer bemerkenswerten Kontinuität, die alle seine Schriften durchzieht (vgl. *Ecce homo*, „Die Geburt der Tragödie“ 3, KSA VI, S. 312f.). Der Wahn, der das Dasein des Menschen als Menschen fundiert, ist „der Glaube an das Beharrende“, wie es insbesondere durch die Begriffe der Substanz und der Identität ausgedrückt wird, die jedem Akt des Denkens, Erkennens oder Mitteilens zugrunde liegen

Heidegger zurückgeht, Margot Fleischer, die Nietzsche eine „absolute Seinsthese“ (1993, etwa S. 133ff.) zuschreibt, die er weder erheben könnte noch auch erhebt, sondern vielmehr entschieden – und explizit (vgl. z. B. *Ueber Wahrheit und Luege*, KSA I, S. 880) – zurückweist (vgl. Aichele 2000, S. 162ff.).

(Nachlass Frühjahr-Herbst 1881, 11[330], KSA IX, S. 570). Wenn jene letzte – weder aussagbare und infolgedessen auch nicht erkennbare – Wahrheit über das Werden des Werdens die – wie es Nietzsche ausdrückt – „*Einverleibung* nicht [verträgt]", weil „unsere **Organe** (zum *Leben*)" nicht auf sie „eingerichtet" sind (Ebd., 11[162], KSA IX, S. 504), wird der gegenteilige Wahn, der uns die philosophische Logik an die Hand gibt, welche die Grenzen unserer Welt als den Inbegriff aller möglichen bestimmten Erfahrung und Erkenntnis bestimmt, zum Lebensgrund. Negiert man ihre Gültigkeit oder destruiert man sie, ohne Alternativen zu ihr anzubieten, entzöge man der Möglichkeit des Menschen zu leben den Boden. Insofern ist es gar nicht möglich, unlogisch oder besser vielleicht: alogisch zu denken, obzwar der Verstoß gegen den herkömmlichen Gebrauch ihrer Grundbegriffe und deren Verknüpfungsregeln jederzeit möglich ist. Nietzsche kritisiert also nicht die Logik in diesem Sinne und auch nicht ihre Formalisierung bzw. ihren formalen Gebrauch „als *Erleichterung* [...]: als *Ausdrucksmittel*" (Nachlass Juli-August 1888, 18[13], KSA XIII, S. 536), sondern nur den „Trugschluss, sich selbst als das Kriterium der Realität und Wahrheit ausgeben zu müssen" (Abel 1998, S. 333). Denn es gibt im werdenden Werden schlechthin nichts, das ihren Begriffen und Grundvoraussetzungen – dass Seiendes ist und dass es identische Fälle gibt – korrespondieren könnte. Die „nützlich(e) und arterhaltend(e)" Wirkung „solche(r) irrthümliche(r) Glaubenssätze, die immer weiter vererbt und endlich fast zum menschlichen Art- und Grundbestand wurden" (*Fröhliche Wissenschaft III*, Aph. 110, KSA III, S. 469), lässt nicht den Schluss auf eine ihr entsprechende Realität außerhalb ihrer zu, sondern bestenfalls auf die Beschaffenheit einer Art Wesen, deren „**Organe** (zum *Leben*) [...] auf den Irrthum eingerichtet" (Nachlass Frühjahr-Herbst 1881, 11 [162], KSA III, S. 504) sind.

Dieser Wahn, der „nicht anders als mit dem Leben vernichtet werden" kann, ist in seiner Bekräftigung, Mehrung und Ausgestaltung unser „Cultus" (Ebd.). Nietzsche nennt ihn „die Kunst". Ihre Aufgabe ist die Affirmation, Steigerung und Verfeinerung jenes Wahnes, indem sie aus zwei Gründen eine gewisse Distanz zu ihm schafft, so wie der Kultus mit seiner Formalisierung der Verehrung und des Glaubens Distanz zu dem verehrten Gegenstand schafft. Zum einen entschärft sie, wie gesagt, die Gefahr praktisch-nihilistischer Konsequenzen, die sich aus der internen Widersprüchlichkeit des absoluten Willens zur Wahrheit ergeben könnten als demjenigen Trieb, der um der Vernichtung der Unwahrheit willen auch zur Vernichtung des menschlichen Lebens bereit ist. Zum anderen – und dies ist der sachliche Grund dafür, dass

Nietzsche im zitierten Aphorismus von der Kunst als dem „*guten* Willen zum Scheine“ spricht – kann sie sich als ‚wahrhaftiger Schein’ (vgl. Picht 1993, S. 256ff.) die Einsicht in den grundlegenden Wahn im Bewusstsein halten, so dass sie für ihre Hervorbringungen sich den kritisierten emphatischen Anspruch auf objektive Wahrheit versagen kann. Um dies zu verdeutlichen, ist kurz auf den Begriff von Kunst einzugehen, der Nietzsches Überlegungen trägt und weit über die Bedeutung hinausgeht, die ihm in der Neuzeit zugesprochen wurde.

Die Kunst als ‚der gute Wille zum Scheine’ ist der „Cultus des Unwahren“. Das Unwahre ist alles Beharrende: der Schein des Seienden im Verhältnis zur letzten Wahrheit des Werdens (vgl. Picht 1993, S. 264). Er wird durch die Kunst ausgestaltet und verfeinert bzw. zu einem Gegenstand bewusster Affirmation, mithin eines Strebens erhoben, das darauf geht, „die ewige Unvollkommenheit, die wir über den Fluss des Werdens tragen“, „auszurunden, zu Ende zu dichten“ und so aus ihr ein „ästhetisches Phänomen“ zu machen, d.h. eine Erscheinung in der Art eines Kunstwerkes. Die durch den Wahn gewährten, in den „menschlichen Art- und Grundbestand [...] einverleibten Grundirrthümer“ (*Fröhliche Wissenschaft III*, Aph. 110, KSA III, S. 469) ermöglichen zwar als „Bedingungen“ das „erkennende und empfindende Dasein“, bieten jedoch von sich aus noch keine irgendwie geartete Ordnung dar, die schlicht hinzunehmen oder zu entdecken wäre. Gerade eine solche einheitliche Ordnung, in der Widersprüchlichkeiten und ähnliche Fehlerquellen des raschen Urteilens und Schließens verringert werden (Vgl. *Fröhliche Wissenschaft III*, Aph. 111, KSA III, S. 471f.) – was freilich zugleich heißt, den allgemeinen Irrtum weiterzutreiben (Vgl. Nachlass Herbst 1880, 6[441], KSA IX, S. 312) –, gerade eine solche Ordnung ist für die Existenzsicherung und –steigerung des Menschen als des „gefährdetste[n]“ „sociale[n]“ und infolgedessen seiner selbst bewussten Tieres *(Fröhliche Wissenschaft V*, Aph. 354, KSA III, S. 590ff.) unverzichtbar. Diese aus dem durch den Wahn bereitgestellten Bauzeug zu generierende einheitliche Ordnung nennt Nietzsche „Welt“ als „Summe der Relationen zu einer beschränkten Sphäre irriger Grundannahmen“ (Nachlass Herbst 1880, 6[441], KSA IX, S. 312).

„Welt“ ist demnach nicht gegeben, sondern muss erst geschaffen werden. Diese Tätigkeit identifiziert Nietzsche mit der künstlerischen Produktion, die demgemäß im allgemeinen Sinne von Poiesis zu verstehen ist, d.h. der Hervorbringung irgendeines geordneten Ganzen, das in dieser Form vorher noch nicht da war. Insofern aber der Mensch wegen seines durch seine physische Verletzlichkeit begründeten extremen „*Mittheilungs-Bedürfnisses*" (*Fröhliche Wissenschaft V*, Aph. 354, KSA III, S. 591) Bewusstsein entwickeln musste, geschieht dies durch Sprache, mithin durch die regelgeleitete Verbindung von Begriffen. Das dem Menschen eigentümliche, seiner selbst bewusste Denken vollzieht sich „*in Worten, das heisst in Mittheilungszeichen*" (ebd.). Ohne nun auf Nietzsches Theorie der Sprachgenese (vgl. Aichele 2000, S. 140-155) eingehen zu müssen, kann gesagt werden: Der Mensch verfügt als bewusstes Wesen nur über „Welt", sofern er über Sprache verfügt. Sprache ist in doppeltem Sinne der einzige Gegenstand seines Denkens: Zum einen ist dieses Denken nur in und durch Sprache überhaupt bewusstes Denken. Zum anderen kann die Sprache, die dieses Denken ausmacht, auf nichts außerhalb ihrer sich beziehen, das nicht Sprache wäre, da alles, was bewusst Gegenstand dieses Denkens sein kann, schon Sprache sein muss. „Welt" ist demnach für Nietzsche ein jeweils durch den Menschen unter zufälligen Bedingungen hervorgebrachtes sprachliches Kunstwerk, das, wie noch zu zeigen sein wird, zu immer höherer Komplexität tendiert. Nietzsche beschreibt diesen Gehalt des „Cultus des Unwahren" in einem Aphorismus aus der *Fröhlichen Wissenschaft*:

> „Wir, die Denkend-Empfindenden, sind es, die wirklich und immerfort Etwas *machen*, das noch nicht da ist: die ganze ewig Wachsende Welt von Schätzungen, Farben, Gewichten, Perspectiven, Stufenleitern, Bejahungen und Verneinungen. Diese von uns erfundene Dichtung wird fortwährend von den sogenannten practischen Menschen (unsern Schauspielern wie gesagt) eingelernt, eingeübt, in Fleisch und Wirklichkeit, ja Alltäglichkeit übersetzt. Was nur *Werth* hat in der jetzigen Welt, das hat ihn nicht an sich, seiner Natur nach, – die Natur ist immer werthlos: – sondern dem hat man einen Werth einmal gegeben, geschenkt, und *wir* waren diese Gebenden und Schenkenden! Wir erst haben die Welt, *die den Menschen Etwas angeht*, geschaffen!" (*Fröhliche Wissenschaft IV*, Aph. 301, KSA III, S. 540)

Das Resultat der Kunst als Pflege des Wahnes ist „die Welt, die den Menschen Etwas angeht", d.h. derjenige Ordnungszusammenhang, den der Mensch jeweils vorfindet als denjenigen, der sich als jeweils relativ erfolgreich bei der Lebensbewältigung und –steigerung erwiesen hat. Er wird von den Menschen, deren Trieb zu seiner Erkenntnis, Verfeinerung oder Korrektur nur schwach ausgeprägt oder von anderen Interessen überlagert ist, „eingelernt, eingeübt" und im Zuge der Lebenspraxis affirmiert und prolongiert. Es ist offensichtlich, dass jene sich selbst als Kontemplation missverstehende künstlerische Produktion den Gegenstandsbereich, der üblicherweise unter dem Titel ‚Kunst' firmiert, weit überschreitet, so dass Nietzsches' Kunstbegriff unter anderem auch die Wissenschaft unter sich zu begreifen vermag. Denn auch diese hat es zweifellos ebenfalls mit der Hervorbringung von „Schätzungen, Farben, Gewichten, Perspektiven, Stufenleitern, Bejahungen und Verneinungen“ bzw. „Ordnung, Gliederung, Form, Schönheit“ zu tun wie etwa Dichtung, Religion oder Philosophie – wenngleich in anderer Weise (*Fröhliche Wissenschaft III,* Aph. 109, KSA III, S. 468).

Auch sie bleibt nämlich nicht bei der Einsicht in den wahnhaften Lebensgrund stehen, sondern bemüht sich sogleich um Vervollständigung (vgl. Nachlass Frühjahr 1880-1881, 10[D79], KSA IX, S. 430) der aufgedeckten Unvollkommenheiten bzw. der Eliminierung von Widersprüchen in auf eigenem Urteil gewachsenen Theorieentwürfen (vgl. *Fröhliche Wissenschaft IV,* Aph. 335, KSA III, S. 563), nach denen sie strebt und mit denen sie gleichfalls ‚zu Ende gedichtete' rationale Konstruktionen von Welt als ‚ästhetische Phänomene' zustandebringt. Dabei unterliegt sie aufgrund ihrer im weitesten Sinne beobachtenden und analytischen Vorgehensweise einer zweifachen Beschränkung, welche die graduell zu verstehende Priorität der reinen Poiesis aus dem Wahn dokumentiert: Sie ist, erstens, auf „eine bereits als vorhanden vorausgesetzte, eine vorfabrizierte Welt“ verwiesen und kann, zweitens, per se weder diesbezügliche Sinn- noch Wertfragen beantworten.(vgl. Abel 1986, S. 12f) Gerade aber weil die Wissenschaft gereinigte und transparente und aufgrund ihrer Rationalität zuhöchst kommunikable Versionen von schon anderweitig etablierten, vorwissenschaftlichen Weltentwürfen zu liefern oder vermittels ihres Instrumentariums deren Unattraktivität namhaft zu machen vermag, indem sie die hohe Glaubensleistung aufdeckt, die zu deren Annahme nötig ist, – gerade deswegen nimmt sie in Nietzsches Erwägungen zur Struktur von ‚Welt' eine derart herausragende Stelle ein. Sie zwingt nämlich so ursprünglichere Varianten der Welterzeugung, insbesondere die Philosophie, die ganz bewusst Welt konstruiert (vgl. Nachlass Sommer 1872-Anfang 1873, 19[47], KSA VII, S. 434), zu beständiger Verfeinerung, Revision, Ausweitung oder gegebenenfalls zum Neuaufbau ihrer konkurrierenden Konstrukte, ohne allerdings deren Priorität aufzuheben. Dies ist nun, nachdem die Genese von Welt skizziert wurde, anhand eines Blickes auf die immanente Struktur von Nietzsches Weltbegriff zu verdeutlichen, die vor allem Dynamik und Unabschließbarkeit auszeichnen.

3. Welt als „Wille zur Macht“

Wie wir gesehen haben, hindert die durch die Wissenschaft eingeklagte Redlichkeit, zu der die Philosophie als einzige Weise bewusster Weltkonstruktion überhaupt fähig ist, die dogmatische Behauptung der jeweiligen philosophischen Theorie als wahr im Sinne der Korrespondenztheorie – auch Nietzsche behauptet ja nicht deren objektive Falschheit in diesem Sinne, sondern nur ihre Unbegründbarkeit. Dementsprechend ist gerade im Sinne der Redlichkeit auf die Vorstellung einer auffindbaren oder aufgefundenen objektiven Wahrheit Verzicht zu leisten. Infolgedessen erweist sich, dass eine unendliche Anzahl möglicher Entwürfe von Welt gleichberechtigt nebeneinander stehen aufgrund des Mangels eines Kriteriums zur Überprüfung ihres Korrespondierens mit dem, was der Fall ist, da ja gar nicht von einer unabhängig von ihrem jeweiligen Entwurf der Fall seienden Welt ausgegangen werden kann: Weil mit jener „wahren Welt“ auch die „scheinbare“, die diesen Titel nur sinnvoll im Verhältnis zu einer seienden Welt führen konnte, verschwunden ist, bleiben nur noch die unzähligen, konkurrierenden Weltentwürfe übrig, die nicht mehr nach dem Kriterium von Sein und Schein bewertet werden können (vgl. *Götzen-Dämmerung*, „Wie die ‚wahre Welt‘ endlich zur Fabel wurde“ 5/6, KSA VI, S. 81). Nach der Abschaffung von wahrer und scheinbarer Welt gibt es also nur noch eine Welt ohne derart qualifizierende Prädikate: Diese Eine Welt ist jedoch eo ipso Vielheit. Nietzsche formuliert diese Position in dem Aphorismus „Unser neues Unendliches“ aus dem fünften Buch der *Fröhlichen Wissenschaft* so:

„Aber ich denke, wir sind heute zum Mindesten ferne von der lächerlichen Unbescheidenheit, von unserer Ecke aus zu dekretiren, dass man nur von dieser Ecke aus Perspektiven haben *dürfe*. Die Welt ist uns vielmehr noch einmal ‚unendlich‘ geworden: insofern wir die Möglichkeit nicht abweisen können, dass sie *unendliche Interpretationen in sich schliesst*.“ (*Fröhliche Wissenschaft V*, Aph. 374, KSA III, S. 627)

„Interpretation“ – so sei hier angemerkt – ist der allgemeinste Begriff des späteren Nietzsche für die Genese von Welt wie deren Produkt (vgl. Abel 1998, S. 427); er schließt insofern die bewusste Konstruktion von Welt ein, die

Gegenstand der Fröhlichen Wissenschaft der Freien Geister ist – Nietzsches Name für die wahrhaftigen Philosophen, die den Willen zur absoluten Wahrheit, der als unerkannter Schein Nihilismus ist, überwunden haben (vgl. Aichele 2000, S. 156-170). Die weder wahre noch scheinbare Welt ist zugleich eine unendliche Vielheit von Welten, die alle als Interpretationen möglich sind und geglaubt werden können, sofern sie – soweit es jedenfalls den Menschen angeht – auf jenen Gebilden des Wahnes aufruhen, die menschliche Rationalität und damit auch ebensolches Dasein ausmachen.

Dennoch spricht Nietzsche von seiner Position nicht als Relativismus, und dies tut er zu Recht. Denn zum ersten macht die Rede von ‚Relativismus', sofern sie kritisches Potential entfalten soll, nur dann Sinn, wenn sie diesen mit der Möglichkeit von Urteilen auf dem Fundament eines objektiven Wahrheitsstandards konfrontiert (vgl. Schrift, 1990, S. 191), den diese nicht nur fordert, sondern auch vorzuweisen und hinreichend zu begründen und als absolut gewiss und demgemäß als einzig möglichen aufzuweisen hat. Weder die eminent hohe Last der Beweispflicht, die eine solche Position gegen Nietzsches' Argumente zu tragen und einzulösen hätte, um ihre Kritik zu legitimieren, noch die Möglichkeit, dass sie selbst in einen gänzlich undogmatischen Perspektivismus nietzschescher Prägung integriert werden könnte, der gerade auch durch seine Selbstreferentialität noch Bestätigung finden kann (vgl. Abel 1998, S. 427 u. 455f.; Schrift 1990, S. 183), machen einen solchen Kritikversuch sonderlich attraktiv. Zum zweiten – und dies ist der womöglich interessantere Punkt – unterläuft Nietzsche die für den Relativismusvorwurf ebenso entscheidende Disjunktion „Entweder Eine Wahrheit oder eine jede Interpretation ist so gut wie die andere.“ (Schrift 1990, S. 191), indem er zeigt, dass aus der Annahme, dass es eine solche Eine Wahrheit nicht gibt, ja dass sogar die Frage nach einer solchen aus endlicher Perspektive „nicht einmal ohne Unsinnsverdacht“ (Abel 1998, S. 427) gestellt werden kann, nicht schon mit Notwendigkeit die vollständige Gleichgültigkeit oder Gleichwertigkeit aller möglichen Interpretationen folgt; und indem er dies zeigt, entlarvt Nietzsche jene Disjunktion als ungedeckten Dogmatismus.

Nun sind alle möglichen Interpretationen hinsichtlich ihrer gemeinschaftlichen Unwahrheit im genannten Sinne zwar durchaus gleichberechtigt. Daraus ergibt sich aber noch nicht die Unmöglichkeit, diese zu hierarchisieren, wenngleich solches wiederum nicht vermittels eines unveränderlichen allgemeingültigen Prinzips wird geschehen können. Das Wesen des Prozesses, der aus dem „continuum“ des werdenden Werdens in perspektivischer Interpretation fiktionierte „Stücke isolir[t]“ (*Fröhliche Wissenschaft III*, Aph.

112, KSA III, S. 473), buchstäblich fest-stellt (vgl. Müller-Lauter 1999, S. 67) und mit dieser Aktivität ohne Unterlass Welt bildet – was, wie beschrieben, im Falle des bewussten menschlichen Daseins vermittels von Sprache, oder allgemein: Zeichen, geschieht –, nennt Nietzsche „Willen zur Macht".

Der Wille zur Macht gilt Nietzsche als „das letzte Factum, zu dem wir hinunterkommen" (Nachlass August-September 1885, 40[61], KSA XI, S. 661), als „das innerste Wesen des Seins" (Nachlass Frühjahr 1888, 14[80], KSA XIII, S. 260). Trotz dieser ausgesprochen fundamental klingenden Bestimmungen gerät Nietzsches' Theorie nicht in einen Selbstwiderspruch, da der Wille zur Macht eben nicht die Stelle jener Einen transzendenten Wahrheit einnimmt, die über Wohl und Wehe der verschiedenen Interpretationen als einzig wahre Interpretation entscheiden könnte. Denn eine solche Entscheidung muss – wie noch zu zeigen ist – nicht erst durch Anwendung von Prinzipien eigens getroffen werden, sondern sie trifft sich im Willen-zur-Macht-Geschehen gewissermaßen selbst. Dennoch kann Nietzsche – um dieses berühmte Fragment zu zitieren – schreiben: *„Diese Welt ist der Wille zur Macht – und nichts außerdem!"* (Nachlass Juni-Juli 1885, 38[12], KSA XI, S. 611) Denn er nimmt auch seinen grundlegenden Gedanken, wie man an den drei zitierten, ebenso eindrücklichen wie präzisen Formulierungen sehen kann, in das umfassende und wesentlich unwahre Interpretationsgeschehen hinein. Sein Grundgedanke verstößt nie gegen die letzte Wahrheit des nur werdenden Werdens. Der Wille zur Macht ist vielmehr „das letzte Factum, zu dem wir hinunterkommen", da die letzte Wahrheit ja gerade kein Factum, sondern reines unaussagbares Geschehen ist und Facta dementsprechend immer hergestellte und nicht schlicht abgeschilderte „Facta ficta" sein können (vgl. *Morgenröthe IV*, Aph. 307, KSA III, S. 224). Der Wille zur Macht ist insofern der letzte Schein, auf den das Erkennen kommen kann, weil unter ihm nichts mehr ist, was noch erkannt werden könnte. Der Wille zur Macht rückt so in die Stelle der Bedingung der Möglichkeit des Wahnes ein, der seinerseits die Möglichkeit zur Produktion von Welt schafft, und wirkt in ihm und durch ihn bei diesem Prozess fort. Damit lässt sich auch die Bedeutung des Willens zur Macht als „innerstes Wesen des Seins" explizieren: Sein ist, insofern es seiend ist, seinem Wesen nach Willen zur Macht, da es ohne ihn kein Sein gäbe, das der Wahn im Werden vorstellen könnte. Bei der letzten zitierten Bestimmung, die besagte, dass ‚diese Welt der Wille zur Macht sei – und nichts außerdem', ist zunächst das einleitende Demonstrativpronomen zu beachten: Nietzsche spricht nicht von Der Welt überhaupt, sondern von „dieser Welt" im Unterschied zu anderen möglichen. Damit ist zum einen freilich der im unmittelbaren Kontext der Stelle gegebene Entwurf des Willen-zur-Macht-Geschehens gemeint – und damit diejenige Welt, deren Konstruktion Nietzsche ebenda mehrmals nachdrücklich für sich beansprucht, ‚Nietzsches Welt‘ also. Zum anderen aber kann und soll diese Welt auch diejenige sein, die dem Menschen überhaupt zu eigen ist, insofern ihr Schöpfer zeigen kann, dass seine Konstruktion einerseits den Erkenntnissen der Wissenschaft weder widerspricht, noch anderweitig ausgeschlossen werden kann (vgl. Abel 1998, S. 377-408), und andererseits im Stande ist, alle bisherigen anderen Weltentwürfe unter sich zu begreifen, da sie in die Stelle der Bedingung ihrer Möglichkeit einzurücken und so auch deren Verschiedenheit und gegenseitige Widersprüchlichkeit zu erklären vermag. Dementsprechend ist der zweite, verstärkende Satzteil in formalem Sinne zu verstehen, so nämlich, dass außerhalb der Konstruktion von Welt als Willen-zur-Macht-Geschehen keine weitere, womöglich transzendente und somit der letzten Wahrheit zum Opfer fallende Annahme notwendig ist, um sowohl überhaupt zu ‚Welt‘ zu gelangen als auch eine unendliche Anzahl von Welten als Interpretationen zuzulassen. Unter diese zählt Nietzsche in aller Konsequenz auch seine Welt, wenn er schreibt: „Unter dem nicht ungefährlichen Titel ‚der Wille zur Macht‘ soll hiermit eine neue Philosophie, oder, deutlicher geredet, *der Versuch einer neuen Auslegung alles Geschehens* zu Worte kommen“ (Nachlass August-September 1885, 40[50], KSA XI, S. 653).

4. Rationalität und multiple Realität

Nietzsche stellt damit seine eigene philosophische Weltkonstruktion neben alle anderen Auslassungen der Willen zur Macht – mit dem Anspruch freilich, mit ihr ein Mittel zu besitzen, diese unter Aufklärung ihrer jeweiligen Genealogie in den Organisationszusammenhang seiner eigenen einzugliedern. Sonach ist die Welt der Willen zur Macht wesentlich eine Welt in und durch Relationen (vgl. Abel 1998, S. 22ff. u. 278), da jeder der unendlich vielen Willen zu Macht sein Organisations- bzw. Destruktionspotential nur in Beziehung auf andere ausüben und vergrößern kann und dementsprechend zu wirken hat, um nicht entweder in den Fluss des Werdens zurückzusinken oder von anderen Willen zur Macht assimiliert zu werden. Eine Welt als Organisationszusammenhang muss also beständig wachsen, um sich überhaupt selbst zu erhalten (vgl. Abel 1998, S. 116ff.). Dies ist in ausgezeichneter Weise bei der ‚Welt, die den Menschen Etwas angeht‘, der Fall: Die sowohl attraktivste wie auch erfolgreichste Interpretation bzw. Weltkonstruktion im Sinne einer „Überwindung des Werdens" (Nachlass Ende 1886-Frühjahr 1887, 7[54], KSA XII, S. 313), d.h. der steten Verführung zum praktischen Nihilismus, wird diejenige mit dem jeweils höchsten Organisationspotential sowohl im Blick auf das Werden als auch auf andere Willen zur Macht sein, sofern sie in der Immanenz verbleibt und sich nicht als absolut setzt, um nicht in theoretischen Nihilismus umzuschlagen, der das werdende Werden schlicht leugnet und wiederum in metaphysische Weltverdoppelung verfallen muss. Wie leicht zu sehen ist, trägt demnach – wenigstens unter aufgeklärten Bedingungen, wie Nietzsche häufig betont – ein je höherer Grad an Rationalität zum Erfolg einer Weltinterpretation bei, da er sowohl ihre Kommunikabilität als auch ihre Ausbaufähigkeit erhöht, wie er ebenso ihre Verbesserung bzw. Korrektur ermöglicht.

All dies aber eliminiert weder andere, aus der erörterten Perspektive ‚schwächer' erscheinende Weltentwürfe – etwa auf der Basis unreflektierten Glaubens – noch deren Möglichkeit, als eine den Menschen etwas angehende Welt bestimmend zu werden und zu wirken. Allerdings lässt einen, wie gezeigt, Nietzsches Position nicht in relativistischer Kritikunfähigkeit zurück. Dennoch – und das ist abschließend zu betonen – ist der Wahn nicht nur wirklich, sondern insofern er überhaupt erst die Bildung von Welt erlaubt, sogar die einzige Wirklichkeit, die für endliche Vernunftwesen zu Verfügung steht. Oder – so knapp als möglich ausgedrückt: Die Rede von „multipler Realität" ist ein Pleonasmus.

Literatur

Abel, G.: Wissenschaft und Kunst, in: Mihailo Djurić / Josef Simon (Hg.): Kunst und Wissenschaft bei Nietzsche, Würzburg 1986, 9-25

Ders.: Die Dynamik der Willen zur Macht und die ewige Wiederkehr, Berlin ²1998

Aichele, A.: Philosophie als Spiel: Platon - Kant - Nietzsche, Berlin 2000

Fleischer, M.: Der „Sinn der Erde" und die Entzauberung des Übermenschen. Eine Auseinandersetzung mit Nietzsche, Darmstadt 1993

Müller-Lauter, W.: Nietzsches Lehre vom Willen zur Macht, in: ders.: Über Werden und Willen zur Macht. Nietzsche-Interpretationen I, Berlin/New York 1999, 25-95

Nietzsche, F.: Sämtliche Werke. Kritische Studienausgabe (hrg. v. Giorgio Colli u. Mazzino Montinari), München/Berlin/New York ²1988

Picht, G.: Nietzsche (hrg. v. Constanze Eisenbart in Zusammenarbeit mit Enno Rudolph), Stuttgart ²1993

Schrift, A. D.: Nietzsche and the Question of Interpretation, New York / London 1990

Autorenverzeichnis

Dr. Alexander Aichele, Institut für Philosophie der Martin-Luther-Universität Halle-Wittenberg, Schleiermacherstr. 1, 06114 Halle/Saale; Tel.: 0345 5524395, Fax: 0345 5527154, e-Mail: aichele@phil.uni-halle.de

PD Dr. Gabriele Cappai, Universität Bayreuth, Lehrstuhl für Allgemeine Soziologie. 95440 Bayreuth; Tel. 0921 554195, Fax 0921 555191,
e-Mail: ga.cappai@uni-bayreuth.de

Prof. Dr. Hinderk Emrich, Abteilung Klinische Psychiatrie und Psychotherapie der Medizinischen Hochschule Hannover, Carl-Neuberg-Str. 1, 30652 Hannover; Tel. 0511 5326571/72, Fax 0511 5322415,
e-Mail: Emrich.Hinderk@mh-hannover.de

PD Dr. Martin Endress, Institut für Soziologie der Universität Tübingen, Wilhelmstr. 36, 72074 Tübingen; Tel. 07071 2974665, Fax: 07071 294261,
e-Mail: m.endress@uni-tuebingen.de

Prof. Dr. Erdmuthe Fikentscher, Klinik und Poliklinik für Psychotherapie und Psychosomatik Halle, Julius-Kühn-Str. 7, 06112 Halle/Saale; Tel.: 0345 5573646, Fax: 0345 5573697,
e-Mail: erdmuthe.fikentscher@medizin.uni-halle.de

PD Dr. Thomas Göller, Institut für Philosophie der Universität Karlsruhe, Postfach 6980, 76128 Karlsruhe; e-Mail: th.goeller@t-online.de

Prof. Dr. Jan Joerden, Europa-Universität Viadrina, Lehrstuhl für Strafrecht und Rechtsphilosophie, Große Scharrnstraße 59, 15230 Frankfurt/Oder; Tel.: 0335 5534404, Fax: 0335 5534847, e-Mail: joerden@euv-frankfurt-o.de

Prof. Dr. Matthias Kaufmann, Institut für Philosophie der Martin-Luther-Universität Halle-Wittenberg, Schleiermacherstr. 1, 06114 Halle/Saale; Tel.: 0345 5524393, Fax: 0345 5527154, e-Mail: kaufmann@phil.uni-halle.de

PD Dr. Tom Alexander Konzag, Klinik und Poliklinik für Psychotherapie und Psychosomatik Halle, Julius-Kühn-Str. 7, 06112 Halle/Saale; Tel.: 0345 5573655, Fax: 0345 5573697, e-Mail: tom.konzag@medizin.uni-halle.de

Prof. Dr. Hans-Jürgen Luderer, Klinik für Allgemeine Psychiatrie und Psychotherapie, Klinikum am Weissenhof, 74189 Weinsberg; Tel.: 07134 751000, Fax: 07134 751090, e-Mail: h.luderer@klinikum-weissenhof.de

Prof. Dr. Christoph Mundt, Psychiatrische Klinik der Universität Heidelberg, Voßstr. 4, 69115 Heidelberg; Tel.: 06221 562751, Fax: 06221 565998, e-Mail: christoph mundt@med.uni-heidelberg.de

Prof. Dr. Joachim Renzikowski, Institut für Strafrecht der Martin-Luther-Universität Halle-Wittenberg, Universitätsplatz 6, 06108 Halle/Saale; Tel.: 0345 5523130, Fax: 0345 5527070, e-Mail: renzikowski@jura.uni-halle.de

PD Dr. Richard Rottenburg, Institut für Ethnologie der Martin-Luther-Universität Halle-Wittenberg, Emil-Abderhalden-Str. 9, 06108 Halle/Saale; Tel.: 0345 5524200, Fax: 0345 5527326, e-Mail: secretary@ethnologie.uni-halle.de

PD Dr. Ute Schönpflug, Martin-Luther-Universität Halle-Wittenberg, Entwicklungspsychologie, Brandbergweg 23c, 06099 Halle/Saale; Tel.: 0345 5524361

PD Dr. Shingo Shimada, Institut für Ethnologie der Martin-Luther-Universität Halle-Wittenberg, Emil-Abderhalden-Str. 9, 06108 Halle/Saale; Tel.: 0345 5524200/201, Fax: 0345 5527326, e-Mail: shimada@ethnologie.uni-halle.de

Prof. Dr. Alfred Springer, Anton-Proksch-Institut, Ludwig-Boltzmann-Institut für Suchtforschung, Machgasse 7-11, A-1237 Wien; Tel.: 0043 1 8882533112, Fax: 0043 1 888253377, e-Mail: alfred.springer@api.or.at

Prof. Dr. Lukas Sosoe, Centre universitaire de Luxembourg, Département des Lettres et Sciences humaines, 162a, rue de la Faïencerie, L-1511 Luxembourg, e-Mail: sosoe@cu.lu

PD Dr. Felix Tretter, Bezirkskrankenhaus München/Haar, Suchtabteilung, 85529 Haar/München; Tel.: 089 45623708, Fax: 089 45623754, e-Mail: Tretter@Krankenhaus-Haar.de

Dr. Klaus Treuheit, Dr.phil., MA, Musiker und Soziologe, Haagstr. 5, 91045 Erlangen; Tel. & Fax: 09131 26927, e-Mail: ktmpkt@aol.com,
weitere Information: www.klaustreuheit.de

Prof. Dr. Francesco Saverio Trincia, Dipartimento di studi filosofici et epistemologici , Università di Roma "La Sapienza", Via Carlo Fea 2, I-00161 Roma; Tel.: 0039 06 4991 7245; priv.: Via F. Durante 35, I-00151 Roma,
e-Mail: frstrincia@hotmail.com

PD Dr. Uwe Wolfradt, Institut für Psychologie der Martin-Luther-Universität Halle-Wittenberg, Brandbergweg 23, 06099 Halle/Saale; Tel.: 0345 5524356, Fax: 0345 5527217, e-Mail: u.wolfradt@psych.uni-halle.de

Dr. Walter Zitterbarth, Institut für Philosophie der Universität Marburg, Wilhelm-Röpke-Str. 6B, 35037 Marburg, priv.: Bachweg 12, 35037 Marburg; Tel.: 06421 27109, e-Mail: zitterbarth@web.de

Personenregister

Treffpunkt Philosophie

Herausgegeben von Matthias Kaufmann, Dieter Birnbacher,
Jan C. Joerden, Wolfgang Kersting, Peter Koller, Georg Lohmann,
Georg Mohr, Joachim Renzikowski, Wilhelm Vossenkuhl

Band 1 Matthias Kaufmann (Hrsg.): Recht auf Rausch und Selbstverlust durch Sucht. Vom Umgang mit Drogen in der liberalen Gesellschaft. 2003.

Band 2 Georg Lohmann (Hrsg.): Demokratische Zivilgesellschaft und Bürgertugenden in Ost und West. 2003.

Band 3 Matthias Kaufmann (Hrsg.): Wahn und Wirklichkeit – Multiple Realitäten. Der Streit um ein Fundament der Erkenntnis. 2003.

Peter Lang · Europäischer Verlag der Wissenschaften

Matthias Kaufmann (Hrsg.)

Recht auf Rausch und Selbstverlust durch Sucht

Vom Umgang mit Drogen in der liberalen Gesellschaft

Frankfurt/M., Berlin, Bern, Bruxelles, New York, Oxford, Wien, 2003.
363 S., zahlr. Abb. und Tab.
Treffpunkt Philosophie.
Verantwortlicher Herausgeber: Matthias Kaufmann. Bd. 1
ISBN 3-631-39596-5 · br. € 49.80*

Der Umgang mit psychoaktiven Substanzen ist für viele, wenn nicht die meisten Menschen un- terschiedlicher Kulturen eine selbstverständliche Gepflogenheit, die man mitunter vehement verteidigt. Zugleich werden wir seit Jahren mit den gravierenden Problemen der Sucht konfrontiert. In dem Band befassen sich Fachleute aus unterschiedlichen Disziplinen mit historischen, theo- retischen und klinischen Aspekten des Drogengebrauchs, mit seiner ethischen, rechtlichen und sozialen Bewertung und mit den Möglichkeiten, der Sucht zu entkommen. Von wesentlicher Bedeutung ist die Frage nach der möglichen Rolle von Drogen für ein geglücktes menschliches Leben und nach der Bedrohung, die dem guten Leben durch die Sucht widerfährt.

Aus dem Inhalt: Zur Geschichte des Suchtbegriffs · Wissenschaftstheoretische Probleme des Rausches und der Sucht · Zwischen Freiheit und Paternalismus · Die Versprechen des Rausches · Das geglückte Leben und seine Bedrohung · Rausch, Sucht und Schuld · Wege aus der Sucht